KB111049

살아 있는 권력의 제압

성역은 없다·Ⅱ

성역은 없다 II

살아 있는 권력의 제압

초판 1쇄 인쇄 | 2022년 02월 05일
초판 1쇄 발행 | 2022년 02월 10일

지은이 | 함승희
펴낸이 | 황인욱
편집진행 | 김세중 · 조병권
펴낸곳 | 도서출판 오래
　　　 04091　서울시 마포구 토정로 222, 406호(신수동, 한국출판콘텐츠센터)
　　　 전화　02-797-8786, 8787
　　　 팩스　02-797-9911
　　　 이메일　orebook@naver.com
　　　 홈페이지　www.orebook.com
　　　 출판신고번호　제2016-000355호

ISBN 979-11-5829-205-8 03340

값 20,000원

살/아/있/는/권/력/의/제/압

성역은 없다·Ⅱ

함승희 저

圖書
出版 오래

왜 이 책을 쓰는가

오래전에 『성역은 없다』라는 제목의 책을 쓴 적이 있다. 십수 년간의 검사 생활을 마감하면서 국가 공권력의 상징인 검찰이 바로 섰으면 하는 마음에서 그 책을 썼다.

그 후 국회의원이 되어 정치에도 관여해 보았고, 강원랜드라는 공기업 사장이 되어 기업 경영도 해 보았다. 또 오래포럼이라는 정책 싱크탱크를 만들어 10여 년간 국가 정책에 대한 궁리, 토론도 해 보았다. 이 과정에서 이성과 양심과 상식을 가진 이들은 점점 뒷전으로 밀리고, 파렴치하고 뻔뻔하고 허접한 인간들이 판을 치는 세상으로 변해 가고 있음을 눈으로 보고 귀로 듣고 온몸으로 부딪쳤다.

20년 전 검찰이라는 국가 공권력의 올바른 행사에 대한 고뇌는 차라리 낭만적이었다. 법치주의, 견제와 균형이라는 민주적 통제에서 벗어난 망나니 같은 정치권력의 횡포는 우려와 실망의 수준을 넘어 분노와 질곡 그 자체이다. 내가 이런 시대에 살고 있고 내 자식들이 이런 시대를 살아야 한다는 생각 자체가 저주이고 불행이다. 잘못된 국가 경영이라는 거대한 장벽을 뚫고 나가고자 하는 염원은 간절하나, 그 길이 보이지 않는다.

연전에 칼 포퍼(Karl Popper)가 쓴 『열린사회와 그 적들』이라는 책을 읽은 적이 있다. 현대 독일의 정치적 암흑기 나치 시대를 온몸으로 겪은 포퍼는 '열린사회'가 민주사회의 기반이라고 했다.

열린사회란 어떤 사회인가? 비판과 토론이 자유로운 사회, 잘못 택한 국가 정책을 자유로운 비판과 토론을 통해 바로잡을 수 있는 사회가 열린사회라 했다. 70여 년 대한민국 역사에서 이런 의미의 열린사회가 존재한 적 있었던가?

이승만, 박정희, 전두환, 노태우 대통령 시대에는 비판과 토론 자체가 자유롭지 못했다.

김영삼 대통령 이후 문재인 대통령에 이르기까지의 사회 역시 비판과 토론의 여지도 극히 제한되었거니와 졸속으로 정해진 정책은 좀처럼 바뀌지 않는 경직된 사회이다. 조금만 강도 높은 비판이 가해지면 사이비 종교집단의 광신도 같은 추종자들이 동원되어 인신공격으로 입을 막고 붓을 꺾으려 든다.

동서 냉전이 끝난 지 오래이나, 유독 대한민국 땅에서만은 김일성 3대 세습 정권을 가운데 두고 친북 세력과 반북 세력으로 나뉘어 이념 논쟁이 끊이지 않고 있다. 둘로 쪼개진 세력 간에 어느 쪽이 권력을 잡아도 포퍼의 열린사회와는 거리가 멀었다. 그러하니 외양만 민주정치 체제였을 뿐 권위주의 내지 국가주의가 지배적 이데올로기였다. 비무장지대(DMZ)를 경계로 하여 한반도 북쪽은 지구촌에서 가장 혹독한 경성(硬

性) 전체주의가, 남쪽에는 연성(軟性) 전체주의(국가주의)가 그 도를 더해 가고 있다.

20세기 100년간 지구촌은 민주정치 체제가 만개하여 인류 역사상 최고의 물질적 풍요를 누려 왔다. 그러나 21세기에 접어들면서 지구촌은 곳곳에서 민주정치 체제의 조로(早老) 현상 내지 중년의 위기에 직면해 있다. 정치권력에 의해 사법부와 언론이 장악되고, 충견 노릇을 하지 않는 국가기관은 사라지거나 거세되고, 광신도 같은 추종자들과 SNS의 결합으로 조작된 가짜·허위 여론몰이의 광풍은 결국 민주정치 체제 자체를 위기로 몰아넣고 있다. 황혼의 땅거미처럼 민주정치 체제가 스멀스멀 몰락해 가고 있는 것이다.

과거 권위주의 체제에서는 공권력기관들만 바로 서면 열린사회, 민주사회는 복원될 수 있다고 생각됐다. 그러나 21세기형 전체주의 사회에서는 충견 노릇 하는 공권력기관만의 문제가 아니다. 무엇이 문제인지를 인식하지 못하는 국민의식이 더 근본적 문제가 되고 있다. 국민이 스스로 깨어나지 못하면 연성 전체주의 사회는 그 도를 더하여 한반도 북쪽과 같은 경성 전체주의 사회로 치닫게 되어도 막을 길이 없다.

1842년 청나라는 영국과의 전쟁에서 패하여 홍콩을 내주고 강제로 개국되었다. 이 같은 소식은 『오란다 풍설서(和蘭風說書)』(네덜란드가 일본 막부 정권에 전달한 해외 뉴스 모음집)에 의해 즉시 일본 지배층에 전달되었다. 당시 청을 범접할 수 없는 강대국이라고 믿고 있던 막부의 지배층과 식자층은 깊은 충격에 빠졌고, 일반 백성도 심각한 위기의식에 휩싸였다.

이에 반해 중국의 한족(漢族)은 정작 피해의 당사자이면서도 수천 년 동안 이민족의 침략을 받아 왔던 터라 지배계층은 물론 일반 백성들조차도 위기의식의 심각함이 덜했다. 약간의 양보로 해결된 양이(洋夷)의 소요 사태로밖에 보지 않았다.

조선은 어떠했나? 1845년 청나라에서 귀국한 사신 이정웅은 "아무 일 없었다(無事矣)"라고 조정에 보고했다. 그 같은 일이 남의 일이 아닌 우리의 일이 될 수 있다는 위기의식 속에 부국자강을 설파한 자가 아무도 없었다. 어떤 사물 또는 사건에 대한 인식과 의식의 차이가 훗날 역사의 물줄기를 어떻게 바꾸는가를 보여 주는 귀감이 되는 예시이다.

150년 전 조선을 살던 백성과 오늘의 대한민국을 사는 국민은 어떻게 다른가?

물질적인 면에서는 천지개벽을 했다. 조선의 백성은 흉년이 들면 초근목피로 연명했지만 오늘날의 국민은 대유행병이 돌아도 재난지원금 받아 쇠고기국 끓여 먹지 않는가. 그런데 정신적인 면, 즉 의식구조도 그만큼 성숙되고 세련되었는가? 그렇지 못한 것 같다. 과거에 "사촌이 땅 사면 배 아프다" 했는데, 지금도 "배고픈 것은 참아도 배 아픈 것은 못 참는다"라지 않는가. 과거에 간신과 내시가 국사를 농간질했다면, 지금은 광신도 같은 정권 추종 세력이 떼를 지어 SNS를 통하여 여론을 조작하고 있지 않은가. 과거에 사대부들이 노론·소론 파당을 만들어 당쟁·사화를 일삼은 것과, 지금 친북·반북 세력들이 두 패로 나뉘어 이념 논쟁을 하며 상대방을 적폐로 몰아 감옥에 보내고 내치는 것과 무엇이 다른가? 물질적인 삶의 모습은 농경사회에서 4차 산업혁명 시대로 접어들 만큼 변했는데, 의식구조 면에서는 150년 전과 크게 다르지 않다. 민주국가의 국민이면서도 자유와 책임을 전제로 한 자아의식이 결여되어 왕조시대의 신민(臣民)처럼 국가 의존적이고 피해의식만 가득하다.

바야흐로 대한민국의 정체성은 민주공화국으로 출범한 이후 최대의 위기에 봉착했다. 친북 세력이 정치권력을 농단하면서 거죽만 민주정치 체제일 뿐 이미 정치적으로는 초기 전체주의, 경제적으로는 사회주의 체제로 이행되고 있다. 헌법에 규정된 민주적 통제 제도들 어느 하나 제대로 기능하지 못하고 있다.

지금과 같은 정치 제도하에서는 올바른 정치인이 배출될 리 없고, 지금과 같은 경제 체제에서는 애플이나 구글이 나올 수 없다. 지금과 같은 사회구조 속에서는 용기 있는 검사, 의로운 기자, 공정한 판사, 헌신적인 의사가 직업적 긍지를 가질 수 없다. 모든 직장인이 자신의 모습에 대하여 자긍심을 가질 수 없다. 그야말로 만인의 만인에 대한 투쟁이고, 비열함과 비겁함과 뻔뻔함, 오기와 독설의 살기 어린 검은 그림자만이 한반도를 뒤덮고 있다. 이 같은 검은 그림자를 걷어내고 모든 이가 희망과 환희에 찬 모습으로 살아갈 수는 없는가?

있다. 부존자원도 거의 없는 인구 5천만이 넘는 국가에서 경제 규모가 세계 10위권이면 기적을 일궈 냈다 하여 과언이 아니다. 근대 국민국가로 출범한 지 70년 만의 대단한 성과이다. 국민 개개인이 자기비하와 패배의식에서 벗어나 자존감과 자신감을 가질 만하다.

문제는 정치다. 문제는 국가권력이다. 문제는 왜곡된 집단심리이다.

정치판에서 권력과 돈에 중독된 나쁜 정치인을 몰아내고, 국가 권력 기관들이 헌법으로부터 부여받은 본연의 기능을 망각한 채 나쁜 정치인과 맺은 야합의 고리에서 벗어나고, 대중들이 사이비 종교집단의 교주와 광신도 같은 집단감성에서 벗어나 건강한 민주시민으로 돌아오면 된다.

그러기 위하여 나는 이 글을 쓰기로 결심했다. 지난 30여 년간 온몸으로 경험한 사실과 그 속에서 체득한 논리들을 정리하여 보다 많은 이웃들과 공유하고 공감하고자 한다. 추상적 논리나 설명은 나 아니어도 뛰어난 글쟁이들이 많다. 단행본, 사설, 칼럼 등 읽을거리가 넘친다. 그렇지만 부패한 정치권력, 나쁜 정치인, 충견 노릇 하는 공권력, 왜곡된 집단감성과의 온몸으로 부딪침은 그리 흔하지 않은 나만의 독특한 경험이다.

"세련되지는 못하지만 비겁하지 않다"가 내 평생의 좌우명이다. 이 글역시 거칠고 투박하다. 그러나 어느 한 구석도 멋지게 보이려고 각색했거나 권력이 무서워 숨긴 것은 없다. 다만, 타인의 사적 영역에 속하는 것은 가능한 피하려 애썼다.

이 책은 전작 『성역은 없다』(제1장 성장기 시절 고향 땅에서의 추억, 제2장 검사 시절 범죄와의 전쟁 이야기)의 속편이라는 생각으로 제3장부터 시작한다.

우선 제3장에서는 '살아 있는 권력(집권세력)'에 대한 수사가 얼마나 어려운가, 그럼에도 불구하고 왜 꼭 그것을 하여야 하는가를, 동화은행 비자금 사건의 수사 경험을 바탕으로 하여 김영삼 정권과 문재인 정권을 대비하면서 썼다.

제4장에서는 국가권력의 한 축인 국회 권력이 얼마나 위중(威重)한가, 그럼에도 불구하고 그 권력의 구성원인 국회의원이라는 자들은 공천

과정부터 선거 과정 그리고 당선된 후 의정활동 과정에서 얼마나 사리사욕에 빠져 있고 기회주의적인 인간들인가를 4년간의 의정활동 및 그 후 몇 년간의 정치판 경험을 바탕으로 썼다.

제5장에서는 공기업의 국민경제적 중요성과 함께, 그것이 정치적으로 얼마나 악용되어 왔으며 개혁이 쉽지 않은가를 3년간의 강원랜드 사장 시절 경험을 바탕으로 썼다.

제6장에서는 민주정치의 착근(着根)을 위한 다양한 정책 싱크탱크의 필요성과 함께 자유주의 싱크탱크인 사단법인 오래포럼의 이념과 그동안의 활동 내역을 요약 정리하였다.

마지막 제7장에서는 문재인 정권의 대표적 정책 실패 중의 하나인 검찰 개혁과 관련, 검사 시절의 몇 가지 직접 수사 경험을 바탕으로 그 문제의 심각성을 '잔상'이라는 제목으로 정리했다.

이 책의 내용을 한 줄로 요약하자면 "나는 지난 40년간 공인으로서의 삶 속에서 국가를 위하여 무엇을 했나"이다. 이 글을 통하여 보다 많은 사람이 나쁜 권력의 실체를 바로 볼 수 있는 눈을 가지게 되고, 왜 우리가 자유민주 국가 체제에서 살아야만 하는가에 대한 근원적 문제의식을 가지게 된다면 평생의 보람이겠다.

전작 『성역은 없다』의 말미에서 나는 동화은행장 비자금 사건 수사에 얽힌 비화는 훗날 적절한 기회에 밝히기로 약속한 적이 있다. '부패와의 전쟁' 시리즈의 제2권에 해당하는 이 책을 뒤늦게나마 냄으로써 독자들과의 그 약속을 지키게 된 셈이다.

글의 내용을 시대적 흐름의 눈높이에 맞게 다듬어 준 가족들, 휘갈겨 쓴 원고를 정리하고 맞춤법에 맞는 용어 선택을 도와준 오래포럼 직원들, 그리고 읽기 쉽게 글을 편집해 준 도서출판 오래의 관계자 여러분께 감사한다.

2021년 5월
반포에 있는
Study Cafe에서

차례

제3장 마지막 혈투

죽은 권력 vs 산 권력

2 대한민국에서 칼잡이로 산다는 것은

또 하나의 대국민 사기극

야인시대

제4장 여의도 기회주의자들

---

3 타락한 민의의 전당

"나 김대중이오"

공사 구분 못하는 기회주의자들

제5장 복마전 같은 공공기관의 환골탈태

언론과 사정기관의 비열한 행태

6 국제 수준의 복합리조트 시설로

리조트의 생명줄은 안전

문화와 힐링이 있는 곳

공기업 개혁에 정권의 명운을 걸어라

제6장 정책 싱크탱크와 민주정치

---

7 정권에 휘둘리지 않는 싱크탱크의 필요성

제7장 **잔상(殘像)**

제3장 | 마지막 혈투 -

01
살아 있는 권력과의 일전(一戰)

"성역 없이 수사하라"

대통령 당선 YS의 일성

　　　　　　　　　1992년 12월 김영삼 후보가 대통령에 당선되었다. 유신헌법하 통일주체국민회의 대의원들에 의한 간접선거(이른바 체육관 선거)에서 1987년 국민 직선제로 헌법이 개정된 후 두 번째로 국민의 손에 의해 대통령이 뽑힌 것이다(첫 번째는 노태우).

　대통령에 당선된 자는 이듬해 2월 국회의사당 광장에서 취임식을 열기 전까지는 당선자 신분이다. 그럼에도 불구하고 당선된 날로부터 사실상 대통령 노릇을 한다. 기존의 대통령은 국군통수권을 비롯한 헌법상 대통령의 권한을 행사할 수 있지만 하루아침에 이름만 있을 뿐 허수아비가 되고, 당선자가 온갖 스포트라이트를 받는다. 이것이 대통령제 국가의 대통령이다.

　대통령 당선자 김영삼이 당선의 일성을 발했다.

"구시대 정경유착의 무리들을 성역 없이 수사하라."

그 무렵 서울지방검찰청 특별수사부 선임검사로서 소임을 다하고 고등검찰관(지금은 없어진 제도이다)으로 승진하면서 대검찰청 검찰연구관으로 근무하고 있었던 나에게는 귀가 번쩍 뜨이는 한마디였다. '성역 없는 수사'라! 수사검사에게 이보다 더한 로망은 없다. 말만으로도 가슴이 뛴다.

대검찰청 검찰연구관은 검찰총장 직속으로 중·장기 정책 연구와 총장이 하명하는 과제를 수행하는 총장의 친위대이다. 당시 내가 맡은 일은 시중에 유포돼 있는 '붉은' 서적들(북한 정권을 찬양 고무하는 내용의 국가보안법상의 이적표현물)을 수거하여 열심히 읽고 새빨간 부분(찬양 고무가 노골적이고 정도가 심한 부분)에 밑줄을 긋는다. 그리고는 당시 군부 정권에 대한 비판의 수준을 넘어 대한민국의 정체성을 부정하고 김일성 유일사상 체계를 흠모하는 내용의 진짜 빨갱이 서적을 골라내어 일부는 대공수사기관(경찰, 안기부)에 수사지휘하고 일부는 직접 수사하는 책무였다. 검사가 된 후 특수통(부정부패 거악들을 수사하는 검사를 지칭하는 용어)으로만 알려져 있던 내가 대한민국 체제 수호를 위한 이른바 공안검사가 된 것이다.

그러나 이도 잠시뿐, 대통령 당선자의 "성역 없이 수사하라"라는 말 한마디로 나는 대검찰청 중앙수사부로 자리를 옮기게 되었다.

당시 중수부장은 정모 검사장이었다. 그는 대구 사람으로 이른바 정통 TK(대구·경북) 출신이다. 중수부장뿐만 아니라 총장도 TK였다. 지난 수십 년간 대한민국 국가권력을 장악했던 중심 세력이 TK 출신이었음은 증거가 필요 없는 역사적 사실이다. 상황이 이러하니 당선자 YS가 내심 의도한 정경유착의 핵심도 모두 TK 출신일 것임은 불문가지. 정 중부수장의 입지가 난처해졌다.

당시 군부 권력의 핵심인 '하나회' 출신들을 대거 군에서 몰아냄으로써 군을 장악한 YS는 이번에는 검찰을 장악의 타깃으로 삼았다. 그는 "검찰 역시 정경유착 세력과 공생해 왔기 때문에 성역 없는 수사가 쉽지 않을 것"이라고 생각하고 있었다. 정권의 골수 추종 세력들은 노골적으로 검찰을 비난하면서 검찰 개혁이 최우선 과제 중의 하나라고 했다. 김영삼 정권뿐만 아니라 모든 정권은 정권이 바뀔 때마다 검찰을 장악하기 위한 방편으로 '검찰 개혁'이라는 명분을 내세운다. 다른 국가기관은 정치권력이 바뀌고 장·차관이 바뀌면 그 밑에 있는 모든 공무원이 그날부터 새 정권에 알아서 긴다. 유독 법원과 검찰만이 '알아서 기지 않는' 기관이었다. 이것을 장악하는 데는 정치권력만으로는 힘이 부친다. 왜냐하면 정치권력 자체가 선거 과정의 불법 또는 그 전후에 받아먹은 뇌물이나 불법 정치자금 등에서 자유롭지 못하기 때문이다. 도리 없이 대중의 여론몰이가 필요하다. 여론몰이에서 개혁이라는 단어만큼 사람들의 마음속을 파고드는 것이 없다. 그래서 어제도 오늘도 그리고 내일도 '검찰 개혁', '사법 개혁'은 검찰과 법원을 장악하기 위한 여론몰이의 수단, 전가의 보도이다.

그러나 속을 들여다보면 개혁은 구두선일 뿐, 개악만 거듭돼 왔다. 그것도 그냥 개악이 아니라 아주 뭉개 버리는 수준이었다. 검찰·법원의 최악의 문제점은 그때나 지금이나 정치권력에 아부 아첨하여 출세했던 자들, 이른바 정치검사·정치판사들이다. 개혁은 이자들을 솎아 내고 정치권력과 거리를 두게 하면 그것으로 충분하다. 한마디로 독립성과 중립성의 확보이다. 그런데 현실은 정반대로 진행된다. 개혁이라는 명분하에 전정권에 아부하던 몇 놈 솎아내고 현정권에 아부하는 놈을 그보다 훨씬 더 많이 만들어 낸다. 거리를 두기는커녕 아예 수족처럼 부려먹으려 든다. 이것이 지금까지 정권마다 부르짖어 왔고, 실체를 모르는 대중들은 개혁인 줄로 잘못 믿고 박수쳐 왔던 '개혁'의 실체이다. 가면 갈수록 그 방법이 더욱 노골적이고 악랄해진다.

문재인 정권의 검찰 개혁은 이 같은 관점에서 보면 전대미문의 압권이다. 거의 1960년대 중국 마오쩌둥(모택동) 시절의 문화대혁명 수준이다. 붉은 완장 차고 죽창 든 한국판 홍위병들이 도처에서 날뛴다. 참으로 국가의 미래가 걱정되는 장면이다.

김영삼 정권의 실세들 입에서 검찰 개혁이라는 단어가 자주 오르내리니, 나를 비롯한 다수의 특수통 검사들은 심기가 아주 불편해졌다. 배알이 뒤틀리고 오기가 발동했다.

"개××들! 너희들(정치권력을 장악한 자들)이 단 한 번이라도 검사가 소신대로 수사를 하도록 내버려 둔 적이 있기나 하냐!"

과거 일부 정치검사들(정치권력에 밀착되어 출세도 하고 그들의 구린내를 덮어 주던 일단의 검사들)의 작태로 인해, 특히 시골 출신으로 그저 검사로서의 일이 삶의 전부인 것으로 생각하면서 살아가는 보통의 검사들에게는 억울하고 분하고 치욕인 것이다.

"어디 한 번만 더 기회가 와 봐라. 칼자루가 손에 잡히는 순간 너희들은 다 죽었어!"

이렇게 벼르고만 있었다.

이듬해 1993년 3월, 대통령 취임식도 끝나고 새 정부가 출범하였다. 이른바 문민정부다.

문민정부란 무엇인가? 군 출신이 아닌 민간인 출신이 대통령 및 대통령 주변(내각과 청와대)에 포진됐다는 뜻이다. 다시 말해서 권력의 중심이 '워커부대'에서 '등산화부대'(YS가 '민주산악회', 약칭 민산이라는 이름으로 추종자들을 데리고 허구한 날 등산을 다니면서 무리를 이룬 데서 온 말)로 옮긴 것이다. 이들이 중심이 되어 검찰을 반(反)개혁 세력으로 몰아붙이는 강도가 날로 심해져 갔다. TK 출신인 총장과 중수부장은 하루하루가 바늘방석이 됐다.

그러던 어느 날, 김영삼 정권은 구 지배세력에게 예기치 못한 강펀치 한 방을 날렸다. 현직 고위공직자들(정무직)의 재산 공개이다. 미처 대비하지 못한 장·차관급 공무원들의 재산이 만천하에 공개됐다. 부동산실명제와 금융실명제가 실시되기 전이었기 때문에 약삭빠른 공직자들은 가·차명제를 활용하여 이 트랩을 벗어날 수 있었지만, 발걸음 늦은 우직한(?) 장·차관급 몇 명이 걸려들었다. 무남독녀 처갓집 재산을 물려받은 이까지도 변명의 여지 없이 모두 축재자로 몰려 쫓겨났다.

정 중수부장도 이 트랩에 걸려들었다. 물러나는 모습이 아름답지는 못했지만 아마도 마음은 시원했으리라.

노태우 정권 황태자 P

중수부장이 새로 왔다. TK가 아닌 전라도 출

신이다. 성품도 지나칠 정도로 솔직담백하다. 게다가 내가 특수부 검사로 잔뼈가 굵어 갈 무렵 그는 특수부장을 지낸 경력이 있어 서로 무언의 코드가 맞는 사이이다.

아니나 다를까, 부임 며칠 만에 방으로 전화가 왔다. 중수부장실로 내려오란다. 인사말도 필요 없었다. 평소 성격 그대로이다.

"지금 중수부 과장새×들 대부분 TK들과 연이 깊은 놈들이라 틀렸어. 승희 너, 중수부 5과장이라고 생각하고, 전에 서울지검 특수부 시절 부리던 애들 다시 불러 모아 독자적으로 수사해. 어떤 놈도 좋아. 한시가 급해. 등산화부대들의 검찰에 대한 불신이 이만저만이 아니야."

당시 대검찰청 중수부는 1·2·3·4과장 체제로 운영되고 있었다. 직제에도 없는 5과장에다가 "너 마음대로 수사해라"라니, 이 얼마나 천재일우의 기회냐. 검사 10여 년 만에 처음 듣는 말이다. 그렇지만 정색을 하고

"검찰연구관 직분으로는 영장 청구도 못하는데, 어떻게 수사하라는 말입니까?"

짐짓 볼멘소리를 했더니 그는 1초의 머뭇거림도 없이 평소 성격대로 내뱉었다.

"아, 그러니까 중수부 5과장이라고 생각하라 했잖아. 영장 청구나 수사지휘권은 내가 서울검사장에게 전화해서 검사직무대리로 발령 내라고 할게. 그리고 국세청, 은행감독원, 경찰 어느 기관이든 파견근무 필요하면 얘기해. 중수부장 이름으로 조치해 줄게. 그리고 지금 쓰고 있는 검찰연구관 방이 작으면 15층 조사실을 한두 개 전용으로 사용해. 뭐 또 필요한 거 있어?"

더 이상 투덜거렸다가는 육두문자가 나올 판이다.

"좋아요. 할게요. 대신, 어떤 놈도 가리지 않습니다. 나중에 딴소리하기 없기요."

다짐받아 놓고 그 방을 나왔다.

이렇게 해서 서울지방검찰청 강력부 검사로 서소문 검찰청사 3층 302호실에서 첫발을 내디딘 지 10여 년 만에 같은 건물 맨 꼭대기 15층(당시 15층 조사실은 일반인은 물론 용무 없는 자는 누구도 함부로 드나들지 못하던 곳이다)에, 그것도 소파까지 놓인 특별조사실 하나를 독차지하고 제대로 된 판을 벌이게 됐다.

그날 밤 대부분의 검사, 일반직원들이 퇴근하여 덩그러니 텅 빈 서소문 검찰청사의 12층 연구관실에서 덕수궁을 내려다보며 골똘히 생각했다.

지금으로부터 백수십여 년 전 열강의 공관들이 덕수궁을 에워싸듯 들어섰다. 무능하고 부패한 군왕은 국가의 보전이나 백성의 삶은 아랑곳하지 않고 오직 제 자리 하나 보존하기에 급급한 나머지 열강의 공관들에 거지 동냥하듯 찾아가 몸뚱아리 의탁을 부탁했다. 간혹 받아 준 공관도 있었으나(러시아 공관의 아관파천이다) 대부분의 공관에서는 문전박대를 당하기가 무려 여섯 번이었다. 그 어둡고 딱한 역사가 깃들어 있는 곳이 덕수궁이다. 대다수 민중은 예나 지금이나 지나간 굴욕의 역사에는 별 관심이 없다. 오늘도 덕수궁 주변 길에서 데이트하고 사진 찍고 도시락 까먹고 놀기 바쁘다.

어찌 됐든, 희미한 가로등불만 띄엄띄엄 비추고 있는 적막한 덕수궁

근정전 앞뜰을 팔짱 끼고 내려다보며, 어느 놈을 칠까 골똘히 생각했다. 시간이, 기회가 그리 많이 주어져 있지 않다는 것은 검사의 본능으로 안다. 아니, 딱 한 번일지도 모른다.

그렇다! TK다! 이들이야말로 그간 박정희, 전두환, 노태우 정권에서 좋은 자리는 다 해먹은 세력 아닌가. 조선을 망국으로 이끈 노론 세력과 무엇이 다른가.

속전속결해야 한다는 제약 속에서 만만해 보이는 거물급이 쉽게 떠오르지 않았다. 아무리 급해도 국민 대다수가 머리를 끄덕일 정도로 씨알이 굵어야 하는데…. 고민고민하다가,

'그렇다. 이놈이다!'

한 사람이 떠올랐다. 바로 노태우 정권 시절 '황태자'로 불리던 P이다. 정치권은 물론이고 자신의 전 직장인 검찰 인사에도 자주 개입했다느니, 깜냥도 안 되는 TK 출신 검사들이 그 덕에 출세가도를 달렸다느니 하는 소문이 무성했던 인물이다. 이 정도면 앞바다 아닌 먼바다에서 황새치, 돛새치 정도 잡는 손맛일 게다.

낚시꾼들은 알겠지만, 씨알 굵은 놈을 타깃으로 삼고 나면 그 순간부터 손맛의 짜릿함에 혈압이 상승하여 잡기도 전에 흥분되고 전날 밤에는 잠도 설친다. 꿈에서도 잡는 꿈을 꾼다. 그러나 그것은 잡았을 때의 이야기이고, 황새치, 돛새치는 낚시에 걸기도 어렵거니와 잘못 걸면 낚시꾼을 배에서 끌어내려 깊은 바다로 끌고 들어간다. 그야말로 바닷속의 몬스터다. 낚시꾼이 죽는 것이다. 요즈음 황새치, 돛새치는 어군탐지기로 위치 파악이라도 할 수 있지만 인간세상의 거악은 위치 파악도 쉽지 않다. 소문만 무성할 뿐, 그것을 증명하거나 자백 받기는 외줄낚시로 상

어 잡는 격이나 다름없다. 땅 위의 몬스터인 것이다.

권력과 조폭의 유착

P를 잡아들일 수 있는 길은 두 가지이다. 하나는 조직폭력배와 연결된 검은 돈이고, 다른 하나는 각종 청탁을 들어준 대가로 받아먹은 돈이다.

노태우 정권 시절 대통령 다음으로 세도가 노릇을 하면서 세칭 황태자로 불리던 자가 조직폭력배와 연결됐다는 가정은 다소 뜬금없어 보인다. 왜냐하면 현금 다발을 들고 그를 만나고 싶어 하는 기업인이나 공직자들도 많았기 때문이다. 굳이 조폭 수준의 인간과 어울릴 필요가 있었겠냐는 뜻이다.

그러나 한때 안방을 사로잡았던 홈드라마 〈야인시대〉(2002~03)를 연상해 보라. 이정재라는 이름으로 상징되는 정치깡패라는 용어는 이미 자유당 시절부터 세상에 뿌리 내리고 있었다. 그 시절 임화수라는 자도 있었다. 이자는 문화예술계와 정치권력 유착의 시조격이다. 이 같은 생태계가 지금껏 면면히 이어져 오고 있다. 문화예술계에 유독 정권 유착 비리가 많은 것도 그 연장선상에 있는 것이다.

노태우 대통령은 군 시절 인연이 있는 엄삼탁을 국가안전기획부 기조실장 자리에 앉혔다. 엄삼탁은 당시 조폭들의 대부격으로 악명을 날리던 이모를 중심으로 호국청년연합회(호청련)라는 공식 단체를 만들게 했다. 호청련 산하에는 각 시도별로 지부가 결성되었는데, 그 중요 임무 종사자 대부분이 폭력 전과자들이고 유흥업소나 주류도매상 업주들이다. 호청련과 별도로 대도시의 조폭 두목급들 10여 명이 모여 신우회(信友會)

라는 조직도 만들었다. 신앙을 함께하는 친구들의 모임이다. 주중에는 나이트클럽 룸살롱에 모여 앉아 비싼 양주 처마셔 가면서 온갖 저지레 다 하다가도 주말에는 한 차례씩 예배당에 얼굴 내밀면서 신우란다. 그 정점에 안기부 기조실장 엄삼탁이 있었다.

일본에서는 1960~70년대 좌파, 적군파, 무정부주의자들이 기승을 부릴 때 이들을 때려잡는 데 앞장선 전위대가 있었다. 파친코 사업을 거점으로 하는 야쿠자 조직이었다. 엄삼탁은 이 같은 일본의 야쿠자 조직을 흉내 낸 것이다. 그러나 일본의 야쿠자는 평범한 시민은 괴롭히지 않는다는 불문율이 있다.

반면에 한국의 조폭, 특히 양아치들은 일반 시민을 괴롭힌다. 대표적인 예가 그때 내가 구속한 충북 호청련 회장 사건이다. 이놈은 폭력전과 5범인 나이트클럽 업주인데, 자신이 경영하던 업소의 밤무대에 출연하는 여가수만 여러 명 강간한 흉칙한 놈이었다. 피해를 입은 대부분의 여가수는 소문이 무서워 신고를 꺼린다. 간혹 신고가 접수돼도 경찰이나 안기부가 동원되어 합의시키고 고소 취하시키고 언론도 틀어막고 온갖 해결사 노릇을 다 한다. 고작 나이트클럽 업주놈의 파렴치범죄를 수습하는 데 지역에서 힘깨나 쓰는 기관 놈들이 다 동원되는 꼴이 우습지 않은가.

〈야인시대〉에나 나올 법한 이야기라고? 천만의 말씀이다. 이놈은 '호국'을 하는 '청년'들의 모임 충청북도 회장이다. 평소 나라를 위해 '의로운' 일(?) 많이 하는데, 술에 취해 실수 좀 한 것이니 잡음 없이 끝내라는 '위의 지시'가 있었던 것이다. 경찰 수사과장이나 안기부의 그 지역 책임자는 그놈을 회장님 또는 형님이라 부른다. 이놈을 강간치상죄로 잡아넣는 데 웬만한 국회의원, 장관 한 명 잡아넣는 것보다 장애물이 많았다. 제일 난관은 피해자가 후환이 두려워 피해사실 진술을 꺼린다는 점이었다. 찢긴 무대용 드레스가 없었더라면 그놈은 아마도 무죄방면되었을 터이다(이 사건의 전말은 『성역은 없다』 제1권에 이미 자세히 썼다).

이 사건은 빙산의 일각에 불과하다. 전국 각지에서 이 호청련 놈들의 작폐는 우심했다. '용팔이 사건'은 50대 이상이라면 대개들 기억할 대표적인 조폭 세력의 정치 개입 사건이다. 검색창에 지금도 뜬다. 호청련의 하수인 용팔이(본명 김용남)가 부하들을 데리고 통일민주당 창당 행사장에 각목, 철봉, 야구방망이를 들고 난입하여 난장판을 만든 사건이다.

이처럼 정치권력과 조폭 세력의 관계는 정치권력과 재벌의 유착 그 이상이다. 그때나 지금이나 똑같다. 웬만한 조폭 두목놈이 신장개업을 하거나 경조사를 당했을 때 가장 잘 보이는 위치에 세워져 있는 화환이나 조화는 거의 예외 없이 이름이 알려진 정치인이 보낸 것이리라.

다만 달라진 것이 있다면 그 시절의 조폭은 유흥업소, 파친코, 주류도매상 등을 거점으로 삼은 블루칼라들이었던 데 반해, 오늘날의 조폭은 재건축철거·용역업, 전자오락실, 더 나아가 주가 작전 세력, 사모펀드 등 금융, 벤처사업 등에까지 손을 뻗친 화이트칼라들도 상당수 끼어 있다는 점이다. 전자는 그 몸뚱어리와 회칼이 무기였다면 후자는 교활한 잔대가리와 PC, 그리고 현금 다발이 무기이다. 김대중 정권 때부터 시작되어 문재인 정권에 이르기까지 종종 드러나는 각종 개발사업 비리 사건, 금융 관련 '게이트' 사건, '바다이야기' 등 게임벤처기업 사건을 연상해 보면 쉽게 이해되리라.

노태우 정권은 88올림픽이 끝난 후 부동산 가격이 치솟고 민생이 피폐해짐으로써 정권에 대한 반감이 높아지자 여론 호도용으로 민생치안이라는 캐치프레이즈를 내걸고 조직폭력배와의 전쟁을 선포했다. 때마침 미성년자, 특히 여학생을 등하굣길에 봉고차로 납치하는 사건이 빈발하여 딸 가진 부모들이 몹시 불안해 하던 시대 상황과 맞물린다. 이것이 오늘날 영화 제목이 되어 세인의 입에 오르내리는 '범죄와의 전쟁'이다. 수사를 전쟁이라고 부르게 된 것은 레이건이 미국 대통령 시절 '마약과의 전쟁(Drug War)'을 선포한 데서 비롯됐다.

서울지방검찰청은 종전의 특수부와 강력부를 합하여 민생특수부라는 다소 생소한 부서를 하나 만들어 놓고 모든 수사력을 여기에 집중했다. 부정부패한 화이트칼라 범죄만 수사해 오던 우리는 다소 당황했다. 그러나 검사는 국가를 위해 필요하면 뭐든 한다. 한 달이 채 가기도 전에 전국의 조직폭력배 계보도를 그려 냈다. 조무래기 동네 양아치들이 아니라, 최소한 대도시 하나를 거점으로 하여 유흥업소를 장악하고 정치인, 수사기관, 정보기관 사람들과 수시로 만나 호형호제하면서 골프채 들고 다니는 나름 거물급만 10여 명을 지목했다. 대부분이 '신우회' 멤버들이다. 요즘 〈범죄와의 전쟁〉(2012) 같은 영상물들을 보면 그때의 데자뷔 같다.

한국의 조직폭력배는 오로지 돈에 따라 움직인다. 땀 흘려 번 돈이 아닌 검은 돈 말이다. 당시 이들 거물급 조직폭력배들 배후의 검은 돈의 최대 공급원은 파친코 사업이었다. 이 점이 마약, 매춘, 무기 거래를 주된 자금원으로 삼고 돈보다는 사람(보스)에 따라 움직이는 다른 나라 폭력조직과 다르다.

당시 파친코 사업의 대부는 정씨 형제이다. 형은 우직하고 동생은 꾀가 많았다. 이들은 수백억 원대의 검은 돈을 수중에 넣고 정치인, 언론인, 정보·수사기관의 고위직을 매수하여 비호 세력으로 삼고 있었다.

민생특수부는 범죄와의 전쟁 제1 타깃으로 김태촌을 지목했다. 1989년 청송감호소에서 형집행정지로 출소한 후의 김태촌의 행적을 추적했다. 낮에는 모 종교단체가 운영하는 기도원에 머문다. 주말 예배에 참석하여 간증도 하며 착한 사람으로 살고 있다고 했다. 밤에만 강남의 유흥가에서 준동한다. 오래지 않아 꼬리가 잡혔다. 정씨 형제의 사주를 받고 제주도에 내려가 제주도 K호텔 파친코를 탈취했다는 혐의다.

사실 확인을 위하여 민생특수부의 막내인 양 검사를 데리고 은밀하게 제주도로 내려갔다. 피해자인 파친코 업주 변모를 만났다. 소문이 사실임을 확인했다.

공식적으로 수사를 개시하니 안기부 기조실장 엄 씨는 수하의 서기관급 1명과 사무관급 1명을 서초동 서울지방검찰청사에 상주시켜 놓았다. 이들은 수시로(당시는 층별 출입제한장치도 없어 아무나 검사실이나 조사실 복도를 드나들 수 있었다) 청사 10층 내 방 앞을 서성거리며 평소 알고 지내던 직원들을 꼬드겨 수사 진행 상황을 파악하고(거의 훔쳐가는 수준이었다) 이를 엄 씨에게 일일보고하는 형편이었다. 겉으로는 군부독재 타도를 외치며 속으로는 사회주의 세상을 꿈꾸던 주사파들을 때려잡는 데 인적, 물적 모든 자원을 투입해도 모자랄 지경으로 주사파들이 도처에서 암약하고 있었던 상황이었는데, 깡패 한 놈 수사하는 데 배후의 검은 돈줄이 드러날 것이 두려운 나머지 유능한 안기부 직원들을 거의 매일 검찰청사로 출근하게 한 것이 당시 이 나라 수사·정보기관 실세들의 민낯이다(바보 새×들, 그때 그 주사파들을 좀 더 야무지게 때려잡았더라면 오늘날 세상이 이 지경에 이르지는 않았을 텐데 하는 아쉬움이 크다).

실상이 이러하였음에도 당시 민생특수부는 깡패들을 잡아들이는 것(고상한 표현으로 민생을 안정시키는 것)이 소임인지라 그 배후의 검은 돈줄은 더 이상 파고들지 않았다. 파고들지 않았다기보다, 당시 정권의 실세들은 물론 검찰의 고위직 간부들과도 연결된 거대한 부패 조직일 것으로 짐작되었기 때문에 조폭 사건이 정치 사건으로 변질되는 것을 피했다는 표현이 더 정확하다. 그러나 그 수사기록은 그대로 서울지검 기록보존실에 존안돼 있었다. 이른바 김태촌과 정씨 형제의 파친코 탈취 사건 기록이다. 이것만 대출받아 그때 중단했던 배후 자금을 타고 올라가면 어렵지 않게 P를 포함한 십수 명의 지난 정권 실세들을 잡아들일 수 있는 것이다.

그런데 문제가 생겼다. 그 기록이 서울지검 기록보존실에 없단다. 어느 놈이 벌써 증거인멸 했나? 그렇다면 할리우드 액션 영화에서나 나올 일이다. 다행히 그건 아니었다. 서울지검 강력부 검사 홍모가 이미 이 사건 수사에 착수했단다. 아차 싶기도 했지만, 오히려 잘됐다는 생각이 들었다. 3년 전에 하다가 만 사건을 세상이 바뀌었다고 재탕하는 것도 꺼림칙하거니와, 무엇보다도 조직폭력배 관련 사건이라 대검 중수부가 수사하는 것은 격에도 맞지 않는다는 생각이 들었기 때문이다.

홍 검사라면 평소 그의 소탈하고 고집스러운 성격으로 보아 중간에 줄기 끊어 먹지 않고 끝까지 갈 것으로 생각됐다(이 믿음은 그 후 사실로 실현되어 내가 당초 겨냥했던 그 P를 비롯하여 안기부 기조실장 엄삼탁, 고검장 이건개, 경찰청장 천기호 등 거물급 수사·정보기관장 십수 명을 감옥으로 보내는 쾌거를 이루었다. 이만하면 꽤 큰 부패 고리 아닌가. 1타 10피는 됐던 것 같다).

이리하여 첫 번째 길은 접었다. 이제 두 번째 길을 선택할 수밖에 없다. 이 길은 생판 아무도 가 본 적이 없는 길이다. 그 흔한 찌라시(금융기관에서 돌아다니는 '카더라' 통신) 한 장 없었다.

그러나 만들면 없던 길도 나게 마련이다. 금융가의 정보통인 윤씨 성을 가진 지인을 만났다(이 지인은 오래된 사회 친구로 말술[두주불사斗酒不辭]에 다재다능한 사람인데 지금은 고인이 됐다). 그는 평소에 이런 말을 자주 했다.

"검은 돈, 특히 큰 돈의 흐름은 금융가에서 소문이 나기 마련이다. 그리고 금융계 임원들의 입은 거의 CNN 수준으로 전파 속도가 빠르다."

윤에게 P와 관련된 범죄 정보를 물었다. 그는 거침없이 대답했다.

"P는 월계수회인가 하는 정치단체의 장 아닙니까. 마침 알고 지내는 은행장이 그 월계수회의 총무인가 뭔가 중요한 역할을 한 것 같은데, 이 자를 털어 보면 어떨까요?"

P가 회장이던 월계수회의 중요 멤버인 동화은행장 안모 씨를 말하는 것이다. 그는 황해도 출신으로 월남한 사람인데, 한일은행장(우리은행 전신)을 역임했고 이북5도민 중심의 시중은행인 동화은행장에 선임되어 3년 임기 채우고 연임되었다. 부패 고리는 이 '연임'에 있다. 당시 은행 인사는 기존의 행장이 연임되면 그 자리를 노리던 그 아래 상무, 전무들은 모두 낙동강 오리알이 된다. 그래서 이들은 없는 말까지 지어 내며 치열하게 음해하고 모략한다. 마침 이 은행에는 오리알이 될 운명에 처한 조흥은행 출신의 상무, 전무가 여러 명 있었다. 이들은 앙앙불락하고 있었다.

윤을 다시 만났다. 이들을 접촉해 보라고 부탁했다. 2~3일 지났을까, 그 걸쭉한 지인의 목소리가 수화기에서 다시 울렸다.

"퇴근길에 좀 봐요. 생각보다 쉽겠는데요."

가슴이 뛰었다.

매일 아침 중수부장실에서 열리는 회의 장면은 요즘 유행하는 감정 없는 생물체들이 등장하는 SF영화 장면 같다. 막 출범한 정권의 눈에 들어 총장, 장관이라도 해먹고 싶은 중수부장은 수하 1, 2, 3, 4과장을 매일 들볶아 대지만, 과장들은 범죄 정보가 없는 것인지 아니면 있어도 기득권 세력과 연줄이 닿아 있어 지레 피하고 있는 것인지 그저 장승처럼 앉아 그 들볶임을 당하면서도 서로 눈치 보며 시간만 흘려 보내고 있었다. 공식 직제에도 없는 5과장인 나라도 나서지 않으면 검찰 전체가 부패 유착 세력 또는 개혁 대상 세력이 될 판이었다. 그러니 가슴이 뛰지 않을 수 있었겠나.

안모 은행장에 대한 비위 첩보의 요지는 이렇다.

"은행장이 되거나 연임을 하기 위하여서는 최소한 세 군데 이상의 적극 동의가 있어야 한다. 세 군데라 함은 재무장관, 청와대 경제수석, 민정수석이다. 동화은행의 연임에는 특히 국회 재경위원장의 역할이 컸다고 한다. 동화은행장은 은행장만 세 번째 임기다. 따라서 다른 행장보다 훨씬 힘든 로비를 했다고 한다. 로비 자금은 동화은행 영업총괄상무 신모 씨가 조달했고, 그 규모는 최소 몇십억 원에 이를 것이란다. 은행장 자신은 상고 출신으로 억척같이 돈을 모아 꽤 큰 자산을 보유하고 있다고 한다."

국회 재경위원장이 거명되는 것이 특히 눈에 띄는 대목이다.

이 정도면 파고들어갈 실마리는 잡은 셈이다. 문제는 관련자들이 모두 나보다 한 수 위의 금융전문가들이라 자금세탁을 오죽이나 잘했을까 하는 점이다.

자금세탁 수사와 국제공조

여기서 잠시 눈을 돌려 자금세탁(돈세탁)에 대하여 한마디 하지 않을 수 없다.

금융실명제가 도입되기 전 우리 사회에서 자금세탁이라는 용어는 생소한 말이다. 주민등록번호도 필요 없이 어떤 가명으로도 은행 계좌를 열 수 있기 때문에 굳이 복잡한 절차로 자금세탁을 할 필요가 없었다. 주민등록번호 없이 '홍길동'이라는 이름으로 계좌를 개설하여 수백억 원을 입금하였다가 다시 '이순자'라는 이름으로 옮겨놓고 그 통장에서 수시로 현금 인출하여 집도 사고 차도 사고 마누라에게 수천만 원짜리 밍크코트를 사 줘도 돈의 실소유주가 누구인지 알 방법이 없었다.

1987년 미국 법무부 초청으로 연방검찰청에 연수 갔을 때, 자금세탁(money laundering)이라는 용어를 처음 듣고 어리둥절했었다. 어느 날 교관검사(시어도어 쉬멘더, 워싱턴DC 연방검찰청 대테러담당검사)의 안내로 버지니아주 알링턴에 있는 마약수사청(DEA)을 방문했다. 그곳 책임자가 무엇을 알고 싶냐고 물었다. 마약 밀매 조직을 비롯한 조직범죄의 수사기법을 견학하고 싶다고 했다. DEA 책임자는 검지손가락을 까딱하며 따라오라고 했다(9·11 테러 이후에는 외국인에게 이 같은 국가 시설을 개방한다는 것은 상상도 못할 일이다). 미로 같은 복도와 몇 개의 문을 지나 꽤 큰 공간의 방에 들어섰다. '워룸(War Room)'이었다. 그들은 수사를 전쟁으로 생각한다. 상대를 못 죽이면 내가 죽는 '죽고 죽이는 싸움'이 수사라고 인식하는 것이다. 그때나 지금이나 우리나라에서는 이목을 끄는 큰 사건의 수사를 권력투쟁이라고 여기거나 패거리 간의 갈등이라고 생각한다. 본래 수사는 범죄를 파헤쳐 범인을 잡아넣는 일일 뿐이다. 그놈의 신분이 무엇인지 알 바 아니다. 그런데도 피의자가 정치인 또는 정치권력과 연계된 자이기만 하면 그 수사검사를 정치검사라고 몰아붙인다. 참으로 한심한 세태다.

그 워룸의 한쪽 벽면에 수많은 사진들이 붙어 있었다. 수사 기밀을 위하여 얼굴만 있을 뿐 이름 등 신상은 가려져 있다. 이들 사진들 간에 화살표가 그어져 있다. 어떤 것은 한 방향이고 어떤 것은 양방향이다. 차이점을 물으니 한 방향은 실물(마약)의 흐름이고 그 반대 방향은 돈의 흐름이라는 것이다. 그러면서 수사의 핵심은 이 돈의 흐름을 추적하는 것이라 했다. 눈이 번쩍 뜨였다.

그 당시까지 검찰, 경찰 등 대한민국의 모든 수사기관은 실물의 흐름에만 집착해 왔다. 피의자의 자백 및 이것의 진실성을 추단시킬 만한 증거의 수집에 집중해 온 것이 현실이다. 그래서 뇌물죄 등 부패범죄 수사는 피의자의 자백이 왕이었다. 반대로 범인은 부인, 즉 오리발이 최고의 빽이었다. 나 역시 공무원 사회에서 저승사자로 불릴 만큼 부패범죄 수사를 많이 했지만 이 범주를 벗어나지 못한 터였다. 그런 나에게 자금세탁, 자금추적이라는 용어는 문화적, 실무적 충격이었다.

자금추적은 어떻게 하는 것인가? 기본은 은행, 증권 등 금융계좌를 통한 자금의 흐름을 살피는 것이다. 그러나 이보다 선행되어야 할 일은 피내사자의 수입·지출 분석이다. 세무당국에 신고된 모든 세금 산출의 기초가 되고 있는 자산(재산과 소득)에 걸맞은 지출이 이루어지고 있는가를 몇 년에 걸쳐 관찰하는 것이다. 걸맞지 않은 과다소비행위가 지속적으로 이루어지는 자가 1차 내사의 대상이 된다.

당시 우리나라 경제 운영 시스템은 부동산과 금융거래의 실명제가 시행되지 않고 있었고, 신용카드 제도도 정착되지 않은 상태였다. 그러하니 모든 수입·지출은 자기앞수표와 현금, 그중에서도 현금이 거래의 주된 수단이 되고 있었다. 이러한 제도하에서 수입·지출 분석이나 자금추적이라는 것은 거의 불가능에 가까웠다. 혐의자의 가택과 사무실을 싹쓸이하듯 압수·수색하여 온갖 장부, 메모지, 전화번호부, 일정표, 수첩 등을 분석하여 증거를 찾아내고 이에 기초하여 자백을 받아 냈던 그 시절의 수사 관행도 지금 생각해 보면 불가피한 측면이 있다.

미국 연수를 마치고 귀국한 후 어느 일간지 기자와 차 마시면서 이 이야기를 들려주었더니 다음날 그 일간지에 "돈세탁이란 무엇인가"라는 큼직한 제목의 칼럼이 게재됐던 기억이 새롭다. 그 이후로 검사를 그만둘 때까지 나는 모든 종류의 부패범죄를 수사할 때면 항상 수사 대상의 수입·지출의 행태와 자금의 흐름을 분석하는 것을 기본으로 삼았다.

자금세탁 수사기법 외에도 워싱턴DC 연방검찰청에서 연수할 당시 이런 일도 있었다.

대부분의 미국 직장에서는 금요일 오후만 되면 방학을 앞둔 학생들처럼 들뜨고 분위기가 어수선해진다. 말하자면 불금(TGIF)이다. 미국 온지 한 달쯤 지났을 무렵 어느 날 금요일, 내 연수를 책임맡고 있던 쉬멘더 검사가 말을 건넸다.

"미스터 함, 오늘 저녁 무슨 약속 있어요?"

난생 처음 미국, 그것도 교민이 많은 LA 지역도 아니고 공무원들만 득실거리는 DC에서 무슨 저녁 약속이 있었겠나.

"없는데요."

"그러면 주미 일본 대사관에서 주최하는 파티에 함께 갈래요?"

"나는 초대 대상이 아닌데….."

"일본 도쿄검찰청에서 미스터 함처럼 연수 나온 일본 검사가 호스트이니 함께 가도 괜찮을 겁니다."

당시 미국 검사들 눈에는 한국과 일본은 이웃나라로 꽤 친한 사이일 것으로 생각됐던 것 같다. 이렇게 해서 그의 차에 편승하여 DC에 파견 나온 일본 검사가 주최하는 파티에 참석하게 되었다. 호기심이 발동하여 엉겁결에 OK라고 했으나 차 속에서 생각하니 괜히 따라나섰다는 생각도 들었다.

파티 장소는 메사추세츠 애비뉴에 있는 큰 저택이다. 영화에서나 보던 그런 저택이다.

아니나 다를까. 폭탄주와 회식 문화에 익숙한 나에게는, 게다가 영어라는 언어 장벽까지 있으니 파티 끝날 때까지의 서너 시간이 열 시간 같았다. 음식은 대부분 일본식 음식이라 입맛에 맞았고, 집 떠난 지 한 달 만이니 모처럼 실컷 주워 먹었다. 문제는 파티에 참석한 50여 명이 모두 처음 보는 사람들인 데다가 비사교적인 미국과 일본의 공무원들이다. 그나마 호스트인 도쿄에서 온 검사는 작은 키에 나비넥타이까지 매고 그 많은 손님들과 일일이 명함 주고받고 손짓 발짓까지 해 가면서 그들의 환심 사기에 분주했다.

또 다른 일본인 검사가 한 명 있었다. 그에게 접근했다. 영어로 내 소개를 하면서 그의 직책을 물었다. 이름은 요시나가 마사히로이고 직책은 주미 일본 대사관의 Legal Attaché라고 자신을 소개했다. Legal Attaché라는 단어가 생소해서 역할이 무엇인가라고 물으니 "미·일 정부 간 법적 문제의 협력관계 유지"라고 한다.

"그런 일은 외무부의 소관 아닙니까?"

"범죄인 인도, 수사 공조 등 문제는 외무부보다 법무부의 Legal Attaché가 하는 게 더 효율적이거든요."

"이런 파티는 자주 여나요?"

"주미 일본 대사관에는 모든 정부 부처에서 약간명씩의 협력관이 나와 있어요. 이들은 번갈아 가면서 미국 정부의 파트너들과 다른 나라 외교사절 중에서 같은 업무를 취급하는 인사들을 초대하여 파티를 열면서 상호 교류합니다."

당시 나는 6개월 일정으로 DC에 있었는데, 주미 한국 대사관의 어떤 놈도 이 같은 행사는 고사하고 개별적으로라도 미국 법무부나 연방검찰청 검사와 밥 한 끼 먹자고 제안한 적이 없다. 그는 덧붙여 "이 장소는 파티 주최용으로 정부에서 사들인 저택이고, 음식을 포함한 일체의 파티 비용은 대사관에서 부담한다"고 했다. 부러웠다.

그의 말을 듣고 나니 다나카 총리 뇌물 사건이 떠올랐다. 1976년 도쿄지방검찰청 특수부가 다나카 가쿠에이(田中角榮) 총리를 뇌물범죄로 수사할 당시, 수사검사 홋타 쓰도무는 미국 연방검찰청의 협조를 받았다. 그는 한때 주미 일본 대사관의 Legal Attaché로 근무한 적이 있다. 그때 알고 지내던 미국 연방검사들의 도움을 받아 뇌물공여자인 록히드 항공사의 중요 간부들을 LA 연방법원에 소환하여 증거보전절차를 밟을 수 있었고, 이를 바탕으로 도쿄에서 다나카를 구속했다. 당시 미국 연방 검찰의 협조가 없었다면 다나카에 대한 수사 자체가 불가능했다고 한다. 어떤 역사에 남을 만한 큰일들은 영화처럼 하루아침에 어떤 유능한 한 인간의 영웅적 의지만으로 이루어지는 것이 아니라 다년간 구축된 인적 인프라가 바탕이 되어야 한다는 사실의 역사적 증명이다.

파티가 끝나고 숙소로 돌아오면서 동네 슈퍼에 들러 맥주 몇 캔을 샀다. 이것을 홀짝거리며 편지를 썼다. 수신은 법무부장관이다. 내용은 한국 검찰도 미국을 비롯한 중요 국가 대사관에 검사를 파견하면 좋겠다, 연수(공부)가 아닌 Legal Attaché(법무협력관)로 적어도 2~3년간 이상 상주시켜 양국 간의 법무 협력, 수사 공조, 범죄 정보 공유 등을 목적으로 한 인적 네트워크를 확보토록 하면 좋겠다고 썼다. 형식은 사신(私信)이나 내용은 공직자 간의 업무보고(제안)이다.

그리고는 한동안 잊고 있었는데 어느 날 밤(서울 시간 낮)에 전화가 걸려 왔다. 검찰국장이다. 평검사의 인사권을 쥐고 있는 법무부 내 2인자다.

"잘 있냐? 바람 쐬고 놀다 오라 했더니 쓸데없는 짓 했더구나. 장관에게 보낸 편지 잘 봤다. 기왕 제안했으니 좀 더 상세하게 파악해서 귀국 후에 보고해라."

약간의 짜증이 섞여 있었다. 왜 일거리를 만드냐는 말투였다. 전화를 끊고 나니 한편으로는 잘한 것도 같고 다른 한편으로는 괜한 짓을 해서 일만 벌었구나 하는 생각도 들었다.

지금은 이 제도가 정착되어 검사들이 적어도 10여 명 이상 중요 국

가 대사관뿐만 아니라 국제기구에 파견 나가서 일하고 있다. 격세지감
이다.

앞서가는 서구문명을 받아들이는 점에서 일본은 우리보다 100년은
앞서 있다. 일본 근대국가 성립의 기초가 된 도쿠가와 막부 정권 말기,
메이지유신 초기 때의 일이다. 중앙정부 차원에서도 서구 선진 문물을
배워 오도록 해외견문사절단을 꾸려서 내보냈지만, 각 지방정부에서도
그 지역 출신 영재들을 해외로 내보내 인재의 양성과 자강을 꾀했다. 그
중 한 사람이 다카스키 신사쿠(요시다 쇼인의 수제자로 유신 10걸 중 한 명)
이다.

다카스키는 23세 때 조슈번(지금의 야마구치현)에서 중국으로 내보낸
견문사절단에 끼어 상하이를 방문했다. 유람하면서 보고 느낀 모든 소
회를 글로 적어『유청오록(遊淸五錄)』이라는 저서를 남겼다. 평소 중국의
문명을 흠모했던 그는 이 책의 말미에 이렇게 적었다.

"길거리(상하이)는 온통 쓰레기와 배설물이 켜켜로 쌓여 발 디딜 틈조
차 없고, 영국인 프랑스인이 거리를 걸으면 중국인들은 모두 도로 양편
으로 물러서서 그들이 지나갈 때까지 기다린다. 나라(청)가 내우외환으
로 망해 가는데 부국강병은 흔적도 찾을 길이 없다. 지금의 이 모습이 미
래의 일본이 될까 두렵다."

정한론을 주장한 쇼인의 제자이기는 하나, 이 글에서 묻어나는 그의
우국충정만은 부정할 수 없다.

국가(지방정부 포함)가 돈 들여 천하의 인재들을 불러 모아 서양의 문
물을 배워 오게 한 막말(幕末)의 일본과, 서양은 고사하고 청이나 일본에

몰래 밀항하여 어깨너머로 배우고 훔쳐 온 지식과 견문조차도 백성들이 알지 못하게 틀어막은 조선 말 집권세력의 사욕과 무능이 한때 '동남아시아를 제패한 일본'과 '식민지 조선'이라는 결과를 낳았다.

오늘날의 집권세력은 구한말의 그들보다 좀 나아졌는가? 중장년기를 넘어 노년기에 이르도록 사리사욕이나 패거리 이익에서 벗어나지 못한 자들이 매일매일 TV 화면에 넘쳐난다. 그때나 지금이나 듣고 싶은 것만 듣고 보고 싶은 것만 보는 확증편향 환자들이 넘쳐난다. 청년기의 정치 초년생들조차도 패거리 이익에 오염되어 옳고 그름을 분별하는 평정심을 잃어버린 채 완장 찬 머슴놈처럼 설친다. 인생 살 만큼 산 자들의 내려놓는 모습, 시작하는 자들의 순수하고 진취적인 모습을 보기가 이토록 어려운 것은 내 눈에만 그렇게 비치는 걸까?

청와대 차명계좌

금융가의 황제

가던 길로 다시 돌아가겠다. 지인에게서 제공받은 첩보에 따르면 수사의 타깃은 당초의 그 황태자 P뿐만 아니라 청와대의 몇몇 수석비서관과 장관, 국회의원으로 확대되겠지만(그만큼 장애 요인이 많게 될 가능성을 의미한다) 당시로서는 이것저것 가릴 이유가 없었다. 대통령 당선자가 국민들 앞에서 육성으로 '성역 없는 수사'를 말하지 않았던가.

은행장의 신병을 확보하는 것이 수사의 첫걸음이지만 그 전에 최소한 행장 연임을 위하여 이자가 어느 정도 로비를 하고 다녔는지, 자금은 어떻게 조달하였는지 확인하는 내사 절차가 필요하다.

먼저, 그가 행장으로 연임되는 바람에 임기 만료로 퇴임을 눈앞에 둔 몇몇 임원과 다시 접촉했다. 이들을 통하여 그 은행장은 연임을 위하여 국회 재경위원장 등과 요정 등에서 빈번히 접촉하였다는 사실을 알게 되었다. 또한 그에 소요되는 자금은 대부분을 영업총괄상무가 조달하였는데, 기업 대출 커미션이 주 자금원이었다는 사실도 확인할 수 있었다(당시는 기업자금대출 자체가 큰 특혜였기 때문에 대출금의 5~10% 커미션 수수가 금융 관행이었다).

신병을 확보하기 전날, 행장의 개인 비리 사실만을 총장에게 간략하게 보고했다. 총장도 검사인지라 행장이 주 타깃이 아님을 눈치챘다. 총장은 사건이 어디로 번져 나갈지 염려하는 눈치였다.

"영업상무 등 주변 조사를 충실하게 해서 확실한 증거가 나온 후에 행장 신병을 확보하는 편이 더 낫지 않겠나?"

"알겠습니다."

방으로 돌아와 팀원들을 불러 모았다. 옆방 검사도 중수부장도 모르게 지시했다.

"두 팀으로 나눈다. 한 팀은 행장 집 앞, 다른 한 팀은 영업상무 집 앞에서 기다린다. 새벽 골프 나갈지도 모르니 늦어도 새벽 4시에는 집 앞에서 기다려야 한다. 나오는 대로 잡되, 절대 집 식구들도 모르게 하라. 뒤쫓아가다가 가급적 인적이 드문 골목길에서 승용차에 탄 채로 잡아라. 영업상무는 즉시 사무실로 연행한다. 행장은 차에 태우고 시내를 돌아라. OK 사인 떨어지면 그때 데려와라. 만약 영업상무 신병 확보에 실패하면 행장 연행팀은 조용히 철수해라."

영업상무와 행장의 연행에 시차를 둠으로써 주변 조사를 먼저 하라는 총장의 지시를 따르는 척은 해야 했다. 그러나 그 둘을 같은 날 확보하지 못하면 행장은 필경 뇌물 갖다 바친 자들의 비호의 장막 속으로 숨어들어가 수사는 큰 난관에 부딪힐 것임에 틀림없었기 때문에 이런 비책을 쓴 것이다. 돌이켜 생각해도 잘한 일이지만, 일이 뜻대로 되지만은 않았다.

해프닝이 벌어졌다. 체포된 행장은 말단 행원으로 입행하여 30년간 모든 역경을 다 헤쳐 온 사람이다. 게다가 행장을 두 번씩 해먹으면서 이철희·장영자 사건이나 명성 사건 수사 때 현직 행장들이 줄줄이 구속되는 장면을 목격했던 사람이다. 그는 지금 이대로 검찰청사로 끌려가면 그 길로 감옥행임을 감각적으로 알아챘다. 그는 밤잠을 설친 수사관들이 잠시 조는 틈을 타서, 타고 있던 자동차가 신호등 앞에서 대기중에, 그것도 강남대로에서 차문을 박차고 뛰쳐나갔다. 그리고 다짜고짜 "Help me!"를 외치며 공중전화 박스로 달려가더란다. 황급하게 뒤쫓아 간 수사관들과 대로상에서 옥신각신하는데 교통경찰관이 다가오자 납치되었다면서 소동을 벌였다. 수사관들이 신분증까지 보여 주면서 중요 사건 피의자 연행중이라 하니 교통경찰관도 합세하여 행장을 차 안으로 다시 밀어넣어 주었다고 한다. 필경 누군가에게 SOS를 쳐서 증거 인멸 또는 구조 요청을 시도했던 것으로 보인다.

그러는 사이, 아침 7시경 청사로 먼저 연행된 영업상무로부터 아주 신속하게 몇 가지 중요한 진술을 받아 냈다. 시중 음식점에서 다수의 행원들이 수집한 영수증을 이용하여 비용 명목으로 현금을 인출하여 행장의 비자금으로 사용하였다는 사실과, 몇몇 기업에서 받은 대출 커미션 수억 원을 행장에게 건네준 적이 있다는 것이다. 이만하면 행장을 피의자로 조사하는 데 부족함이 없다. 그 즉시 행장을 연행하겠다고 보고하고, 이미 자동차 안에 신병 확보되어 서울 시내 어딘가를 돌고 있을 행장을 청사로 데려오도록 지시했다.

행장은 키가 훤칠한 노신사풍의 금융인이다. 이해득실 계산이 엄청나게 빠른 사람이다. 일차로 실명으로 된 그의 은행 계좌 내역을 확인했다. 의미 있는 거래 내역이 보이지 않았다. 당연하다. 그다음은 은행(동화은행이 아닌 다른 은행)에 갖고 있는 그의 대여금고를 열었다. 엄청난 금액의 무기명채권이 보관되어 있었다. 월급 등 정당한 수입으로는 도저히 모을 수 없는 거액이다. 이들 무기명채권의 자금원을 역추적하면 아마 특정경제가중처벌법위반죄로 평생 옥살이를 해야 할 정도였다.

그러나 이것은 수사 목표가 아니다. 그도 내 의도를 잘 이해하고 있었다. 그래서 그와의 거래는 비교적 쉽게 진행되었다. 재무장관 얼마, 경제수석 얼마, 국회 재경위원장 얼마, 은행감독원장 얼마, 그 밖에 덤으로 대통령 경호실장(직전 안기부장이었다) 얼마까지 소상하게 자백했다. 그러면서도 막상 최초의 수사 타깃 그 황태자에 대해서는 침묵했다. 그러나 상관없다. 이미 P는 서울지검 강력부의 홍 검사에 의해 이보다 더 저질스러운 조폭 배후 세력으로부터 돈을 받아먹은 사실이 드러나고 있는데 굳이 거기에 집착할 필요는 없었다. 오히려 당시 금융가의 황제라고 불리던 국회 재경위원장이 더 거물급 구악 아닌가. 이들의 신병 확보에 착수했다. 거액의 돈을 줬다는 자백이 있는데 무엇을 주저할까 보냐.

그런데 뜻밖의 장애가 생겼다. 재무장관은 정권이 바뀌기 직전 그만두고 해외연수 명목으로 이미 출국하고 국내에 없었다. 범죄인 인도 등 외국과 사법공조를 할 만큼 국가 체제가 정비되어 있지 못한 때이다. 은행감독원장은 피라미다. 남아 있는 구악은 경제수석과 국회 재경위원장뿐이다. 경제수석비서관은 중수부 수사 대상으로서 '깜'은 되는데, 그 할아버지가 이승만 정권 시절 올곧기로 소문난 김병로 대법원장이라 한다. 물론 할아버지가 청렴하였다 하여 그 손자도 청렴할 것이라는 보장은 없지만, 그래도 구악 제1호로 삼기에는 존재감이 약하다.

결국 모든 수사의 초점을 이원조 국회 재경위원장에 집중하기로 했다. 이 사람은 시중은행 지점장 시절부터 전두환, 노태우 정권과 밀착되었고(당시 전·노의 비자금을 관리해 주었다는 확인되지 않는 소문이 주간지, 월간지에 도배되고 있었다), 그리하여 군부 정권 10년 만에 은행 지점장에서 은행장을 거쳐 국회 재경위원장까지 오르게 되었으니 그 유착의 정도야 일반인도 짐작할 수 있을 터이다. 그렇지만 구체적 범죄사실은 아직 드러난 것이 없다. 일반 대중들에게까지 거악으로 부각된 인물은 아니었으나 그 이면을 들여다보면 당초의 타깃이던 그 황태자 P 이상이다.

민정수석의 수사 방해

이 정도면 됐다. 내심 크게 한 건 할 것 같다는 예감을 갖고 위에 수사 착수 보고를 했다.

피의사실은 간단하다. 그리 무겁지도 않다. 은행장 연임과 관련하여 인사권자에게 청탁한다는 명목으로 돈 2억 원을 받았다는 사실이다. 특경가법상의 알선수재죄로, 구속해 봤자 집행유예감이다.

그런데 상황은 정반대였다.

"이원조만은 안 된다."

전두환, 노태우 정권 때 잘 해먹은 인물들을 '성역 없는 수사'라는 명목으로, 검찰 또한 구악이라고까지 맹비난하면서 그토록 몰아붙이던 신정권 세력들이 이원조만은 안 된다니, 이 무슨 개 짖는 소리인가. 연전에 북한 정권이 문재인 정권을 비난할 때 쓴 말, '삶은 소대가리가 앙천대소할 소리' 바로 그것이었다.

수사 초기 그토록 신바람 난 표정으로 격려하던 중수부장의 얼굴이 굳어졌다. 아니나 다를까. 청와대 민정수석이라는 자가 언론과 인터뷰한 내용이 보도됐다.

"물증 없이 소환 없다."

작금 진행되고 있는 검찰 수사에 대한 민정수석의 입장이다. 구체적 진술 없이 의심이나 풍문만으로도 수사하여 개가를 올린 경우가 어디 한두 건이었던가. 게다가 이 사건은 이미 행장으로부터 얼마 줬다고 자백까지 받아 놓은 터이다. 그런데 돈을 받아먹었다는 물증이 드러나지 않는 한 피의자 소환은 불가하다는 것이다. 이 무슨 개뼈다귀 같은 소리인가.

그리고 도대체 언제부터 청와대 민정수석이 구체적 사건 수사에 개입했는가. 등산화부대들이 자나깨나 독재정권이라고 비난하던 이른바 군부정권 시절에도 이처럼 공개적으로 청와대가 수사에 개입한 적은 없었다. 청와대 민정수석이나 홍보수석이 공개석상에 나서 하는 발언은 결코 그 개인의 의견이 아니다. 왜냐하면 그는 대통령의 얼굴을 대신하는 참모이기 때문이다. 결국 그의 말은 대통령의 의중이다. YS가 직접, 또는 YS의 권력에 버금가는 자가 장막 뒤에서 대통령의 이름을 팔면서 수사 방해를 하고 있다는 뜻이다.

검찰청 출입 사회부 기자들이 내 방으로 몰려왔다. 질문이 쏟아졌다.

"어제 민정수석이 한 말 들었나요? 어떻게 생각하세요?"

"무슨 개 짖는 소리야? 대통령이 성역 없는 수사 하라고 했잖아. 구체적인 수사 방법은 내 몫이야. 민정수석이 이래라 저래라 지껄일 게 아니잖아."

청와대를 출입하는 정치부 기자와 검찰을 출입하는 사회부 기자들의 취재 경쟁에 더하여 언론은 은근히 청와대와의 갈등을 확대재생산해 냈다. 말려들어서 득 될 것이 없다. 입 꽉 다물고 수사나 계속 하기로 마음 먹었다.

"선 물증, 후 소환"이라는 뜬금없는 말로 수사 방해에 나선 그 민정수석은 사실 나와 낯선 사이도 아니다. 비록 짧은 기간이었지만 내가 서울지방검찰청 공안1부 대공 사건(주로 간첩 사건) 담당검사를 할 때 그는 공안2부장이었던 적이 있다.

이 사건 수사 초기, 동화은행장을 구속했을 무렵 그가 나를 청와대로 불렀다. 명목은 대통령이 직접 격려해 주겠다는 것이다. 검사가 사건을 수사하는 것은 자신의 직분일 뿐인데 격려는 또 뭐냐 하는 생각이 들었지만, 중수부장 등 누구에게도 알리지 말고 들어오라는 바람에, 대외비라면 무슨 말을 하나 들어 보는 것도 괜찮겠다는 생각이 들었다. 교통편도 그가 보내 준 승용차를 이용하라고 했다. 그래서 덕수궁 돌담길을 따라 미국 대사관저 근처까지 걸어가서 기다리고 있던 그 차를 타고 청와대로 들어가 그와 만났다. 때마침 대통령은 경주에서 개최된 어떤 큰 행사에 참석하는 바람에 자신이 대통령 대신 격려의 말을 전하겠다고 하면서, 노고를 치하한다고 했다(실제 그날 밤 9시 뉴스에 지방 행사에 참석한 대통령 모습이 보였다). 그러면서 '03시계' 몇 개와 격려금이 든 봉투 하나를 건네주었다. 청와대를 나오면서 나는 다시 한 번 믿게 됐다.

'역시 문민정권은 다르구나. "성역 없이 수사하라"는 말이 번지르르한 정치적 레토릭이 아니네.'

그날, 검사 된 후 모처럼 직업적 행복감을 느꼈다.

그랬던 그 사람이 느닷없이 TV에 나타나 "물증 없이 소환 없다"고 했다. 이 말을 전해 들었을 때의 내 소감은 간단하다.

"이런 ×발놈들! 성역 없는 수사? 놀고 있네. 그 말을 곧이 믿은 내가 바보지!"

'이럴 줄 알았더라면 격려금 봉투를 낯짝에 던져 주고 나오는 건데…. 네놈들이 뭐라고 지껄여 대든 그건 너희 생각이고, 나는 내 할 일 하면 되는 거야.'

그러면서 수사를 계속 했다.

당시에는 미처 깨닫지 못했는데 그 후 곰곰이 생각하니 대통령 격려금까지 건네준 민정수석의 행위는 살아 있는 권력(당시 집권세력)에 대해서는 알아서 덮어 달라는 일종의 암시였다. 그러나 죽은 권력이든 살아 있는 권력이든 부패의 냄새만 나면 먹통을 물어야겠다는 본능이 꿈틀거리는 검사에게 이런 암시가 무슨 소용 있었겠나.

"좋다! 물증? 찾아 줄게."

파견 나와 있는 국세청 직원, 은행감독원 직원, 그리고 검찰수사관 등을 2인 1조로 편성하여 시중은행 지점들을 훑기 시작했다.

행장은 영업상무 등이 만들어 준 비자금을 그대로 사용하지 않았다. 자행 수표로 건네받은 이 돈을 몇 군데 다른 은행 지점을 돌며 타행 수표로 교환했다. 그리고 이 수표를 로비 자금으로 활용한 것이다.

타행 수표로 교환해 온 자는 행장의 비서다. 행장 차량 운행일지 가운데서 예컨대 '제일은행 관악지점, 조흥은행 가락지점 왕복' 등으로 기재된 내역이 수상했다. 멀리 떨어진 타은행 지점에 행장이 탑승하지 않은 상태로 은행장 전용 승용차가 다녀올 특별한 이유가 무엇인가? 수상한 운행 시간대에 동화은행 발행 자기앞수표(액면 1천만 원)들의 제시 내용을 확인했다. 시간대를 축소하니 맞교환해 간 타행 수표 발행 내역이 확인됐다. 이런 절차를 거쳐 행장의 수중에 들어갔다가 다시 유통된 수표만 10억 원이 넘었다.

수사의 관건은 행장의 손을 거쳐 그다음 순서로 이 수표를 건네받은 자를 찾아내는 일이다. 그런데 이른바 거악들은 받은 수표를 절대 직접 사용하지 않는다. 잠시 거쳐 갈 뿐이다. 중·하위직 생계형 부패범죄자들만이 받은 수표를 시중에서 직접 사용한다. 뇌물로 사용된 수표의 최종 사용자(금융기관에 수표를 제시한 자)를 찾아내는 데만도 오랜 시간이 소요되는데, 천신만고 끝에(가명제였기 때문에 이런 표현을 쓴다) 찾아냈다고 하더라도 이자는 대체로 동화은행장과는 일면식도 없는 경우가 대부분이다. 은행장으로부터 직접 건네받은 최초 수수자를 찾아내지 못하면 그동안의 고생이 헛수고가 된다. 수사를 방해하려는 자들은 이 틈을 비집고 들어온다. 별건수사는 안 된다, 인권 침해의 소지가 있다, 야간 수사는 안 된다는 등 온갖 구실을 대면서 말이다. 이렇게 되면 분한 마음이 가슴에 꽉 차서 밤잠도 설치게 된다.

그러던 어느 날이다. 거의 새벽닭 울 무렵 집에 들어가 잠시 눈 붙이고 셔츠 갈아입고 좀 늦게 출근했다. 수사관과 여직원이 굳은 얼굴로 앉아 있었다. 직감으로 무슨 일이 터졌구나 생각됐다. 묻기도 전에 수사관이 먼저 말했다.

"총장실에서 여러 번 전화가 왔습니다. 지금 바로 내려가 보시지요."

"총장이 직접 전화했던가?"

"처음에는 총장님 목소리였고, 나중에는 비서실장이 계속 찾던데요."

청사 내에서만 사용하는 전화기로 총장실을 연결했다. 여비서가 받았다.

"내가 함 검…."

"아, 예 검사님, 연결하겠습니다."

엄청 기다렸다는 목소리다. 잠시 10초쯤 흘렀을까. 수화기가 쩡 울렸다.

"너 뭐 하는 놈이야? 당장 내려와!"

응대할 틈도 없이 전화가 끊겼다.

'뭐야? 수사 받던 어느 놈이 죽었나?'

그렇지 않고서야 평소 비교적 조용한 성품인 총장이 이토록 흥분할 리 없었다.

심호흡 한 번 하고 총장실로 들어섰다.

"부르셨습…."

말이 끝맺기도 전에 소리부터 버럭 지른다.

"너! 지금 뭐 하고 있어!"

"예? 수사하고 있지요"

"뭐? 수사? 내가 뭐라 했어? 소리 나지 않게 수사하라고 했잖아."

마주 쳐다보니 평소의 온화한 그 눈빛이 아니다. 엄청 화난 표정이다. 그렇다고 움츠릴 내가 아니다.

"그래서 아무도 소환하지 않고 조용히 자금추적만 하고 있는데요. 자금추적에도 소리가 납니까?"

총장이 잠시 말문이 막혔다. 말꼬리를 돌린다.

"태정이(중수부장)도 알고 있어?"

"아직 결과가 없어 보고 전인데요."

총장은 잠시 멈칫하더니 비서실 벨을 꾹 눌렀다.

"중수부장 오라 해."

잠시 후 표정이 굳은 중수부장이 들어섰다. 일부러 눈을 마주치지 않고 딴청 피웠다.

"김 부장! 검사 통제 제대로 하고 있는 거야? 똑바로 해!"

영문도 모르는 중수부장은 힐끗 나를 쳐다보았다. 짐짓 외면하고 서 있는데

"네, 알겠습니다. 함 검사, 내 방으로 가자."

이렇게 해서 둘이 함께 중수부장실로 올라갔다.

"뭐야? 뭐 나온 거야? 그러면 나에게 먼저 보고해야 하는 것 아니야?"

"아니, 부장님, 내가 수사 하루이틀 한 얼라요? 아직 아무것도 나온 거 없어요."

"그런데 왜 저 난리냐?"

"글쎄, 어느 놈 빽이 세게 들어온 모양이지요. 알아보고 보고 드릴게요."

방으로 돌아왔더니 내 방 직원들은 물론 자금추적팀들도 당일 할 일

을 부여받지 못해 좁은 방에서 우글거리고 있었다. 내가 웃는 얼굴로 들어가니 모두 굳었던 표정이 환해졌다.

"야, 어제 확인된 계좌들 다시 설명해 봐. 그 계좌 중에 어느 하나 뒤에 엄청 센 놈이 있음이 분명해."

다섯 개 팀 조장들이 각자 들고 있던 서류뭉치를 훑어보더니만, 은행 감독원에서 나온 김씨 성 가진 검사역이 말했다.

"어제 천만 원짜리 두 장이 결제된 상업은행 효자동지점에 갔었는데, 그 계좌에 자그만치 삼백억 원 가까이 들어 있던데요. 예금주도 개인 이름이 아니고 ○○회로 돼 있었습니다."

"그래, 그놈인 모양이다. 오늘 다시 나가 그 계좌의 입·출금 내역을 몽땅 복사해 와. 그리고 지점장 직접 만나 예금주가 누구인지도 추적해 봐."

모두 내보내고 나서, 총장 비서실에서 근무하는 A 수사관을 잠깐 내 방으로 불렀다. 과거 서울지검 특수부 시절 옆방에서 수사관으로 근무하여 잘 알던 사람이다. 비서실에 근무하니 눈치 백 단이다.

"A 수사관, 절대 비밀로 할게. 오늘 아침 총장실로 전화한(휴대전화가 없던 시절이다) 외부 인사 중에 이름만 들어도 알 만한 사람 누구야?"

A 수사관은 난처한 얼굴이다. 그런 걸 물으면 어떻게 하느냐는 표정이다.

"우리 둘만의 비밀이야. 그냥 이름만 대 봐. 그리고 빨리 내려가. 괜히 오해받으니까."

"정○○ 장관입니다."

나의 채근에 A 수사관은 이름 석 자 남기고 꽁무니 빼듯 내 방을 나갔다.

의도치 않은 전·노 비자금 계좌

정○○ 장관이라면 노태우 대통령 비서실장 하던 인물이다. 공직사회 TK의 대부격이다. 좀처럼 개인적인 일로 누구에게 청탁할 성품이 아니다.

'그러면 그 상업은행 효자동지점 계좌의 예금주가 청와대?'

순간, 이 상황을 즐겨야 하는 건지 당황해야 하는 건지 분간이 잘 안 갔다. 검사로서의 내 운명을 바꿀지도 모르는 상황이었다. 그래도 일단 아드레날린이 치솟았다. 천만 원짜리 수표 몇 장으로 300억 원대의 비자금을 찾아낸 것이다. 부엉이 집을 얻은 셈이다. "물증 없으면 소환 없다" 던 놈들, 당황하는 모습을 상상하니 그것만으로도 즐거웠다.

저녁 무렵, 상업은행 효자동지점에 나갔던 김 검사역이 돌아왔다. 복사해 온 입·출금 내역을 살폈다. 출금은 거의 없고 입금뿐인데, 단위가 수억에서 수십억 원이다.

"지점장이 예금주를 말해 주던가?"

"창구에서 취급한 것이라 자기는 알 수 없답니다."

"그놈이 누굴 바보로 아나? 일개 시중은행 점포에 300억 원이 입금돼 있고 한 번에 수 억, 수십억 원씩 입금하는 놈을 지점장이 누구인지 모른다고?"

아무리 비실명제라도 금융거래 관행상 있을 수 없는 얘기다.

"이 수사관, 그 지점장 내일 불러들이세요."

다음 날 그 지점장이 들어왔다.

"당신 점포에 백억 원 이상 입금돼 있는 가명계좌 전부를 압수수색할까, 이 계좌의 실소유자 이름을 불래?"

그리 오랜 시간이 걸리지 않았다.

"예금주는 정말 모르겠구요, 청와대 경호실에서 관리하는 계좌는 맞습니다."

그렇다. 이른 아침 총장에게 전화를 걸어 계좌 추적에 대하여 항의성 청탁을 한 사람은 전 노태우 비서실장이라는 사실과, 상업은행 효자동지점의 그 계좌는 청와대 경호실 경리 담당 이모라는 자가 관리하고 있었다는 지점장의 진술을 종합하면, 이 300억 원의 임자는 노태우 또는 그와 매우 가까운 자의 것임을 추단할 수 있다(이 계좌는 훗날 전두환·노태우 비자금 수사에 결정적 단서가 되었다). 은행장 연임 업무와는 무관한 경호실장이 은행장으로부터 억대의 돈을 받아먹은 수수께끼도 이제 풀렸다. 동화은행에도 경호실에서 관리하는 수백억 원의 비자금 계좌가 있었고, 이 돈은 그 예금의 대가라는 뜻이다.

의도하지 않게 직전 대통령 비자금의 꼬리를 잡은 것이다. 입금 내역 가운데 최근의 것으로 액수가 큰 세 가지만 찝어내 역추적을 시켰다. 모계좌를 찾아간 것이다. 가명에서 가명으로 움직이는 수표인지라 복잡한 세탁 절차를 거치지는 않았다. 가명 입금, 가명 인출 그 자체로 세탁이 된다고 여긴 것이리라.

제일 큰 액수(50억 원)의 출처는 제일은행 남산지점으로 드러났다. 1억 원짜리 자기앞수표 50매이다. 예사 거래가 아니다. 이토록 거액을 움직이는 모계좌의 주인은 또 누구인가? 제일은행 남산지점장을 불러들였다. 바로 인근에 있는 G그룹의 것임이 어렵지 않게 확인됐다. G그룹 총괄 비자금 계좌인 것이다.

그런데 갈수록 태산이다. 그 제일은행 남산지점의 계좌에는 또한 엄청난 액수의 돈이 입·출금되고 있었다. 입·출금의 특징은 한결같이 천만 원 미만 우수리가 없다. 모두 억 단위이고 최하 단위래야 3천만 원, 5천만 원 이런 식이다. 상품 대금 거래가 아닌 부정한 돈의 입·출금임을 암시하는 대목이다.

그중에서 다시 인출 거래 몇 가지만 찝어내 따라가 보았다. 또 다른 자(子)계좌를 내리 훑어본 것이다. 기가 막혔다. 당시 집권당 대표의 이름을 포함하여 몇몇 귀에 익은 정치인 이름이 드러났다. 이런 식이라면 당시 여의도와 정부청사에서 내로라 하며 기사 딸린 승용차 타고 다니던 놈 수십 명을 잡아넣을 수 있겠다는 생각이 들었다.

더 이상의 자금추적은 스스로 중단했다. 호흡을 가다듬으며, 이 사건을 어떤 방향으로 몰아갈 것인가를 곰곰이 생각했다.

'내가 지금 중수부장이라면, 전 중수부 병력을 동원하여 대대적인 거악들과의 전쟁을 한 판 벌이겠다. 얼마나 신나는 일인가? 그러나 나는 지금 영장청구권도 없는 검찰연구관일 뿐이다. 당장은 중수부장의 신임을 받아 서울검찰청 검사직무대리 자격으로 수사하고 있지만, 직무대리 해제라는 전화 한 통이면 수사권(구속영장청구권)이 날아간다. 자중하자.'

마음을 정리하고, 다음 날 중수부장실에 들어갔다. 지금까지의 계좌추적에 대한 중간수사보고인 셈이다.

"○○○ 현 집권당 대표, 이원조 국회 재경위원장, 김종인 경제수석, 이현우 경호실장에게 각 수억 원씩 입금된 사실을 확인했습니다. 이자들을 잡아들이겠습니다."

노태우 비자금(상업은행 효자동지점) 부분은 빼고 요약보고했다. 다른 정치인들 이름도 다 뺐다. 잡아넣어야겠다고 마음먹은 네 사람 이름만 실명으로 보고한 것이다. 중수부장 얼굴이 하얗게 굳어졌다.

"함 검사, 너 지금 제정신이냐? 출범한 지 두 달밖에 안 된 집권당 대표를 어떻게 구속하니? 그리고 이원조는 처음부터 안 된다고 했잖아. 경제수석 김종인만 해. 그것만 해도 큰 성과야. 서울지검에서 박철언, 이건개(당시 현직 고검장) 잡아넣고 대검이 경제수석 잡아넣으면 검찰 체면은 섰어. 더 이상은 안 돼. 니가 어려워져."

평소 솔직담백한 성품이라 에둘러 얘기하지도 않았다.

"알짜 다 빼고 쭉정이 한둘 잡으려고 지금까지 이 고생 했습니까? 좋습니다. 당대표는 정치자금인지 뇌물인지 명목도 불분명하거니와 별건 수사이니 그렇다 치고, 이원조만은 빼면 안 됩니다. 전·노 시절의 최고의 구악이라면 이자를 빼고는 얘기할 수 없지요. 내게 맡기세요. 부장님 어렵게 만들지 않을게요."

맞받아치고 부장실에서 나왔다.

죽은 권력 vs 산 권력

쓰레기통에서 새 나간 특종

그런 후 며칠도 지나지 않은 어느 날, 유력 일간지 1면에 "대검 중수부 함승희 검사, 거물 정치인들 구체적 혐의 잡고 조만간 소환"이라는 주먹만 한 제목이 달린 기사가 실렸다. 다만 정치인들의 실명은 피하고 이모, 김모 등으로 표기됐으나 그가 누구인지는 누구라도 추측할 수 있는 내용이었다. 또 한 번 큰 소동이 벌어졌다.

이런 일이 벌어지면 수사를 방해하려는 세력들이 상투적으로 쓰는 수법이 있다. 검찰이 의도적으로 사건 내용을 흘렸다면서 피의사실 공표, 인권 침해를 들먹이며 수사팀을 비난 또는 문책하겠다는 것이다. 마음 같아서는 "××놈들, 내용이 맞으면 그만이지 뭐 어쩌라고" 하면서 언론에 상세히 브리핑해 주고 그대로 밀고 나가고 싶었다. 그런데 어쩌랴! 나는 중수부장이 아니다. 서울지방검찰청 검사직무대리일 뿐이다. 덤터기를 벗어나려면 기사를 흘린 자를 찾아내야 했다. 기사의 내용으로 봐서 수사 내용을 그대로 준 것은 아니다. 일부 추측성 기사도 상당 부분 섞여 있기 때문이다.

많은 사람들이 수사팀을 의심했다. 그러나 이런 추측은 정말 검찰의 생리를 모르는 자들의 억측이거나 수사검사를 궁지로 몰기 위한 구실일 뿐이다. 기본적으로 주임검사(사건 수사를 주도하는 검사)는 사건 수사를 매끄럽게 잡음 없이 진행하는 것이 수사 성패의 관건임을 잘 안다. 도중에 수사 내용이 기사화되면 낭패인 것이다. 아직 잡아들이지도 않은 피의자 또는 관련자들이 도망, 잠적하거나 증거를 인멸하거나 수사를 방해하기 때문이다.

수사 방해의 방법은 주임검사가 막 대하지 못하는 거물급 인물(주로 과거 모시던 상사이거나 중고등학교·고향 선배)을 동원하거나, 누구의 청탁을 받고 수사한다는 등 음해·모략하거나, 정치인들(주요 피의자와 이해관계를 같이하는 정당의 국회의원 등)을 동원하여 "특정 정파를 유리 또는 불리하게 할 정치적 의도가 있다"(즉, 정치검사에 의한 정치수사다)고 왜곡하는 것이다. 심지어는 "이 사건을 끝으로 수사검사는 국회의원에 출마할 것"이라고 우겨 대는 놈도 있다. 이런 수법에 걸려들어 중도 좌절된 사건 수사가 한두 건이 아니다.

이와는 반대로, 주임검사 스스로 친분 있는 기자에게 슬그머니 수사 내용의 일부를 흘리는 경우도 더러 있기는 하다. 사건이 안 되어 종국에는 무혐의 처분될 것임을 뻔히 알면서도 악의적으로 피의자의 이미지에 먹칠을 할 정치적 의도이거나, 꼭 수사하고 싶은데 내부적 장애(주로 윗선의 개입, 청탁 등)가 있을 경우 수사 내용을 기정사실로 만들어 치고 나가기 위해서 이런 짓을 한다. 그러나 이것은 꼼수이고 나중에 들통이 나게 마련이다. 그 후부터 그는 내부적으로 기피인물, 이른바 또라이가 되는 것이다. 이런 방법으로 매명(賣名)하여 유명세를 얻고 이를 밑천 삼아 국회의원이 되어 제법 거물급 정치인이 된 자도 더러 있기는 하지만, 사도(邪道)를 걷는 놈은 언젠가는 더 사악한 놈에 걸려 망하기 마련이다. 수사 그 자체에 보람을 느끼고 검찰의 위상에 대하여 촉새 무리들이 짹짹거리는 데 부아가 치밀어서 수사할 뿐인 정통 수사검사는 '슬쩍 흘리는' 그런 짓은 안 한다. 정면돌파로 얼마든지 뚫고 나갈 수 있는데 굳이 우회하는 짓을 왜 하나?

본론으로 다시 돌아가겠다. 이 사건 관련 피의자 이름을 기사 내용처럼 소상히 알고 있는 자는 나 빼고 두셋이다. 그런데 이 두셋을 의심할 수는 없다. 한솥밥 먹은 지 몇 년인데 이제 와서 그들이 왜 그런 짓을 했겠나? 나머지 파견 나온 직원들은 사건 전체의 윤곽을 잘 모른다. 어느 누가 도청을 했을까? 지금 같으면 충분히 가능한 얘기지만 그 시절에는 IT 기술이 그 정도로 발달해 있지 않았다.

남아 있는 몇 가지 가능성을 놓고 역추적해 보았다. 결국 알아냈다.

이것이 당시 꽤 유명했던 '쓰레기통 절도 사건'이다.

청사 15층 조사실은 수사 관계자만 드나들 수 있다. 그런데 예외가 있었다. 새벽녘 직원들이 출근하기 전 7시를 전후하여 약 30분간 청소 요원들이 15층 조사실 출입문을 활짝 열어 놓고, 각 조사실에서 버린 쓰레기를 한데 모아 외부 소각장으로 반출하고 환기시킨다. 각 조사실은 조사받던 자들이 뛰어내릴 것이 염려되어 아예 창문이 없는 방도 있고, 있어도 손바닥만 하다(30분 정도 환기시킨다 해도 악취에 가까운 땀, 음식 냄새는 빠지지 않는다. 그래서 밤샘수사 하고 집에 들어가면 아내가 문턱에서부터 겉옷과 와이셔츠부터 벗으라고 늘 잔소리 했다). 이 틈에 그 일간지 기자가 15층으로 침입하여 우리 팀이 사용하던 조사실 쓰레기통에서 나온 종이 쓰레기들을 몽땅 셔츠의 배 안쪽에 담고 나갔단다. 그리고는 몇 명이 둘러앉아 밤새 숨은그림찾기를 한 것이다. 직업의식이 이 정도면 그 언론사 입장에서는 상 줄 만하다. 아닌 게 아니라 그 기자는 그 후 편집국장까지 하고 지금도 논설위원인가로 그 신문사에서 일하고 있다.

그때 이후로 검찰청 각 방실에는 전기자동파쇄기가 비치되었다. 그렇지만 지금도 이런 위험이 완전히 제거된 것은 아니다. 모든 일들이 컴퓨터와 스마트폰으로 이루어지는데 이것들의 보안 상태가 '종이로 된 조서' 시절보다 나아졌다고 할 수 있을까?

어찌 됐든 이 기사로 인하여 3~4명의 거물급 정치인들에 대한 수사가 기정사실화됐으니, 이때부터는 공개적, 노골적인 전쟁이 시작됐다. 죽이려는 자와 살고자 하는 자의 전쟁이다. 죽이려는 자는 허울뿐인 중수부 5과장 직책의, 수사 권한도 임시로 부여받은 검찰연구관이다. 반면 살고자 하는 자는 돈과 빽이 검사보다 백 배 천 배 많은 자들이다. 모함, 회유, 압력이 본격적으로 시작된 것이다.

회유, 압력, 모함

이들이 쓰는 수법은 일차로 회유이고, 다음으로 압력이고, 이도 저도 안 되면 모함, 즉 뒤집어씌우기이다.

우선 회유가 시작됐다.

한창 수사중인 어느 날, 건설업을 하는 고등학교 선배에게서 갑자기 전화가 왔다. 저녁이나 먹자 한다. 사무실 근처 L호텔 일식당에서 만났다. 가볍게 식사를 마쳤는데, 차 한잔 하고 가라 한다. 30분 정도 시간 된다고 했더니 1층 커피숍이 아닌 30층 객실로 나를 안내한다. 왜 이런 데서 커피를 마시냐 했더니, 나더러 유명인사라면서 "유명인사는 공개된 장소는 가급적 피하는 게 좋다" 한다. 커피 마시는 데 남의 눈 피할 이유가 뭐냐면서도 그날만은 잠자코 따라갔다.

짐작한 대로 그 객실에는 처음 보는 사람이 이미 와 앉아 있었다. 청와대 ○○수석이란다. 건장한 체격이다. 명함을 받아들고 자세히 보니 그 등산화부대의 '중요 임무 종사자'로 TV 화면에서 자주 본 인물이다. 말의 요지는 간단했다. 이 사건만 잘 처리해 주면 이 정권하에서 출세를 보장해 주겠다는 것이다. 갑자기 좀 전에 먹은 초밥이 넘어오려 했다. 초임 검사 시절이었다면 "씨×놈, ×같은 소리 하고 있네" 하고 맞받아치고 나왔을 터이다. 그렇지만 조만간 부장검사 승진을 앞두고 있는 고참 검사인 데다가 함께 자리한 선배 체면도 있었다.

"수석님, 말씀은 고마운데 검사는 연한이 차면 저절로 승진합니다. 그리고 지금 있는 자리가 평검사로서는 최고로 출세한 자리구요."

꾹 참고 웃으면서 대답하고, "선배, 오늘 저녁 잘 먹었어요" 하고 먼저 방을 나왔다.

이원조는 지난 10년간 온갖 부귀영화를 누리며 금융가의 황태자로 군림한 인물답게 구명운동이 대단했다. '성역 없는 수사'를 육성으로 국민들 앞에서 천명한 그 대통령의 최측근들은 당시 정권 출범 몇 달밖에 되지 않은 상태로 기고만장했고, 대부분의 언론도 이들에게 압도되고 있었다. 이들에 의한 본격적인 음모가 시작됐다. 1단계로 나를 수사선상에서 빼내는 음모이고, 종국적으로는 제 놈들의 약점을 알고 있는 사람을 검찰에 그대로 둔다는 사실 자체가 후환이 두려운 나머지 검찰에서 완전히 배제시키는 음모이다.

어차피 10여 년 전 검사 될 때부터 출세 따위는 내 머릿속에 없었다. 강원도 산골 촌놈(지금은 서울에서 승용차로 한 시간 반이면 갈 수 있지만 고등학교 입학을 위해 서울 처음 올 때는 버스나 기차로 열다섯 시간 걸렸다)이 출세를 한다면 얼마나 할까? 또 설사 출세를 한다 하더라도 비굴해 가면서까지 출세하느니 고향 내려가 시골 변호사 노릇 하면서 사는 것도 나쁘지 않겠다고 생각하고 있었다. 그때 그렇게 했어야 하는데 좀 더 자리에 붙어 있었던 게 아쉽다는 생각이 지금도 가끔 든다. 그러니 뭐가 두려우랴. 수사팀을 다시 불러모았다.

"이제부터 모든 자금추적은 이원조 하나로 집중해라. 이놈이 발악을 하고 있구나."

YS 선거자금의 흑기사 이원조

여기서 잠깐, YS가 대통령에 당선된 과정을 되짚어 보자.

당시 유력 대선 후보는 김대중, 정주영, 김영삼 등이다. 정주영은 기업인 출신답게 엄청난 자금력으로 나섰다. 김대중은 호남을 지지 기반으로 하여 '호남 핍박 30년' 한을 풀고자 했다. YS로서는 결코 만만한 싸움이 아니었다. 이미 지난 대선(1987) 때 노태우, 김대중과 3자 구도로 싸웠다가 참패한 악몽이 있다. 이번만은 필사적으로 당선되어야 한다. 왜냐하면 그로서는 마지막 기회였기 때문이다. 이런 그에게 기회가 왔다. 영남을 중심으로 한 수구 세력 전체가 위기감을 느끼고 있었다. DJ를 중심으로 한 호남 세력의 기세가 만만치 않았기 때문이다. "우리가 남이가" 하는 말도 이런 위기감을 배경으로 해서 나온 말이다.

여기에서 기형아로 태어난 것이 3당 합당이다. 기존의 수구 세력과 김영삼, 김종필 세력의 야합인 것이다. 철저한 적과의 동침이다. "닭 모가지를 비틀어도 새벽은 온다"면서 수구 세력과 온몸으로 맞섰던 YS는 대통령이 되기 위하여 그 수구 세력과 거래한 것이다. 여기에 충청도의 맹주를 자처하며 정치판에서 평생 조커 역할을 해 온 JP도 가세하였다(3당 합당 후 JP는 당대표가 되었다). 3당 합당으로 승기를 잡았으나, 반발 세력도 만만치 않은 데다가, 선거운동에 종사하는 자가 어중이떠중이 워낙 많다 보니(3당 출신이 다 모였다) 소요 자금이 가히 천문학적 숫자였으리라.

대한민국 선거는 대선이든 총선이든 자금력의 싸움이다. 정치자금법과 공직선거법이 제대로 정비되기 전이었으니 그 부패상은 이루 말할 수 없었다. 그런데 YS에게는 그만한 돈이 없었다. 돈에 관한 한 그는 DJ보다 깨끗했다는 것이 당시 정치판의 평이다. 선거판, 특히 대선에서는 전 정권에서 잘나가던 자들이 정권이 바뀐 후에도 살아남기 위하여 '보험금'을 좀 내는 것이 상례이다. 그러나 직전 대통령이 누구인가. 돈에 관한 한 인색하기로 소문났던 노태우 아닌가(이와 관련하여 노 대통령은 YS 사후에 출간한 자서전에서 그가 관리하던 통치자금 중 수천억 원을 YS 측에 건네주었다고 주장했으나 진위 여부는 밝혀진 바 없다). 선거자금으로 인한 구세력과 신흥 세력 간 갈등은 겉으로 드러난 이상으로 심각했다. 이것이 훗날 YS로 하여금 '성역 없는 수사'를 외치게 한 요인이 되었으리라 짐작된다. 아무리 인색한 노태우도 주변의 압력을 견디기 어려웠으리라. 이 같은 상황 속에서 YS 선거 캠프의 자금 지원 '흑기사'로 두 인물이 등장했다. 바로 이 사건 수사의 타깃이 된 이원조와, 산업계의 실세 K(전직 산자부장관)였다.

이원조는 당초, 전·노 두 정권과 워낙 깊이 유착되었던 사실이 일간지 주간지 월간지 등 각종 지면을 통하여 만천하에 알려지면서 위기감을 느끼고 더 이상은 선거판과 인연을 맺는 것을 자제했다고 한다. 아니, 거절했다는 표현이 더 어울린다. 이런 그를 "정권이 바뀌면 신변 보장을 장담 못한다"는 식의 협박성 회유로 선거자금책으로 끌어들였다. 이것이 그가 동화은행장과 인연을 맺게 된 배경이다. '금융가의 황제' 칭호는 왜 생겼겠나? 시중은행장을 비롯한 금융 관련 기관장의 인사에서 그의 영향력을 의미한다. 당시 안 행장의 진술에 의하면 대선을 앞두고 시중은행장들은 규모에 따라 차등을 두어 수억 원씩 부담했고, 이 돈은 이원조를 통하여 YS 선거 캠프에 전달되었다는 것이다.

결국 노태우 정권 실세들의 부패 혐의로 시작된 내 수사는 선거자금을 연결고리로 하여 YS 정권 실세들의 똥창을 파고들기에 이르렀다. 이렇게 되니 YS의 측근 실세들이 얼마나 당황했겠는가.

"전 정권에서 부패한 놈들을 성역 없이 잡아들이라 했더니, 뭐야? 우리에게 칼을 겨눠? 이 검사, 누가 그 자리에 앉혔어?"

이것이 당시 그자들의 분위기였다.

그러나 수사는 산불과 같다. 불똥이 어디로 튈지 아무도 모른다. 뭣도 모르고 산불을 끄겠다고 발화 지점 근처에서 설쳐 대는 놈은 그 산불에 갇혀 타 죽는다. 이것이 산불의 생리요 수사의 생리이다.

정치권력을 잡은 자들의 검사를 보는 시각이 얼마나 왜곡되고 앞뒤가 모순되는지는 바로 이 대목에 집중할 필요가 있다. 처음 동화은행장을 구속하고 노태우 시절 황태자 노릇 하던 P의 뒤를 캘 때는 대통령의 금일봉까지 전달해 주던 놈들 아닌가. 그런데 자신들의 선거자금 조달 과정이 들통날 지경에 이르니 바로 그 검사를 내치려 한다. 처음부터 작정하고 제 놈들의 선거자금 뒤를 캐려 한 것이 아님은 누구보다 제 놈들이 더 잘 알고 있으면서도 말이다.

검찰은 정치권력에 맹종하는 경찰이나 정보기관과는 달리 준사법기관이다. 정치권력에 대한 견제와 균형 또한 헌법이 상정하는 검찰의 중요한 존재 이유 중의 하나라는 뜻이다. 그럼에도 불구하고 정치권력의 검찰에 대한 시각은 아무리 시간이 흐르고 정권이 바뀌어도 좀처럼 나아질 기미가 없다. 제 놈들의 비리, 부패 혐의는 무조건 덮기를 원한다. 다른 사건을 수사하다가 의도치 않게 튀어나와도 수사검사 탓을 한다. 알아서 기지 않았다는 이유이다. 제 놈들과 무슨 사전 약조한 것도 없는데 배신했다고도 한다.

최근 문재인 정권 들어 호위무사를 자처하는 놈들이 검찰, 특히 검찰 총장에 대하여 하는 짓거리는 70년 대한민국 검찰사에서 최악이다. 절제 없이 포악무도했다는 박정희 시절의 차지철도 이 정도는 아니었을 게다.

수사팀이 유도한 이원조 해외 도피

당시 장관도 총장도 내가 서울 지검 특수부 검사 시절 한때 검사장이었던 이들이다. 나도 그들 성품을 잘 알고 그들도 내 성격을 잘 안다. 서로 막 대할 수 없는 상대라는 것도 잘 안다.

어느 날 장관실에서 전화가 왔다. 비서를 거치지 않고 장관이 직접 수화기를 들었다.

"함 검사, 수고 많다. 오늘 오후 ○시, 삼청동 안가에서 잠깐 보자. 보고를 위한 어떤 문건도 만들지 말고, 아무에게도 말하지 마라."

"네, 알겠습니다."

대답하고 나니 잠시 저혈압 증세 비슷한 것이 왔다.

'점잖은 분인데 들이받을 수도 없고… 어떡한다?'

일단 부딪치고 볼 일이다.

삼청동 안가는 과거 남베트남(사이공 정부) 패망 전 주한 베트남 대사 관저 건물이다. 패망 후 잠시 정부가 관리하면서 검찰이 대외비 업무, 이른바 '안가'로 활용하고 있었다. 중수부장에게도 알리지 않고 혼자 나갔다. 장관이 먼저 와 기다리고 있었다. 얼굴을 살피니 웃음기는 없었지만 그렇다고 화난 표정도 아니다. 일단 마음이 놓였다.

"요즘 고생이 많겠다. 수사 진행 상황을 간략하게 구두로 얘기해 봐라."

당시 이 사건 수사 상황은 간혹 총장과 중수부장에게는 보고한 적이 있으나 장관에게는 문서는 물론 말로도 보고한 적이 없다. 보고할 여유도 없고, 보고를 요구해 오지도 않았다. 큰 사건 수사가 진행되면, 특히 그것이 정치인 관련 사건이면 가장 시달리는 자리가 법무부장관이다. 법무부장관은 국무위원이기 때문에 청와대(임명권자)는 물론 국회가 들볶을 수 있는 가장 만만한 상대이다. 그동안 이 사건으로 많이 시달렸을 터인데, 무던히도 참아 온 것 같다. 비교적 올곧게 살아온 검사 출신 장관답다.

수사 착수 배경을 간략히 설명하고 이원조, 김종인에 대하여 주로 보고했다. 조용히 듣기만 하더니 내 말이 끝나자

"앞으로 어떻게 처리할 작정인가?"

"이 두 사람만은 신병처리해야 되지 않겠습니까?"

간단히 대답하니 뭔가 지시할 말이 있는 듯 한동안 생각에 잠기더니

"중수부장, 총장 지시 받아 가면서 잘 처리해라. 고생해라."

그리고 일어섰다. 장관에게 큰 정치적 부담을 안겨 준 것 같아 좀 미안한 생각이 들었지만, 내색은 하지 않았다.

법무부장관이 특정 사건의 수사검사를 수사 진행중에 만나는 자체가 검찰청법의 정신("법무부장관은 특정 사건에 대하여 검찰총장만을 지휘할 수 있다")에 저촉될 수 있다. 그러나 다른 한편으로 생각하면 법무부장관은 국무위원으로서 대통령 또는 국회에 대하여 법무업무 전반을 파악하여 보고하고 감독할 책무를 진다. 특정 사건의 수사 상황은 비록 법무행정

업무와는 성격이 다르기는 하지만, 어쨌든 대통령이나 국회는 법무부장관을 통해서만 수사 상황을 파악할 수 있으니 장관으로서도 최소한의 수사 상황은 알고 있어야만 한다. 여기가 법무부장관과 수사검찰과의 접점이다. 어느 쪽도 이 선을 넘으면 안 된다. 수사검찰이 기소독점주의를 내세워 이 선을 넘게 되면 유아독존적 존재가 되어 만인의 원성을 사게 된다. 법무부장관 역시 이 선을 넘는 간섭, 지시를 하게 되면 법원의 재판과 유사한 준사법적 성격을 지니는 수사업무의 본질이 훼손되게 된다. 이런 관점에서 보면 당시 법무부장관은 민주국가의 법무부장관답게 적절한 선에서 품위를 유지한 것이다.

그 나라가 민주국가인가 아닌가를 가늠하는 데는 여러 가지 척도가 있을 수 있다. 그러나 딱 두 가지만 말하라면 그 첫째는 '권력 간의 견제와 균형, 그리고 언론의 자유'다. 거꾸로 말하면, 독재정권은 제일 먼저 사법권(검찰권 포함)을 장악하고 언론을 통제하게 마련이다. 대한민국 70년 헌정사에서도 그 정권이 민주적이었나 독재정권이었나는 수사와 재판이 비교적 독립적으로 행하여졌는가, 그리고 언론이 정권의 똥창 빠는 짓을 얼마나 했나를 곰곰이 생각해 보면 가장 쉽게 그리고 정확하게 가늠할 수 있다. 그리고 이 중에서도 특히 검찰권의 행사, 즉 수사의 개시, 진행, 종결에 정치권력(청와대와 국회)의 개입의 정도가 그 명쾌한 척도이다. 수사에 관한 보도가 나올 때마다 이에 대한 청와대의 반응이 어떻고 집권당 아무개 의원이 뭐라고 지껄였다는 보도가 나오는 빈도가 높으면 높을수록 이미 그 나라, 그 정권은 민주국가로서의 국정 운영을 포기했다고 단언해도 무방하다.

또 다른 하나의 척도가 '법무부장관의 행태'이다. 특정 사건의 수사에 관한 내부적 보고도 받지 않을 뿐만 아니라 당연한 결과로 외부적 코멘트도 하지 않는다면 그는 민주국가의 법무부장관이다. 그 반대로, 수사 주체인 검찰총장을 딴죽 걸거나, 수사 도중에 인사권을 행사한다거나, 야간 수사를 하지 말라는 등 수사의 룰을 바꾸는 등의 행태를 자행하면 그 장관은 독재정권의 하수인인 것이다.

지난 20여 년간 법무부와 검찰의 관계를 보면 차라리 박정희, 전두환 때가 그리울 정도로 최악이다. 민주주의라는 단어를 제 자식들 이름보다 더 자주 입에 올리면서 정권을 잡은 세력들이 행정부와 (준)사법부의 견제와 균형이라는 현대 민주국가의 핵심적인 기본 틀을 여지없이 뭉개 버리기 일쑤였다. 참으로 아이러니라 아니 할 수 없다. 특히 문재인 정권에서 조국이나 추미애 등이 법무부장관으로서 보여 준 행태는 김영삼 정권 시절 그 법무부장관의 처신에 비추어 보면 말 그대로 망나니 수준이다.

장관과 만난 며칠 후 인간미 넘치는(?) 중수부장과 다시 마주 앉았다.

"함 검사, 이원조 문제를 어떻게 처리하면 좋겠냐? 저자들의 닦달이 이만저만이 아니야."

자못 심각한 표정이다. 아마도 이원조 이자가 절대 혼자 죽지 않겠다, 다 같이 죽자고 물고 늘어지는 것 같았다.

"내게 맡기세요. 일이 잘못되면 내가 중수부장 지시도 어기고 제멋대로 수사했다고 덮어씌우세요. 군소리 안 할게요. 어느 주간잡지에 '이원조 그는 누구인가?'라는 기사가 났던데 보셨어요? 그가 이퇴계 선생 방계손이라네요. 내가 그를 직접 만나 '퇴계 선생 피를 이어받은 사람이라면 오랏줄을 조용히 받으라. 약점 잡은 놈들을 물고 늘어지는 것은 시정잡배 양아치들이나 하는 짓이다. 니가 양아치냐?' 이렇게 설득하면 안 되겠어요?"

중수부장은 딱하다는 표정을 지으면서

"니가 너무 순진하구나. 감방에 들어가는데 양아치가 어디 있고 퇴계가 어디 있냐? 하나마나 한 소리야."

"그러면, 위험부담이 좀 따르는 것이기는 한데, 이 방법은 어떨까요? 그자를 아직 출국정지 조치 하지 않았으니 외국으로 도망가라고 하세요."

현역 국회 재경위원장이 함부로 해외로 도주할 것 같지도 않거니와, 그에 대한 수사 사실 자체가 노출될 것이 염려되어 출국금지 조치를 안 한 상태였다.

"그렇게 해도 괜찮을까? 그렇잖아도 당뇨가 심하다던데, 칭병으로 출국시키는 것도 한 방법이겠네."

내게 속셈이 있는 줄도 모르고 중수부장은 반색했다. 평소 폭탄주 즐기고, 폭음하면 "전라도 놈이라고 괄시 많이 받았다"며 눈물도 찔끔 보이던 그는 한편으로는 참 단순했다.

저쪽 놈들과 즉시 연락이 된 모양이다.

조선일보 이혁주 기자가 방으로 찾아왔다. 나와 동년배이고 성격도 깔끔하여 가끔 소주 한잔 하던 사이다. 그가 먼저 말문을 열었다.

"함 형, 요즘 큰 건 문 것 같던데… 쉽지 않을걸?"

"왜? 무슨 소리 들었어?"

"그가 출국 준비하고 있다는 소문이 돌던데. 여권도 새로 만들었고 지금 병원에 입원해 있대. 일단 외국으로 내보내고 시간을 벌자는 속셈인 것 같아."

즉시 확인해 보았다. 일본 도쿄 근교에 있는 어떤 병원에서 당뇨병 치료할 목적으로 출국하는 데 사용할 민간여권을 발급받아 출국 준비를 하고 있고, 강북의 K병원에 입원중이며, 출국할 때는 병원 입원복 차림에 링거 주사 꽂고 환자용 휠체어에 앉아 탑승할 예정이라는 사실이 확인됐다. 이런 준비를 그 짧은 기간 내에 할 수 있다는 것은 힘 있는 기관 놈들이 적극 나서서 도와주고 있다는 뜻이다.

나는 내심 쾌재를 불렀다. 그를 도망시키고 면피할 수 있어 쾌재를 부른 것이라고 오해 말라.

전경환 vs 이원조

죽은 권력을 수사하는 일과 살아 있는 권력을 수사하는 일은 본질이 다르다.

전두환 정권 말기 때의 일이다. 새마을운동중앙회 회장이던 전경환(전두환의 친동생)의 비리가 터졌다.

전경환은 체격이 좋아 박정희 정권 시절 대통령 경호실에 근무하던 사람이다. 전두환 세력이 정권을 잡은 후 그는 새마을운동중앙회 사무총장과 회장을 역임하면서 막후 실세로 행세했다.

내가 1984년 제주지방검찰청에 근무할 때다. 전두환 세력의 위세가 등등할 시절이다. 말단 경찰관 출신인 전기환(전두환의 형)과 경환 형제가 가끔 제주도에 행차(?)했다. 그들이 제주도에 올 때면 거의 예외 없이 당시 최고급 호텔이던 신제주의 G호텔 한식당에서 연회가 열렸다. 도지사, 보안사 지대장, 안기부 지부장, 제주경찰국장, 지역 신문사 사장 등 7~8명이 모여 이들을 극진히 대접했다 한다.

당시 제주검사장도 당연히 이 자리의 참석 대상이다. 어느 날 그가 말했다.

"전씨 형제가 내려오면 그때를 맞춰 서울로 올라가는데, 핑곗거리가 다 떨어져 고민이다. 아버지 기일, 어머니 병환 등도 이미 여러 차례 써먹었다."

"왜요? 음식도 좋을 것이고 남들은 그런 사람 못 만나 안달이던데, 왜 일부러 피합니까?"

"당최 배알이 틀려 못 앉아 있겠는기라. 다른 기관장 놈들이 모두 '대군님, 한잔 올리겠습니다' 카면서 무릎 꿇고 술잔을 권하는데 따라 할 수도 없고, 그렇다고 혼자 뻘쭘하게 앉아 있을 수도 없고 가시방석인 기라."

그 시절에는 이랬다.

그 후 30년이 지난 요즈음에도 문재인 정권을 조선의 태종이니 세종이니 하는 임금에 비유하면서 아첨 떠는 놈들이 있다 하니 말해 무엇 하랴. 그런데 이런 놈들의 아들 딸들은 애비 잘 둔 덕분에 외국 유학 가서 석·박사 받아 와 어느 대학에서 교수 노릇 하거나, 시민권자가 되어 그곳에 눌러앉거나, 고위공무원단에 소속되어 좋은 네트워킹으로 인생 즐기는데, 여기에는 좌파 우파의 구별도 없다.

이렇게 대군 행세를 하던 전경환이 수사 선상에 올랐다. 범죄 혐의는 형인 대통령의 위세를 등에 업고 고위 공직자들의 인사 또는 인·허가 등의 이권에 개입했다는 것(당연히 대가로 돈이 오갔을 것이다)과, 그가 회장으로 있던 새마을운동중앙회의 내부 자금(대부분 기업과 일반 국민의 성금이다)을 횡령했다는 것이다. 신문, 방송에 주간지, 월간지까지 합세하여 그에 대한 확인되지 않은 비리 의혹이 연일 보도됐다. 이쯤 되면 검찰 수사가 시작되어야 한다는 것이 여론의 대세였다.

당시 검찰총장은 특수수사에 일가견이 있었던 인물이다. 내가 서울지검 특수부 검사 시절 서울검사장이기도 하다. 그도 충분히 썩은 냄새를 맡았을 터인데도 어떤 이유에서인지 수사 착수가 미루어지고 있었다. 정권 말기이기는 하나 그 정권에서 총장이 된 자가 그 정권 핵심 세력의 비리를 스스로 들춰낸다는 것은 쉬운 일이 아니었을 것으로 짐작된다.

이렇게 미적거리고 있던 어느 날 전경환이 돌연 일본으로 출국했다. 뚜렷한 공무상의 목적도 없었다. 전 언론이 벌떼같이 달라붙었다.

"전경환 해외 도피."

모든 신문의 1면 톱기사다. 수사를 피하기 위하여 도망갔다는 것이다. 아니면 청와대가 종용하여 도망시켰다는 것이다. 청와대도 난처해졌고 출국정지 조치를 안 한 검찰도 당황하기는 마찬가지였다(최근 김학의 전 법무차관에 대한 불법 출국금지 기사를 읽으면서, 먹고사는 모습은 점점 나아지는데 권력을 가진 자들의 심성은 날이 갈수록 교활해지는 것 같아 씁쓸하다).

전두환 대통령에 대한 역사적 평가는 다양하지만, 그는 분명 배짱 있는 무골(武骨)임에는 틀림없다. 도망 사흘 만에 급거 귀국하라는 불호령이 내려졌다. 전씨 형제들에게 전 대통령은 왕 같은 존재이다. 출국 일주일도 안 돼 전경환이 초췌한 모습으로 김포공항에 나타났다. 수사관들이 공항에서 곧장 검찰청사로 연행해 왔다.

전경환이 연행돼 오던 날 서소문 검찰청사 앞마당에는 인파가 인산인해를 이루었다. 육두문자로 욕설하는 사람, 계란 던지는 사람, 개중에는 인파를 헤치고 들어가 그의 뺨을 때린 자도 있었다. 한쪽 뺨에 손바닥 자국이 확연했다. 이 지경임에도 어느 단체, 어느 언론도 피의자 인권을 얘기하는 자가 없었다. 도대체 여론이란 무엇이고 국민 정서란 무엇인가 궁금해질 때가 많다. 이런 수모를 겪으며 검찰청사로 불려온 지 이틀 만에 전경환은 감옥으로 직행했다.

당시 서울지검 특별수사1부 검사였던 나는 이 사건 수사를 맡은 대검찰청 중앙수사부로 파견되었다. 중수부 4과장(훗날 이명박 정권 때 민정수석이 되었다)을 도와 전경환의 비자금을 찾아냈다. 경기도 모처에 있는 그의 동서네 집 다락방에서 통장, 장부 등을 가득 넣어 감춰 둔 007 가방을 찾아낸 것이다. 수사는 급진전되었고, 횡령·배임죄 등으로 구속하는 것은 그리 어려운 일이 아니었다.

문제는 전경환에게 청탁한 고위공직자 또는 기업인을 찾아내어 뇌물 또는 알선수뢰 사실을 밝히는 동시에 그 공직자를 자리에서 내치는 일이었다. 검찰 내에도 그에게 아첨해 승진했다고 소문난 검사가 몇 있었다. 이들은 두더지(내부 첩자) 노릇을 한다. 수사검사들을 험담하고 수사 기밀을 외부로 물어 나른다.

어느 날 어떤 지방검사장으로부터 구내 전용회선으로 전화가 왔다. 요지는 간단하다. 평소 나를 무척 훌륭한 검사라고 생각해 왔다면서, "압수된 전경환의 수첩에 기재된 자신의 이름이 언론에 노출되지 않게 각별히 신경을 좀 써 달라"는 청탁이었다. 수첩에 이름과 전화번호가 있다는 사실만으로 무슨 죄 되는 것도 아니어서 "걱정 마시라" 했다. 어떤 날에는 "그 사람 나하고 막역한 사이야" 하면서 으스대다가 또 어떤 날에는 수첩에 적힌 이름 석 자 때문에 전전긍긍하느라 입맛도 없고 밤잠도 설친다. 이것이 TV 화면에 나와 으스대는 고위 공직자들의 삶의 민낯이다.

이 같은 웃픈 장면을 최근에 또 겪었다. 나는 2008년부터 '오래포럼'이라는 이름으로 국가 정책 연구모임을 운영해 오고 있다(제6장 참고). 당시 새누리당 박근혜 의원도 가끔 출석하여 함께 공부를 했다. 대선이 가까워지고 박 의원은 다시 유력 대선 후보 물망에 올랐다.

대관령 명태 덕장에 명태를 널면 거의 동시에 속초, 주문진, 삼척 항구에서 썩은 생선 내장 빨며 살던 수십 수백만 마리의 똥파리(쉬파리)가 귀신같이 냄새를 맡고 해발 700미터의 그 덕장으로 날아든다. 파리 살기가 쉽지 않은 날씨임에도 아랑곳하지 않는다. 이 같은 현상이 인간 세상에서도 벌어졌다. 듣도 보도 못하던 인간 똥파리들이 기왕에 공부모임에 나오던 누군가의 절친이라면서, 자신도 앞으로 공부 열심히 하겠고 회비도 꼬박꼬박 내겠다며 달라붙었다. 공부하겠다는데 어쩌겠나? 그러라고 했다. 박근혜 의원이 앉는 1번 테이블 그 옆자리에 좀 앉게 해 달라고 또 은근히 부탁했다. 또 그러라고 한다. 그런데 미리 누군가에게 부탁을 해 두었는지 공부 도중에 사진을 연방 찍어 댄다. 무슨 홍보물이나 자서전 따위에 써먹을 모양이다. 그렇게 해서 국회의원 된 놈도 여럿 있고 대사, 원장, 공공기관장 된 놈도 여럿 있다(박근혜와 공부를 함께 한 인연 덕분인지 나름대로 또 다른 줄을 잡았는지는 모를 일이다).

이렇게 해서 한자리 해먹던 도중에 박근혜 대통령 탄핵 정국에 접어들게 되었다. 아뿔싸! 이 똥파리들이 오래포럼 사무국 직원들에게 전화를 걸어 와, 자신은 그 공부모임에 온 적이 없다고, 아니면 오긴 왔었는데 잠깐 앉았다가 바로 다른 곳으로 날아갔다고 얘기 좀 잘 해 달라고 부탁하더란다.

이 같은 인간 똥파리들은 시대와 장소를 막론하고 존재해 왔다. 생명력이 무한 끈질겨 덕장이 내려지면 어딘가로 날아가 숨죽이고 은닉하고 있다가 덕장이 다시 세워지면 또 날아오는 똥파리의 모습이다. 아! 그 기막힌 생명력이여!

어찌 됐든 전씨 형제들을 빽으로 삼아 크게 출세한 놈들 중에 다만 한 놈이라도 잡아들여야 그토록 시중에 난무하던 '전경환의 대군 노릇'을 파헤친 제대로 된 수사가 된다. 그렇지 않으면 여론이 좀처럼 잦아들지 않을 기세였다.

'기왕 잡아넣을 거면 가장 크게 출세한 놈 하나를 잡자.'

타깃이 정해졌다. 전두환 정권 시절 그 측근 쿠데타 세력을 제외하고 가장 출세한 자는 당시 서울시장이었다. 그는 경찰 총수인 치안본부장을 거쳐 경기지사로 임명되었다가 서울시장이 되었다. 경찰 출신으로서는 최단기간 내의 최고의 출세였다. 대통령 권력이 작용하지 않고서는 불가능한 일이다.

그러면 이 사람을 대통령에게 연결해 준 자는 누구인가? 당시 언론은 대통령의 장인 이규동과 전씨 형제를 지목하고 있었다. 그런데 공무원을 잡아넣기 위해서는 돈 받아먹은 사실을 밝혀야 한다. 이규동(당시 대한노인회 회장)이나 전씨 형제는 아무리 털어 봐야 이들이 돈을 받아먹은 사실은 밝힐 수 있어도, 거꾸로 공직자(시장)에게 돈을 주었을 리 만무하다. 그렇다고 새마을중앙회장 비리와 관련 없는 뇌물 사건을 수사한다면 이

것이야말로 전형적인 별건수사로서 수사 착수 자체가 불가능할 것이 뻔하다. 왜냐하면 그 서울시장과 당시 검찰총장은 같은 대학 선후배로서 긴밀한 네트워킹으로 맺어져 있었기 때문이다.

검사가 터무니없는 맨땅을 파는 것이 아닌 한, 길은 찾으면 보이게 마련이다. 새마을운동중앙본부 건물은 서울시 소유인 강서구 소재 우장산근린공원 부지 일대에 건립돼 있었다. 공사비만 수백억 원이다. 시공자는 당시 현대건설과 함께 건설업계의 쌍벽을 이루던 H건설이다. 이 H건설사의 사장 B씨는 호탕한 사업가로서 수시로 청와대에 들어가 전두환 대통령과 위스키로 대작하던 사이다. 그림이 그려졌다. 전씨 형제와 H건설사 그리고 서울시장의 삼각 연계도가 근사했다. 의문의 여지가 없었다. H건설사 사장을 연행해 왔다. 하룻밤 수사로 서울시장과 사이에 억대의 금품이 오간 사실이 드러났다. 이자를 잡아들이면 전경환을 둘러싼 이른바 새마을 비리 사건의 수사는 종착역에 도달하게 된다.

그런데 또 장애물이다. 거악을 상대로 하는 수사는 허들 경기와 같다. 아무리 잘 달려도 마지막 허들을 넘지 못하면 만사휴의(萬事休矣)다. 이번에는 총장이 직접 서울시장 수사를 가로막고 나섰다.

당시 중수부장직을 겸직하고 있던 이는 내가 특수부 검사 시절 형사부 전체를 총괄하는 차장검사였다. 직속상관은 아니었지만 다른 일로 몇 번 만났던 사이다. 체격이 작은 전형적인 조선시대 선비형이다(『삼국지』에 나오는 방통을 연상시킨다). 그가 항명의 뜻으로 갑자기 사표를 써내고 출근하지 않았다. 나도 덩달아 그에게 사표를 써서 맡겼다. 서울시장 잡아들이는 데 검사직을 건 셈이다. 언론들이 눈치를 챘다. 이 사실이 보도되면 파장을 가늠할 수 없다.

드디어 총장이 물러섰다. 이리하여 현직 서울시장, 그것도 예사 시장이 아니라 대통령의 절대 신임을 받던 경찰 총수 출신을 잡아넣었다.

나는 특수부 검사로서 소임을 다했지만 총장은 이 사건 수사 직후 자리에서 물러났고, 수사팀 편을 들어 항명한 중수부장도 좌천되어 작은 지방의 검사장으로 쫓겨 갔다가 그 자리에서 검찰을 떠났다. 그는 그 후 한동안 변호사 생활을 하다가 지금은 딸깍발이 선비처럼 고향인 경북 의성에서 블루베리 농사지으며 은거 생활을 하고 있다고 한다. 본받을 만한 깔끔한 검사의 뒷모습이다.

공직 사회에는 꺼진 불도 다시 보자는 속설이 사실로 통하는 경우가 비일비재하다. 그때 자리를 떠난 총장은 그 후 노태우 정권 때 다시 법무부장관으로 발탁되었고, 김대중 정권 때는 감사원장이 되어 국회에서 법사위원회 간사로 활동하던 나와 다시 한 번 여의도에서 맞부딪쳤다. 사람의 운명은 신만이 안다. 늘 바른 마음, 바른 자세로 '착하게' 살아야 할 이유이다.

이원조 놓치고 김종인 구속으로 체면치레

(다시 이원조 얘기로 돌아가겠다.) 수사 대상에 오른 거물급 피의자가 수사를 앞두고 돌연 해외로 출국하면 국민적 공분을 자초하는 것이나 다름없다. 나는 바로 이런 그림을 염두에 두고, 중수부장이 "이원조를 어쩌면 좋겠냐?"고 물었을 때 "출국정지 안 했으니 해외로 잠시 피하게 하시지요"라고 유도했던 것이다.

그러나 이것은 특수부 검사로서 내가 내린 판단 가운데 가장 뼈아픈 오판이었다. 전경환의 비리는 정권 말기의 비리임에 반해, 이원조의 범죄는 새로 출범한 정권의 비리라는 차이를 간과한 것이다. 간과했다기보다, 내 눈에는 그것을 군이 염두에 둘 필요가 없어 보였다.

그러나 현실은 하늘과 땅만큼의 차이이다. 권력의 ×구멍 빨면서 살아가는 똥파리 같은 언론의 속성이 또 한 번 여지없이 드러났다.

이원조가 일본으로 출국한 다음 날, 어떤 일간지 어떤 방송도 이 사실을 크게 보도하지 않았다. 어떤 조간신문 하나에만 지방판 1단 기사로 논평 없이 "이원조 의원, 신병 치료차 출국"이라고 단순보도한 것이 그 전부이다. 내가 내심 기대했던 "이원조 해외 도피" 기사나 방송 보도는 없었다. 정권의 실세들이 공모하여 내보냈다는 사실은 삼척동자도 짐작할 수 있는데도 말이다. 글자 그대로 닭 쫓던 개가 되고 말았다.

"야, 이 비겁한 새×들아! 한 줄 써야 하는 거 아니야?"

평소 함께 소주잔 기울이던 친분 있는 출입기자들에게 대놓고 복장을 긁어 보았지만 소용없었다. 쓰레기통 절취 사건을 저지르고 기세 좋게 1면 톱으로 특종보도를 했던 그 언론사조차도 '해외 도피'라는 표현을 하지 않았다. 기자가 아니라 언론사에 재갈을 물린 것이다.

대통령제 하에서 갓 출범한 대통령 권력은 쿠데타로 권력 잡은 자들 못지않다. 모든 언론이 알아서 기는 것이다. 기지 않는 소수 언론사는 갖은 방법으로 괴롭힘을 당한다. 언론이라는 것이 얼마나 하이에나 같은 비루한 속성을 가진 집단인가는 이 사건의 전개 과정을 보면 확연하다. 자신들은 늘 저널리스트의 속성임을 강변하지만, 개소리다.

이렇게 돼서 이원조를 놓쳤다. 분한 마음에 밤잠도 설쳤다. 하지만 달리 재간이 없었다.

사건을 마무리짓기 위하여 경제수석 김종인을 소환했다. 받은 돈의 액수가 특가법상의 뇌물수수에 해당하여 그는 꼼짝없이 실형을 살아야 할 판이었지만 변호사가 꾀를 내어 소환조사 전에 '자수서'를 제출했다. 이미 은행장으로부터 돈 2억 원 줬다는 자백을 받아 놨고, 수표 추적도 끝낸 상태라 '자수서'를 무시하고 강제소환하여 구속수사했더라면 그의 정치 인생은 거기에서 끝났을 터이다. 그런데 그 당시까지의 그의 삶의 궤적을 살펴보니 탐관오리처럼은 보이지 아니하여 '자수서'를 접수하고 다음 날 자진출두하도록 기회를 줬다. 그 덕에 그는 '작량(酌量)감경'과 '자수감경'이라는 이중 감경의 혜택을 받아 구속된 지 오래지 않아 집행유예로 석방됐다. 쉽게 풀려난 그는 그 후 17대 총선에서 새천년민주당의 비례대표로 국회의원이 되었다. 이로써 그는 민정당부터 최근 더불어민주당까지 다섯 번이나 비례대표(전국구) 의원이 된 것이다. 이 정도면 우리 정치사에서 가히 변신의 달인이라 할 만하지 않은가.

오늘날 정치판에서 그의 존재감은 내게 구속될 때에 비해 훨씬 높아졌다. 2012년 총선과 대선에서는 박근혜 캠프에, 2016년 총선에서는 문재인 캠프에 불려 다녔고, 2020년부터는 다시 보수 정당 쪽에서 일하고 있다. 그에게 남다른 재주가 있다면 그것은 정치 판세를 읽어 내는 감각이 뛰어나다는 점이다. 아마도 이 재간이 부패로 옥살이까지 한 그가 선거판만 열리면 이 당 저 당, 이 캠프 저 캠프에서 러브콜을 받는 이유 아니겠나 생각된다. 그러나 어떤 정당 또는 정파의 멘토 수준이 되는 중량감 있는 정치인이려면 정치적 이념 내지 헌법적 가치관이 확고해야 한다. 그렇지 못하면 고작 정상배(정치 장사꾼)에 불과하기 때문이다.

우리나라만큼 부패 전과자들이 국회에서, 내각에서, 청와대에서 부활하는 나라가 또 있을까? 쓸 만한 인물이 없어서 그런가, 유권자의 마음이 너그러워서 그런가, 이도 저도 아니면 부정부패가 워낙 만연된 나라라서 그 정도는 정치인의 자격 요건에서 전혀 문제가 안 되는 것인가? 거물급 부패범죄 한 건 수사하는 데 드는 비용 품앗이에 마음고생을 생각하면 가성비가 너무 형편없는 셈이다.

살아 있는 권력을 제압하는 지혜

피내사자 이원조를 해외 도피하도록 유도한 일 말고도 또 다른 판단 착오는 그에 대한 신병처리다. 구속수사에 집착했던 나머지 언론(여론)조차 그의 해외 도피를 방조·방관하는 장면을 보면서 필마단창으로는 어찌할 도리가 없다고 속단하고 칼을 접은 것이다. 그러나 이것은 원칙에 어긋나는 사건 뒤처리다. 그에 대한 모든 증거자료를 일목요연하게 정리하여 피내사자 이원조를 뇌물죄(특가법 또는 특경가법 위반)로 입건하여 기소중지 처분하고 지명수배까지 했어야 한다. 그랬더라면 훗날(그로부터 2년 뒤), 이미 무혐의 처분된 5·18 사건을 다시 수사하면서 '새로운' 범죄사실이 드러났다는 가짜 명분으로 국민을 기만하지는 못했을 것이다. 재수사할 정치적 필요성은 생겼을지 모르지만, 재기수사의 요건인 범죄사실이 이때 비로소 새롭게 드러난 것은 아니기 때문이다. 또한 기소중지 처분 그 자체만으로도 그에게는 엄청난 심리적 압박이 되었을 것이다. 그러면 결국 이원조는 김영삼 정권에 큰 배신감을 느끼게 되어, 훗날 나 아닌 다른 검사가 이 사건(기소중지 재기사건)의 주임검사가 되었더라도 그의 입을 통해 집권 1년차 '살아 있는 권력' 부패의 심장부를 타격할 수 있었을 것 아닌가. 그리하여 마침내 살아 있는 권력도 언제든 검찰 수사의 칼날에 제압되는 이정표가 되었을 것이다.

그러나 입건조차 하지 아니하고 내사 자료를 사적으로 보관하고 있다가 훗날을 도모해야겠다는 당시의 내 생각은 결국 전두환·노태우 두 전직 대통령 수사팀(대검 중수부가 중심이 되어 자칭 드림팀을 만들었다)이 이원조만을 일회성 뇌물범죄로 구속하고, 장기간에 걸친 정권과의 유착관계는 덮어 버리는 역사적 우(愚)를 범하게 하는 길을 터 준 셈이 되었다. 한번 물면 놓지 않는다고 해서 '불독'이라는 별명까지 붙은 내가 이같은 판단 착오를 한 까닭은 무엇인가? 사건 수사를 마무리 짓기도 전에 해외 연수를 내보내고, 해외 연수중에 지방으로 전출시킨 남 탓(수사방해 세력)도 있지만, 무엇보다 수사의 중심에는 내가 있어야 하고 나만이 그런 수사를 할 수 있다는 독선적 사고의 내 탓도 있었던 것 같다.

모든 세상사가 그렇듯 수사 역시 긴 안목이 필요하다. 거악을 수사하는 데 쉽지 않은 장벽이 가로막고 있을 때에는 부딪쳐서 깨지거나 주저앉지 말고 은밀하고도 치밀하게 내사하여 자료를 정리한 다음, 기소중지 또는 내사중지 처분을 해 두는 것도 한 방법이다. 세상에 무너지지 않는 벽은 없으니 말이다. 물론 수사 방해 세력은 거악을 입건하여 기소중지 처분하는 것조차 방해할 터이지만, 그래도 당장 검찰청에 불러들여 구속하는 것보다는 쉽지 않겠나.

나는 검사가 된 후 10여 년간 뇌물 사건만 수백 건 수사했다. 위로는 장관, 국회의원, 은행장 등, 중간관리자로서는 구청장, 세무서장, 경찰서장, 세관장 등, 아래로는 시·구청 공무원, 경찰관, 세무·관세공무원, 공기업 임직원 등 직급과 직책을 가리지 않았다. 모든 국가작용에는 크고작은 이권이 존재하고, 이권이 있는 곳에는 부정과 야합이 있게 마련이다. 여기가 일 년 365일 눈 부릅뜨고 지켜보아야 할 검사의 직역(職域)이다.

검사로 출근하기 전날, 시골 공무원(농촌지도직)으로 평생을 봉직하다 정년퇴임하신 아버지가 선물을 하나 주셨다. '함승희'라고 새겨진 우유 빛깔의 상아 도장이다.

"40년 공무원 생활 하면서 도장 잘못 찍어 패가망신한 사람 여럿 봤다. 도장 찍을 때마다 한 번만 더 생각해라."

이 도장이 날인된 구속영장으로 감옥에 들어간 공무원만 수백 명에 이른다. 오죽했으면 상아 도장의 테두리가 다 닳아 없어지고 꾹~ 누르지 않으면 이름 석 자조차도 선명하게 보이지 않게 되었겠나. 이러다 보니 당시 독립문 옆에 있던 현저동 서울구치소 바람벽은 온통 내 이름이나 별명(저승사자, 불독)이 들어간 낙서로 도배질돼 있었다 한다. 한국판 기네스북에 '1년에 수백 명 직구속한 검사'로 등재된 적도 있다. 요즘은 도장보다 서명으로 대신하니 더 경솔해질 수 있겠다는 생각이 든다.

02
대한민국에서 칼잡이로 산다는 것은

또 하나의 대국민 사기극

민주주의의 모살(謀殺)

뇌물 사건 수사는 어떻게 하나?

어떤 국가작용이 공정치 못했다거나 절차를 따르지 않았다는 첩보가 수사의 시발점이다. 상당 기간의 내사는 주로 해당 공직자의 돈 씀씀이와 재산 형성 과정에 집중된다. 단발성, 일회성 뇌물은 주로 공여자 또는 투서자의 진술에 의존한다. 아무리 길어도 한 달 내에 피의자 신병 확보에 들어가야 한다.

외국에서는 수년에 걸쳐 뇌물 사건을 수사하는 경우도 있다. 1987년 미국 연수 갔을 때 당시 FBI와 워싱턴DC 연방검찰은 DC 시장에 대한 마약상과 연계된 뇌물 사건 수사를 3년째 진행하고 있었다. 수사 진행 상황이 언론에 공개되고 당사자 변명도 함께 보도된다. 신기해 보였다. 일본에서도 다나카 총리에 대한 뇌물 사건 수사에 1년 이상을 소요했다.

뇌물 공여자가 미국 기업(록히드 항공사)이었기 때문이기도 하다.

그러나 우리나라는 사정이 다르다. 은밀하게 속전속결하지 않으면 필경 사건을 망친다. 잡음이 생기고 증거가 인멸되고 때로는 수사검사가 역공을 당한다. 우리끼리는 이런 경우를 두고 "사건에 바람이 들고 쉬어 버린다"고 한다.

뇌물 공여자의 진술, 뇌물 자금 조성 과정, 전달 과정, 업무 관련성만 확인되면 피의자 신병 확보에 들어간다. 내사 과정에서 '이놈이 범인 맞다'라는 느낌은 명품을 만들어 내는 장인(master)의 그것과도 같다. 거의 백 퍼센트 성공률이다.

이 같은 다년간의 뇌물 사건 수사 경험에 비추어 보면 동화은행장 비자금 수사는 한 달이면 족히 끝낼 수 있는 사건이었다. 안 행장은 이미 연행돼 온 날 돈 준 대상과 뇌물 액수까지 다 불었다(자백했다). 다만, 자신의 돈이 아닌 남(부하 임원)이 조성해 온 돈(수표)을 여러 명에게 공여한 이유로 수수자별로 수표 번호를 특정하지 못하고 있는 것이 문제였다. 그러나 이 문제도 통상의 뇌물 사건이라면 돈 받은 놈 불러들여 '돈 받은 사실 확인'하고, 그 돈의 소재를 밝히면 쉽게 끝난다. 그런데 청와대를 비롯한 수사 훼방꾼들이 "받았다는 물증을 확보하기 전에는 고위 공직자를 불러들이지 못한다"고 공개적으로 가이드라인을 설정한 것이다. 수사의 맥을 아는 놈들의 피의자 인권을 빙자한 교활한 방해인 것이다. 은행장 자신도 1천만 원짜리 수표로 돈을 주었다는 사실만 기억할 뿐 수표를 특정하지 못하니, 이자들은 수표 추적이 영원한 미궁으로 빠질 것으로 기대한 것이다(적어도 1~2개월의 단기간 내에는 물리적으로 불가능할 것으로 믿은 것 같다). 결국 내 집요함과 미국에서 배워 온 자금세탁 수사기법이 이들의 예상을 뛰어넘었다.

사실 이 같은 훼방만 없었다면 광범위한 자금추적을 하지 않고도 이 원조 국회 재경위원장을 소환하여 1천만 원짜리 수표 수십 장 받은 사실 시인받고, 그 수표의 소재를 추적하면 YS의 대선자금 모계좌까지 들춰 내는 데 그리 오랜 시간이 필요치 않았을 것이다. 계좌를 이용하지 않고 받은 돈을 그대로 전달했다 하더라도 선거자금을 관리한 총책(등산화부대의 실세)을 잡아들이는 데는 큰 어려움이 없었을 것이다. 그래서 이놈들은 필사적으로 저항했다.

이 같은 뇌물 구조(부패 구조)는 모든 대선 과정에 공통된다. 모든 정권의 실세놈들이 집권 초기부터 검찰을 손아귀에 넣기 위하여 필사적인 이유가 여기 있다. 장악이 불가능하다고 판단되면 이를 무력화시키고 마음대로 주무를 수 있는 어용(괴뢰) 수사기관을 하나 더 만든다. 이 같은 작태가 작금 폴란드의 카진스키, 베네수엘라의 차베스, 터키의 에르도안 등 국민의 직접선거로 대통령이 되고도 스스로 민주정치 체제를 죽이고 있는 21세기형 전체주의자들(한결같이 포퓰리스트들이다)에 의해 저질러지고 있다(이 부분에 대하여는 이 책의 말미 "왜 자유주의 시장경제인가"라는 제목에서 상세히 서술하겠다). 이와 같은 민주주의의 모살(謀殺)행위가 산업화와 민주화를 동시에 일궈 냈다는 기적의 나라 대한민국에서도 자행되고 있다니 이것이 역사의 퇴행이 아니고 무엇인가!

경천동지할 만하던 동화은행장 비자금 사건은 ×같은 놈들의 이 같은 방해와 개입으로 더 큰 폭발력을 안으로 잉태하면서 마무리 수순을 밟고 있었다. 전직 두 대통령은 그때 밝혀낸 상업은행 효자동지점 계좌에서 비롯된 수천억 원의 뇌물죄로 훗날 '역사 바로잡기'의 제물이 되었다. 국회 재경위원장 이원조는 일본으로 도피한 1년 뒤 내가 검사 사표 낸 일주일 만에 귀국했다. 본인은 내 칼끝을 피했다고 여겼겠지만 결국 전·노 대통령 수사 때 경호실장 이현우 등과 함께 우리 팀이 밝혀낸 그 범죄사실로 대검 중수부에 구속되어 옥살이를 했다. 당시 언론은 이 수사팀을 '드림팀'이라고 추켜세웠지만, 이원조를 고리로 한 YS 대선자금 수사는 그대로 뭉개 버린 것을 보면 이것 역시 YS 정권에 야합한 봉합팀에 불과했다.

갑작스런 미국 연수

이원조를 비롯하여 비자금 추적으로 덜미가 잡힌 거악들에 대한 수사를 미제로 남겨둔 채 구속 기소된 행장과 경제수석에 대한 공판 준비를 하고 있던 어느 날, 대검찰청의 어느 부장(검사장급)으로부터 차나 한잔 하자는 연락이 왔다. 잘 모르는 분이다. 무슨 부탁이 있나 궁금한 마음으로 그 방으로 찾아갔다.

"함 검사, 해외 연수 경력이 있나요?"

이미 알면서 묻는 것 같았다.

"네, 미국 법무부 초청으로 6개월간 워싱턴DC 연방검찰청과 FBI, 마약수사청에서 연수한 적이 있습니다."

"그럼 영어에 무리가 없겠네요."

"콩글리시로 그럭저럭 의사소통은 합니다."

"사실은 미국 FBI가 하와이에서 세계 각국의 마약을 포함한 조직범죄(organized crime)의 수사 부서를 관리하는 관리자반(班) 공동연수를 주최하는데, 한국 정부에서도 한 명 파견해 달라는 공문이 왔어요. 기간은 두 달이고 비용은 전액 주최측 부담이랍니다. 대검에서 나더러 가라는데 내 나이에 두 달간의 해외 연수란 좀 무리인 것 같고, 누가 함 검사가 적임이라고 추천합디다. 의향이 있나요.”

어조는 부드럽고 나를 무척 배려하는 모습이다. 그러나 머릿속에서는 '아, 이자들이 드디어 나를 내보내려 하는구나' 하는 생각이 스쳤다. 이 상태로 검찰연구관으로 복귀시키면 허구한 날 기자들, 동료 검사들 모아 놓고 육두문자로 씹어 댈 터이니 아예 태평양 건너로 보낼 작정인 것으로 귀에 들렸다. 그도 그럴 것이, 당뇨병 치료 핑계로 엉겁결에 일본으로 도피한 그자는 주위 사람들에게 “자신의 문제를 조속히 매듭짓고 하루빨리 귀국할 수 있게 해 달라. 그렇지 않으면 다 불어 버리겠다”는 식의 협박성 닦달이 이만저만 아니라는 소문이 귀에 들어오고 있었기 때문이다.

“배려해 주서서 고맙습니다. 제가 다녀오지요.”

이렇게 해서 미국 정부 돈으로 두 번째 해외 연수를 떠났다. 12층 검찰연구관실에 더 이상 버티고 앉아 있어 봤자 일본으로 도피한 자가 당장 내일 귀국한다 하더라도 검찰연구관에게는 수사 권한이 없다. 기존의 중수부 과장에게 재배당해 버리면 그만이다. 재배당받은 과장은 애쓰고 수사해 봤자 출세에 도움이 안 될 것이니, 그리고 남이 수사했던 일 뒤치다꺼리에 불과한 일이니 증거가 불충분하다는 이유로 무혐의 결정할 것이 뻔하다. 또다시 검찰연구관실에 처박혀 글로 빨갱이 짓 하는 놈들과 밤새며 마주 앉아 이념 논쟁 하면서 세월을 기다릴 바에는 차라리 태평양 건너가서 바람이나 쐬고 오자는 생각이 들었다.

훗날 영화 〈친구〉를 관람하는데, 유오성이 장동건에게 "잠시 하와이나 좀 다녀와라" 하니 장동건 왈,

"내가 왜 하와이를 가나? 그렇게 좋은 데면 니가 가라."

딱 나의 경우였다. 당시 검찰연구관은 장동건보다도 입지가 좁았다.

떠나기 직전 법무부에 들러 장관에게 출국 인사를 하고, 검찰국장 방에도 인사차 들렀다.

"함 검사, 복도 많아. 남은 한 번도 못 가는데 두 번씩이나 미국 구경 가고."

"국장님, 연수 기간이 두 달이나 되는데 그사이에 인사 이동 같은 것은 없겠습니까? 만약 있으면 캐비닛 정리라도 좀 해야 해서요."

"인사 요인은 없어. 함 검사는 이제 움직인다면 지청장으로 나가야 하는데, 11기 지청장 움직인 지 아직 1년도 안 됐잖아."

마음 놓고 사무실 캐비닛은 그냥 잠그기만 했다. 여직원에게만 비밀 번호를 알려주고, 화재나 재난이 발생하지 않는 한 어떤 경우에도 누구에게도 열어 주지 말 것을 당부했다. 왜냐하면 그 속에는 자금추적 기록들이 정리도 안 된 채 수백 장 널브러져 있기 때문이다.

이렇게 하여 미국 정부 지정 항공사인 UA 항공기를 타고, 미국 여자 승무원들의 미소 넘치는 영접을 받으면서 하와이로 갔다.

하와이 생활은 처음에는 흥미로웠으나 보름쯤 지나고 나니 같은 생활의 반복에 지루해져 갔다. 와이키키 해변의 비키니도 처음에는 신기하더니만 몇 번 보고 나니 시큰둥해졌다. 돈도 없고(하루 용돈 30달러씩 받았다) 친구도 없는 데다가 언어 소통도 잘 안 되니, 세계 각국에서 온 연

수생(말이 연수생이지 대부분 수사 경험이 20년 이상 되는 중년층 고위 관리자들이다)들과 저녁 먹고 나서 바에 들러 맥주 한 병 마시면서 잡담 좀 하다가 호텔 방으로 들어가 잠자는 것이 일과였다. 휴대폰이라는 것은 007 영화에서나 보는 물건이고 호텔 국제전화는 엄청나게 비싸다. 한국으로 여기저기 전화 걸어 농담할 처지도 못 됐다. 그나마 연수 기간 중 가장 즐거웠던 추억은 수십 가지 총기류 식별과 조작 기술을 배우는 시간이었다.

그럭저럭 두 달이 다 되어 갈 무렵, 한밤중인데 호텔 방으로 전화가 걸려 왔다. 어머니가 편찮으신가(아버지는 그 전해에 돌아가셨다), 아니면 애가 아픈가, 긴장되는 마음으로 수화기를 들었더니

"검사님, 접니다. 저 이 수사관입니다."

여간 반갑지 않았다.

"야, 이 수사관! 잘 있냐? 그래 이 밤중에 웬일이야? 무슨 일 생겼어?"

"아니, 여기는 한낮인데요, 하여간 축하합니다. 서산지청장으로 승진되셨습니다. 알고 계셨어요?"

순간 머리가 띵했다. 누운 채 전화 받다가 벌떡 일어났다.

"뭐? 서산으로 가라고? 인사 없다고 했는데…. 그리고 왜 하필 서산이야?"

"배경은 모르겠구요, 초임 지청장 자리로는 서산이 제일 좋은 자리라고 주위에서 모두 축하하던데요."

내막을 눈치 못 챈 이 수사관은 들떠 있었다.

"그래, 알았어. 고마워. 곧 보자."

전화를 끊고 나니 잠이 오지 않았다. 숙소가 힐튼 호텔이라 로비만 나서면 바로 와이키키 바닷가 모래밭이다. 가볍게 반바지에 슬리퍼 신고 해변을 걸었다. 인적이라고는 모래바닥에 뒹구는 젊은 남녀 몇 쌍 빼고는 거의 없었다. 파도 소리만 찰랑거렸다.

'일본으로 도피한 그자가 어지간히도 보챈 모양이구나. 대선자금에 직접 관여한 자이니 김영삼의 측근 실세들(나중에 안 일이지만 그 중심에는 당시 소통령이라 불리던 아들 김현철이 있었다)도 어쩔 도리가 없었을 게다. 그들의 입장에서는 내가 비록 검찰연구관 신분이기는 하나 대검찰청 12층에서 버티고 있으면 또 언제 어떤 명분으로 수사에 개입하고 들어올지 모를 일이다. 직접 개입은 못하게 한다 해도 뒤에서 훈수하고 기자들 부추기는 것까지 막을 방법은 없지 않은가.'

생각이 여기에 이르니 갑작스러운 인사의 배경이 그려졌다.

겉으로 보면 지청장은 분명 승진이다. 그러나 내막은 수사권 박탈이다. 이런 인사를 두고 공무원 세계에서는 '좌천성 승진'이라 한다. 돌아와서 조용히 지청장(관리자) 노릇이나 하라는 뜻이다.

조폭 정치, 양아치 정치

6개월여간 검사로서의 명운을 건 한판 겨루기는 겉으로는 화려하였으나 속으로는 패한 미완의 싸움으로 끝났다. 당시 나는 검찰 안팎에서 최고수급의 칼잡이로 통했다. 일본 무사도에서 당대 제일의 무사 미야모토 무사시(宮本武藏)는 "무사도는 죽음에서 끝난다(武士道とは死ぬことと見つけたり)"고 했다. 일단 칼집에서 칼을 빼든 순간 반드시 적의 목을 자른다. 적을 잡지 못하면 자신이 죽어야 한다.

그래야 명예가 지켜진다. 그러나 나는 이 싸움에서 거대한 벽을 넘지 못했다. 온몸에 피만 묻힌 채 물러서고 만 것이다. 한국판 칼잡이들의 비극이다. 굳이 변명을 하자면(진정한 칼잡이라면 변명 따위도 해서는 안 되지만) 당시 검찰연구관 신분이 아닌 일선 지방검찰청 평검사의 신분이기만 했어도 좀 더 멋들어진 칼춤을 출 수 있었는데 하는 아쉬움이 남았다.

그러나 다른 한편으로 생각해 보면 수사 권한도 없는 검찰연구관을 서울지방검찰청 검사직무대리로 지명하여 강제수사 권한을 부여하고 은행감독원·국세청·경찰 등 일선 기관에서 몇 명씩의 외인부대를 차출하여 이들의 도움을 받게 해 준 것은 당시 총장이나 중수부장의 내 수사능력에 대한, 더 나아가 검찰의 명예를 위한 엄청난 배려이자 신뢰의 표시였다. 그 후 어떤 정권에서도 살아 있는 정권에 칼을 겨누는 수사를 그토록 관대하게 용인해 준 적이 있었던가?

어쩌면 중수부장, 총장의 나에 대한 신뢰라기보다 YS라는 정치인의 그릇의 크기였는지도 모르겠다. 그는 임기 도중 자신이 가장 아끼던 아들에 대한 잡음이 심해지자 그 아들을 여론 무마용 먹잇감으로 검찰에 던져 주지 않았던가. 표면적으로는 당시 중수부장 심재륜의 예리한 칼이 김현철을 찌른 것으로 보일지 모르지만, 그 이면에 YS가 아들에게 두꺼운 방탄조끼 한 벌만 더 입혔어도 그 예리한 칼이란 부러지는 커터칼 수준에 불과했을지도 모른다. 권력의 실세를 잡아넣을 때는 당연히 뇌물죄가 적용되어야 하는데 당시 김현철은 조세범처벌법 위반(탈세)으로 구속됐다. 이게 무슨 뜻인가? 뇌물은 밝히지 못했다는 뜻이다. 부정한 돈을 받아먹지 않았는데 무슨 탈세인가? 궁여지책인 것이다.

그 후 DJ도 임기중 우여곡절은 있었지만 그 아들들(세칭 '홍삼 트리오')에 대한 사법처리를 용인했다. 아마도 이 두 정치인은 인고의 세월을 겪으면서 많은 책을 읽었고, 그중에는 민주주의 정치 제도를 바르게 이해하도록 도움을 준 책들도 꽤 있었을 성싶다.

YS와 DJ는 독재권력과 평생을 싸웠다. 그 과정에서 그들은 위헌적 입법과 자의적 법해석, 합하여 형식적 법치주의가 민주주의를 얼마나 후퇴시키고 그로 인해 얼마나 많은 억울한 일들이 벌어지는지를 몸으로 체험한 정치인들이었기 때문에 그 정도의 양식은 갖출 수 있었겠구나, 라는 생각도 든다.

그런데, 이에 비하여 이른바 386 주사파들은 어떤가? 이들의 대부분은 대학 시절 종속이론이나 『해방 전후사의 인식』을 읽으면서 정신세계가 왜곡됐고, 북한의 대남방송을 통해 주체사상을 학습하고, 레닌의 볼셰비키 혁명론, 마오쩌둥의 문화대혁명, 스탈린의 프롤레타리아 혁명론, 그리고 이들 공산주의자들이 사상투쟁에서 구사했던 프로파간다에 심취한 자들이다. '전두환 군부 독재'를 가상의 적으로 설정하고 이에 맞서기 위한 대중 기만적 수단으로서 '민주'와 '자유'로 포장했을 뿐, 진정한 민주주의 정치 체제에 대하여서는 배운 적도, 읽은 적도, 관심을 가진 적도 없는 자들이다. 그 당연한 결과로 헌법을 자의적으로 해석하여 온갖 방법으로 자유민주주의 가치체계를 유린하는 언행을 서슴지 않으면서도 뻔뻔스럽게 헌법정신 운운하며 대가리 꼿꼿하게 치켜들고 다니는 것이다.

조선왕조는 성리학적 가치체계가 지배했던 나라이니 논외로 하고, 일본의 식민지배 시대는 '황국 대 신민'의 관계에서 강권적 지배질서가 조선반도를 억누르고 있었으니 역시 논외로 하고, 1945년 이후 70여 년 현대한국사에서 문재인 정권처럼 국가정보원, 경찰, 검찰을 정치권력에 예속시키려는 시도를 한 정권은 단연코 없었다. 쿠데타로 정권을 잡은 전두환도 자신의 집권 시기에 장인 이규동, 처삼촌 이규광, 처남 이창석, 동생 전경환, 형 전기환, 심복 염보현 서울시장 등 권력의 최측근들을 검찰에 내주었다. 이들을 수사한 검사들(그 속에 나도 포함된다)은 수사 과정에서는 인위적 장애물에 부딪치고 방해받고 고초도 겪었지만, 검사로서의 자존까지 훼손당하거나 삶 자체의 굴곡을 당하지는 않았다. 나처럼 스스로 못 견디고 튕겨져 나온 사람도 있기는 하였지만 자신이 원하는 만큼 검사로서의 수명을 다한 이도 꽤 있었다.

그런데 요즈음 세상 돌아가는 모습은 어떤가? 한마디로 기상천외요 후안무치이다. 민생특수부 시절 잡아넣었던 조폭들은 패거리의 이권을 지키기 위해서는 쇠파이프에 사시미칼 들고 죽기살기로 설친다. 그러면서도 저희들끼리의 최소한의 절제는 있다. 상대의 가족은 해치지 않고, 검사에게 대들지 않고, 야간에 업소에 쳐들어가 분탕질을 치는 경우는 있어도 처자식이 잠자는 사가(私家)로 쳐들어가는 법은 없다. 이게 조폭이다.

간혹 이 룰을 깨는 놈들이 있다. 이게 양아치다. 최근 검찰 수사를 둘러싸고 벌어지고 있는 정치권의 행태는 영락없는 양아치들의 그것이다. 조폭은 교도소에서 몇 년 살고 나오면 교화가 된다. 신앙도 갖고 가정도 꾸린다. 양아치는 죽을 때까지 양아치다. 선량한 인간이기를 포기한 자들이다. 대한민국의 정치판은 작금 수단·방법을 가리지 않고 정치권력을 잡는 것이 정의라고 여기는 정치 양아치들로 뒤덮였다.

좌천성 승진

　　다시 김포공항행 UA 항공기에 몸을 실었다.

　내 집보다 더 정들었던 서소문 대검찰청 12층 연구관실과 15층 조사실은 둘러보지도 못하고 귀국과 동시에 평소 눈여겨본 적도 없던 충청남도 서산시에 있는 서산지청장실로 찾아갔다. 대검찰청 간부들에게 전출인사도 못하고 동료들이나 파견 직원들과 그 흔한 송별 모임 같은 것도 한 번 못했다. 그때만 해도 유행하던, 남은 자가 떠나는 자에게 주는 '축영전'이라고 쓴 전별금 봉투 하나 못 받았으니 주기만 한 셈이 됐다. 그깟 전별금이야 몇 푼 된다고 없는 셈 치면 되지만, 고락을 같이 했던 파견 직원들(국세청, 은행감독원, 경찰 등)과 회포 한 번 풀지 못하고 떠나온 것이 못내 아쉬웠다.

　내가 하와이에 있는 동안 이미 후임자에게 방을 비워 줘야 한다는 명분으로 여직원을 다른 방으로 전출시키니, 이 여직원은 어쩔 수 없이 그 캐비닛을 열고 모든 서류는 물론 팔꿈치가 다 해진 점퍼와 땟국물이 꾀죄죄한 방석, 남대문시장에서 사 온 플라스틱 슬리퍼까지 몽땅 챙겨 라면박스에 담아 이삿짐을 쌌단다. 그리고는 서산지청 사무과장에게 전화하여 이것들을 몽땅 지청장실로 옮겨 놓았다. 그 박스의 개수가 13개였다한다. 분실이 염려되어 그 여직원이 일련번호를 매겨 놓은 것이다(그 후어느 주간지에 이 13이라는 숫자가 도배질이 된 적이 있다).

　지청장 취임식을 마치고, 시간 나는 대로 라면박스를 하나하나 풀었다. 반 이상이 버릴 것들이었다. 몇 가지 서류가 눈에 들어왔다. 자금추적 관련 자료(주로 은행 계좌 입·출금 내역)와 빨갱이 책(이적표현물) 분석 자료였다. 이적표현물 분석 자료는 대검 공안부로 보내 주었다. 문제는 자금추적 자료이다.

중수부장을 전화로 연결했다. 그는 서산지청은 아무나 가는 곳이 아니라는 둥, 네 덕분에 검찰 체면이 살았다는 둥 한참 너스레를 떨었다. 부질없는 헛소리였다.

"미국에서 곧장 부임하는 바람에 정식 인수인계 절차를 밟지 못했는데요, 자금추적 자료는 어떻게 할까요? 5과장이라는 자리는 없는 자리이니 자료를 넘겨줄 후임이 없잖습니까. 후임 검찰연구관(황교안, 김종남 검사)은 수사와는 아무런 관련 없는 공안검사이니 그들에게 넘겨줄 수도 없는 노릇이고. 그냥 부장님 방으로 보내 드릴까요?"

"야, 내가 왜 그 서류를 받니? 그냥 갖고 있다가 알아서 처리해."

별동대로 수사를 했으니 후임 인수인계라는 것이 없었다. 내사 자료일 뿐 아직 사건번호도 부여한 바 없고 기왕에 입건된 사건과는 무관한 자료이니 공문서도 아니다. 그냥 내사 자료일 뿐이다. 그러나 하나하나가 거악들의 명줄을 잡고 있는 내용이 담긴 것인데… 이것들을 어쩐다? 요즘 같으면 CD에 담아 두거나 PC에 저장할 것인데, 그때는 그냥 서류 뭉치로 갖고 있어야 했다. 도리 없이 한 덩어리로 묶어서 고향 땅 부모님이 사시던 옛집 책장에 던져 놓았다. 이것들이 또 한 번 세상을 뒤집어 놓을 줄은 예감도 못한 채.

집권당 대표를 둘러싼 정치적 흥정

서산지청장은 충청남도 서부 지역을 관할하는 검찰 기관장이다. 서산·당진 산업단지가 개발되고 방조제가 건설되면서 대기업들이 앞다퉈 공장을 짓고 물류가 활발해지니 땅

값도 치솟고 외지인들의 내왕이 빈번해졌다. 이렇게 되면 검사는 또 일감이 늘어난다. 먹을 것이 있는 곳에는 쉬파리, 똥파리, 쥐새끼가 기하급수적으로 늘게 마련이다. 검찰연구관 시절의 분노와 좌절의 악몽을 떨쳐내고, 새벽에 일어나 덕숭산 수덕사를 찾아가 만공탑(조선 말 건국 초기 쇠잔해 가는 한국 불교계에서 우뚝 선 두 스님이 있었으니 한 분이 만공[滿空]이고 다른 한 분이 경허[鏡虛]이다)을 한 바퀴 돌고 주지스님(훗날 조계종 총무원장이 된 법장스님)과 아침공양 하고 덕산온천에 들러 간단히 샤워하고 출근하면 시간이 딱 맞았다.

이렇게 마음의 안정을 찾아 갈 무렵 대검찰청 중수부장실에서 전화가 걸려 왔다.

"오랜만이야, 잘 있지?"

여전히 칼칼한 목소리다.

"이번 주말에 서울에 오니? 가족들은 서울에 있다며?"

이렇게 해서 그의 단골 음식점인 서초동 소재 고깃집에서 만났다. 누가 또 있나 했더니 단둘이다. 긴한 이야기가 있음에 틀림없다. 아무 말도 하지 않고 고기 몇 점에 소주 두어 잔 마셨을까, 그가 말문을 열었다.

"그때 자금추적한 자료, 지금도 갖고 있지?"

느닷없는 얘기다. 순간 '뭐지?' 하면서 대답을 머뭇거리는데

"그 당대표 있잖아. 그 계좌만 내게 건네줘."

나는 잠시의 머뭇거림도 없이

"아니요, 없는데요. 그때 보내 드리겠다 했더니 필요 없다 했잖아요. 그 후 몽땅 버렸어요."

"야, 야, 왜 그래? 그때는 미안하게 됐어. 갑자기 모처에서 그를 사법

처리하라는데 어떡하니. 나 좀 봐주라."

"정말인데요. 갖고 있어 봐야 화근이 될 거 같아 버렸어요."

"정말? 아 이거 참 난감하게 됐네⋯. 혹시 어느 은행 계좌인지도 기억 안 나니?"

"1년 전 일인 데다가 그때 워낙 많은 계좌를 추적한지라 기억 안 나는데요."

그의 표정이 일그러졌다. 그렇게 그날은 고기에 소주 몇 잔 더 하고 헤어졌다. 헤어지면서도 그는 아무래도 내 말을 못 믿겠다는 서운한 표정이었지만, 버렸다는 데 어쩌겠나.

제일은행 남산지점의 G그룹 계좌를 알고 있는 사람은 나 외에 데리고 있던 수사관(이 사람은 나중에 전·노 비자금 사건을 수사하는 데 혁혁한 공을 세워 검찰 내에서 제일가는 자금추적 전문 수사관이 되었다)과 은행감독원에서 파견 나왔던 검사역 1~2명뿐이다. 그리고 이 계좌의 일부 자금추적 내용을 아는 사람 또한 나 외에 그 수사관뿐이다. 아마 그도 당시에는 입을 닫고 있었든지 아니면 그에게는 묻지도 않았든지 한 것 같다. 이렇게 해서 그 당대표는 사법처리를 모면하게 됐다. 정치생명이 참 질긴 인물이다. 그만큼 지략도 뛰어난 사람이다.

그때 계좌추적 자료를 중수부장에게 넘겨주지 않은 이유는 간단하다. 수사에 정치가 개입하면 안 된다고 생각했기 때문이다. 수사 진행 과정에서 그 계좌가 눈에 들어왔을 때, 나는 무릎을 치며 신났었다. 그리고 위에 보고하고 그를 잡아들이겠다고까지 주장했다. 그러나 정권 출범 직후인 데다가 집권당 대표라는 이유로 그에 대한 수사는 후순위로 밀렸다. 나도 이원조에 집중하기 위하여 그렇게 하는 데 동의했다. 그런데 세월이 흐른 후 그가 당을 뛰쳐나가고 거추장스러워지자 그때 그 자료로 잡아넣겠다는 것 아닌가. 이건 비겁한 짓이다. 검사는 자신의 재량으로 봐줄 수도 있고, 때가 아니다 싶어 사건을 뒤로 미룰 수도 있다. 또 능력이 못 미쳐 확실한 범인임에도 불구하고 놓치는 수도 있다. 그러나 비겁하면 안 된다. 검사가 비겁하면 최악이다. 비겁한 검사와 비열한 정치인이 서로 배가 맞으면 나라가 개차반 된다. 나라가 절단나는 것이다. 고깃집에서 중수부장 만났을 때, 나도 비겁해서는 안 되지만 당신도 비겁한 검사로 이름을 남기지 말라는 뜻에서 "버렸다"고 거짓말한 것이다. 사실은 지금도 고향 집 어딘가에 그 자금추적 자료는 썩지 않았으면 그대로 있을 게다.

사람의 인연은 묘하다. 그렇게 살아난 그 당대표는 1997년 대선에서 큰 역할을 하였다. 이른바 DJP연합이다. 누구나 당선되리라 생각했던 이회창 후보가 낙선되고 DJ가 대통령이 되었다. 충청도 표심이 크게 작용한 것이다. 2000년 총선에서는 그의 수하 10여 명이 '자민련'이라는 이름으로 국회의원이 되었다. 그의 영향력이 얼마나 컸던지 국회 교섭단체도 구성 못하는 이 10여 명의 국회의원 중 좀 반반하게 생긴 자들은 거개가 DJ 정권하에서 장관을 해먹었다. 심지어는 충청도에서 쬐끄만 건설업 하던 오모라는 자도 하루아침에 건설부장관이 되었다(결국 깜냥이 안 되는 자라 뇌물죄로 감옥에 가기는 했지만). 연전에 내가 강원랜드 사장으로 국정감사장에 나갔을 때 나에게 버럭 소리치며 반말지거리하던 자도 그 10여 명 중의 하나다. 같잖은 놈이다. 그 당시 눈 수술 직후의 좌우부동시라는 불편한 상태만 아니었다면 그 자리에서 요절을 냈을 것인데, 하는 아쉬움이 지금도 남아 있다.

뒤에 자세히 얘기하겠지만 나도 DJ 정권 때 국회의원이 되었다. 어느 날 의사당에서 본회의 산회하고 나오는데 뒤에서 누군가가 "함 의원!" 하고 불렀다. 귀에 익은 특유한 저음이다. 멈칫 뒤돌아보니 그 당대표였다. 여유 있는 느린 몸짓으로 다가오더니만 내 손을 턱 잡았다. 악수하는 식이 아니라 연인들 데이트할 때 잡는 그 방식으로 잡았다.

"건강하십니까?"

엉겁결에 인사를 건넸다. 그는 내 손을 놓지 않았다. 그렇게 손 잡고 의사당 현관 승용차 대기하는 곳까지 한참을 걸었다. 차에 오르기 직전 그가 딱 한 마디 했다.

"고마워."

둘이 손에 손잡고 걸어가는 모습을 여러 의원들과 기자들이 뒤에서 목격한 모양이다. 어떤 기자가 물었다.

"원래 친하세요? 그분이 누구하고 그렇게 친한 모습을 드러내는 경우는 좀처럼 없는데요."

나는 아무 말도 하지 않았다.

연전에 돌아가셨다는 부음을 언론을 통해서 들었다. 문상 갈까 하다가 쓰레기 같은 놈들과 마주치는 것이 싫어서 그만두었다. 마음으로만 명복을 빌었다.

그 후에도 가끔 정치판의 이합집산이 있을 때마다 나는 그가 한국정치에 끼친 영향을 생각해 본다. 역사에서 "그때 이랬더라면"이라는 가정은 의미 없는 것이라 하겠으나, 동화은행장 비자금 사건 수사 때 내 당초의 의지대로 그를 사법처리했더라면, 하고 가정해 본다. 그러면 한국 현

대정치사는 지금과는 전혀 다른 방향으로 흘러갔을 것이다. 아마도 DJ가 정권 잡는 것도 쉽지 않았을 테고, 그러면 노무현 일파에 의한 열린우리당 주사파 정권도 출현하지 않았을 것 아닌가. 아쉬운 대목이다.

그러나 그 반대의 가정도 가능하다. 만약 그 당시 그가 사법처리됨으로써 DJ 정권과 노무현의 열린우리당 정권이 출현할 기회가 없었다면, 그 후 10년 이상 더 보수우파 정권이 집권했을 터이다. 그랬더라면 대한민국의 현주소가 지금보다 나은 곳에 위치해 있을까? 어쩌면 노론 일당 패거리들의 장기집권 폐단으로 조선왕조가 거덜났듯이 자유주의에 대한 신념도 없는(아니, 신념이 없는 것이 아니라 자유주의가 무엇인지도 모르는) 반공주의자들의 패거리 횡포가 극에 치달아, 급기야 지하에서만 암약하던 좌파 패거리들의 선동으로 중남미식 민중폭동이 일어났을지도 모를 일이다.

오늘날 나라가 이 지경에 이른 것은 DJ, 노무현 좌파 정권 10년 겪고서도 자유주의 신념과 자본주의 경제의 강점을 제대로 살리지 못한 이명박, 박근혜 정권의 미욱함과 곡학아세하던 간신배 같은 측근 패거리에게도 그 책임의 일단이 있는 것 아닌가. DJ, 노무현 좌파 정권의 출현 자체를 부정적으로만 평가할 일은 아닌 것 같다는 생각도 든다.

그렇다면 그를 사법적으로 살려 준 내 판단은 정치적, 역사적 관점에서는 그리 잘못된 일은 아니지 않은가. 아니, 법적인 당부(當否)를 떠나서 적어도 그가 당을 떠났을 때를 기다렸다가 잡아넣겠다는 비겁한 검사가 안 된 것만으로도 천만다행으로 생각된다.

역사 바로잡기라는 명분

　　　　　　　　　YS가 대통령에 당선된 결정적 계기는 3당 합당이다. 그러나 세상의 모든 일이 그렇듯 이치를 벗어난 무리한 야합은 약인 동시에 독이 된다. 이념이 다르고 살아온 방식이 다른 세 부류의 인간 집단이 한데 모였으니 불협화음이 안 날 리 없다. 이런 이유로 그리 오래지 않아 당대표이던 김종필이 먼저 당을 깨고 나갔다. 표면적 이유는 충청도를 우습게 본다는 것이다.

　　검사로서는 정치인들끼리 이합집산하는 것에 관심을 가질 이유가 없다. 다만 이들이 검사의 수사를 자기 패거리에 유리하게 또는 상대 패거리에 불리하게 악용하려는 불순한 의도만 경계하면 그만이다. 이토록 간단한 이치임에도 대한민국 70년 역사에 검사의 수사가 수사의 내용으로 평가받지 못하고 수사검사의 의도와는 전혀 관계없이 정치적 색깔이 덧칠되어 왜곡된 사례는 셀 수 없이 많다. 일차적 책임은 수사를 자신의 패거리에 유리하게 또는 상대 패거리 엿먹이는 데 악용해 온 그 정치인놈들에게 있지만, 간혹은 정치권을 등에 업고 출세 좀 해 보려고 이들과 야합한 정치검사들이 자초한 면도 없지 않다.

　　이런 나쁜 관행들이 오랜 세월 반복되면서 국민들 뇌리에는 선악 또는 주종의 구분 없이 그놈이 그놈인 것으로 인식되게 되었다. 검찰로서는, 특히 출세 따위는 별로 괘념치 않는 강골 검사들은 이로 인해 늘 분통이 터지고 결국 검찰을 떠날 수밖에 없는 상황이 벌어지지만, 이 또한 대한민국의 척박한 민주주의 성숙도로 인해 어쩔 수 없는 노릇이다. 한 인간의 생명력은 그렇게 그렇게 소진되어 가고, 다시 새로운 생명력이 이어 가는 것이 인생 아니겠는가. 사리사욕을 위해 크게 비굴하지 않았다는 것만으로도 "인생 잘 살았다(lead a good life)"고 자위하면서 말이다.

이원조에 대한 사법처리를 집요하게 방해하던 김영삼 정권의 핵심 세력들은 그 당대표였던 사람의 수사에 대한 나의 비협조적 태도를 보면서 확고한 적대감을 드러내 놓기 시작했다. 그러던 중 오매불망 "전라도 놈도 총장 한번 하자"던 그 중수부장이 드디어 총장에 오르고 내가 서울지방검찰청 특수부 검사 시절 부장이던 이가 중수부장이 되었다.

1993년 기세등등하게 출범하여 '하나회' 소속 장성들을 축출하면서 군을 장악하고, 고위공직자 재산 공개로 일부 부정축재 고위공직자들을 인민재판 하듯 쫓아내고, 검찰의 초기 수사를 통하여 전 정권의 세도가들을 감옥에 보내면서 어느덧 '민주'를 구두선처럼 입에 달고 다니던 등산화 패거리들이 정치권력을 실질적으로 장악해 가는 듯했다. 게다가 금융실명제와 부동산실명제를 전격적으로 시행하면서 기존 경제질서에 큰 파장을 가져왔다. 그러면서 지난날의 TK 중심 패거리가 관료사회에서 궤멸되고 PK(부산·경남)라는 새로운 패거리가 권력기관과 경제관료직을 독점하기 시작했다. 조선시대 서인이 일시붕괴하고 동인 세력이 득세하던 모양새의 재현이다.

민주주의의 기본 가치가 무엇인지, 보수의 기본 철학인 자유주의에 대해서는 아예 들어 본 적도 없는, 그저 '군부독재 타도'가 곧 민주주의라고 신앙처럼 떠받들던 등산화부대들이 청와대와 내각 그리고 국회의 요직을 장악하고, 국가 개혁이라는 미명하에 충분한 검토 없는 제도를 졸속으로 양산해 냄으로써 자유로운 기업활동이 위축되어 갔다. 여기에 금융실명제와 같은 기존 경제질서를 붕괴시키는 부작용이 상승작용을 일으키면서 국민의 체감경제는 전두환, 노태우의 군부정권 시절보다 힘들어졌다.

국민이 체감하는 삶이 어려워지면 집권 초기 대통령의 지지도 80퍼센트 따위는 비누거품에 불과하다. 이렇게 해서 일어난 사단이 김영삼 정권의 1994년 지방선거 참패이다. 아직도 갈 길이 3년이나 남았는데 이런 참사가 일어나고, 소통령이라 불리던 김현철을 둘러싼 권력남용과 부정부패의 잡음도 날로 심해지자 그 정권의 핵심 세력들은 또 다른 거대한 음모를 획책했다. 이름하여 '역사 바로잡기'이다.

역사란 무엇인가? 카(E. H. Carr)는 "역사란 이성의 대상일 뿐, 감성의 대상이 아니다"라고 했다. 역사는 역사로 존재할 뿐이다. 후세의 어떤 인간이 좌지우지할 수 있는 대상이 아니라는 뜻이다. 주관주의적 역사관에 의해 객관적 역사가 왜곡될 경우(과거 식민사관이나 최근 문제 되고 있는 종족주의적 역사관에 의해 객관적으로 존재하는 사료조차도 의도적으로 무시하거나 왜곡된 해석을 하는 경우 등)에는 객관적 사료의 발굴이나 올바른 해석 등으로 이를 바로잡을 수는 있겠으나, 객관적으로 존재한 역사 자체를 제 마음에 들지 않는다는 이유로 유물을 훼손한다거나 사료를 위·변조한다거나 의도적으로 사료를 무시·왜곡하는 등의 행위는 전체주의 잔당들이나 할 수 있는 행태이다. 여러 해 전 아프가니스탄의 탈레반들이 수천 년 된 불교 유적지를 대대적으로 폭파한 행태는 그 대표적 사례이다.

그런데 자유민주국가인 대한민국에서 지난 역사를 바로잡는다면서 경복궁 앞에 있는 구 조선총독부 건물을 때려부수더니, 급기야 '전두환, 노태우 전직 대통령 수사'를 시작한 것이다. 그들의 실정법 위반 행위가 있으면 수사하여 처벌하는 것은 대한민국 법체제상 당연하다. 그런데 역사 바로잡기라는 이름으로 그들을 사법처리하겠다는 것은 명분에 불과하다. 정치 하는 놈들의 포장술이란 프랑스제 고가 명품 포장술보다 더 부풀림이 심하고, 이를 화두로 삼아 논평하는 이른바 방송 패널이라는 자들은 더욱 더 그 헛바닥이 비루하고 현란하다.

김영삼 정권의 PK 패거리 관료집단이나 등산화 패거리 정치꾼들에게 과거의 역사를 바로잡을 자질, 자격이 있기나 한가? 무엇을 바로잡으려면 우선 자신의 행동이나 생각이 바르다는 전제가 있어야 하는데, 3당 야합으로 정권을 겨우 잡고, '성역 없는 수사'라는 미명 아래 과거 정권의 실세들을 굴복시켰을 뿐 정작 저희들에게 선거자금 조달한 인물(이원조 등)이나 3당 합당에 기여한 인물은 성역으로 보호하는 그런 집권세력이 무슨 자격으로 무엇을 바로잡을 수 있다는 말인가? 한마디로 제 앞가림도 못하는 자들의 언어도단이다. YS 정권의 무능과 독선은 결국 한국 현대사에서 6·25 다음으로 최대 국난인 IMF 환란을 초래했다. 굳이 역사 바로잡기를 한다면 이 같은 국난을 초래한 책임 소재를 밝혀야 하는 것 아닌가.

뜬금없는 5 · 18 재수사

그런데 전두환, 노태우 전 대통령들을 무슨 범죄 혐의로 잡아넣을 것인가?

시민단체 등이 이들을 상대로 내란죄 등으로 고발한 사건은 이미 서울지방검찰청 공안부가 혐의 없음으로 종결 처분한 지 오래다. 이른바 "성공한 쿠데타는 내란죄에 해당하지 않는다"는 이유에서이다. 이 결정문을 쓴 검사는 그 후 신한국당의 국회의원이 되어 다선의원이 되었다.

무혐의 결정된 사건을 다시 끄집어낼 구실을 찾기 위해 당시의 집권당은 끊임없는 연막작전을 폈다. 어떤 국회의원이 느닷없이 은행 전표 같은 것을 한 장 들고 나와 "이것이 전두환, 노태우의 비자금 전표"라느니, 또 어떤 의원은 월간잡지에 기고한 글에서 "이들 두 대통령의 비자금 규모는 줄잡아 4천억 원은 될 것"이라느니 하는 따위가 그것이다. 그렇게 몇 달간 변죽을 울리더니만 드디어 어느 날 대검찰청 중앙수사부는 이미 무혐의 결정한 5·18 사건을 다시 수사하기로 결정했다고 발표했다. 그 이유인즉, 뇌물수수 등 새로운 범죄 혐의가 드러났기 때문이란다. 법적 용어로 이른바 '사정변경'이 생겼다는 것이다.

기자들이 내 변호사 사무실로 벌떼같이 모여들기 시작했다. 그 새로운 범죄 혐의라는 것이 "함 검사님이 중수부에서 동화은행장 수사할 때 밝혔던 그 비자금과 연관된 것 아닌가요?"가 질문의 핵심이었다. "그렇다"고 대답하면 "이미 2년 전에 밝혀낸 그 범죄사실을 왜 이 시점(지방선거 참패 직후)에 '새로운 범죄 혐의 발견' 운운하며 수사를 재개하겠다는 것인가?"라는 질문이 쏟아질 판이었다. 대검찰청 중수부는 드림팀이니 뭐니 하면서 근사하게 수사진을 꾸리고 새로운 범죄 혐의, 그것도 사상 초유의 전직 대통령 뇌물수수 범죄 혐의를 수사하겠다고 뻥을 쳐 놨는데, "그거 내가 이미 대검찰청 검찰연구관실 골방에서 찾아낸, 상업은행 효자동지점에 개설한 당시 경호실장 이현우가 관리하던 계좌와 연결된 모계좌·자계좌들이야"라고 한마디 내뱉으면, 집권세력과 중수부가 한 묶음이 되어 거대한 사술 집단이 되어 버릴 찰나이다. 그렇다고 "아니다"라고 대답하려니 자존심이 상해서 견딜 수가 없었다. 하는 수 없이 입을 다물고 기자들을 피했다. 변호사 개업한 지 1년 남짓, 이제 막 장사(?)

좀 되려던 참인데 완전히 파장될 판이 되었다.

후배 변호사들이 강추했다.

"어디 미국에라도 한 1년 다녀오시지요. 변호사 사무실은 우리가 꾸려 나갈게요."

남들은 그 잘나가던 특수부 검사 그만두고 나오면 평생 먹고살 돈 벌 것이라고 했는데, 개업한 지 몇 달도 안 돼『성역은 없다』'책 쓰기'로 한바탕 홍역을 치르고, 다시 자리를 잡는 듯하더니만 이번에는 '역사 바로잡기'로 또 홍역을 치르게 됐다. 먼저가 진도 7 정도라면 이번에는 진도 8~9쯤 되는 파장이다. 대형 쓰나미도 덮칠 기세였다.

일단 6개월짜리 비자로 미국과 일본을 드나들면서 장기체류의 방법을 모색하다가, 마침 미국 서부의 명문 대학인 스탠포드에서 유학하고 돌아온 서울대학의 노모 교수 소개로 그 대학 후버 연구소에 자리를 하나 얻어 출국했다. 검사로 시작한 내 인생 제3막은 여기서 일단 막이 내려진 셈이다. 당대 최고수급의 칼잡이가 폐도를 당한 것이다. 칼을 잃었으면 죽장에 삿갓 쓰고 방랑 삼천리 했어야 했는데, 그 후에도 끈질긴 속세의 인연이 계속됐다.

이제 동화은행장 비자금 사건이라고 세상에 알려진 사건 수사에 얽힌 비화와 그 과정에서의 한 검사의 직업적·인간적 고뇌를 대강 정리한 것 같다. 수려한 글솜씨는 아니지만 투박하게나마 한 시대 최강의 거악들과 최고수급 검사(檢事/劍士)의 한판 싸움의 모습을 사실에 기초하여 그런대로 묘사했다고 생각된다.

이 사건 수사의 최종 목표는 3대에 걸쳐 대통령 비자금과 연관된 핵심 인물의 멱통을 정면으로 찔러 그와 연계된 최고 거악들의 부패상을 세상에 드러내는 것이었다. 이렇게 해야만 부정한 과거와의 악연이 단절되고 정의로운 미래가 열릴 수 있다고 생각했다. 그러나 인간의 인연은 무한 끈질기다. 얽히고설켜 적과 동지의 구분이 안 된다. 결국 적과 내통하는 자들의 배신으로 칼을 내려놓게 되었다.

야인시대

검찰을 떠나다

　　　　　　서산지청장으로 부임하는 날은 그해 추석 연휴가 시작되기 전날이었다. 그때나 지금이나 이런 날은 모든 도로가 주차장을 방불케 한다. 그래서 추석 연휴가 끝난 직후에 부임식을 하려고 했다. 그런데 갑자기 법무부 검찰국장에게서 전화가 걸려 왔다. 불문곡직하고 추석 전날(미국에서 귀국한 다음 날이다) 일단 현지 부임을 하라는 지시다. 현안이 있는 것도 아니고 공연히 길바닥에서 몇 시간을 낭비할 터인데도 말이다. 투덜거리며 서산지청에서 보내 준 관용차로 새벽에 서산으로 떠났다. 지청장실에서 검사들, 사무과장, 수사과장 등 간부들만 모여 간단히 상견례를 갖고, 현안을 물었다. 긴박한 사건은 없다고 한다.

그런데 왜 연휴 전날 부임하라고 했나? 수수께끼가 풀렸다.

이 지역 출신으로 변호사를 겸직하는 장모라는 국회의원이 형사 구속 사건을 한 건 수임하여 담당검사에게 추석 명절을 앞두고 구약식으로(벌금을 예납받고) 구속을 풀어 줄 것을 요청했단다. 검사는 단호하게 거절하면서 그 핑계로 현재 지청장이 부재중이라 구속 사건 석방은 안 된다고 한 모양이다. 이 국회의원이라는 사람, 곧바로 법무부장관에게 전화하여 "함승희 지청장이 인사에 불만을 품고 부임을 거부하고 있다는 소문이 있다는데 맞느냐?"고 물었다. 그렇잖아도 인사 때도 아닌데 '좌천성 승진' 인사를 해 놓고 마음 졸이던 장관은 앗 뜨거라 하고 검찰국장에게 지시하여 진상을 알아보라 했단다. 결국 그 국회의원의 잔꾀에 속아 나만 피곤한 발걸음을 하게 된 것이다.

이 내막을 듣는 순간 담당검사에게 "그 사건 오늘 중에 구속 기소하라"고 지시했다. 지청장 자리에 앉기 무섭게 지시한 첫 번째 업무 내용이 "구속 기소하라"였다. 팔자에 강성을 타고난 모양이다.

오전 11시에 부임식을 열었다. 신임 기관장으로 부임하면 전 직원 참석하에 이른바 부임식이라는 공식 이벤트를 하는 것이 관행이다. 이 자리에서 신임 지청장 '훈시'라는 것을 하게 된다. 지역 방송, 신문사 기자들과 인터뷰도 한다. 관할 지역 기관장들과의 상견례가 이어졌다. 서울에서 장관, 국회의원 수십 명 잡아넣던 호랑이 검사가 지청장으로 부임한다는 과장된 소문이 난 모양이다. 다음 날부터 연휴임에도 불구하고 관할 지역 내 시장, 군수, 경찰서장, 세무서장, 군부대장, 소방서장 등 크고 작은 국가기관, 공공기관의 지부장까지 50여 명이 넘게 찾아왔다. 열외가 없단다. 일일이 악수하고 명함도 교환했다.

12시쯤 모든 절차가 끝났다. 오후 4시경 먼 거리 귀향할 직원부터 퇴근시키고 관사를 한 바퀴 둘러본 다음 5시쯤 퇴청하려 했다. 다시 서울로 돌아가려면 최하 4~5시간을 길바닥에서 고생해야 한다. 사무과장이 혼자 지청장실로 들어왔다. 연휴 기간중 청사 보안을 당부하고 막 일어서려는데 그가 2개의 사각 서류봉투를 내민다. "이게 뭐냐?"고 물었다. "연휴 기간중에 읽어 보실 관내 중요 동향보고"라고 했다. 다른 하나는 두툼했다. "이건 뭐냐?"고 물으니 약간 주저하면서 "아까 다녀간 기관장들 중 일부가 추석 떡값을 조금씩 봉투에 담아 온 것들"이라고 했다. 나도 모르게 표정이 일그러졌는지 그는 황급하게 "해마다 추석 때면 으레 해 오던 일"이라고 말을 주워 담았다. 검사 시절 같았으면 그 서류봉투를 집어던졌을 것이다(실제로 조사받고 나가면서 슬그머니 돈다발을 내밀었다가 그 돈다발로 '돈벼락'을 맞은 기업체 사장이 두어 명 된다). 그런데 나는 지금 지청장 아닌가. 그리고 그는 그날 처음 대면한 사람이다. 그래서 빙그레 웃으며,

"○ 과장, 내가 이곳에서 오래전부터 근무했었다면 혹 모르겠지만, 나 오늘 처음 온 사람이오. 떡값이란 친한 사람끼리의 정표인데, 그 기관장들 모두 생면부지의 사람들 아니겠소. 떡값 나눌 사이가 아니지. 당장 돌려주시오."

점잖게 타일렀다. 그러자 사무과장은 난처한 표정으로

"이미 귀향길에 오른 사람도 있을 것이고 그 액수 또한 약소한 것이니 그대로 받아 주시지요. 차례 때 제주대(祭酒代)로 쓰시지요."

이쯤 되면 많이 참은 것이다.

"야 이 새×야, 당장 돌려주라고. 같은 말 반복하게 하지 말고. 그놈들 중에 내일모레 빵(감옥)에 들어갈 놈도 있을 것이고, 그렇지 않다 하더라도 그놈은 지청장 갖다준다는 핑계로 또 다른 만만한 사람들에게 거둬들였을 거 아니야. 내가 왜 그런 돈으로 조상 차례 모시냐? 연명부

작성해서 일일이 돌려받았다는 자필 서명 받아 놓았다가 연휴 끝나면 제출해."

이 사람 명색이 지청 안에서 일반직(검사를 제외한) 최상급자인데 이런 육두문자를 듣고는 사색이 되어 황급히 밖으로 나간다. 이미 자신의 승용차로 예산, 당진 근처까지 귀향길에 올라 있던 기관장들을 다시 청사로 불러들여 당일로 봉투를 돌려주고 자필 사인을 받았다 한다. 그 이후로 서산지청장으로 1년간 근무하는 동안 떡값이라는 명목으로 봉투 들고 온 자 단 한 명도 없었다. 그럼에도 불구하고 1년에 두어 차례씩 열리는 전국 지청장·검사장회의 끝나고 동기생들끼리 밥 먹을 때면 동기생 지청장들이 반 농담으로 "좋은 자리 가 있는 사람이 밥 좀 사라" 했다.

검사를 시작할 때 거칠게 하면 도중에 변색이 안 된다. 스스로 착하게 변하고 싶어도 주위 사람들이 그냥 놔두지를 않는다. 점점 거칠어져야 나다워진다. 그래서 팔자니 운명이니 하는 말이 설득력을 갖게 되나 보다.

지청장은 수사검사가 아니기 때문에 무용담은 없다. 단지 관리자로서의 추억이 있을 뿐이다. 지청장 관사는 청사 바로 뒤에 붙어 있다. 저녁 6시가 되면 일단 퇴청해야 한다. 지청장이 퇴청하지 않으면 검사들 이하 간부직원들이 퇴청을 망설이게 되기 때문이다. 퇴청을 하고 바로 옆 건물 지원(법원)장과 연락하여 저녁 내기 테니스를 친다. 1시간 정도 땀 흘리고 근처 식당에서 소주 몇 잔에 저녁 먹고 관사에 들어가면 늦어야 밤 10시다. 테니스 칠 상대가 마땅찮거나 궂은 날이면 밤 9시 전에 관사로 들어갈 때도 있다.

이런 생활을 해 본 적이 없으니 삶의 질이 형편없이 떨어진다. 9시 뉴스 보고, 책 좀 읽다가 잠들면 다시 새벽 4시에 잠이 깬다. 이내 수덕사까지 차로 가 그곳에서 덕숭산 만공스님탑까지 트레킹하는 것이 유일한 삶의 즐거움이다.

그러던 어느 날, 책 읽는 데 빠져 시간 가는 줄 모르고 있다가 허리를 펴고 보니 밤 12시가 넘었다. 잠자리에 들기 전에 맨손 스트레칭이나 하고 자려고 관사 마당으로 나갔는데, 아직 청사 3층 방들이 소등되지 않고 불이 환하게 켜져 있다.

'뭐지?'

바로 거실로 들어가 구내 회선으로 당직실로 전화를 걸었다. 당직 책임자(사무관급)가 나왔다.

"네, 지청장님. 근무중 이상 없습니다. 아직 안 주무셨습니까?"

"아니, 이상 없는 게 아니라 3층이 아직 소등되지 않았는데 무슨 일인가?"

"아 예, 오늘 1호 검사가 특별수사 한다고 했습니다. 아마 밤샘수사 할 모양이던데요. 좀 전에 야식도 올라갔습니다."

순간 뭐? 특별수사? 퇴청할 때까지만 해도 야간 수사 한다는 보고 받은 적 없는데 웬 일인가?

"알았어. 수고해요."

전화를 끊고는 즉시 검사실로 전화를 걸었다.

"네, 백○○ 검사입니다. 지청장님 웬일이십니까? 아직 안 주무셨습니까?"

아무렇지도 않다는 듯 말한다. 야간 수사 하겠다는 보고도 없었는

데, 당연한 듯 말하는 폼새가 괘씸하기도 하여

"니가 일하고 있는데 내가 잠자면 쓰겠나. 그래, 무슨 사건인데?"

백 검사는 그제서야 약간 당황한 듯 "아, 예. 내사 좀 해 보고 사건이 될 듯싶으면 보고 드릴라 한 건데…" 하면서 사건 내용을 상세 보고하려 든다. 굳이 사건 도중에 상사가 미주알고주알 알려고 들면 도리어 부담이 되어 검사는 수사 착수 자체를 주저하게 된다.

"아니야 됐어. 내일 얘기하자구. 수고해."

전화를 먼저 끊었다. 불과 몇 달 전까지만 해도 밤샘수사를 밥 먹듯 했던 내가 어느덧 관리자가 되었다고, 심야에 검사 방에 불이 켜져 있으면 "무슨 일 있나?" 하면서 걱정을 하는 입장이 됐다. 밤샘수사 하는 검사에게 야식이라도 보내 주며 격려해야 하거늘 걱정이라니, 이 무슨 얄궂은 인간 심리의 변화인가.

직접 수사하고 구속영장 청구하는 검사가 아닌 관리자로서의 세월은 덧없이 흘렀다. 검사는 수사에 인생을 건다. 수사하면 신바람이 난다. 다음 인사 때 어디를 가게 되나 따위는 별 신경 안 쓴다. 아무데로 가면 어떤가. 대한민국 땅에는 어디에도 잡아넣을 놈이 쌓여 있다.

평검사 시절 비록 1년이라는 짧은 기간이었지만 제주지방검찰청에 근무한 적이 있다. 제주도는 옛날부터 3무(無)라 하여 도둑놈도 없던 인구 50만의 조그만 섬나라이다. 그럼에도 그 1년 동안 내 손으로 직접 구속한 인원만 100명이 넘는다. 그 속에는 공무원(경찰, 세무, 법원, 보건소 직원 등 다양하다), 의사, 조폭 두목, 농장 주인, 건설회사 사장 등 온갖 직업의 사람들이 포함되어 있다. 그러니 어디로 간들 무엇이 걱정인가? 게다가 벽지로 가면 관사도 있고, 그 동네에서는 대장 노릇도 할 수 있다.

그런데 지청장 이상 중간관리자가 되면 이야기가 다르다. 위에는 검사장이 있고 밑에는 검사들이 있다. 자칫하면 속물로 전락할 위험성이 높다. 가끔은 검사장 모시고 고급 밥집도 가야 하고 또 가끔은 수하 검사들 데리고 술집도 가야 하고, 그러면서 '다음에는 어느 놈 잡아넣을까?'는 머리에서 사라지고 '다음에는 어느 자리로 가게 되나'가 머리를 점령한다. 이게 속물 아닌가.

고민 끝에 지청장으로서의 임기가 끝날 무렵 검사를 그만두기로 결심했다.

검사를 그만두고 나면 무엇을 하면서 먹고사나? 길은 두 가지다. 하나는 변호사 개업하는 길(일종의 사업이다), 다른 하나는 대학으로 돌아가 그동안 배우고 경험한 것들을 후배들에게 전수하는 길이 그것이다. 남에게 손바닥 비비는 일에 능하지 못하니 사업보다는 학교로 돌아가는 것이 그래도 좀 나아 보였으나, 그동안 고생 많이 하신 시골 계신 어머니와 처자식 생각하니 미숙하나마 변호사의 길로 가기로 했다. 이들도 남들처럼 해외여행도 좀 하고 엘리베이터 있는 큰 평수 아파트에도 좀 살 수 있게 해 주고 싶었다.

그런데 변호사의 길로 생각을 굳혔지만 막상 시작하려니 그 방법을 알 수 없었다. 먼저 개업한 동기생 변호사 사무실 두어 군데를 지나가던 길에 들른 것처럼 들어가 두리번거려 봤지만 도대체 이런 시설, 이런 직원들을 어디서 어떻게 구할 것인지도 막막했다. 도리 없이 후배 검사를 불러 함께 일할(이른바 동업) 개업 변호사 한 명을 소개해 달라고 부탁했다. 이렇게 해서 만난 김대희 변호사와 법무법인 대륙을 창립했다.

그로부터 25년이라는 세월이 흐르면서 이 로펌은 대학 동기인 여상조 변호사, 검찰 선후배인 정진규·박영렬 변호사 등의 손을 거치면서 대한민국 10대 로펌 안에 들 만큼 성장했다. 요즘도 고문변호사라는 이름으로 방 하나 차지하고 출근하는 곳이 그때 만든 그곳이다.

언론이 지어낸 '판도라의 상자'

변호사 일을 시작한 지 몇 달 안 됐을 무렵, 월간조선인가 하는 월간지 편집장이 전화를 걸어 왔다.

"함 검사, 오랜만이오. 함 검사 같은 이가 검사를 오래 해야지 왜 벌써 나왔소?"

이런 너스레를 그동안 수백 번도 더 들었다.

"아 예, 조 선생님, 잘 계시지요? 그런데 웬일이세요? 전화를 다 주시고."

"아니, 내가 곰곰이 생각해 봤는데, 일본 도쿄지검 특수부는 다나카 총리도 잡아넣고 살아 있는 권력과 맞서는데 왜 대한민국 검찰 특수부는 이 모양인지. 도대체 그 원인이 뭐요? 함 검사는 특수부에 오래 있었으니 잘 알 것 아니오."

얘기가 꽤 진지하다. 그러면서 한국 검찰을 폄훼하는 듯한 말을 한다.

그때 이미 나는 검사가 아니다. 법조 선후배들과 좋게 어울리면서 밥 먹고 살면 그만인 변호사 아닌가. 그럼에도 아직 검사의 본능이 또 꿈틀거렸다.

"×발, 조 선배도 잘 알겠지만 우리(한국 검사들)가 일본 애들보다 못할 게 뭐요? 문제는 정치 하는 ×발놈들과 출세에 눈깔 뒤집힌 몇몇 검찰 간부 새×들 때문이지."

이내 육두문자가 나왔다. 그는 바로 이것을 노리고 전화한 것이다. 나는 순진하게도 그의 낚싯밥을 문 것이다.

"하하, 아직도 그 성질 여전하시구만. 그래서 말인데, 내가 아끼는 똑똑한 기자녀석 한 명 보낼 테니 그 동화은행장 사건 수사 뒷얘기 좀 들려줘요. 우리 잡지에서 '도쿄지검 특수부와 서울지검 특수부 비교분석'이라는 제목으로 특집을 준비하고 있거든."

이렇게 속내를 드러냈다. 나는 내친 김에 "알겠어요, 보내세요"라고 했다.

그리고 며칠 뒤, 그 똑똑하다는 젊은 기자 한 명이 찾아왔다. 성이 이씨다. 개업 후 몇 달간 판·검사 사무실 드나들면서 받은 스트레스가 꽤 쌓인 모양이었다. 오랜만에 소주 몇 잔 걸치면서 신나게 그 동화은행장 사건의 전말을 들려주었다. 그는 눈이 휘둥그레지면서 "와! 선배님(학교 선배도 아니고 법조계 선배도 아닌데, 어쨌든 그들은 무조건 형 아니면 선배다) 정말 소문대로 굉장하신데요" 하며 추임새까지 넣는다.

이렇게 해서 모처럼 내 입에서 그 당의 대표였던 사람 이름과 일본으로 도망가 있던 이원조의 이름도 나왔다. 그러면서 끝맺음으로 그에게 당부했다.

"솔직히 말해 검사로서의 수사능력은 우리가 일본 검사들보다 뒤지지 않는다고 확신해. 다만 수사 환경이 다를 뿐이야. 검찰의 국민에 대한 신뢰랄까, 아니면 검찰 스스로 정치권과 거리를 두려는 의지랄까, 이것이 좀 뒤질 뿐이야. 그 특집 기사에 이 말을 꼭 좀 써 줘."

"네, 잘 알겠습니다. 저는 평소 검사 별로 안 좋아했는데, 오늘 선배님 만나 감동 먹었습니다."

한동안 이런 내용의 인터뷰를 한 사실 자체도 잊고 있었다.

그러던 어느 날, 잘 알고 지내던 검찰 간부 한 명에게서 전화가 걸려왔다. 전화로 대뜸 한다는 말이

"함 검사, 잘 있었지? 그런데 조용히 좀 지내지 또 일 냈더라."

"뭐? 일 내다니 무슨 일? 일 내고 싶어도 일 낼 방법이 없는데요."

"월간조선 좀 사 봐. 아주 큼지막하게 표지 모델이던데. 하긴 함 검사 말이 틀린 것도 아니지. 잘했어. 수고해."

격려인지 힐난인지 모를 말을 웅얼거리며 전화를 끊었다. '표지 모델은 또 뭐야? 싱겁기는' 하면서 일단 잊고 있다가 퇴근길에 동네 조그만 책방(겸 문방구점) 앞을 지나게 되었다. 유리창에 낯익은 얼굴이 큼지막하게 붙어 있었다. 내 얼굴이었다. 곧 출간될 월간조선 포스터였다. 그때는 월간지, 주간지 내용을 미리 인쇄한 신문용지 전지 크기의 컬러 포스터를 만들어 곳곳에 붙여 광고할 때이다. 거기에 내 얼굴이 신문지 반 장 크기로 붙어 있고 그 밑에 "전(前) 수사검사 드디어 입을 열다"라는 제목이 씌어 있었다.

'아차! 이자들에게 또 당했구나!'

그러나 이미 때는 늦었다. 집에 들어갔더니 기자라는 사람들이 여러 명 전화를 걸어 와 나를 찾더란다.

다음 날 출근길에 승용차로 사무실 근처로 접근하려는데, 건물 출입구에 방송용 카메라를 어깨에 멘 사람들까지 수십 명이 모여 있었다.

'이 건물에서 지난밤에 무슨 일이 있었나?'

생각하면서 승용차 문을 여는 순간, 플래시들이 파콱 터지면서 온통 나에게로 달려드는 게 아닌가. 순간 멈칫했다.

"변호사님, 그 J씨가 그 당대표 맞습니까?"

"이원조는 누가 도망시킨 겁니까?"

생각지도 않은 질문들이 쏟아졌다. 길거리에 서서 무슨 대답을 하겠는가? 아무 말도 않고 사무실로 들어갔다. 뒤쫓아 들어오면서 저희들끼리 밀고 부딪치고 난리법석이다. 직원들은 무슨 일인가 놀라서 눈이 휘둥그레졌다. 일단 자리를 정리해야 했다.

"그 월간지 기사 보고들 이러는 모양인데, 그거 다 추측성 기사요. 그거 다 엉터리 기사니 따라 쓰지 마세요. 나중에 명예훼손 고소당하면 난 책임 못 져요."

손사래를 쳐서 겨우 돌려보내기는 했으나, 그것으로 끝나지 않았다. 검사 시절 알고 지내던 기자들이 거의 매일 찾아왔다. 아는 사이에 문전박대할 수도 없고, 찾아왔으니 차도 마시고 밥도 같이 먹었다. 하는 일은 달라도 사람 관계에서 이것은 기본이다. 그러나 더 이상 취재에는 응하지 않았다.

"월간조선 그 사람들, 나쁜 사람들이야. 분명히 '도쿄지검과 서울지검 특수부, 무엇이 다른가'로 취재한다고 하길래 '우리가 일본 검사들보다 못할 게 없다. 걔들은 다나카 가쿠에이를 잡아넣었지만, 나도 집권당 대표, 아니, 전직 대통령까지 뇌물죄로 잡아넣을 수 있었는데 코앞에서 놓쳤을 뿐이지. 능력은 무슨 개뿔 능력? 정치 환경이 다를 뿐이다. 당신들도 다 아는 얘기잖아."

또 한 번 흥분했다. 너무도 당연하고 저희들(언론사들)도 다 알고 있고 세상에도 이미 어느 정도 알려져 있는 이야기인데, 일단 특종 아닌 특종을 놓친 기자들 생리가 뭐라도 후속 기사를 쓰지 않으면 안 되기 때문에 안달복달이다.

사무실 안에서는 도저히 일을 할 수 없었다. 나만 못하는 것이 아니라 다른 변호사들에게까지 영향을 준다. 하루는 동업하는 김 변호사가 일(사건 해결)로 검찰청에 갔다 오더니 불쑥 내 방으로 들어와 심각한 얼굴로

"선배님, 어디 외국에라도 좀 다녀오시지요. 검찰 간부들 심기가 많이 꼬여 있던데요. 이러다가는 신건은 고사하고 이미 수임한 사건도 모두 돌려주게 생겼어요."

미안한 마음이 들었다. '그냥 장사(?)나 해먹을걸, 괜히 그 사람(월간지 편집장) 말에 속아 넘어가 이 고생이람!' 하는 생각이 들어 "알았어. 미안해" 하고는 한동안 사무실 출근을 안 하고 승용차로 사무실 근처를 맴돌다가 우면산 길도 걷고 남산순환도로 길도 걸으면서 시간 때우고 집에 돌아가곤 했다.

불과 1년 반 전에 이원조가 수사 도중 검찰 소환이 임박하자 백주 대낮에 일본으로 도망간 줄 뻔히 알면서도 어느 언론사도 "도망갔다"라는 기사를 쓰지 않았잖은가. 한 언론사라도 "이원조 일본 도피"라고 1면 톱(현역 국회재경위원장에 금융계의 황태자로 불릴 정도의 세력가였으므로 당연 1면 톱기사감이다)으로 써 줬더라면, 전경환 해외 도피 때와 똑같이 나는 그를 그때 잡아넣을 수 있었다. 그러면 꼬리에 꼬리를 물고 그의 입을 통하여 YS 대선 캠프의 선거자금이 드러났을 것이고, 드디어 살아 있는 권력의 덜미를 잡을 수 있는 기회였다. 그런데 어느 한 놈도 단 한 줄도 안

썼지 않은가. 그러고도 이제 와서 특종은 무슨 얼어 죽을 특종이냐? "드디어 입을 열다"는 또 뭐냐? 이미 그때 조사실 쓰레기통 훔쳐 가서 숨은 그림 찾기로 신문 1면에 머리기사로 보도된 내용 그대로이다. 달라진 것이 있다면 세월이 흘러 집권세력의 힘이 빠져 가고 있다는 점이다. 심기가 불편하다는 그 검찰 간부라는 놈은 또 뭐냐?

'다 알고 있었던 것 아니야? 뭐 몰랐다고? 진짜 몰랐다면 너는 다른 검사가 밤새워 일할 때 그런 것에는 관심도 없고 오로지 룸살롱에서 고급 양주 처마시며 출세길만 찾았던 놈이겠지.'

이런 생각을 하면서, 멀리는 못 가고 일본으로 곰으로 며칠씩 드나들면서 한동안 사람들의 시선을 피했다.

그러나 일단 사단이 벌어지면 피했다고 가라앉지를 않는다.

이번에는 그 월간조선과 라이벌 관계인 D 언론사가 나섰다. "함 전검사, 라면 박스 13상자 판도라 상자 열리나?"라는 제목이 D사 주간지에 톱기사로 실렸다. 라면 박스 13상자는 뭐고 판도라는 또 뭐냐? 기자들의 작문 실력은 기상천외하다. 우리나라 대학에서는 기자를 꿈꾸는 젊은이들에게 사실 취재 기법을 가르치는 것이 아니라 키워드 몇 개 주고소설·작문을 쓰는 연습을 무던히도 시키는 모양이다.

라면 박스 13상자는 어디서 나온 단어일까? 나에게 접근이 안 된 그 기자는 아마도 동화은행장 사건 수사 당시 내 사무실의 여직원을 취재한 모양이다. 내가 미국에서 연수중 서산지청장으로 전출명령이 났으므로 도리 없이 그 여직원은 내 방 캐비닛을 열고 라면 박스를 구해 와서 들어 있던 물건은 휴지조각 하나까지 이삿짐을 쌌다고 했다. 분실될 것이 염려되어 박스 곁에 매직으로 번호를 매겨서 서산지청에서 온 사람들에게 인수인계했다고 했다. 이것이 '13개의 판도라 상자'로 둔갑한 것이다.

그중에 정말 판도라의 상자 역할을 할 수 있는 것은 몇 장의 계좌 추적 자료와 진술서뿐이다. 거지반은 버릴 물건들이었다. 실제로 다 버렸다. 그리고 이 계좌 추적 자료 등도 귀국 후 중수부장에게 넘겨주려고 했다. 다만, 부담되는 자료이니(세상이 바뀌어 직무유기, 직권남용이 문제 될 때 증거자료가 될 수 있다) 중수부장이 인수를 거절한 것뿐이다. 그런데 이 기사는 내가 검사 그만두면서 "라면 박스 13상자 분량의 자료를 의도적으로 밖으로 갖고 나와 이제 슬슬 그 판도라 상자를 열기 시작했다"는 것이다. 근사하지 않은가. 13이라는 구체적 숫자까지 제시하니 사실에 기초한 기사 같지 않은가.

그러나 내용에 들어가 보면, 그 상자 안의 물건이 거지반 쓰레기였듯 기사 내용 또한 거지반 쓰레기다. 그럼에도 불구하고 이 기사를 읽은 많은 구독자들은 그 내용대로 믿는다. 저만 믿는 것이 아니다. 밥집에서 술집에서 만나는 이웃에게도 그 내용을 전한다. 글줄이나 읽은 많은 사람들이 내가 검사 그만둘 때 "중요 기밀문서를 갖고 나와 뭔가 정치권에 치명타를 줄 수 있는 사실을 하나씩 풀고 있다"고 믿게 되었다. 월간지 기사 "드디어 입을 열다"와 주간지 기사 "판도라 상자 13박스"의 근사한 조합이 이루어졌다. 웃기지 않은가. 가소롭지 않은가. 요즈음도 이 같은 일이 비일비재하게 일어난다. 다만, 그때는 요즘과 같은 SNS 퍼나르기와 '좋아요' 같은 댓글 조작은 없었다.

이럴 즈음 점입가경의 해프닝이 또 일어났다.

어느 날 출근하니 사무실 전체가 난장판이 되어 있다. 내 방은 물론 일부 다른 변호사의 방과 경리 여직원 책상 서랍 등이 뜯기고 서류들이 흩어져 있었다. 특히 내 방은 책상은 물론 서류와 기록을 넣어 두는 책장까지 뒤집혀 있었다. 일부러 마구 흩뜨려 놓은 흔적이 역력하다. 돈을 노린 강도의 소행으로 위장하였지만, 책상 서랍에 돈다발을 넣어 두고 다니는 놈이 어디 있나. 그 기사 내용을 믿고 라면 박스 13상자를 훔치러 온 국가기관 놈들의 소행이었다. 가소롭지 않은가. 그럴 줄 알았으면 플라스틱 슬리퍼, 낡은 방석, 팔꿈치 떨어진 점퍼 등이 들어 있던 그 라면 박스를 변호사 방으로 갖고 나올 것을… 그래서 그놈들이 아연실색하게 놔둘 것을… 하는 아쉬움이 있었다.

정치권력을 등에 업고 출세에 눈깔이 먼 국가기관 놈들은 도둑질도 서슴없이 한다. 하기는 영화나 소설 속에서는 교통사고를 위장한 살인도 하는데, 절도·강도쯤이야 대수도 아니다. 그 후 기술자를 불러 방 전체에 대한 도청장치 설치 여부도 점검해야 했다.

그런데 이 웃기고 가소롭고 더 나아가 측은하기까지 한 이런 일들이 쌓이고 쌓이면 정치판이 바뀐다. 아니, 한 국가의 운명이 바뀐다. 이것이 바로 요즈음 지구촌 전체에서 문제 되고 있는 가짜 뉴스의 실상이다. 가짜 뉴스의 폐해이다. 언론쟁이들이여! 제발 부탁한다. 아무리 사장이, 편집국장이, 선임이 쪼아 댄다 해도, 아니면 당신 스스로 정권에 아첨하여 출세하고 싶다 해도 '소설'은 쓰지 마라. 당신의 직업은 기자이지 소설가는 아니지 않은가. 당신이 쓴 3류 소설 같은 그 기사 때문에 많은 사람들이 곤욕을 치르고, 그 기사 때문에 나라의 운명이 바뀐단 말이다.

소설 같은 기사를 쓰는 기자는 애먼 사람 잡아 족쳐 없는 죄 뒤집어씌운 경찰이나, 그런 사건인 줄도 모르고 "경찰에서 자백한 거 다 맞지?" 하면서 대충 조사해서 기소했다가 무죄판결 받은 검사나, 강간치상범으로 구속되어 온 놈을 증거 부족 어쩌고 하면서 무죄방면하였는데 그놈이 나온 지 이틀 만에 또 여중생 성폭행하게 만든 판사 못지않게 나쁜 놈이다. 아니, 더 나쁜 놈일지 모른다. 이런 나쁜 경찰, 검사, 판사는 게으르고 무능할 뿐 일부러 그렇게 하는 악의는 없을진대, 소설 같은 기사를 쓰는 기자는 나태와 무능에 더해 악의적이고 음해적이기 때문이다.

베스트셀러 『성역은 없다』

이런 홍역을 치르고 있는데, 어느 날 옷을 곱게 차려입은 젊은 여성이 사무실로 찾아왔다. 변호사 사무실로 찾아올 때는 보통은 사전에 전화로 예약을 하거나 지인의 소개로 온다. 그런데 이 여성은 사전 예고 없이 불쑥 찾아온 것이다. 인상으로 보아 남에게 해를 끼치거나 무례할 여성은 아닌 것으로 보여 회의실에서 마주 앉았다. 먼저 그 여성이 말문을 열었다.

"요즈음 많이 힘드시지요? 불쑥 찾아뵈어 실례입니다만 저는 이런 일 하는 사람이에요."

내미는 명함을 얼핏 보니 무슨 출판사 대표로 돼 있었다. 출판사? 설마 책 팔려고 온 건 아니겠지 생각하면서 "무슨 일로 오셨나요" 물으니

"제가 월간조선, 주간○○ 등 잡지 기사는 물론이고 과거 변호사님 검사 시절 관련 기사는 거의 다 읽었어요. 정말 대단한 분이시더군요."

그러면서 몇 마디 꺼내는데, 내가 검사 때 일했던 내용을 나보다 더 잘 알고 있었다. 그렇게 경계심을 풀리게 하더니, 이번에는 기자들을 비

난하기 시작했다.

"기자라는 애들은 그 속성이 저 편한 대로 쓰잖아요. 아무리 사실대로 말해도 편집해서 저희들 의도대로 쓰니 말한 사람의 의도와는 전혀 다른 얘기가 되잖아요, 그렇지요?"

검사의 생리와 기자의 속성을 아주 잘 이해하고 있었다. 그러면서 결론은 내가 하고 싶은 이야기가 많을 터이니 그것을 글로 써서 책을 내보라는 것이었다.

"왜 그 훌륭한 내용을 기자애들이 편집하고 각색하게 놔두세요? 직접 쓰세요. 그러면 국민들이 읽고 감동할 거예요."

들어 보니 맞는 말인데, 그때 이미 나는 말이든 글이든 지나간 이야기로 세인들의 입방아에 오르는 것이 너무 싫을 때였다.

"고마운 얘기인데, 어쨌든 내 이름 석 자가 다른 사람들 입에 오르내리는 것 자체가 싫으니 그만합시다."

그렇게 돌려보낸 이틀 뒤에 그녀가 또 나타났다. 이번에는 내가 좋아하는 원두커피와 커피 내리는 도구까지 사 들고 말이다.

"한국에서는 모두들 인스턴트 커피 마시는데 변호사님처럼 원두커피 내려 마시는 분은 처음 봤어요."

그러면서 자신이 사 온 원두커피를 직접 갈아서 커피 내리는 도구를 이용하여 커피를 내려 주었다. 그 정성과 세심한 관심에 놀라서 그 커피를 즐거운 마음으로 마셨다(어느 신문과의 인터뷰 기사에 내가 좋아하는 가수는 최백호, 취미는 원두커피 마시며 책 읽기라는 내용이 있었는데, 이 기사를 읽었다고 했다). 그렇지만 책 쓰는 것은 거절했다. 그리고 "미안하다"고도 했다.

그런데 며칠 지나 그녀가 또 나타났다. 이번에는 더 적극적이다. 남산 어디에 있는 아파트 한 채를 임시로 세를 얻어 놨고, 타이피스트까지 구해서 대기시켜 놨으니 언제든 머리 아플 때 그곳을 찾아가 그 좋은 내용을 책으로 쓰라는 것이다. 그냥 원고지에 휘갈겨 쓰면 타이피스트가 정리하고, 편집·교정까지 다 봐 줄 수 있다는 것이다. 내 검사로서의 삶의 이야기가 그만큼 투자할 가치가 있는 것인가 의구심도 들었지만, 그 정성을 거절하기 어려웠다. 결국은 내가 졌다. 당시 겪고 있던 솔직한 심정을 글로 쓰기로 한 것이다. 단, 조건이 있었다. 세간에서 관심을 갖고 있던 동화은행장 수사 뒷얘기는 훗날로 미룬다. 그것은 당시에도 진행형이었기 때문이다(이것이 이번에 이 책을 내는 이유가 됐다).

그리하여 아침에는 변호사 사무실로 출근하여 일 좀 보다가 오후 3~4시경에는 남산에 얻어 놓은 그 아파트로 옮겨 가서 글을 쓰기 시작했다. 이렇게 해서 한때 세상을 떠들썩하게 했던 『성역은 없다』 제1권이 완성되었다.

사실 그 내용은 크게 자극적이지 않다. 제1장에서 고향 땅인 강원도 양양에서의 유년 시절의 추억, 서울에서 고등학교, 대학 다니던 이야기로 시작하여 돌아가신 아버지에 대한 추모, 검사가 된 배경 등을 끄적거린 다음 제2장에는 검사 생활 15년간의 '범죄와의 전쟁'을 리얼 스토리로 썼다. 말하자면 '검사 내전'이다.

나는 사건을 수사할 때마다 파일을 하나씩 만들었다. 중요한 수사 자료는 사건 기록으로 묶지만, 최소한 수사 착수 배경, 피의자별 범죄사실의 요지 및 수사 결과, 언론 보도 내용은 별도의 파일에 편철했다. 이렇게 만든 사건별 파일들은 대부분은 서산지청장실에서 폐기했고, 언론에 크게 보도된 50여 건은 그대로 남겨 두었다. 이것들을 기초자료로 삼아 범죄와의 전쟁을 재구성하니 하나하나가 다큐멘터리 대본 쓰는 것처럼 쉬웠다. 하룻밤에 한 건씩, 한 달 만에 30여 건의 수사기록을 써 내려갔다. 가끔 그 출판사 사장은 근처 H호텔 로비 커피숍으로 찾아와 그동안 내가 쓰고 출판사 직원이 타이핑한 원고를 읽어 보며 무협지보다 더 재미있다고 좋아했다.

요즈음에는 영화로 드라마로 수사물이 넘쳐나지만 그때만 해도 검사실에서는 무슨 일이 벌어지는지, 검사는 범인 또는 경찰이나 기자들을 어떻게 다루는지 경험담을 이야기하였으니 제법 재미있었을 법도 하다. 수사물이라고는 최불암 씨의 〈수사반장〉이 고작이었을 때이니 말이다. 그저 내가 검찰을 떠난 후 내가 수사한 것들을 두고 뒤에 남은 자들이 이러쿵저러쿵 말들을 많이 한다기에 "그런 게 아니야, 짜샤! 내 책을 읽어 봐" 하는 심정으로 담담하게 썼다. 책의 제목도 한국판 『검찰 독본』이라 붙이고 싶었다. 일본에서는 이미 도쿄지검 특수부장을 지낸 가와이 신타로가 세상을 떠들썩하게 했던 큰 사건 수사 기록을 모아 『검찰 독본』이라는 제명으로 책을 발간했고, 나는 이 책을 서툰 일본어 실력으로 읽은 적 있다.

그런데 그 출판사 여사장이 원고 전체를 읽어 본 후의 느낌은 달랐다.

"수사검사의 가장 큰 적은 범죄 그 자체가 아니라 수사를 좌지우지하려는 눈에 보이지 않는 적(성역) 같아요. 그러니 책 제목은 『성역은 없다』로 했으면 좋겠어요."

내심 그녀의 명석한 분석에 감탄하면서도

"성역이 왜 없어, 온통 성역인데."

"그렇기 때문에 '없다'로 해야 독자들의 흥미를 유발할 수 있잖아요."

역시 책장사는 한 수 위라는 생각이 들었다. 그녀가 이어 물었다.

"초판은 몇 부 정도 찍을까요."

재판(再版)은 생각도 하지 않고 있는데 초판이라니 좀 우스웠다.

"우선 가족, 지인들, 친구들에게는 기념으로, 그리고 후배 검사들에게는 교본 삼아 참고서로 쓰라고 나눠 주고 나머지는 내 이름 석 자 기억하는 사람들이 사 볼 것이니 이삼천 권이면 족하지 않겠나?"

그랬더니 출판사 사장 눈이 휘둥그레지면서

"지금 무슨 말씀 하시는 거예요? 최소한 10만 권은 팔릴 거예요. 안되면 신문 광고로 때릴게요. 우선 초판은 만 권으로 하지요."

스케일이 다르다. 프로와 아마의 차이다.

그런데 역사는 우연한 일, 사소한 일 하나로 물길이 바뀔 때가 있다. 사라예보의 총성 한 발이 1차 세계대전을 일으켜 천만 명을 죽게 했다. 처음부터 국가 대 국가가 선전포고를 하면서 부딪친 것이 아니다.

드디어 『성역은 없다』가 책으로 만들어져 내 손에 들어왔다. 출판사 사장이 직접 책을 손에 들고 찾아와서 "아직 잉크 냄새가 나요. 옥동자 같지요" 하면서 건네주었다. 내가 난필로 끄적거린 원고가 활자가 되어 책으로 변한 것을 보니 신기하고 귀여웠다. 그날로 큰 서점 위주로 시중에 배송됐다고 한다.

그리고 이틀쯤 지났을까. 그 끈질긴 인연의 검찰총장에게서 전화가 왔다. 토요일 오후다.

"나야, 잘 지내지? 돈도 좀 벌었냐?"

니기미, 이런 흉흉한 분위기에서 돈을 어떻게 버나, 먹고살기도 바쁜데 하는 생각에 퉁명스럽게

"사건이 들어와야 돈을 벌지요. 총장과 친하다고 소문이 나서 사건 좀 올 줄 알았는데, 그래 봐야 소용없다는 것을 사건 당사자들은 이미 눈치챘는지 영 사건이 안 들어오네요. … 토요일인데 퇴근도 안 하시고 웬 전화래요?"

"잠깐 기다려, 전화 좀 받아 봐. 함 검사를 엄청 좋아하는 사람이 옆에 있어."

"누구요?"

벌써 다른 사람 목소리가 수화기에서 울렸다.

"나 유○○ 의원입니다. 존경하는 함 검사님, 제가 함 검사님을 무척 존경합니다."

존경한다는 단어를 네댓 번 썼다.

"존경은 그렇고, 누구시라고요?"

"아, 예. 내가 유○○ 의원입니다."

의원 소리는 들리는데 이름 석 자는 생경하여 잘 못 들었다. 처음 들어 보는 이름이다. 그런데 나쁜 말 하지 않고 존경한다니 굳이 "이름이 뭐라고요?"라고 세 번 물을 필요는 없었다. 그는 이어서 말했다.

"존경하는 함 검사 같은 분이 검찰에 버티고 있어야 하는데 참으로 유감입니다. 힘 내세요. 좋은 세상 올 겁니다."

그리고 끊었다. 참 싱거운 사람이다. 총장은 더 싱거운 사람이라고 생각하면서 그날은 퇴근했다.

그런데 다음 주 월요일 사달이 벌어졌다. 서초동 근처에서 저녁을 먹고 있는데, 내가 있는 곳을 어떻게 알았는지 후배 변호사에게서 전화가 걸려 왔다.

"형님, TV 뉴스 좀 보시지요."

아니, 또 TV 뉴스야? 빌어먹을, 몇 달 우려먹었으면 됐지, 아직이야? 정말 징그럽기도 하다 생각했는데, 그게 아니었다.

"어떤 국회의원이 국회에서 대정부질문 하면서 형님이 쓴 '성욕'은 있다인가 없다인가 하여간 그런 책을 손에 잡고 흔들면서 총리, 장관들에게 호통을 치고 있다고 했다.

"야 이놈아, 누굴 고자 만들 일 있냐? 성욕이 아니라 성역이다. 그리고 총리, 장관 호통치는 데 그 책이 왜 필요한데? 탁자를 두들길 거면 신문지 두루마리면 될 것을."

"형님, 지금 농담할 때가 아니에요. 그 책에 온갖 권력형 비리가 다 폭로돼 있다는데요?"

"니 지금 뭐라 씨브려 쌌노? 책 이름 발음도 똑바로 못하면서, 권력형 비리는 뭐고 폭로는 또 뭐야? 그 책에 그런 단어가 어디에 있냐? 단 한 줄도 없다. 뭘 잘못 알고 있는 거야. 하여간 고맙다. 저녁 먹고 낼 보자."

전화를 끊고 아무렇지도 않게 생각하고 술까지 몇 잔 더 마시고 얼큰 취해서 집에 들어갔더니만 아내가 하얗게 질려 있었다. 9시 뉴스에 내 얼굴이 첫 뉴스 화면에 증명사진 크기로 나오더란다. 신문, TV라면 거의 노이로제에 걸리다시피 한 아내이니 그 TV 화면에 또 한 번 가슴이 덜컹한 것이다(이런 일은 최근까지도 계속된다. 참 개×같은 세상이다). "월간조선 사건 이후로는 아무것도 한 것이 없고 일본으로 괌으로 피해 다닌 것뿐인데 또 뭘?" 하면서 나는 그저 담담했다.

『성역은 없다』에는 정말 '아무것도 없다'. 그냥 내가 수사한 사건들 중에서 언론에 크게 보도되었거나 국가 정책에 어떤 영향을 준 사건 중심으로 쓴 구어체로 된 일종의 수사 기록일 뿐이다. 그런데 국회의사당에서는 그게 아니었던 모양이다. 문제의 그 의원이 총리에게 "총리, 이 책 읽어 봤소?" 하면서 『성역은 없다』를 치켜들었다. 엊그제 나온 책이니 읽었을 리가 있겠는가. 당연히 "아직 못 읽었는데요"라고 했을 테지.

"오늘 당장 읽어 보시오. 이 책에는 함승희 검사라는 사람이 동화은행장을 수사하면서 엄청난 권력형 비리를 파헤쳤는데 당시 권력 실세들의 방해로 사건을 덮었다는 내용이 다 나와요. 지금이라도 당장 수사를 재개할 용의가 있나요?"

이렇게 물으니, 다 나와 있다는데 총리인들 발 뺄 도리가 있었겠나.

"읽어 보고 문제가 있으면 검토해 보겠습니다."

"검토가 아니라 당장 수사를 재개하세요."

"네, 알겠습니다."

이런 내용으로 국회 대정부 질의·답변이 이루어진 모양이다. 기막힌 연출이다. 그 책에는 단 한 줄도 없는 이야기이다. 그런데 내용 자체가 전혀 틀린 말은 아니다. 어딘가에서 주워들은 내용을 이 책에 빗대어 질의한 것이다. 그 속도 모르고 총리는 말려들었다.

다음 날 도하 모든 일간지는 "동화은행장 사건 수사 때 묻힌 권력형 비리 수사 재개"라는 제목의 기사가 실렸다. 그 출판사 여사장이 분명히 내게 이야기했다. "언론사 기자와 인터뷰하면 의도적으로 기사를 편집하여 피해를 입으니 본인이 직접 손으로 쓰세요. 그러면 본인 의도와 관계

없이 왜곡 보도되는 일은 없을 것입니다"라고. 그런데 이번에는 더 크게 왜곡되고 더 크게 보도됐다. 기가 막힐 노릇 아닌가.

밤늦도록 집 전화벨이 끊이지 않았다. 한 통도 안 받고 나중에는 아예 코드를 뽑아 버렸다. 훗날 안 일이지만 이 방법은 좋지 않다. 짜증 나서 말대꾸하기 싫어서 피한 것뿐인데, 기자라는 자들은 "전화도 안 받고 일부러 피하고 있다"고 한 겹 더 덮어씌운다. 그렇다고 응대를 하게 되면 우선 내 입에서 육두문자부터 나올 터인데, 그러면 욕했다고 또 지×병을 떨 것이니 일단 휘말리면 참 대책이 없다.

이렇게 해서 이 책은 일약 베스트셀러가 됐다. 기자, 검사, 공무원, 국회의원뿐만 아니라 평소 정치에 관심 없는 샐러리맨들까지 글줄이나 읽을 줄 아는 사람들은 너도 나도 그 책을 사서 읽기 시작했다. 대다수 검사들은 물론 검찰·경찰 출입기자들은 캡(선임기자)이 단체로 구입하여 배포했다고 한다. 일부 후배 검사들은 밑줄까지 그어 가며 읽었다고 한다. 연전에 어느 지방 로스쿨에서 특강을 한 적이 있는데, 그중 나이가 좀 들어 보이는 한 학생은 고등학생 때 이 책을 읽고 자신도 검사가 될 꿈을 가졌다고 했다.

출판사 사장의 예측이 맞았다. 만 권은 하루 만에 동이 나고, 급히 철야작업 해서 만 권을 또 찍었는데 며칠도 안 가 또 동이 났다. 이렇게 해서 그 책은 수십만 권 팔려 나갔다. 요즘 말로 대박(그때는 이런 유행어가 없었다)이 난 것이다. 광고 한 줄 안 내고 그 출판사 여사장은 돈방석에 앉게 됐다. 내게도 인세라는 명목으로 꽤 많은 돈을 주었다.

국회 대정부질의 사건이 있은 지 2~3일 지났을까. 어떤 알고 지내는 기자에게서 전화가 걸려 왔다.

"함 선배, 유모 의원과 통화한 적 있으세요?"

처음에는 생소한 이름이라 그런 적 없다고 했다.

"지난 토요일 오후에 선배님과 통화했다는데요?"

그제서야 존경한다는 말만 여러 번 반복하고 끊은 그 사람 생각이 났다.

"응, 한 일주일 전쯤 검찰총장이 연결해 주어 잠깐 이야기한 적 있어. 그런데 왜?"

"아, 맞기는 맞군요. 그 책에는 권력형 비리니 폭로니 아무것도 없길래 본인에게 확인하니 그런 얘기는 전화로 다 했다고 해서요. 전화상으로 이야기해 준 것은 맞으세요?"

계속 기가 막힌다. 이러다가는 기가 막혀 죽을지도 모를 지경이다.

"그 사람, 정말 개사기꾼이네. 이름도 생소해서 잘 못 알아들었는데, 나를 존경한다는 말만 몇 번 되풀이하고 끊었어. 이름도 모르는 사람한테 그것도 전화로 그런 비밀스러운 이야기 하는 사람이 어디 있냐? 그게 말이 되냐?"

"그 말도 듣고 보니 그렇네요."

이 말도 맞는 것 같고 저 말도 맞는 것 같다는 뜻이다.

"뭐? 듣고 보니 그렇다니, 이런 썩을 놈들. 아니면 아닌 것이지 듣고 보니 그렇네요는 또 뭐야?"

지금 약간 고혈압 증세가 있는 것은 그때 열 받아서 생긴 것이리라. 다 지나간 옛날이야기이니 그저 담담한 마음으로 글로 쓰고 있지만, 그 당시에는 곁에 있으면 볼때기를 한 방 갈기고 싶은 심정이었다.

태평양 노마드

역사의 물줄기는 우연한 일로 바뀌기도 한다. 이 국회 대정부질의 사건은 결국 사라예보의 총성 한 발이 되어 전·노 두 대통령에 대한 수사의 기폭제가 되었다. 겉으로 내세운 명분은 김영삼 정권의 '역사 바로잡기'이고, 검찰의 '사정변경으로 인한 수사 재개'이다. 그러나 내막을 들여다보면 동화은행 사건 수사 때 이미 드러났으나 정치적 계산으로 덮었던 상업은행 효자동지점의 ○○회 계좌를 실마리로 삼아 국면을 전환하기 위한 일종의 정치적 쿠데타이다. 보통의 쿠데타는 기존 정권의 전복을 목적으로 하지만, 때로는 위기에 몰린 정권의 권력 강화 또는 정권 연장을 목적으로 하는 이른바 친위 쿠데타라는 것도 있다.

앞서 일어났던 월간조선 사건보다 후폭풍이 더 거셌다. 단기간으로 끝날 것 같지도 않았다. 마침 생각지도 않았던 『성역은 없다』의 인세도 들어왔다.

'보따리 싸서 미국 가자.'

이자들의 시야에서 사라지는 길 외에는 이 아수라 같은 혼돈에서 벗어날 길이 없었다.

1997년 12월 24일, 가족들 다 데리고 샌프란시스코 국제공항에 도착했다. 다음 날 신문에는 "함승희 전 검사 미국행, 나갔나 내보냈나"라는 제목의 기사가 실렸다. 아무려면 어떤가, 드디어 탈출했는데!

미리 혼자 가서 집 얻어 놓고, 대학에 가서 사무실도 하나 배정받아

키도 받아 놓고, 임시 사용할 렌터카도 빌려 놨다. 오랜만에 평온한 삶을 되찾았다. 사람 사는 것 같았다.

스탠퍼드 대학은 교정이 아름답기로 미국에서도 알아준다. 실리콘 밸리가 바로 이웃하여 미국 내에서도 살기 좋은 도시로 손꼽힌다. 날씨도 1년 내내 우리나라 초가을 같고 기복이 별로 없다. 주말 아침에는 혼자 다운타운으로 내려가 카페 정원 야외 의자에 앉아 크루아상 두 개에 카푸치노 한 잔 시켜 놓고 전화번호부만큼 두꺼운 〈워싱턴 포스트〉지 주말판(비닐봉투에 밀봉해서 돈 주고 사야만 읽을 수 있다) 한 부 사서 요즘 세상의 핫이슈가 무엇인가 제목 정도만 훑어보고, 광고 전단지 중에 'Buy One, Get One Free (1+1)' 같은 것 몇 개 골라 호주머니에 넣고 일어서면 해가 중천에 떠 있다. 그때의 추억은 지금도 행복하다.

그러나 사람 사는 세상이란 어떤 시기, 어떤 환경에서도 백 퍼센트 행복은 없다. 파라다이스섬에 가서 좋은 사람들하고만 어울려 산다 해도 걱정거리는 또 생기게 마련이리라.

이름도 생소한 캉드쉬라는 사람이 한국에 들어와서 'IMF 체제'라는 것을 만들었다. 기업들이 줄줄이 도산하고 멀쩡히 직장 다니던 사람들이 대량으로 일자리를 잃기 시작했다. 국민들 모두가 멘붕이 되었다. 6·25 공산 세력의 남침으로 인한 비극 이후의 최대 참상이 벌어졌다. "선배님, 어디 외국이라도 다녀오세요. 사무실은 우리들끼리 꾸려 갈게요" 하면서 호기롭던 후배 변호사들도 저희들끼리는 감당을 못하겠다며 SOS를 보냈다. 도리 없이 가족들만 놔두고 또 들어왔다.

아무리 어려운 상황이 벌어져도 산 자는 살게 마련이다. 6·25 전화

속에서도 살아날 운명인 자는 살아남았다. 나는 피난길에 경남 진주에서 태어나 어머니가 강보에 싸 안고 경상남도 일대를 굶기를 밥 먹듯 하며 헤매고 다니셨다지만 살아남았다(아버지는 당시 국군 장교였고 사천에 주둔하고 있었다 한다).

기업의 연쇄 부도로 은행이 받을 채권들이 깡통이 됐다. 담보도 소용없게 됐다. 담보로 제공된 건물이 똥값이 됐기 때문이다. 이 휴지 조각이 되어 버린 금융기관 채권들을 자산관리공사가 인수했다. 그때 자산관리공사 사장이 마침 지인이었다. 성씨가 희성인 연씨였다.

"연 사장, 이 깡통 채권들을 한데 묶어(전문용어로 풀링이라 한다), 미국의 돈 많은 투자은행에 팝시다. 지금 달러 한 푼이 아쉬운 판에 깡통 채권들을 팔기만 한다면 크게 애국하는 겁니다."

"사겠다는 투자은행만 찾아 주신다면 얼마나 좋겠어요."

이렇게 해서 부실 금융채권(기업이 부도가 나서 사실상 받을 수 없게 된 채권, 일명 NPL)들을 액면가액으로 1조 원 단위로 묶어 사겠다는 투자은행을 찾기 시작했다. 드디어 하나 찾아냈다. 미국 텍사스주에 베이스를 둔 론스타(Lonestar)라는 투자은행이다. 깡통채권 액면 1조 원짜리를 3억 달러(당시 환율로 5,500여억 원)에 팔았다. 내 로펌은 그 일을 대행해 주고 수수료로 꽤 큰돈을 벌었다. 애국하고 돈도 번 것이다. 그때까지는 아무도 해 본 적이 없는 일이다. 그런데 우리가 해냈다. 스탠퍼드 대학을 괜히 유람 간 게 아닌 셈이 되었다. 우리에게는 생소한 첫 경험이었지만 미국을 비롯한 서구의 금융기관에서는 이미 오래전부터 해 오던 금융 기법이었다.

어느 날 그 연 사장과 만났다. 자축을 했다.

"그런데 연 사장, 지금 진행되고 있는 일들, 비디오 찍듯 정리해 놓아야 합니다. 내가 짐작컨대 세상 좋아지고 나면 분명 개구리가 올챙이 적 생각 못하고, '왜 그때 좀 더 비싼 값으로 팔 수 있었는데 그런 헐값으로 팔아 버렸느냐, 배임 아니냐'고 물고 늘어질 놈이 생길 것이오. 무슨 뜻인지 이해하셨지요?"

그는 금방 알아들었다. 내 예상은 적중했다. 2년쯤 지나 IMF 체제를 벗어나게 될 즈음, 왜 그토록 헐값에 팔아넘겼느냐면서 시민단체가 문제를 삼기 시작하더니 다음에는 국회, 드디어 검찰 특수부까지 달려들었다. 그 연 사장은 연일 검찰로 국회로 불려 다녔다. 그때마다 내가 제안한 그 비디오 찍듯 정리해 놓은 당시 상황들을 들이미니 결국은 국회의원도 검사도 오히려 "애국자시군요" 하더란다. 세상사가 이렇다.

> 무릇 세상은 제행무상이로다
> 인간은 흐른다
> 인생은 흐른다
> 만물은 유전이로다
> 사소한 일에 어찌 일일이 구애될까 보냐.

IMF는 터졌지만, 미국에 있는 가족들은 『성역은 없다』로 받은 인세를 달러로 환전해 놓은 덕분에 큰 동요 없이 생활했고 나는 한국과 미국을 오가면서 이 같은 새로운 금융기법을 경험했다.

김영삼 정권 말기에는 미증유의 국가적 재난이 잇달아 일어났다. 성

수대교 붕괴, 삼풍백화점 붕괴로 수백 명이 사망했고, 급기야 대한항공 여객기가 괌에 착륙하다가 산봉우리를 들이받아 탑승자 254명 중 228명이 죽는 참사가 일어났다. 대부분 유가족은 항공사와의 합의로 법적 분쟁이 끝났지만, 그중 살아남은 몇 명은 항공사가 제시한 보상액 정도로는 받아들일 수 없다면서 버텼다(여성 피해자 한 명은 얼굴 성형을 다섯 번이나 할 만큼 심한 화상을 입었다). 이들을 위하여 우리 로펌은 미국 연방정부를 상대로 손해배상을 청구하기로 했다. 샌프란시스코에 있는 손해배상 전문 로펌을 물색했다. 그리고 이 항공기 참사는 조종사 과실보다 괌에 있는 관제사 잘못이 더 크다는 사실을 증명하기 시작했다. 결국 미국 연방정부는 6~7명의 피해자들에게 거액(수백억 원)을 주기로 하고 합의했다. 미국에는 '징벌적 손해배상' 제도가 있어 배상 금액이 우리와는 비교가 안 될 정도로 크다(이 사건을 계기로 미국에 주소가 없는 자는 미국 내 법원에서 소송을 제기할 수 없게 되었다).

이렇게 하면서 IMF의 터널을 지나고 있었다. 그때 샌프란시스코(뿐만 아니라 미국 전역)에 유학, 출장, 연수 목적으로 나가 있던 많은 숫자의 공무원들이나 기업 주재원들은 비참한 경험을 했다. 우선 처음 두세 달은 월급조차 나오지 않았다. 월세를 낼 수 없으니 아주 값싼 유색인종들이 주로 모여 사는 슬럼가 같은 곳으로 이사를 가거나 초·중학교 다니는 아이들과 아내를 중도에 본국으로 조기 귀국시키고 저 혼자 슬럼가 단칸방으로 옮겨간 이들도 적지 않았다. 대학 연구실에 들르면 다른 나라에서 온 방문학자나 연수생들로부터 "너희 나라 괜찮냐?"는 걱정 반 조롱 반을 수시로 당했다. 스탠퍼드 교수로 있던 저명한 경제학자 프랜시스 후쿠야마는 잽싸게 *Asian Values and the Asian Crisis*라는 저서를 출간하면서, 지금까지 고도성장을 가져왔던 아시아적 가치는 이제 끝났다고 폄훼했다. 박정희 정권 때 시작된 경제 부흥이 세상에 유례 없는 고속성장으로 이어져 아시아의 네 마리 용(Four Asian Tigers)이 되었는데, 도대체 무슨 일이 있었길래 이런 참극이 벌어졌나? 후쿠야마 말대로 집단주의, 연공서열주의 같은 아시아적 가치의 몰락인가, 아니면 너무 일찍 샴페인을 터트렸나? 곰곰이 생각해 볼 일이다.

'소통령' 김현철, 2% 부족한 이회창

분명히 짚고 넘어가지 않으면 안 될 일은, 그때도 99퍼센트 일반 대중은 이 같은 비극을 예상 못했듯이 앞으로도 99퍼센트 일반 대중은 알지 못하는 사이에 그런 참극이 또 벌어질 수 있다는 사실이다. 경제적 이유는 내 전문 분야가 아니니 접어 두고 정치적 측면만 보면, 한마디로 국가를 경영할 능력이 없는 집단(이른바 등산화부대)이 제 분수도 모르고 그동안의 집권세력들을 적으로 삼고 문민정권이라는 명분만 내세워 인기투표 놀이하듯 정치적 쇼잉에만 몰입했다. 없어서 못 먹었을 뿐, 있어도 안 먹었을 놈들이 아닌데(먹을 기회만 있었으면 더 게걸스럽게 처먹었을 수준의 놈들이었는데)도 불구하고, 저희들은 도덕적 선이라는 자기최면에 빠져 기왕의 세력들을 모두 개혁 대상(요즘음 유행어로 적폐 세력)으로 몰아붙이면서 정권 초기 2년간 온갖 푸닥거리로 허구한 날을 허송했다. 그러면서 저희들 스스로가 썩어 들어갔고 받아먹는 재미에 세월 가는 줄 모르다가, 어느 날 문득 정신이 드니 정권이 바뀌면 그동안 저지른 악행으로 인해 받을 업보가 두려워졌다. 그러자 이번에는 김영삼의 아들을 중심으로 소통령이라는 비아냥을 받을 정도로 한껏 위세를 부리면서 다음 정권을 재창출하겠다고 설쳐 대다가 결국 심재륜 검사(내가 특수부 검사 때 부장이었고, 폭탄주의 대가이며, 한번 물면 좀처럼 놓지 않는 강골 검사이다)에게 걸려들어 감옥에 갔다.

당시 김영삼의 아들 김현철, 일명 '김 소장'이라는 사람의 세도가 얼마나 기고만장했는가 하면, 이런 일화도 있었다.

내가 아직 검사로 재직중이던 어느 날, 친하게 지내던 후배 검사가 좀 보자 해서 만났다. 그는 이미 검사를 그만두고 15대 국회의원 선거 출마 준비를 하고 있을 때이다.

"함 선배 성격상 변호사 개업한다 해도 장사 잘 될 턱도 없고, 국회의원이나 출마하면 어떻겠소?"

"국회의원 새×들 수사해 보고도 그런 말 하냐? 그 새×들, 겉만 번지르르하지 속을 들여다보면 사기꾼 아니면 공갈배 아니면 양아치들이야. 되지도 않을 일을 된다고 떠벌리니 사기꾼이고, 기업들의 약점 잡아 후원금 뜯어 내니 공갈배이고, 적과 동지도 없이 눈앞의 이권에 눈이 멀어 저희들끼리 이전투구하니 양아치 아닌가. 후배 검사들에게 잡혀갈 일 있냐? 니나 해라, 난 안 한다."

"함 선배, 이제 제발 그 검사 티 좀 그만 내소. 검사보다 국회의원이 한 수 위라카이. 아무리 함 선배가 사기꾼, 공갈배라고 업신여겨도 그놈들이 대통령도 만들고 나라를 좌지우지한다 아입니꺼. 그러지 말고 생각 잘 해 보소. 생각 있으면 내가 ○○당 공천은 받도록 도와주꾸마."

"니가 무슨 재주로 공천을 도와주냐? 니 앞가림이나 해라."

"김 소장이라고 들어 봤지요? 그 김 소장한테 내가 추천하면 함 선배 경력이면 어렵지 않을까요."

"김 소장? 뭐 하는 소장인데?"

"참 형도, 세상 돌아가는 걸 그렇게 모르면서 검사를 우째 해먹었소? 아, 영삼이 아들 현철이 몰라요? 가가 지금 다 한다 아입니꺼."

"가가 지금 나이 몇 살인데 뭘 다 한단 말인가? 그리고 그놈아가 지난번 내가 이원조 잡아넣을라 할 때 훼방 놓은 패거리들의 대장이라 소문 났던데, 맞지?"

"그건 내가 모르겠고, 하여간 출마 한번 생각해 보소."

그리고 헤어졌다. 이 후배는 검사 시절도 그랬지만 정치인이 된 후 권력의 흐름에 대한 후각이 아주 특별했다. 그런 그의 입에서 김 소장을 이토록 추켜세웠으니 과연 그 김 소장은 노태우 시절의 박철언이나 김대중 시절의 홍삼 트리오만큼이나, 아니 그 이상의 세도가였음에 틀림없다.

그때만 해도 나는 국회의원 된다는 것을 꿈도 꾼 적이 없다. 국회의원은 그저 잡아넣어야 될 놈들로만 내 머릿속에 각인돼 있었다. 공안검사 시절에 보면 공직선거법 위반 안 하고 선거 치르는 놈 거의 없고(선거비용 축소신고, 사전선거운동, 상대방 후보 흑색선전, 자원봉사자 숫자 줄이기 등 부지기수이다), 특수검사 시절에 보면 정치자금법 위반 안 하는 놈 거의 없으니, 기업 비자금을 털었다 하면 국회의원놈 최소 두셋은 걸려든다(그래서 검사와 정치인은 태생적 천적 관계에 놓이게 된다). 그런 내막을 빤히 알면서도 그것을 하겠다는 것은 카지노에서 바카라 하듯 50퍼센트 확률로 살아남아서 몇 선 당선되어 무슨 상임위원장 한번 해먹거나 아니면 그전에 감옥 가거나 둘 중의 하나다. 하기야 감옥을 두세 번씩 들락거리면서도 한 텀씩 쉬어 가며 사면장 받아들고 또 계속 해먹는 놈들에게는 바카라보다는 승률이 더 높기는 하겠다.

어쨌거나 스탠퍼드 대학에서의 2년 생활은 과거 검사 시절 연수 갔을 때와는 전혀 다른 즐거움과 다양한 경험이 있었다. 정치 부패(political corruption)를 주제로 정해 놓고 이와 관련된 책도 사 모으고 아티클도 복사해서 읽고, 미국 전역에서 열리는 이를 주제로 하는 각종 학회, 세미나에도 참가했다. 미국의 정치인과 관료들은 우리나라보다는 부패 사건에 덜 연루된 것은 맞다. 그러나 더 도덕적인가 하는 문제와는 별개다. 법과 제도가 워낙 촘촘히 엮여져 있어서 범죄를 저지르기가 쉽지 않을 뿐, 사람 사는 행태는 비슷하다. 그래서인지 정치 부패 관련 학술모임이나 수사기관들이 주최하는 세미나가 적지 않다. 이른바 반부패학술대회(Anti-Corruption Conference)가 그것이다. 보스턴에 있는 하버드 대학, 뉴욕에 있는 컬럼비아 대학, 버클리에 있는 UC 버클리 등 미국의 유수 대학들을 세미나 참가 목적으로 두루 둘러볼 수 있었다. 훗날 중국 정부의 중앙당교(中央黨校)를 비롯한 유수 대학의 초청으로 정치 부패에 관한 특강을 하게 된 것은 이때의 경험이 밑거름이 되었다.

그러면서 세월은 주마등같이 흘렀다. 그사이 김영삼 정권은 몰락하고 DJ가 대통령이 되었다.

DJ와의 대결에서 떨어진 이회창 씨가 스탠퍼드에 들렀을 때의 일이다. 그의 오른팔 노릇을 하던 서모 의원의 주선으로 스탠퍼드에 연수 온 몇몇 고위공직자들이 모여 위로 모임을 가졌다. 직접 인연은 없었지만 나도 참가했다. 그는 법조 대선배일 뿐만 아니라 당대에 인품이나 실력 면에서 이만한 인물 찾기가 쉽지 않다고 생각하던 터이다. 와인 몇 잔 마신 후 한마디 했다.

"선배님, 우선 위로 말씀 드립니다. 그런데 대통령 재수할 생각이시면 선배님과 연결된 경기고, 서울법대, 법조인 출신은 곁에 두지 마십시오. 머리 좋은 사람은 선배님 한 분으로 족합니다. 시골 출신 중에 사람 냄새 나는 인재들을 골라 곁에 두십시오."

충심에서 우러난 충고였을 뿐 추호라도 그를 폄훼할 생각은 없었다. 그럼에도 불구하고 내 말을 들은 그의 표정은 어둡게 변하고 약간 상기됐다. 그뿐만 아니라 자리를 함께한 자들 중 절반 이상의 얼굴 표정이 굳어졌다. "니가 뭘 알어, 내가 다 알아서 해" 그런 표정이었다. 능력도 출중하고 기개도 올곧지만, 유비 같은 후덕함이나 조조 같은 지략 둘 중에 하나는 갖추어야 하는데 두 가지가 다 허한 것 같아 아쉬웠다. '하늘은 모든 걸 다 주지 않는구나. 재수해도 쉽지 않겠다'라는 생각이 들었다.

수사 오적(五敵)

검찰에는 사건 수사를 발판으로 매명하여 출세하려는 자 또한 없지 않아 있으나, 그리 많지는 않다. 검찰의 무력화를 시도하는 세력들은 우리나라 검찰을 가리켜 무소불위의 권력을 가졌다고 한다. 그러나 그것은 엄청난 오해이거나 악의적인 왜곡이다. 형사소송법, 검찰청법의 조문상으로 나열돼 있는 권한은 그 자체로는 꽤 강해 보인다. 그러나 종이에 적힌 권한을 현실세계에서 행사하는 데는 도처에 장애물이다. 무소불위이기는커녕 종이에 그린 호랑이 같은 비애가 많다.

검찰의 적은 어떤 것들이 있나?

첫째는 내부의 적이다. 인사권자(대통령과 법무부장관이다)의 인사권을 빙자한 수사검사 핍박, 수사팀의 해체 따위가 그것이다.

동화은행장 비자금 수사 당시 나는 검찰연구관 신분이었다. 서울지방검찰청 검사장에 의한 검사직무대리 명령에 의해 수사 권한이 주어졌다. 내 수사를 방해할 의도라면 이 직무대리 명령을 해제하는 명령서 한 장이면 그만이다. 그런데 그들은 그런 짓까지는 하지 않았다. 서경원 의원 밀입북 사건 수사할 때도 서울지검 근무 3년이 넘어 동기생들은 모두 인사이동이 됐는데 나만 제외됐다. 계속 수사하라는 뜻이다. 그 바람에 서울지검에만 4년을 넘게 근무했다.

일선 검사장에게는 수사 사건에 대한 구체적 지휘감독 권한이 있다. 지휘에 따르지 않으면 다른 검사로 교체하거나 사건 자체를 다른 검사에게 재배당하면 그만이다. 대들면 항명이 되어 징계 대상이 된다. 이런 상황에서 정권 편을 드는 상사의 지휘감독권과 맞서 수사검사가 소신을 굽히지 않고 버틸 수 있는 길은 단 하나다. 무엇이 정의로운 길인가이다. 대학을 다녔든 독학을 했든, 법학을 웬만큼 공부하여 사법시험을 통과한 자이면 무엇이 법인지 안다. 다시 말하여 법이 추구하는 정신, 즉 정의가 무엇인지 안다. 이것이 버팀목이다. 아무리 상사라도 정의가 아닌 것을 정의라 우기지 못한다. 법이 아닌 것을 법이라 우기지 못한다.

법무부장관에게는 구체적 사건에 대한 지휘감독권이 없다(검찰청법 제8조). 다만 검찰총장을 통하여서만 개입할 수 있을 뿐인데, 이조차도 검찰총장이 받아들이기를 거부하면 적어도 법적으로는 그것으로 그만이다. 수사검사는 체임·교체되지 않는 한 주임검사로서 본인의 의지대로 수사를 진행하더라도 법적으로 유효하다. 이 법의 입법 취지는 장관은 행정부 소속의 국무위원임에 반해, 수사 업무는 국가형벌권 행사의 일환으로서 형사재판(사법권)에 직결된 준사법업무이기 때문이다. 권력의 분립과 견제와 균형이라는 민주정치의 기본 원칙에 비추어 당연한 논리이다.

우리나라와 유사한 검찰 제도를 채택하고 있는 일본의 경우 근대 검찰 제도 100년사에서 장관의 지휘권이 발동된 적이 단 한 차례 있다. 요시다 내각 시절 도쿄지검 특수부가 대형 부패 스캔들인 '조선의옥 사건'을 수사하면서 집권당의 간사장을 구속수사하려 할 때 이누카이 법무장관이 불구속수사를 지휘한 적이 있다. 이 일로 인하여 그 후 십수년간 일본 검찰은 대형 부패 사건을 단 한 건도 수사하지 못한 최악의 암흑기에 빠졌었다. 이누카이는 최악의 법무장관으로 일본 검찰사에 기록되고 있다. 당시 지휘권 발동은 최고검찰청 차장검사 기시모토가 총장을 몰아내고 자신이 총장을 할 사심에서 요시다 내각과 내통한 것으로 드러나 다시 한 번 큰 파장을 불러일으켰다.

여기까지의 설명이 정상사회에서의 이성이고 상식이다. 돌이켜보면 나는 그나마 정상사회에서 검사를 한 것 같다. 비록 물증 없으면 소환 못한다는 수사 방해를 당했지만 물증 수사(자금추적) 자체를 방해받지는 않았다. 육두문자 섞인 강압도 받았지만 같이 육두문자 섞어 치받으면 그것도 용인됐다. 좌천성 승진이라는 인사 불이익도 당했지만 그래도 인간적 어루만짐은 있었다. 가끔은 함께 어울려 개× 같은 ×들을 안주 삼아 씹으면서 밥도 먹고 술도 마셨다.

그런데 21세기 세상은 정상사회가 아니다. 미친 사회가 돼 가고 있다. 권력에 미치고 돈에 미치고 패거리에 미쳐 간다. 이성과 상식이라는 용어 자체가 일상생활에서 소멸되었다. 위법이 합법으로 둔갑하고 불의가 정의를 깔아뭉갠다. 이 같은 현상은 시간이 흐를수록, 정권이 바뀔수록 더 심해진다. 이제는 아예 위법을 합법으로 만들고 불의를 정의라고 우기는 조직적인 패거리까지 생겨났다. 그 패거리 속에는 법과대학 다닌 놈, 사법시험 붙은 놈, 대학에서 법을 가르치는 놈, 그 시시비비를 직필해야 할 언론쟁이놈들까지 합세한다. 검사 한두 명, 기껏 네댓 명으로 구성된 수사팀이 이 거대한 패거리와 대적이 되겠나. 검사가 손에 든 무기는 무엇인가? 총, 칼 같은 무력이 없다. 형사소송법 조문 몇 개뿐이다. 이 거대한 패거리가 손에 든 무기는 무엇인가? 공용화기로는 신문·방송이 있다. 개인화기로는 머리띠, 응원봉, 확성기, 동영상 트럭은 기본이고 수백 수천 개의 스마트폰이 있다. 밤에는 촛불 대용으로 흔들어 대고 낮에는 가짜 뉴스를 만들어 퍼나르고 수만 개의 '좋아요'를 조작한다.

　이 같은 척박한 상황에서 수사지휘·감독권을 가진 검찰총장이 이성과 상식을 가진 자이면 힘의 균형추가 근근이 버틴다. 그런데 장관이라는 자가 나타나 인사권을 빙자하여 수사팀을 해체하거나 벽지로 좌천시키고 총장이라는 자는 무기력하게 그 밑에서 무릎을 꿇는 순간, 그것으로 끝장이다. 이런 의미에서 문정권하에서 저질러진 법무부장관(행정부 각료)에 의한 수사권(준사법권)의 침해 내지 유린은 검찰사(史)에 유례없는 기현상이다. 민주정치의 요체인 권력 간의 견제와 균형이 뭉개진 것이다.

　검사 또는 검사들의 수사팀이 무장해제를 당했는데 무엇으로 싸우나? 몸뚱아리로 육탄전을 벌이나? 대한민국뿐만 아니라 헝가리, 터키, 폴란드 등 이른바 민주정치의 외피를 걸치고 있으나 이미 독재국가로 변질된 상당수 국가에서 이런 일이 현실로 벌어지고 있다. 민주주의의 파국이 오고 있는 것이다.

둘째는 언론이다.

거악의 편에 서서 검찰 수사를 훼방하려고 작정한 언론사는 언제나 있게 마련이다. 언론사의 사주가 정권 친화적이거나 노조에 지배된 언론이 그것들이다. 이들은 빨대 꽂은 정권의 실세 비리가 드러나는 기사는 묵살하거나 한 줄 단신으로 처리하면서 정권과 각을 세우고 있는 반대편이나 검찰의 약점을 잡으면 대서특필하고 시사 특집 프로그램까지 만들어 집중 보도한다.

그러나 거악과의 싸움에서 이 정도의 장애는 감수해야 한다. 불원간 거악의 악행이 백일하에 드러나면 그것에 기생했던 기생충 따위들은 재빨리 숙주를 바꾸거나 숙주와 함께 말라 죽을 것이기 때문이다.

문제는 오히려 우호적 언론들의 취재 경쟁이다. 이들은 수사를 방해할 의도까지는 없으나, 이른바 특종을 노리고 수사팀 내부의 두더지(첩자)를 이용하거나 심지어는 엿듣기, 훔치기 등 갖은 방법을 동원하여 기사를 쓴다. 그런데 그 내용이 10퍼센트쯤 팩트이고 나머지는 추측, 과장, 허위보도이다. 보도된 날을 기점으로 공범들이나 중요 참고인들은 잠적하고 증거 인멸을 위한 파쇄기는 밤낮으로 돌아간다. 낭패다. 숨죽이고 있던 적들은 이 가짜 뉴스를 트집 잡아 사건 조작이라느니 무리한 수사라느니 인권 침해라느니 주장하면서 총공세를 취한다. 결국 수사검사(팀)는 본래의 수사는 뒷전으로 미룬 채 해명하기에 바쁘다. 기자회견, 국회 답변은 기본이고 경우에 따라서는 법무부나 청와대에 진상보고서 같은 것을 만들어 보내야 한다. 이쯤 되면 어지간한 강골 검사가 아니고서는 기가 죽어 수사 의지가 꺾인다. 대충 잔챙이 몇 놈 잡아넣고 꼬리끊기로 수사는 종결된다.

셋째는 거악 그 자체이다.

끼니가 걱정되고 잠자리가 없는 노숙자도 감옥은 꺼린다. 하물며 호의호식하던 정·재계의 실세들에게 감옥살이는 죽음 못지않은 두려움이다. 그래서 그 저항은 살기 위한 몸부림, 즉 필사적이다. 약골인 놈도 필사적이면 제압하기 쉽지 않은데, 돈 있고 빽(평소 돈 받아먹으며 뒷배 봐주는 놈) 있는 놈이 필사적이면 그 위력이 대단하다. 대형 로펌을 동원하여 전담팀을 꾸리고, 법원·검찰에서 최근에 옷 벗은 고위직 또는 권력의 실세들과 인연이 닿는 변호사에게 그림자 변호를 시키고, 우호적 언론을 동원하여 기사를 빙자한 변명 자료를 대서특필하게 한다. 이 정도는 기본이다. 더 지능적인 거악은 수사검사의 아킬레스건을 잡고 있는 변호사를 찾아낸다. 평소 사건과 관계없이 형제처럼 지내고 있거나 지난날 상하관계로 함께 근무할 때 인사, 보직에서 크게 신세 졌던 변호사가 그것이다. 이런 변호사는 최종 근무지 개업 제한 따위로는 막을 수 없다. 이런 변호사가 찾아오면 그날부터 수사검사는 인간적 고뇌에 빠지게 된다.

어디 그뿐인가. 과거에는 미련한 재벌급 거악들은 아예 현금 뭉치로 유혹하는 자도 더러 있었다. 요즘은 좀 더 교활해졌다. 사건의 수사 또는 재판이 끝난 후 그 재벌급 회사의 임원 또는 정부 부처의 요직으로 자리를 옮기도록 유도하고, 본인 또는 자식들의 해외 유학시 현지에서 각종 편의를 제공한다. 실제로 이런 유혹 또는 회유에 굴복한 자 또한 적지 않다. 여간 심지가 굳고 자존심이 강하지 않으면 아차 발 삐끗할 수 있다. 한번 삐끗한 발목은 툭하면 삐게 된다. 잘못 길들여진 손버릇은 평생 간다. 이런 함정이 도처에 있음을 미리 알고 이겨 낼 자신이 없는 자는 그냥 형사부에서 경찰이 송치한 사건이나 뒤치다꺼리하는 것이 그나마 오래 사는 길이다.

넷째는 능력 없는 놈들에 의한 수사·조사를 빙자한 분탕질, 훼방질
이다.

거악의 수사는 당대 최고수급 검객들 간의 목숨을 건 일합이나 다름
없다. 죽이지 않으면 죽는다. 그런데 3류도 안 되는 놈이 거악을 상대로
칼을 빼들고 미리 설친다. 거악들은 앞서 설명한 세 가지 무기로 이 망나
니 같은 아마추어의 목을 조이는데, 이놈이 무슨 재간으로 그 포위망을
벗어나겠나. 그저 좌충우돌하며 허공에 빈 칼만 몇 차례 휘두른다. 그러
는 사이 거악들은 차분하게 서로 말을 맞추고, 증거를 인멸하고, 공범이
나 중요 참고인을 해외로 도피시킨다. 심지어 목숨을 끊어 꼬리 자르기
도 한다.

검사들 사이에서도 이런 일이 일어난다. 권력자가 의도적으로 이런
분탕질을 유도할 때도 있다. 하물며 하급 수사기관(경찰 등)이 수사 개시
권과 수사 종결권을 들먹이면서 이런 식의 분탕질을 쳐 대면 지금까지 설
명한 이 모든 수사의 적을 능가하는 수사의 훼방꾼이 되고 만다. 아예
수사 자체가 불가능하게 된다.

지금까지 십수 차례 벌여 온 특검 수사가 별 성과를 거두지 못했던
것은 특검의 수사능력에도 문제가 있었지만, 오히려 그 앞선 수사 또는
국회의 국정조사 따위가 분탕질을 쳐 놨기 때문이기도 하다.

검찰 수사권에 대하여 비판하는 자들의 논리는 겉으로는 수사기관
간의 견제와 균형이라는 핑계를 대고 있지만, 거악과의 한판 싸움에서 이
놈 저놈이 사전에 집적거리게 되면 다만 수사의 훼방을 의미할 뿐이다.

이 같은 짓을 의도적으로 악용하면 최악의 지능적인 수사의 적이 된다.

다섯째는 요즘 들어 수사 방해의 새로운 행태로 '감찰조사'라는 것이 문제 되고 있다.

정권에 불리한 검찰 관련 기사가 언론에 불거지기만 하면 수사검사 또는 그 주변을 감찰조사하겠단다. 심지어는 검찰총장을 감찰조사하겠다고도 한다. 이를 위하여 법무장관의 측근을 대검 감찰부에 배속했다고도 한다. 한심한 세태다.

서울검찰청 '민생특수부' 검사 시절, '범죄와의 전쟁'이 치열할 때 있었던 일이다. 조모 검사가 내 옆방에서 일하고 있었다. 특별수사부에서 공직자부패 사건을 주로 수사하던 나와는 달리 그는 깡패, 조폭을 수사하는 강력부 검사였다. 대통령의 지시로 민생특수부가 만들어졌으니 조 검사는 물때를 만났다. 고대구리 어부처럼 씨알의 굵기에 관계없이 바닥까지 훑어 조폭들을 감옥으로 보냈다.

그러던 어느 날 대검찰청 감찰부장으로부터 나에게 전화가 걸려 왔다. 당시 감찰부장은 내가 공안검사 시절 공안부장을 하던 이다. 조 검사의 성향과 수사 방법에 관해서 주로 물었다. 옆방이고 대학 동기이기는 하지만 각자 일이 바쁘니 아는 것이 별로 없었다. "잘 모르겠다"고 대답하고, 조 검사를 만났다.

"대검 감찰부장이 관심을 갖던데, 무슨 일 있냐?"

조 검사는 그렇지 않아도 상의하고 싶었다면서, 자신에 관해서 악성 투서가 들어와 감찰조사를 받아야 할 입장이라고 털어놓는다. 그 투서 내용이 구체적으로 어떤 것이며 투서한 자가 누구냐고 물으니, 투서한 자는 특정할 수는 없으나 조폭의 일원으로 추정되며 투서 내용은 "검사가 직접 가혹행위(고문)를 했다"는 내용이라 한다. "어떤 가혹행위를 했다는 것인데?"라고 물으니 "물고문, 구타 등을 포함한, 흔히 드라마에서 상상할 수 있는 온갖 내용을 담고 있다"고 한다. 내가 웃으며

"그런 거 할 줄 아나?"라고 물으니 조 검사도 피식 웃으며

"나는 검사이지 남영동 분실(박종철 군 고문치사 사건이 벌어진 경찰 대공수사 밀실)장이 아니야"라고 한다.

당연한 얘기다. 검사실이라고 해 봐야 서너 평 남짓 크기에 수사관, 주임, 여직원, 게다가 파견 직원 2~3명이 늘 바글거리는데 그곳에서 구타며 물고문이며 그런 짓을 어떻게 하나? 개개 검사의 심성과 인격을 떠나 물리적으로 불가능한 일이다.

그런데 이런 소설 같은 허황된 악성 투서가 왜 감찰부에 들어갔나? 흔한 말로 "빈 총도 맞으면 아프다"고 한다. 남 잘되는 것 못 봐주는 열등 인간들의 입방아에 오르내리게 해서 멀쩡한 놈 기 죽이는 데는 빈 총도 꽤 효과가 있다는 뜻이다.

어찌 됐든 대검 감찰부는 조 검사에게 "1차로 경위서를 써 내고 경우에 따라서는 감찰조사를 받아야 한다"는 통보를 했다는 것이다. 배알이 뒤틀렸다.

"×같은 새×들이 사무실에 앉아 와이셔츠 깃에 묻은 먼지나 털고 있는 주제에 제깟 놈들이 깡패, 조폭의 생리를 알기나 하냐? 우리 모두 형사부 검사로 돌아갈 테니 즈그들이 직접 해 보라 해라."

감찰조사에 응하지 말라 했다. 자신도 그럴 생각이라고 한다.

그런데 며칠이 지나자 그 감찰부장(검사장급)이 조 검사에게 직접 전

화를 걸어 "형식적이기는 하지만 마무리를 짓기 위해서라도 감찰조사는 해야 한다"고 했다.

"무슨 ×같은 소리야? 양아치들이 헛소리 한 건데 그놈을 무고로 잡아넣어야지 왜 검사가 조사를 받아야 하나?"

부아가 치밀었지만 도리가 없었다. 서울검사장실로 찾아 들어갔다. 당시 서울검사장은 도사(道士)라는 별명을 가진 송모 씨다. 그는 올곧기로 정평이 난 검사의 전형이다. 대검찰청 차장검사를 끝으로 야인으로 돌아가 변호사 생활도 구질구질하다면서 피하고, 야산에 밤나무를 심고 율촌거사(栗村居士)라 자처하면서 안빈낙도하고 있다. 자초지종 보고를 듣더니만 딱 한마디,

"내게 맡기고 당신들은 일이나 열심히 하시게."

그것으로 끝이었다. 그 후 대검 감찰부도 누구도 조 검사의 수사를 헐뜯는 자 없었다.

본래 자체 감찰조사를 한다는 것은 (대국민 신뢰 저하, 당사자의 명예 훼손, 국가 기밀 유지 등의 이유로) 외부에 알려지면 곤란한 부당한 업무 행태에 대하여 은밀하게 시비를 가려 잘못을 바로잡는 국가기관 혹은 공공기관의 업무이다. 이 같은 감찰조사는 조사 결과 범죄행위가 확인되어 수사기관에 수사 의뢰를 하는 단계에서 비로소 외부에 공개되게 된다. 그럼에도 불구하고 문정권에서는 감찰이 무슨 전가의 보도나 되는 것처럼 "감찰조사를 하겠다"고 공공연하게 떠들어 댄다. 감찰조사가 검찰 개혁 못지않은 정치적 쇼잉 내지 수사 방해의 수단이 됐다. 준사법업무인 수사를 대상으로 하는 이 같은 정치인들의 정치적 공세와 음해는 결국 권력 간의 견제와 균형의 정신에 어긋나는 것이고 국가형벌권 행사에 대한

국민 신뢰의 자해행위다.

　머리카락 희끗한 송 도사의 천금 같은 무게감과 염색에 메이크업까지 한 문정권 키즈들(법무장관들)의 깃털 같은 가벼움은 1960년대 잉마르 베리만이 감독한 한 편의 흑백영화와 흔하고 허접한 요즘의 컬러영화만큼이나 극적인 대조를 이룬다.

　상급자(검찰총장)조차도 응원해 주지 않는 거악(살아 있는 정치권력, 돈 권력)과의 일전을 벌이는 검사의 심정은 태풍이 휘몰아치는 망망대해에 떠 있는 일엽편주의 선장과 같다. 한없이 외롭고 두렵다. 고립무원이다. 그런 검사를 가리켜 무소불위의 권한을 갖고 있다고 능멸하는 자, 너희들의 정체는 도대체 무엇이냐? 수사의 실체가 이러함에도 불구하고 과거 잘못된 수사가 오롯이 검찰만의 탓인 것처럼 호도하면서 검찰 개혁의 당위성을 주장하는 좌파 정권의 의도는 명확하다. 정권에 충견 노릇 하는 수사기관들만 존속시켜 제 구린내는 덮고 마음에 들지 않는 정적은 좌파 언론과 노조 합작으로 흠집 내고 길들이고 쳐내면서 제멋대로 국정을 농단하겠다는 뜻이다. 그렇게 하고 싶으면 당당하게 그렇다고 말하고 국민의 심판을 받으라. 자유와 민주를 입에 담으면서 헌법정신을 왜곡하고, 공정과 인권을 말하면서 제 패거리의 온갖 비열한 짓은 뻔뻔스럽게 감싸고 덮으면 그것은 국민에 대한 기만이고 역사에 대한 배신이다.

　한 문장으로 결론을 맺자.

　비겁한 수사권력과 비열한 정치권력의 야합은 정상국가의 종말이고 부패국가의 완판이다.

성역은 없다 Ⅱ

제4장 | 여의도 기회주의자들 -

03
타락한 민의의 전당

"나 김대중이오"

"이념은 달라도 괜찮다"

2000년 1월 말의 어느 날 새벽 6시경.

곤히 잠들어 있는데 거실에 있는 전화벨이 요란스럽게 울렸다. 아내가 나보다 먼저 잠이 깨어 비틀걸음으로 밖으로 나갔다. 잠시 후 수화기를 손으로 가린 채 긴장된 목소리로

"전화 좀 받아 봐. 어떤 사람이 자기가 대통령이래."

"어느 미친 놈이 새벽부터 장난 전화질이냐? 그냥 끊어 버려."

"아니야, 목소리가 똑같아. 한번 받아 봐."

제법 긴장된 목소리로 말하니 하는 수 없이 수화기를 건네받았다.

"예, 전화 바꿨습니다."

"여보시오. 나 김대중이오."

평소 귀에 익은 특유의 그 목소리다. 자세를 고쳐 앉으면서

"아, 예. 대통령께서 친히 이 새벽에 웬일이십니까?"

"함 동지, 우리 함께합시다. 자세한 이야기는 비서실장과 얘기하세요. 평소 함 동지에 대하여 내가 잘 알고 있어요."

당시 김대중 대통령이 소속된 정당인 새천년민주당으로 국회의원 출마하라는 뜻이다.

"저, 죄송한 말씀입니다만, 제가 공안검사 출신인 거 잘 아시지 않습니까. 그리고 선거라고는 국민학교 때 반장 선거 말고는 해 본 적이 없구요. 다른 직책이라면 몰라도 선거는 좀….″

대통령은 미리 말머리를 준비해 둔 듯했다.

"우리가 야당 시절에는 이념, 성향, 출신 지역 이런 거 저런 거 다 고려하지만, 지금은 집권 여당입니다. 여당에는 함 동지 같은 공안검사 출신도 필요하고 강원도 출신도 필요하고 다양한 인재가 필요합니다. 비서실장이 다시 전화할 테니 한번 만나 보세요. 그럼 또 봅시다."

"아, 예. 건강하십시오."

엉겁결에 대답하고 전화를 끊었다.

이것이 내가 2000년 제16대 국회의원 선거에서 김대중 정권의 집권당인 새천년민주당 후보로 출마하게 된 계기다. 말하자면 내 인생 제3막이 열리는 순간이다. 미국 스탠퍼드 대학교 방문학자(visiting scholar)로 2년간 유학 갔다가 돌아온 지 아직 한 달이 채 안 된 시점이다.

원래 정치를 하던 사람도 아닌 내가 두 날 남짓 남은 국회의원 선거에 비례대표도 아닌 지역구로 출마한다는 것이 현실적으로 가능한 이야기인가? 멍하니 앉아 있는데, 아내가 "진짜 대통령 맞아요? 대통령이 이 새벽에 왜 전화하셨대?" 하면서 흥분한다. 말없이 서재로 들어가 구입한 지 20년이 넘어 팔걸이 부분이 허옇게 낡은 회전의자에 걸터앉아 곰곰이 생각했다. 지난 몇 년간의 일이 파노라마처럼 펼쳐진다.

제일 먼저 노신사풍의 동화은행장이 떠오르면서 그의 입에서 비롯되어 줄줄이 걸려든 이원조를 비롯, 5·6공 시절 한 시대를 풍미했던 거악들, 그리고 은행장 비자금 추적 과정에서 걸려든 전두환·노태우의 비자금, 이 비자금이 도화선이 된 전두환·노태우의 구속, 그리고 이어지는 서산지청장을 마지막으로 한 내 검사로서의 삶! 한 인간, 한 검사가 지난 몇 년간 겪은 삶의 궤적이다. 이만 하면 꽤 드라마틱하지 않은가. 원래한가한 것을 바쁜 것보다 못 견디는 성격이라 숨가쁘게 살아왔으니 신나는 삶을 살아온 셈이다.

평검사 시절에는 초저녁에 집에 들어가 저녁 먹은 기억이 거의 없다. 특수수사 할 때는 밤새워 조사하다가 새벽에 잠시 옷 갈아입으러 집에 들어가는 것은 흔한 일이고, 2~3일간의 밤샘수사도 한 달이면 두세 번은 된다. 공안검사 시절에는 툭하면 대기다. 특별히 밤새우며 할 일은 많지 않으나 공안 상황(집단시위, 북괴 도발, 대형 시국 사건 등)이 발생하면 그 종료시까지 사무실 대기다. 형사부 검사는 1년 정도 겪어 봤지만 산적한 미제사건 처리하느라 늘 밤 열 시는 넘어야 퇴청할 수 있었다.

사정이 이러하니 눈 뜨고 있는 시간만 계산한다면 삶의 10분의 9를 검찰청사에서 일과 더불어 살아온 셈이다. 직업이 검사인 이상 이것은 너무도 당연하다. 여기에 무슨 야근수당, 특근수당, 주말수당, 저녁이 있는 삶, 삶의 질 따위가 필요한가. 검사에게는 잡아넣어야 할 놈 뜻대로 잡아넣을 수만 있다면 그것이 최고의 질 좋은 삶이다. 어떤 장애로 인해 잡아넣어야 할 놈을 놓치기라도 하면 삶의 질이 형편없어진다. 이 같은 삶의 질을 수당이라는 이름의 돈 몇 푼으로 대신할 수 있겠는가.

2년간의 미국 생활을 마치고 돌아온 것은 갈 때와 꼭 같은 날짜인 1999년 12월 24일이었다. 가족 모두와 함께 서울로 돌아왔다.

며칠 지나 새해를 맞이했다. 신문, 방송은 온통 새해에 있을 총선 (2000년 4월) 얘기뿐이다. 이 당이건 저 당이건 기존 놈들은 이제 더 이상 안 된다, 새 피를 수혈해야 한다고 난리법석이다. 어떤 여자 가수의 〈바꿔〉라는 가요가 인기가요 차트 1위에 올라 내려가지를 않는 그런 세태였다.

그러던 어느 날 민주당의 김민석 군으로부터 전화가 왔다. 그는 젊은 나이에 일찍 정치판에 뛰어들어 한때는 장차 대통령감이라는 말도 들었다. 성품이 싹싹하고 예의도 바르다. 개인적으로는 모르는 사이지만 직업상 서로에 대해서 잘 안다.

"선배님, 저 김민석입니다. 한번 뵀으면 하는데요."

처음에는 그의 의도를 전혀 눈치채지 못한 채, 무슨 사건 부탁이 있나 생각하며 "그래, 만납시다"라고 했다.

그런데 뜻밖이었다. 앉자마자 "돌려 말할 일도 아니니 바로 말씀드리겠다"면서 "4월 국회의원 선거에 나가시지요" 한다. 현철이 잘 안다던 그 후배 검사처럼 농담할 사이도 아닌 그가 정색을 하며 그런 말을 하는데 어안이 벙벙했다.

"국회의원? 난 그런 거 생각해 본 적 없어요. 그리고 선거가 석 달도 안 남았는데 지금 국회의원 나가라니, 농담이지?"

"선거 그런 것은 당에서 다 치러 주니 걱정 마시고 나가기만 하면 됩니다."

그것도 비례대표도 아니고 지역구란다. 지역 주민이 바보인가? 선거두 달 앞두고 내가 "이 지역 대표로 일하겠으니 나를 국회의원으로 뽑아 주시오" 하면 그 주민들이 "너 누군데?"라고 하지 않겠나.

"김 의원, 나를 대단한 인물로 여긴다니 고맙기는 한데, 말이 좀 안되는 것 같아. 그리고 나는 원래 국회의원을 하찮은 존재로 여겨 왔어. 그런 국회의원을 나더러 하라니 당황스럽네. 모처럼 만났으니 차나 한잔하고 가시게나."

그리고는 식은 커피 후루룩 마시고 헤어졌다. 그런데 하루쯤 지났나, 그 김민석 군에게서 또 전화가 왔다.

"선배님, 죄송한데 우리 당 총무인 정균환 의원이 꼭 한번 뵙고 싶다는데요. 시간 좀 내 주시지요."

정균환 원내총무(요즈음의 원내대표)는 TV에서나 두어 번 봤을 뿐 이름 석 자도 생소하다. "그 사람이 왜 나를 보잔다냐? 거 참" 하면서도 일언지하에 거절하기는 좀 찜찜하고 또 미국에서 막 귀국한 직후라 바쁜 일도 없어서 "알았어. 어디서 볼까?" 했더니 여의도에 있는 Y관광호텔로 오란다.

여의도 그 동네는 기자, 국회의원 따위들이 바글거리는 것 같아 왠지 가기 싫은데 할 수 없이 택시 타고 갔다. 정균환 총무를 처음 만났는데, 나처럼 촌놈 티가 좀 나면서도 주는 인상이 진솔해 보였다. 그리고 외모처럼 생각도 질박하여 꾸밈없이 말했다.

"함 검사님, 아니 함 동지, 우리 같이 갑시다."

"같이 가다니요? 어딜 가는데요?"라고 묻고 싶었지만 초면에 결례하는 것 같아 꾹 참고

"무슨 말씀인지?"

"김 의원이 다 얘기한 줄 알았는데…. 이번 총선에 우리 당으로 출마해 주시오."

"아아 예, 그 얘기입니까? 김 의원에게 이미 다 얘기해서 끝난 줄 알았는데 또 그 얘기시군요. 정 의원님도 아시겠지만 저는 공안검사 출신입니다. 흔히 말하는 보수지요. 게다가 강원도 촌놈 출신이구요. 전라도에는 사돈의 팔촌도 연이 닿는 사람이 없어요. 정치를 하려면 공통분모가 있어야 하는데 나 같은 외톨을 데려다 뭣에 쓰시려구요? 소문 들어 아시겠지만 저는 검사 시절부터 윗놈 아랫놈이 없어요. 틀렸다 싶으면 그냥 박아 버리거든요. 저를 데려가시면 후환이 큽니다. 그러니 저에게 더 이상 미련 두지 마세요."

딱 자르는 내 목소리가 워낙 단호했던지, 성격이 다부진 그도 움찔했다. 그러나 미련을 끊지 않고

"시간을 두고 좀 더 생각해 보세요. 우리가 지금 집권 여당이기 때문에 이념, 성향, 출신 그런 건 문제가 안 돼요. 그리고 우리 당에 들어오면 그냥 검사 때처럼 본인 하고 싶은 대로 하세요. 아무도 말리지 않습니다."

"말씀은 고맙지만 이 당이고 저 당이고 저는 국회의원 관심 없습니다."

그렇게 헤어지고 돌아와 친구 몇 명에게 있었던 일을 말하니 어떤 친구는 "잘했네" 하기도 하고, 또 어떤 친구는 "그렇게까지 간절하다면 한번 해 보지그래" 하는 사람도 있었다.

이게 끝이 아니었다. 또 다른 정모, 한모 의원이 계속 접촉해 왔다. 슬

슬 짜증이 나기 시작했다. 그래서 더 이상 전화 못하게 하기 위하여 한마 디 내뱉었다.

"의원님들을 언제 봤다고 내가 믿고 생면부지의 당에 들어가느냐? 대통령이 직접 나서서 하라면 혹 몰라도."

대통령이 하라면 하겠다는 뜻이 아니라, 그럴 리 없으니 안 하겠다는 뜻을 우회적으로 한 말일 뿐이다. 그런데 그다음 날 새벽에 그 전화가 온 것이다. 이쯤 됐으면 이제는 어쩔 수 없다. 더 핑계 대면 구차스러워 진다.

노원갑 공천, 신문 보고 알아

　　　　　　　　　이렇게 해서 '새천년민주당' 이름으로 국회의원에 나가기로 결심했다. 그런데 여기서 내가 또 한 번의 아마추어 같은 짓을 했다. 수사 대상인 이원조가 해외로 출국하면 "이원조 해외 도피"라고 언론이 크게 받아 쓸 것으로 착각한 만큼이나 어리석었다.

비서실장을 만나서도 그랬고, 정균환 총무를 만나서도 그랬고 "알겠 어요, 한번 출마해 보지요"라고만 대답했을 뿐, 어느 지역구라는 말은 입에 담지도 않았다. 그런 계산은 내 머릿속에 없었기 때문이다. 그저 싫다는 놈 억지로 끌어다 나가라고 했으니 어련히 알아서 잘 안 하겠나 생각했다. 이것이야말로 큰 패착이었다. 2월 말이 다 되도록 지역구를 정해 주지 않는다.

'이런 씨×놈들. 믿은 내가 바보지.'

'오히려 잘된 일이지. 국회의원은 무슨 썩을.'

거의 체념하고 있었는데, 2월 28일인가 신문에 "함승희 전 검사 노원갑 공천 확정"이라는 기사가 실렸다. 그 전까지 어떤 놈도 나에게 노원에서 출마해 보겠느냐고 물어본 적도 없다. 내가 물어보고 싶어도 딱히 물어볼 사람도 없고, 또 이런 걸 물어보면 국회의원 하고 싶어 안달 난 놈처럼 보일 것 같기도 하여 체념하고 있었던 것이다. 그런데 노원갑으로 확정됐단다.

서울에 노원이라는 구도 있었나? 서울 동북부 지역 어디쯤이라는 짐작은 가는데 정확히 어느 위치인지 생소한 지명이다. 행정 관할구역을 지도로 살펴보니 공릉동, 월계동, 하계동, 중계동 일대였다. 인연이 전혀 없는 것은 아니다. 1985년 제주지방검찰청에서 서울로 전출되어 반 년간 공릉동에 있는 서울지검 북부지청에서 일한 적이 있다. 이럴 줄 알았으면 한 2년 근무하며 지역 주민과도 좀 친하게 지낼걸, 6개월 근무하고 대검 공안부로 파견 나갔다. 그때는 도봉구라는 명칭의 관할구역이었다. 대학 시절에는 1학년 교양과정부를 이곳 태릉 캠퍼스(지금 서울과기대 자리)에서 공부했다. 그렇지만 30만 주민의 대표를 뽑는 국회의원 선거에서 본인 의사는 한마디 사전 확인도 없이 공천하는 이런 절차는 대의민주정치에 대한 제대로 된 이해가 안 되었다는 뜻이다.

훗날 국회의원에 당선된 후 정균환 원내총무와 골프를 치면서 그에게 물어보았다.

"국회의원 관심 없다는 놈을 삼고초려하는 식으로 찾아와 출마하라고 권해 놓고, 막상 출마를 결심하고 나니 지역구 공천을 미루더니만, 그것도 막바지에 이르러 당시 이회창 한국당 대표의 최측근이라는 백모 현역 의원이 버티고 있는 지역구에 공천한 이유가 뭐요?"

그의 대답은 간단했다.

"당 입장에서는 한 명이라도 더 당선시켜야 하니 어쩔 수 없었어. 서운해 하지 마소."

"그게 무슨 뜻입니까?"

"함 의원은 서울 어느 지역에 출마해도 경쟁력이 있는 것으로 여론조사가 나오는데, 어떤 후보는 특정 지역 아니면 안 되는 것으로 나오니 함 의원을 뒤로 미룰 수밖에 없지 않은가."

나에 대한 칭찬 같기도 하여 더 이상 묻지 않았다.

그 이후로 나는 후배 검사들을 비롯하여, 열심히 일했지만 조직이나 국가로부터 상응하는 대우를 받지 못했다고 불만하는 지인들에게 말한다.

"나를 봐라. 검사로 재직중 나만큼 검사의 직에 온몸을 불사른 사람도 드물 게다. 그런데 검사장도 못해 보고 중도에 나왔잖은가. 그래서 나도 한동안 검찰 조직에 서운한 적도 있었다. 그러나 선거판에 발을 딛고 보니, 많은 유권자들이 내가 검사 시절 살아 있는 권력이나 돈권력과 타협하지 않고 일했다는 사실을 의외로 잘 알고 있더라. 그렇지 않고서야 어떻게 생면부지의 지역구에서 공천받고 한 달 만에 국회의원에 당선될 수 있었겠나?"

그렇게 설득하면 모두 수긍한다. "함 의원은 서울 시내 어느 지역구에서도 여론조사를 해 보면 경쟁력이 있었다"라는 정균환 총무의 말은 서운했던 내 마음을 무마하려는 레토릭이 아니었다. 적어도 그때는 그랬었다. 그래서 세상에는 공짜 점심이 없듯이, 헛된 수고도 없다는 말은 참이라는 생각이 든다.

그 시절에는 나만 그런 것이 아니라 다 그랬다. 이른바 전략공천이다. 이 같은 공천 절차가 대의민주정치에는 다소 어긋나는 것이기는 하나, 각종 언론을 통하여 유권자들은 정치 지망생들의 평소 삶의 궤적을 어느 정도 이해하고 있었던 것 같다. 언론의 자유, 공정보도가 민주정치의 대전제가 되는 이유도 여기에 있다. 그래서 출신성분이 불분명한 뜨내기는 정치판에 발 딛기가 쉽지 않았다. 지금까지의 이야기는 정상사회에서의 통념이다.

그러나 지금 우리가 살고 있는 사회는 이미 정상 궤도에서 벗어난 지 오래다. 미친 사회인 것이다. SNS 관련 기기·기술의 발달로 가짜 뉴스가 판을 치고, 유권자의 관심을 뜻하는 '실검' 순위가 조작되고, 좌파들에 의한 교활한 프로파간다가 횡행하는 세상에서는 후보자의 자질 따위는 문제가 되지 않는다. 관심도 없거니와 관심을 조작하면 그만이다.

이 대목을 쓰고 있는 2020년 3월, 제21대 총선 후보자 공천 과정을 언론을 통해 지켜보니 작금의 선거판은 대의민주정치는 고사하고 동네 나이트클럽을 운영하는 조폭 패거리들이 영업부장을 뽑는 수준이다. 나이트클럽 영업부장은 대부분 폭력 전과 2~3범에 낯짝 그 자체가 흉기라고 여겨질 정도로 표독스럽게 생겼거나 느끼할 정도로 유들거리는 놈들이다. 공천을 관리하는 자들도 나이트클럽 업주 수준인 데다가 공천을 받겠다고 설치는 놈들 중 상당수는 입법부를 구성할 만한 능력과 인격은 고사하고 뻔뻔함과 비열함이 나이트클럽 영업부장 수준과 크게 다를 바 없는 자들이다. 그래서 나는 이들을 '여의도 양아치들'이라고 부른다. 어떤 언론인은 이들을 가리켜 "연대하여 나라 뜯어먹는 건달"이라고도 한다.

양다리와 잔머리

공천 직후 입당식 겸 공천확정증을 받으러 당사로
오라는 통지를 받았다. 그때까지도 마음이 굳어지지 않은 터에 갑자기
저녁 뉴스 시간에 목에 꽃다발 걸고 만세 부르는 모습이 나타나면 얼마
나 쪽팔리겠는가 생각하니 더욱 가기 싫었다. 그래서 "그런 절차는 생략
합시다" 했더니, 새 피 수혈에 해당하는 S, W(훗날 이 사람들은 시·도지사
가 된다) 두 사람도 오기로 되어 있으니 꼭 오라는 것이다.

어쩔 수 없이 다음 날 10시에 여의도 새천년민주당 당사 근처에 있는
호텔 커피숍으로 갔다. 가족들에게는 이런 행사에 참석해야 한다는 사실
을 털어놓기 전이라 속칭 세비로(조끼까지 딸린 정장 양복) 쫙 빼입고 넥타
이 매고 나갈 수가 없었다. 평소처럼 콤비에 노타이 차림으로 나갔다.
정 총무를 만나는 순간 서로 깜짝 놀랐다. 그는 내 옷차림새를 보고 놀
랐고, 나는 '새 피'라는 그 두 사람이 없어서 놀랐다. 대신 강원도 출신인
70대의 전직 경제부처 장관 하던 분이 앉아 있었다. 그 S와 W는 어디 있
느냐고 물으니, 어젯밤까지도 합류하기로 했었는데 그사이에 마음이 바
뀌어 저쪽 당으로 가기로 변심했다 한다. 정 총무가 나를 끌어들이기 위
해 올 마음도 없는 사람들을 오기로 했다고 거짓말을 했다면 정 총무는
참 나쁜 사람이다. 그런데 그는 그렇게 대놓고 새빨간 거짓말을 할 사람
같지는 않았다. 그렇다면 그 S, W가 변심했음이 틀림없다. 마지막 순간
까지 양다리 걸치고 잔머리 굴렸다는 뜻이다.

이 잔머리 굴린 효과는 다음 날 나타났다. 두 사람은 당시 신한국당
으로서는 공천이 곧 당선을 의미하는 지역에 각각 공천되었다고 언론에
보도됐다. 잔머리 없는 놈은 위치도 잘 모르는 노원구로, 그것도 막판에

공천되었는데 말이다. 그리고 이들은 오늘날까지도 정치판에서 건재하고, 대통령 후보군에까지 오르내리고 있다. 역시 대한민국 정치판에서는 끊임없이 잔머리 굴리는 놈만이 오래 살아남는다.

아무튼 두 사람이 나타나지 않은 덕분에 나도 입당 행사를 하지 않고 집에 돌아올 수 있었다. 꽃다발 목에 걸고 만세 부르는 장면이 TV에 비치지 않은 것만도 천만다행이라는 생각이 들었다.

옷차림에 대하여 한마디 덧붙이자면 이런 에피소드도 있었다.

국회의원 되는 것이 쉬쉬 할 일은 아닌데, 내게는 국회의원 되는 일, 특히 민주당의 국회의원이 되는 일은 처음에는 몹시 쑥스럽고 뭔가 떳떳하지 못한 일을 하는 것처럼 느껴졌다. 그때까지 살아온 궤적과 그 당의 노선이 다르다고 스스로 생각했기 때문이리라.

공천자대회가 열리는 날이었다. 집권 여당의 공천을 받았으니 모두들 의기양양했다. 어떤 이는 이미 반은 국회의원이나 다 된 듯 설쳐 댔다. 눈인사라도 나눌 수 있는 사람은 단 한 명도 없고 이름 석 자 정도 어디선가 들어 본 것 같다고 생각되는 사람이 서넛 되었다. 검사 시절 꽤 많은 사람을 알고 지냈다고 생각했는데 그 자리에서 보니 '이 사람들은 도대체 어디서 뭘 해먹고 살았길래 내 눈에 띈 적도 없지?' 하면서 강당 같은 넓은 홀로 들어섰다. 수십 대의 카메라 플래시가 파바박 터진다. 아차 싶어 뒤로 물러섰는데 위쪽에 쪽문이 하나 보였다. 그 문을 열고 들어가 제일 뒷열 구석 자리에 앉았다. 여전히 콤비에 노타이 차림이다.

모두 앞줄 중간에 앉으려고 밀고 닥치고 악수하랴 인사 나누랴 시장터 같았다. 혼자 물끄러미 이 광경을 즐기고 있는데 감색 양복을 말끔하게 차려입은 노신사가 내 곁으로 다가온다. 힐끔 쳐다보니 모르는 얼굴이기에 이내 외면하고 있는데, 바로 내 앞에 서더니만 "누구시더라" 하면서 내 얼굴과 가슴에 단 명찰을 빤히 들여다본다. 엉겁결에 자리에서 일어나 "예, 함승희라고 합니다" 했더니 이내 반색을 하며

"아, 함 동지, 반가워요. 나 권노갑이라고 합니다. 우리 당에 들어온 것을 환영합니다."

이름은 귀에 익다. 공안검사 시절 서경원 의원 밀입북 사건 수사할 때 그의 이름도 등장했었다. 그때까지만 해도 평민당(새천년민주당의 전신)하면 대개 좌빨을 연상하게 되고 생김새도 지리산 공비처럼 생겼을 것으로 짐작했다. 그런데 지금 내 앞에 서 있는 노신사는 그런 연상과는 아주 딴판이다.

"국회의원을 나오겠다는 분이 콤비에 노타이 차림이라, 이건 좀 아닌 것 같은데요. 양복(정장) 입고 넥타이 매세요. 우선 단정해 보여야 합니다. 그리고 저 앞쪽에 가 앉으세요. 그래야 지역구 주민들이 한 사람이라도 더 보게 되지요."

"아, 예 알겠습니다. 잠시 후에 가지요."

억지로 그분을 보내고 다시 그 자리에 앉을 참에 이번에는 방송에서 본 듯한 사람이 접근해 왔다.

"함승희 검사님이시지요? 나하고 심정이 비슷한 모양이네요. 앞쪽에 앉으려니 생리에 안 맞아서…."

그러면서 내 곁에 앉는다. 나중에 친하게 지내게 되었지만 일산에서 공천을 받은 정범구 후보라 했다. 그는 그래도 앵커 출신답게 양복 차림에 넥타이는 맸다.

한 달 선거운동 하고 여의도 입성

노원갑에 공천받고 급하게 전셋집 하나 얻어 놓고 선거운동을 시작했다. 지구당 간부와 열성당원의 90퍼센트 이상이 호남이 고향인 사람들이다. 그들은 서울시 주민들 중에서도 경제적으로 힘들게 사는 데다가 이 지역구의 현역 의원이 3선의 신한국당 의원이라 정치적으로도 엄청나게 소외돼 있었다. 이번에야말로 설욕할 절호의 기회라면서 새벽 4시부터 지구당사에 모여 약수터며 조기축구장이며 배드민턴장으로 찾아가 주민들에게 인사 가자고 야단이다. 노인정과 출퇴근 시간대의 지하철역 입·출구는 기본이고, 젊은 엄마들 에어로빅장이나 어린이집 앞, 장애인복지관, 예비군 중대, 심야식당, 개인택시 가스충전소, 안 가 본 데가 없다. 지하실 방에서 하는 개척교회 부흥회에 참석했다가 나가는 구멍을 못 찾아 한동안 갇힌 적도 있었고, 난생처음 예배당에 들어가 만 원짜리 한 장 헌금 봉투에 넣었다가 선관위에 고발당한 적도 있었다.

지구당사 세 얻어 사무실 개소식 한 날로부터 꼭 한 달간 선거운동하고 당선되었다. 무엇보다 호남 출신 골수 민주당 지지 주민들의 헌신적인 노력과 오랜 친구들의 물심양면의 도움 덕분이었다. 이 한 달간 하루 3시간 잤고, 몸무게는 8킬로 빠져 허리띠 구멍이 한 칸 줄었다. 하루에 꾸벅꾸벅 절만 천 번씩은 한 것 같다. 검사 시절 10년 넘게 피의자들에게서 받은 절 횟수보다 그 한 달간 더 많이 꾸벅거렸던 것 같다.

이렇게 엉겁결에 국회의원에 당선되고 나니 대우도 엄청나게 달라졌지만, 할 일도 엄청나게 쌓였다. 새천년민주당(이하, 민주당이라 약칭) 안에는 이른바 판·검사 경력 가진 의원이 거의 없었다. 그래서 나는 초선의원임에도 법사위원회 간사, 당 제1정책조정위원장 등 감투만 대여섯 가지 맡았다.

민주당에서는 대검찰청 차장검사이던 이원성 의원이 유일한 검사 출신이었는데 초기에 고혈압으로 풍을 맞아 일찍 돌아갔다. 이분 이름을 떠올리면 한 인간이 한을 품으면 오뉴월에도 서리가 내린다는 옛말이 거짓이 아님을 안다.

이 의원이 대검차장 시절, 대전에서 어떤 부장검사 출신 변호사가 브로커를 밑에 두고 사건을 엄청나게 유치하여 큰돈을 벌었는데, 그 브로커와 사이가 나빠져 이놈이 폭로하는 바람에 큰 소동이 난 적이 있다. 이른바 대전 법조브로커 사건이다.

수사가 시작되고 부장검사 출신인 그 변호사 사무실에서 대전 관내 간부급 판·검사들에게 전별금 명목의 떡값을 돌린 장부가 발각되면서 대전고검 차장검사, 대전지검장, 대전법원장 등 잘나가던 검사장·법원장급 여러 명이 돈 100만 원을 전별금 명목으로 받은 죄로 망신을 당하며 쫓겨났다. 이들은 이 사건을 언론에 흘리고 크게 키운 장본인으로 당시 대검차장이던 이 의원을 지목했다.

그때 옷을 벗은 최모 검사장이 마침 신한국당의 국회의원이 되어 법제사법위원회의 맞은편 줄에 앉게 됐다. 어느 날 이 의원이 중환자실에 눕게 됐다는 소식을 듣고, 동료 의원이자 전직 검찰 동료이니 함께 문병 가자고 최 의원에게 제안했다.

"문병은 무슨 문병! 하늘이 무심치 않은 거지!"

섬뜩했다. 10년 전에 있었던 일인데 아직도 가슴에 한이 사무치고 있다는 뜻이다. 남의 가슴에 못 박을 일은 해서는 안 되겠구나, '착하게' 살아야겠구나 하는 생각을 또 한 번 들게 했다.

공사 구분 못하는 기회주의자들

"내가 의원 돼야 국익도 있는 거지!"

국회란 무엇인가?

국회와 국회의원은 헌법기관이다. 헌법에 그 권한과 지위가 규정되어 하위 법령으로 이를 제한, 박탈할 수 없는 국가기관이다. 법관도 헌법기관이다. 검사는 헌법기관은 아니나 헌법에 그 권한이 규정돼 있다. 그러나 경찰은 헌법에 그 지위는 물론 권한조차도 규정되어 있지 않은 하위기관이다. 헌법기관과 아닌 것의 차이는 무엇인가? 그것의 존재와 권한은 어떤 물리적 힘 또는 하위 법령으로 훼손해서는 안 되는 민주국가의 근간이라는 뜻이다.

이런 의미에서 국회의 존재는 엄중하다. 그렇다고 그 구성원인 개개 의원들이 다 존중되어야 한다는 뜻은 아니다. 개중에는 거의 시정잡배, 양아치 수준들도 꽤 섞여 있다. 이들의 공천 과정을 잘 지켜보라. 내 말이 지나친 표현이 아님을 쉽게 이해할 것이다. 지역구를 잘 타고났거나, 그 지역 주민들이 우매하거나, 애비 잘 만나 지역구를 물려받았거나, 당 실세의 바짓가랑이나 치맛자락 잘 붙잡아 '공천이 곧 당선'인 지역구에 나가게 되면 시골 동네 껄렁패거리나 도시 양생이들도 국회의원이 된다.

공천되어서는 안 되는 제1순위가 부패범죄 전과자들인데 이런 놈들이 사면장 들고 뻔뻔하게도 공천심사장에 얼굴을 내민다. 당 실세라는 놈들은 이런 부패 전과자들과의 지난날 나눠 먹은 인연 때문에 이들을 또 공천한다. 어떤 놈은 비례대표로 자천을 하기도 한다. 이렇게 국회의원이 되고 나면 양아치 같은 본성이 다시 드러나 공무원, 대기업 임원들의 약점을 잡아 물고 늘어져 후원금 명목으로 돈 뜯어먹는 놈, 지역구 내 시·구의원 공천 장사 하는 놈, 다른 사람이 이루어 놓은 업적을 제 것처럼 사기쳐 먹는 놈, 당 대표나 총재에게 온갖 아첨 떨며 기생짓 하는 놈 등 별놈들이 다 생겨난다.

어느 조직, 어느 기관에도 약간의 잡놈들이 있기는 하지만 국회에 유독 이런 잡놈이 많은 이유는 거름장치가 없기 때문이다. 자유, 민주, 시장경제 이런 자유민주국가의 필수적 구성요건들에 대하여 단 석 줄도 그 의미를 써 낼 수 있는 능력이 없는 놈들이 거지반이다. 의미라도 알아야 신념이 생길 것인데, 의미를 잘 모르니 언감생심이다. 신념이 있어야 그것에 목숨을 걸 수 있는데 신념이 없으니 주둥아리로는 자유주의자인 척하면서 국민의 자유와 재산권을 침해하는 그 많은 법률안에 찬성표를 던진다. 자본주의 시장경제가 가져다주는 이익은 다 누리면서도 시장경제를 위태롭게 하는 온갖 법률을 다 만들어 낸다. 이것이 오늘날 이른바 민의의 대변자라고 자처하는 자들의 민낯이다. 국회라고 하는 민주국가에서는 없어서는 안 될 엄중한 국가기관과 국회의원이라고 하는 시정잡배들의 집합체를 어떻게 조화시키느냐에 국가의 명운이 걸려 있는 셈이다.

헌법 제46조 2항은 "국회의원은 국가이익을 우선하여 양심에 따라 직무를 행한다"고 규정하고 있다. 국회의원 된 자의 기본적 의무 조항이다. 국회의원의 발언, 표결, 상임위 활동, 더 나아가 외국에서의 의원외교 활동의 기준은 첫째가 국가이익이고 둘째가 양심이다. 소속 정당이나 당총재, 대통령의 의중 따위는 고려의 대상이 아니라는 뜻이다. 국회가 국민의 대의기관인 당연한 귀결이다.

문제는 국가이익이란 무엇인가, 양심은 어떤 것인가이다. 대부분의 국회의원인 자들 또는 국회의원이 되려는 자들은 자신이 국회의원인 사실, 그리고 소속 정당의 정책을 국가이익이라고 혼동한다. 그리고 부패, 파렴치, 병역 기피, 탈세 전과자도 자신의 일거수일투족이 양심적이라고 생각한다. 웃기지 않은가? 기가 막히지 않는가? 양아치 같은 뻔뻔함과 무뢰함이 어떻게 양심이 될 수 있나? 사이비종교의 광신도 같은 확신편집증에 빠져 국가의 안보를 위태롭게 하고 국민경제를 파탄나게 하고 국민의 사유재산을 수탈하고 보통 사람의 정서와 가치기준을 무너뜨리는 놈들이 어떻게 국가이익을 말하나?

이 점과 관련해 나는 비교적 솔직한 고백을 들은 적이 있다.

김대중 정권 때의 일이다. 지구촌 경제가 글로벌화됨에 따라 다자간 또는 양자간 경제협력 체제가 트렌드가 되었다. 김대중 정권도 추세에 따라 남미에 있는 칠레와 한·칠레 FTA를 추진하였다. 우리에게 득이 되는 수출 품목은 전자제품 등 공산품임에 반해 수입 품목은 포도, 와인, 비료 등이다. 농민들에게 치명상을 줄 수 있는 쌀, 밀 등 주요 농산물은 대상에서 제외됐다. 그럼에도 불구하고 당시 야당인 한나라당(당시는 여소야대라 야당이 반대하면 FTA 비준이 안 된다)의 이모 의원(중요 당직을 맡은 4선의원으로 30년간 네 번 당선, 세 번 낙선의 경험이 있는 선배 의원)을 비롯하여 농촌 지역구인 의원들은 이 정책에 반대했다. 단순한 반대의견의 표명이 아니라 지역구 농민들로 하여금 국회 앞 광장에 볏짚단을 쌓아 놓고 불을 지르게 하면서 극렬하게 반대했다.

하루는 우연히 이 의원과 단둘이 화장실에서 만나게 됐다. 나란히 서서 용변을 보면서 그에게 물었다.

"이 선배, 한·칠레 FTA에 쌀 수입은 없어요. 고작 포도 좀 들여오는 건데, 냉장고·TV·컴퓨터 수출하면 우리가 훨씬 이득이오. 이제 그만하고 국가이익을 위해 수습합시다."

"함 의원, 초선이지? 아직 뭘 몰라서 그래. 지역구 사람들은 국익 그런 것은 관심도 없어. 내가 국회의원 돼야 국익도 있는 거지, 국회의원 떨어져 봐, 어느 놈이 거들떠나 보나."

그사이에 용변도 끝나고 계속 화장실 안에서 논쟁을 벌일 수도 없어 손 씻고 나왔다. 짧은 대화였지만 국회의원놈들이 무슨 생각을 하고 사는지 아주 극명하게 속내를 보여 준 장면이다. 음흉한 사회주의적 이념으로 나라를 거덜 내면서도 국익과 양심으로 위장한 자들이 얼마나 많은가 생각해 보면 이 의원은 참으로 솔직한 사람이다.

그 후 노무현 대통령 때는 한미 FTA가 추진되었고 대한민국은 지구상에서 양자간, 다자간 무역협정을 가장 많이 맺은 나라가 됐다. 수출로 먹고사는 국민경제에 FTA가 큰 도움이 됐음은 물론이다.

변종 민족주의와 포퓰리즘의 야합

4년 임기의 국회의원에 당선되면 그해 6월에 개원국회라 하여 처음으로 국회가 소집된다. 어떤 자들이 국회의원에 당선됐나 국민들 앞에서 첫선 보이는 날인 동시에 행정부(대통령 권력)와 첫 맞짱 뜨는 날이다.

첫 대정부질문이 시작됐다. 정 총무를 만났다.

"함 의원이 우리 당을 대표해서 대정부질문 첫날 정치 분야 질문자로 나서 주게."

대정부질의라는 것을 한 번도 직접 해 본 적이 없고 남이 하는 것을 본 적도 없다. 야당인 한나라당이 김대중 정권의 정책을 비판하고 들어올 테니 추켜세우지는 못하나마 좀 엄호하는 질의를 해 줘야 할 것 같았다. 그러나 평생 다른 놈 비위 맞추는 말을 입에 담고 산 적이 없었다. 굳이 있다면 못생긴 놈더러 잘생겼다고 하는 정도가 고작이었다.

"나는 적임자가 아닌 것 같은데요"라고 일단 거절했는데도 "이런 인물도 우리 당에 있다는 것을 보여 줘야 하니 나서라" 한다. 내키지 않았지만 수락하면서 질의 내용은 내 마음대로 작성해도 좋으냐고 물었다. "그렇게 하라"고 했다.

김대중 정권은 IMF로 나라를 거덜 낸 김영삼 정권을 밟고 정권을 잡은 터라 처절한 개혁을 하지 않으면 안 되는 정권이었다. 그래서 엄청난 기업 구조조정을 하지 않았던가. 그런데 내 눈에는 개혁다운 개혁으로 보이질 않았다. 모든 개혁의 출발점은 인사, 즉 사람이다. 그런데 우선 DJP 연합정권인 탓에 JP는 기본이고 그 밖에 이한동, 김중권 등 5, 6공 시절의 인물들이 그대로 당대표며 총리 자리를 꿰차고 있었다. 이게 무슨 개혁인가? 제대로 걸려들었다.

총리를 세워 놓고 "당신이 개혁 정권의 총리로서 적합하냐?"고 우선 물었다.

"김영삼 정권이 나라를 거덜 낸 것은 입만 살았지 머리가 텅 빈 등산화부대들이 국정을 장악한 탓이었다. DJ 정권 집권 2년 동안 그때와 다른 점이 무엇인가?"

한나라당 의석 속에서 "잘한다!" "역시 함승희다" 하면서 간간이 박수 소리도 들렸다. 새천년민주당 의석 쪽에서는 웅성거림이 심해졌다. 이만섭 국회의장이 "조용하고 경청하라"면서 주의를 줄 정도였다.

질의를 끝내고 자리에 돌아오는데, 정범구 의원만 엄지손가락을 치켜들 뿐 아무도 반기는 사람이 없었다. 국회의원 된 첫 신고식이 내게는 이렇게 힘들었다.

김영삼 정권은 역사를 바로잡아야 한다면서 경복궁 앞에 있는 정부청사(옛 조선총독부 건물)를 때려부수고 전두환, 노태우 두 대통령을 감옥에 처넣었다. 그즈음 일본에서는 고이즈미 총리가 집권하면서 새역사교과서 운동이 일어났다. 니시오 간지(西尾幹二) 같은 우익 역사학자들이 중심이 되어 중고등학교용 국사(일본사) 교과서를 다시 써야 한다는 움직임이다. 그중 가장 고약한 것은 후소샤(扶桑社)라는 출판사에서 출간 예정인 『새역사교과서(新らしい歷史敎科書)』이다. 그 교과서에는 "조선은 본래 청나라의 속국이었는데 일본의 속국으로 바뀐 것뿐이다", "일본의 조선반도 병탄을 반기는 조선 민중도 있었다" 이런 구절들이 담겨 있었다.

YS는 어느 날 "일본놈들 버르장머리를 고쳐 놓겠다"고 말한 적이 있다. 그리고 나서 '버르장머리'가 고쳐졌는가? 오히려 수면 아래 잠겨 있던 일본 우익들이 연일 집회를 열며 험한 분위기를 확산시키더니만 급기야 새역사교과서 문제가 터진 것이다.

이런 일은 그 후에도 반복된다. 정권이 무능, 부패하여 국민들의 신뢰가 하락된다 싶으면 필경 꺼내 드는 카드가 대(對)일본 강경 정책과 대북한 유화 정책이다. 36년 피식민통치의 '한(恨)'과 6·25전쟁을 겪으면서 우리 몸에 밴 '동족상잔의 두려움', 이 두 가지 민족적 감정에 불을 질러 국민들로 하여금 "일본 놈 나쁜 놈", 아니면 "대립보다는 평화", "한민족 통일"을 외치게 만들면서 정치적 난국을 벗어나려 하는 것이다.

그러나 이런 일을 자주 겪어 오면서 알게 된 일이지만, 그런 짓을 하는 정권은 그 일로 당시에는 약간의 정치적 득을 보는 듯하지만 뒷날 다음 세대가 받는 후과는 엄청나게 컸다.

이명박 대통령은 정권 말기에 독도까지 찾아가면서 반일감정을 부추겼다. 그 덕분에 일본 정부는 독도 문제를 정식으로 국제사법재판소에 제소하기로 하고 이를 우리 정부에 통보하는 일이 벌어졌다. 문재인 정권에서는 과거 정권의 한일 간 협상 때의 뒷얘기까지 들춰내고 징용광부 배상 판결을 명분으로 반일감정을 부추기다가 70년 한일관계사에서 최악의 상황을 초래하면서 경제적 보복과 외교 고립 상태를 자초했다.

이 같은 역대 정권들의 작태가 과연 국가의 이익을 위하고 민족의 자존을 위한 것인가, 아니면 국민감정을 악용하여 정권의 일시적 이익을 도모하려던 것인가는 그 정권이 끝나고 나면 알 만한 사람은 다 알게 된다. 최근 들어 밝혀진 것이지만 정권의 이 같은 불순한 책동은 어용 시민단체들과 인적, 물적으로 연계된다. 이들 단체의 중요 임무 종사자들은 그 정권의 광신적 지지자들로서 정권의 보조금까지 받아 가며 반일과 친북을 자신들의 생존 기반으로 삼고 있다. 이처럼 의도가 불순하고 활동이 타락했으니 그들의 소행이 국익에 도움이 되지 않을 것임은 자명한 일이다.

민족의 자존이라는 말이 나온 김에 분명하게 짚고 넘어가야 할 것이 있다. '민족'의 문제이다. 우리는 흔히 민족감정과 국민감정을 혼용한다. 그러나 이 두 개념은 분명하게 구분되어야 한다. '국민'감정이 정치적, 추상적 개념임에 반해 '민족'감정은 문화적, 역사적 실체이다. 민족감정은 본능적, 배타적인 종족감정과도 구분되고 인위적, 시대적인 국민감정과도 다르다. 민족감정은 문화적, 정서적으로 다듬고 순화되어 역사 속에서 온전히 보존되어야 한다. 이 같은 민족감정은 역사적으로 민족자결이라는 정치적 자각으로 이어져 근대 국민국가 탄생의 배경이 되었고 문화의 창달, 세계인의 평화 공존의 당위성에 정신적 바탕이 되었다. 이에 반해 종족감정이나 국민감정은 종족 간, 국가 간의 끊임없는 투쟁과 갈등을 유발하는 무기가 되었고 한 국가 안에서도 권력투쟁과 상호 반목을 조장하는 정치적 프로파간다가 되었다. 그런 의미에서 민족, 민족주의는 조심스럽게 순화, 보존되어야 하고 정치적으로 악용되어서는 안 된다.

그러면 민족이란 무엇인가? 같은 민족이기 위해서는 같은 조상(혈통), 같은 언어, 같은 풍속, 같은 생김새를 가져야 한다. 그런 사람들이 한데 모여 오랜 역사를 함께하면서 옳고 그름에 대한 인식작용(상식)이 같고 선악에 대한 법감정, 희로애락의 정서가 같아야 한다. 그래야 한 민족이라 할 수 있다. 그런데 요즘 주변에서 일어나는 일들에 대한 이 땅에 사는 사람들의 총체적 이질성(異質性)을 보면서 이들이 모두 한 민족, 같은 민족 맞나 하는 근원적 의심이 든다.

우선 자유, 평등, 공정, 정의 같은 국가 정체성을 가늠할 만한 용어에 대한 언어감각이 극명하게 대립된다. 로마의 철학자 키케로의 말처럼 "각자에게 그의 것을"이 공평과 정의의 기본이라고 생각하는 한 부류가 있는가 하면, 볼셰비키 혁명가 스탈린처럼 "있는 놈 것을 빼앗아 없는 놈에게 나누어 주는 것"이 공평이고 정의라고 여기는 부류가 있다. 발음만 같을 뿐 의미내용은 상반된다. "살기 좋은 대한민국"이라고 노래하는 부류가 있는가 하면 "헬조선"이라고 저주하는 부류가 있다. 국가기념일 행사 때 "동해물과 백두산이~"를 부르면서 가슴 뭉클한 집단이 있는가 하면 〈님을 위한 행진곡〉을 부르면서 전율을 느끼는 또 다른 집단이 있다. 국가관, 역사인식이 전혀 다른 때문이다. 전 기무사령관 이재수의 죽음과 전 서울시장 박원순의 죽음에 대한 정서가 전혀 다르다. 사람의 죽음은 늘 슬픈 것인데 한쪽의 죽음에 대하여 슬픔과 분노를 느끼면서도 다른 쪽의 죽음에 대하여는 아프리카 어느 나라 사람 죽음 정도로 취급하는 두 부류가 날카롭게 대립한다. 70년 대한민국 현대사에서 고문, 범인 조작, 부정부패, 불법사찰, 정치권력의 주구(走狗) 하면 제일 먼저 경찰 조직을 연상하는 한 부류가 있는가 하면, 검찰이 경찰보다 더 나쁘다고 하면서 검찰권력의 상당 부분을 경찰에 넘겨주는 것이 옳다고 주장하는 또 한 부류가 있다. 이 같은 극명한 대립의 예는 수백 수천 가지도 넘는다. 이 같은 상태임에도 한반도(북쪽 땅은 제외)에 사는 우리 모두가 한 민족, 같은 민족이라 할 수 있는가? 아니, 그럼에도 불구하고 같은 민족이라고 말해야 하나? 이쯤 됐으면 과거에는 그랬을지 몰라도 후천적으로 이민족이 됐다고 봐야 하지 않을까?

정치꾼놈들의 후안무치한 정치놀음이 장기화되면서 유전자에 변형이 일어나고 있는 것이다. 실제로 외모가 우리와 전혀 다른 남미나 유럽의 어느 나라에 갔을 때도 마주치는 사람에게 남녀노소를 불문하고 먼저 씽긋 웃으면 그도 따라 씽긋 웃고, 한 손을 가볍게 쳐들면서 "하이!" 하면 그도 따라서 "하이!" 한다. 그런데 이 땅에서는 이 같은 반응이 나오지 않는다. 오히려 자칫하면 이상한 사람 또는 성희롱범으로 몰린다. 삶의 모습이 전혀 달라졌다. 정서가 전혀 다르다. 이러고도 한 민족 맞나?

우리가 대외적으로 민족의 자존을 주장하려면 우선 우리끼리 하나 된 민족감정이 있어야 한다. 공정과 정의에 대한 공통의 언어감각이 있어야 하고, 옳고 그름, 선악에 대한 법감정(상식)이 같아야 한다. 남이 땀 흘려 얻은 것을 빼앗는 것을 공평이라 말하고, 사건의 은폐·조작을 밥 먹듯 해 온 경찰에게 권력을 몰아 주면서 그것을 국가기관 간의 권력의 공평배분이라고 말하는 그런 인간 부류가 있는 한, 이 땅에는 한 민족은 없는 것이고 결국 대외적으로 민족자존을 말하기 어려워졌다. 그냥 배타적인 종족감정이나 정치적으로 조작된 국민감정만 무성할 뿐이다.

희대의 독재자 사담 후세인이 제거된 이라크에 왜 아직도 서구식 민주주의가 뿌리내리지 못하고 혼돈 상태에 있는가? 바로 뿌리 깊은 종족(부족)주의 때문이다. 종파의 대립보다 더욱 심각하다. 중동, 아프리카 국가들에서는 거의 매일 테러나 살육전이 벌어지고 있다. 근본 이유가 무엇인가? 바로 배타적 종족(부족)주의와 왜곡된 국민감정 때문이다. 이런 장면을 반면교사 삼아 이 땅의 정치꾼들은 지지세력 결집을 위한 갈라치기 선동을 멈춰야 한다. "한 줌도 안 되는", "전 국민의 1퍼센트에 불과한" 이 따위 용어를 더 이상 입에 담지 말아야 한다. 그 한 줌 또는 1퍼센트에 해당하는 사람들과 이른바 '○○빠'라고 하는 집단들 간에 유전자 변형이 일어나서 시간이 길어지면 불구대천의 원수지간으로 굳어질 수 있기 때문이다. 이 좁은 땅덩어리에 거죽만 비슷한 두 민족(종족)이 산다고 생각해 보라. 이보다 더한 재앙은 없다.

일본 법정에서 역사 왜곡을 꾸짖다

어쨌거나 YS가 말한 그 일본 우익들의 '버르장머리'가 역사(일본사) 다시 쓰기라는 형태로 또 드러났으니 국민을 대표하는 국회도 가만 보고 있을 수만은 없게 되었다. 일본 정부를 성토하는 결의대회를 열었다. 어떤 의원은 삭발하고 또 어떤 의원은 혈서를 썼다. 법을 배운 나로서는 그들을 따라 할 수는 없고, 일본에 건너가 일본 재판소(우리의 법원에 해당)에 그 고약한 교과서에 대한 출판금지 가처분소송을 내야겠다고 결심했다.

그런데 소송을 하려면 소송의 원인, 즉 법적 권리의 침해가 있어야 한다. 일본의 우익 세력들이 과거의 우리 역사를 왜곡하는 행위가 나(우리)의 어떤 권리를 침해하는 것일까? "기분 나쁘다", "화난다", "객관적인 역사적 사실이 아니다" 등은 소송 대상이 안 된다. 곰곰이 생각했다.

고향 양양 땅에 있는 만세비(萬歲碑)가 생각났다. 가까운 친척 할아버지(咸洪基 옹, 1991년 건국훈장 애국장 추서)가 3·1운동 당시 양양장터에서 만세 부르다가 지서(요즘의 파출소)에 끌려가 윽박지르는 왜놈 순사에게 난로를 집어던지고 순사 칼에 팔, 다리, 허리를 잘려 그 자리에서 즉사한 의거가 있었다. 이를 기리기 위해 군민들이 만든 추모 비석이 만세비이다. 이 추모비는 내가 초등학교 시절에는 할머니 댁으로 걸어가는 길목인 고성고개의 재마루턱에 세워져 있었다. 홍기 할아버지는 한문줄이나 해독하는 시골 촌로일 뿐이다. 사상가나 이념가가 아닌 평범한 촌로, 즉 그 교과서에 나오는 조선 백성일 뿐이다. 나는 초·중학교를 고향인 양양 땅에서 다니면서 홍기 할아버지의 이 이야기를 우리 할머니에게서 전해 듣고 늘 가슴 뿌듯해 했다. 그런데 그 교과서에는 "일본의 조선반도 병탄을 반기는(찬성하는) 조선 백성들도 있었다"라고 쓰고 있다. 어떤 얼빠진 놈이 아무리 삶이 팍팍하더라도 남의 나라 지배 받는 것을 원했겠나? 명백한 왜곡이다.

그리고 조선과 청은 '조공(朝貢)과 책봉(册封)'이라는 불균형 관계에 있었지만 그것은 국제법이 세계질서를 통제하지 못하던 시대, 약한 자와 강한 자 사이의 특수한 선린관계일 뿐이었다. 주권을 상실한 속국(식민지)을 의미하는 것이 아님은 일본 역사학자들도 잘 알고 있었을 터인데도 조선은 과거에도 속국이었고 미래에도 속국일 수밖에 없다는 전제로, 다만 그 지배자가 청에서 일본으로 바뀌었을 뿐이라는 것이다. "부아가 난다"를 넘어 "이게 무슨 미친 개소리냐"는 생각이 들었다. 이것은 사실의 왜곡에 그치는 것이 아니라 내 조상에 대한 명예심, 존경심에 대한 명백한 침해, 즉 권리의 침해라고 법리를 구성하기로 했다. 어떤 법조인은 그것은 너무 지나친 논리의 비약이라고 했지만, 일본에 가서 일본 법정에서 일본 재판관에게 큰소리로 따지고 양식 있는 일본 국민에게 실상을 알리는 방법은 이 길밖에 없다고 생각했다.

다음은 누구와 함께 가느냐이다. 혼자서 하기에는 외롭고 벅차다. 그런데 동조하는 의원을 찾기 어려웠다. 먼저 민주당의 모 의원이 "형, 나도 갈게요" 했다. 우리 당끼리만 가면 옹색하다. 마침 조상 중에 한 분이 만주에서 독립운동 했다는 저쪽 당의 모 의원이 자기도 함께 가겠단다. 다만, 자신은 가난하여 항공료와 체재비는 우리가 대 줘야 함께 갈 수 있다고 했다. 의원 세비는 똑같이 받으면서 경비는 나더러 대라, 저는 숟가락이나 얹겠다 그 말이다. 게다가 이 중 한 의원은 자신의 아버지가 일본 구경하고 싶어 하니 동행하겠다고 했다. 치열한 민족 간, 국가 간 자존심 대결의 전쟁터에 나가자는데 대부분의 의원놈들은 아예 꽁무니를 빼고, 겨우 서너 놈이 동조하는데 한 놈은 노자가 없다, 다른 한 놈은 애비와 동행하겠다 한다(이 둘은 이른바 운동권 출신이고 훗날 열린우리당 창당의 핵심 멤버들이 된다). "관둬라 이놈들아" 하고 싶었지만, 대한민국 국회 이름으로 법정 싸움을 벌이는 것이 그래도 좀 낫겠다 싶어 함께 가기로 하고, 이만섭 국회의장을 찾아갔다. 취지를 설명하고 국회 차원에서 경비를 좀 대 줄 것을 요청했다.

이 의장은 평소 생각이 바르고 올곧은 분이다. 좋은 생각이라고 반색을 하면서도 상임위원회에서 정식 의결을 거치지 아니한 일에 국회 경비를 쓸 수는 없다면서 자신의 업무활동비에서 선뜻 1천만 원을 내주었다. 여기에 내 돈 1천만 원을 보태 2천만 원의 경비를 만들어 일본 도쿄로 갔다. 비용 중 절반 이상은 현지 변호사 선임료로 지불됐다. 이것이 '왜곡 일본 역사교과서 소송' 사건이다.

나리타공항에 도착해서 입국장 문을 나섰다. 일본 국내 언론은 물론이고 로이터, AP, AFP 등 세계적 통신사 로고가 찍힌 방송용 카메라가 다 모였다. 수십 대의 카메라 플래시가 파바박 터졌다. 어디를 가나 무엇을 하나 언론 카메라를 등에 지고 살 팔자인 모양이다.

대표격인 기자가 영어로 일본에 온 목적을 물었다.

"소송하러 왔다."

"소송 목적을 간단히 말해 줄 수 있나?"

"내일 재판소에서 얘기할 것이다. 왜곡된 역사책 출판금지시키는(to ban the distorted Japanese history textbook from being published) 것이 목적이다."

짧게 답하고는 미리 예약해 둔 차량편으로 시내로 들어갔다. 각자 예약한 호텔 방실로 들어가기 전에 일행들에게 당부했다.

"우리가 관광 온 게 아니니 오늘 밤은 절대 외출하지 않는 게 좋겠다. 특히 아카사카(호텔이 그 근처에 있었다) 같은 유흥가에는 얼씬도 해서는 안 된다."

다짐하고 각자 방으로 헤어졌다. 출장에서 돌아온 후 수행 사무관이 내게 비밀이라며 얘기해 줬다. 자신은 돈이 없다며 나더러 경비를 대라던 그 의원이 밤에 자신을 불러 방으로 찾아갔더니 "일본에서 유명하다는 도루코탕"으로 안내하라고 해서 데려다 주었다고 했다. 조상이 독립운동 했다는 그 사람이다.

다음 날 아침 식사 시간에 맞추어 당시 주일 대사 최모 씨가 호텔로 찾아왔다. 조찬을 하면서 역사교과서 문제를 둘러싼 그동안의 한일관계를 간단히 브리핑하기 위해서다. 식당에서 대사와 마주 앉았다. 그런데 이 자리에 그 의원의 아버지도 동석했다. 그것도 대사의 맞은편에 자리를 잡고 앉았다. 참으로 난감했다. 남의 아버지도 아버지는 아버지다. 어른으로서 대우는 해 드려야 하는데 이 자리는 대사와 공적인 얘기, 그것도 작금의 심각한 한일관계를 얘기해야 하는 자리다.

메이지유신 이후 '근대국가 일본'과 조선(대한제국)은 여러 가지 면에서 대비된다. 결국 두 나라의 운명을 양극으로 바뀌게 한 가장 중요한 원인이 됐을 것으로 생각되는 그 차이는 무엇인가? 다양한 원인을 말할 수 있겠으나 그중에서도 '사농공상' 신분사회에서 '사(士)'에 해당하는 지배계층들의 공(公)과 사(私)에 대한 확연한 개념 인식의 차이라고 생각된다.

일본의 메이지유신 성공의 배경에는 '유신 10걸'이 있다. 이들은 한결같이 사(사의 극단은 자신의 목숨이다)를 버리고 공(일본 국가의 존립 또는 근대화)의 길을 택했다. 이들 중 대부분은 일본 근대화를 위하여 치열하게 투쟁하다가 20~30세 젊은 나이에 죽었고, 이토 히로부미 등 몇 명은 중장년까지 살아남았지만 그들 역시 암살, 할복 등으로 생을 마감했다.

반면 우리 조선의 사대부들은 어떠했나? 구한말 또는 임진란 때 백척간두 나라의 운명이 걱정됨에 일부 선비들은 나라를 구한다는 명분으로 의병을 일으켜 농민병을 이끌고 전장으로 나가다가도 아버지 부음을 듣고는 "미안하다" 한마디 남기고 아버지 상 치르러 귀향했다 한다. 장수를 잃은 오합지졸의 농민병이 무슨 의병 노릇을 할 수 있었겠나? 뿔뿔이 흩어지거나 유랑민이 되었다. 이것이 주자학, 오늘날 천 원, 5천 원짜리 지폐에 나오는 이퇴계, 이율곡이 상징하는 성리학의 가르침이다.

충보다 효가 우선이라는 이 정신은 우리의 유전자에 깊이 뿌리내려져 있어서, 공을 앞세워 사를 저버리면 불효막심한 놈, 의리 없는 놈, 까칠한 놈, 저밖에 모르는 놈, 출세에 눈이 먼 놈이 된다. 이 같은 기질은 오늘날까지 이어져 오고 있다. 아니, 더욱 우심해지고 있다.

그나마 공공기관이나 대기업 등 기관, 단체에서 오랜 단련을 겪은 사람들은 그래도 좀 낫다. 청장년 시절을 소득세 내는 직업을 가져 본 적이 없이 이리저리 뜯어먹거나 얹혀 먹고살던 이른바 운동권 패거리들에게는 공·사의 개념 구분 자체가 없다. 등산화부대가 그랬고, 동교동 패거리가 그랬고, 주사파 패거리는 아주 노골적이고 뻔뻔하게 당연하다는 듯 사를 우선시한다. 조국 일가나 운동권 출신 허인회의 범죄적 행태를 보면 거의 병적인 수준이다. 이들은 명백한 범죄를 저지르고도 제 패거리이기만 하면 서로 비호하고 보수 세력의 음모라고 뒤집어씌우는 데 이골이 났다. 인사권이라는 이름으로 제 패거리 아닌 놈 내치기와 제 패거리들 자리 앉히기에 혈안이 된다. "너무 심하지 않나" 문제 삼으면 대통령의 인사권 침해라고 오히려 적반하장이다. 조선을 망국으로 이끈 그 '사 (私) 우선'의 유전자가 개량되기는커녕 더욱 불량해지고 있는 것이다.

도리 없이 조찬 자리에서는 시시껄렁한 잡담이나 하면서 서둘러 아침 밥을 먹고 자리에서 일어나, 대사와는 다시 단둘이 커피숍으로 자리를 옮긴 다음 '한일관계의 현안'에 대해서 따로 이야기하고 헤어졌다.

아침 10시에 지요다구 가스미가세키에 있는 도쿄지방재판소를 찾아 갔다. 아직은 변호사를 선임하지 못한 상태라 우리끼리 우왕좌왕하면서 법정에 들어섰다. 재판장과 좌우 배석판사가 앉아 있고 그 분위기가 우 리네 법정과 비슷해서 주눅 들지는 않았다.

재판장이 먼저 말문을 열었다.

"변호사가 없으면 소송 진행을 할 수 없으니 조속히 변호사를 선임하 기를 권고한다. 오늘은 첫날이고 또 멀리서 왔으니 순차통역으로 청구취 지만 듣기로 하겠다."

만주 벌판에서 독립운동을 하다 일본 순사에게 잡혀간 선구자들이 일본 법정으로 끌려가 재판받던 모습이 머리에 떠올랐다. 목소리를 가다 듬고 우리말로 말문을 열었다.

"제국주의 일본이 패망한 지 반세기가 지났음에도 왜 일본은 과거의 역사를 반성은 못하나마 지속적으로 이웃 나라를 괴롭히고 그 국민들의 마음에 상처를 주는가?"로 시작하여 내 친척 할아버지 이야기를 꺼냈다.

순사 칼에 팔다리가 잘리는 얘기를 할 때는 마음이 울컥하여 목소리까지 떨렸다. 법을 다루는 법정에서, 그것도 남의 나라 법정에서는 법적인 주장만을 해야 하는데 다분히 정치적 주장을 한 셈이다. 웬만하면 중간에 말허리를 끊을 만한데(한국의 판사들이 자주 쓰는 말, "요지만 간단히 진술하세요"), 일본 판사는 미동도 하지 않고 끝까지 다 듣는다. 깊은 내공이 느껴졌다. 검사 시절 고소 사건 수사할 때 억울하다고 찾아 온 고소인더러 "요지만 간단히 말하라"면서 말을 중간에 막으면 이미 그 고소인은 검사가 내 편이 아니구나, 상대방이 빽을 쓴 모양이구나, 더 센 변호사를 사야겠구나, 역시 무전유죄로구나 하고 생각하게 된다. 반면 아무리 바쁘더라도 참으면서 이야기를 다 들어 주면 훌륭한 검사 만났다고 생각하게 된다. 그리고 그 사건 해결에 희망을 갖게 된다.

다소 장황한 내 말이 끝나자 재판장은 다음 재판 기일은 언제로 하면 좋겠느냐고 물었다. 우리 일행은 일단 한국으로 돌아갔다가 그사이에 변호사(일본인)도 선임하고 모든 소송 자료를 일본어로 번역하고 준비하려면 최소한 한 달은 걸릴 것으로 여기고 1개월 후에 기일을 잡아 줄 것을 요청했다. 그랬더니 재판장이 정색을 하고 다시 묻는다.

"가처분소송이란 '피해의 심각성과 급박성'을 전제하는데 그렇게 한 달씩이나 미뤄도 괜찮은가?"

아차 하는 생각이 들었다. 속내(정치적 의도)를 들킨 것 같아 얼굴이 화끈했다. 얼른 말을 바꿨다.

"변호사도 선임해야 하고 국회 회기중이라서 넉넉히 기일을 잡아 달라고 한 것인데, 보름이면 되겠다."

2주일 후로 다음 재판 기일이 잡혔다. 일본 판사는 예리했다.

소송을 마치고 건물 밖으로 나오니 어제 공항으로 몰려왔던 그 기자들이 또 몰려와 있었다. 목적을 달성했느냐고 물었다. "소송요건(가처분 소송의 요건)을 갖추지 못했다는 이유로 문전박대(소 각하)를 당할 줄 알았는데, 진지하게 심리해 주어 천만다행으로 생각한다"고 말하고 "이런 소송까지 벌이게 만든 일본의 우익 세력들은 반성해야 한다"는 정치적 발언으로 마무리했다. 호텔로 돌아와 TV를 켜니 인터뷰 장면이 NHK 등 일본 국내 채널에서 방영되고 있었다. 일본에 건너온 목적의 절반은 달성한 느낌이었다.

　다음 날 일행들은 한국으로 돌아가고 수행 사무관과 나는 뒤에 남아 일본인 변호사를 찾아 나섰다. 재일교포 변호사는 많지만 소송의 객관화를 위해 꼭 일본인 변호사를 선임해야겠다는 생각이 들었다. 여기저기 물색한 끝에 이마무라 겐지라는 팔순에 가까운 일본인 변호사를 소개받았다. 이마무라는 내 얘기를 다 듣고 나더니만 "법적으로는 쉽지 않으나 심정은 충분히 이해하겠다"고 하면서 선임을 수락했다. 고맙다고 인사하고 점심 식사나 대접하겠다고 했더니 처음에는 사양하다가 그러면 함께 하자고 했다. 덕분에 맛있는 스시라도 먹을 수 있겠다는 생각으로 그의 뒤를 따라갔더니, 막다른 골목길 끝에 있는 두세 평짜리 간이식당으로 들어간다. 덮밥 전문집으로 500엔짜리 덮밥 하나에 단무지 세 쪽으로 그날 점심을 때웠다. 일본 사람들의 검소함이란 참 대단하다.

　훗날 강원랜드 사장 때도 비슷한 일을 경험했다. 사장으로서 꼭 해야겠다고 생각한 일 중의 하나가 석탄산업이 문을 닫은 후 황폐화되어 전당포와 마사지 가게만 난립해 있는 고한, 사북 지역을 근사한 역사·문화도시로 재건하고 싶었다. 이름하여 '도시재생사업'이다. 일본 사람들은 이를 '좋은마을만들기(마치쓰쿠리)' 사업이라 한다. 독일의 졸펜하임, 일본의 유후인, 영국의 더럼 등이 그 대표적 사례이다. 이 도시들은 반세기 전까지만 해도 삭막한 탄광마을이었다. 탄광 유적지를 그대로 살리면서 현대식 감각의 문화산업도시로 변모시켜 1년에 수백만 명의 관광객이 찾아온다. 유네스코 산업유적지로 지정돼 있기도 하다. 근사하지 않은가.

도쿄 시내 한복판 고층빌딩 숲속에 옛날 에도막부 시절의 목조건물이 즐비하게 늘어선 마을이 있다. 니시신주쿠(西新宿) 지역이다. 우리나라 북촌마을 비슷한 곳이다. 부동산업자들의 재개발 유혹을 이겨내고 우리나라 북촌마을보다 더 넓은 구역에 단층 또는 2층 목조건물이 빼곡히 들어서 있고, 옛날식 요정과 일반음식점, 구멍가게들이 즐비하다. 일본 최고의 소설가로 꼽히는 나쓰메 소세키(夏目漱石)가 100년 전에 단골로 이용하던 문방구도 아직 그대로 있다. 내가 초등학교 시절 사용하던 분도기, 컴퍼스, 삼각자 같은 것도 그대로 팔고 있었다. 이 지역의 좋은마을만들기 추진본부 사무국장 야마시다 가오루를 만나 이 사업의 진행 과정을 설명 들었다. 그 후 강원랜드에서 도시재생 관련 세미나를 열고 그를 강사로 초대했다. 국내에서는 몇몇 도시재생 전문가들만 관심을 보였다. 행정당국은 물론 지역 국회의원, 언론, 시민단체 어느 하나 깊은 관심을 보이지 않는다. 그저 현금 나오는 행사에만 몰두한다. 지역 주민과 강원랜드의 공동협력체로서 '사북·고한 좋은마을만들기 추진본부'까지 만들고 강원랜드 사회공헌기금 중 일부를 떼어 그 운영 자금까지 확보해 주고 왔건만 지금은 유야무야됐다고 한다. 안타까운 일이다.

그 후 언젠가 다른 일로 일본에 출장 갔을 때 강원랜드 세미나에 찾

아와 특강을 해 준 야마시다 사무국장에게 고마웠다는 뜻에서 점심이나 대접하려고 전화를 했다. 처음에는 사양하더니 마지못해 우리 일행을 근처 식당으로 안내했다. 조그만 우동집이다. 800엔짜리 우동 한 그릇에 두 젓가락 분량의 쓰케모노가 반찬의 전부였다. 일본 사람들은 사적으로는 남에게 신세지는 것을 무척이나 싫어하는 성품을 가진 것 같다. 남에게 폐를 끼쳐서는 안 된다(人に迷惑をかけてはいけない)는 정신이 몸에 밴 사람들이다. 참 좋은 기질이다. 그런데 왜 공적인 일에는 남에 대한 배려가 그토록 인색한가? 참으로 아이러니라 아니 할 수 없다.

일본인 변호사 이마무리 씨를 대리인으로 삼아 한 번 더 가처분소송을 진행하는 사이 막후에서 정치적 타결이 이루어졌다. 후소샤 출판사는 왜곡 역사 교과서 중 가장 문제 된 일부 구절을 스스로 수정하는 것으로 하고 우리는 소송을 취하했다. 종국적 타결은 아니나 휴전이 성립한 것이다. 끝까지 갔더라면 물론 패소했을 것이다.

노무현과의 인연

노무현 당선을 돕다

2002년에 접어들며 국회의원 임기도 절반이 지났다. 대통령 선거가 연말에 있게 됐다. 민주당의 실세들은 정권을 재창출해야 그동안 저지른 비행이 덮어진 채로 좀 더 버틸 수 있고, 무엇보다 북한 정권과의 관계 개선(이른바 햇볕정책)도 좀 더 밀고나갈 수 있겠다고 생각했던 것 같다. 그러나 DJP 연합에서 JP는 떨어져 나가고, 전라도 정권에 신물이 난 사람들이 점점 늘어만 갔다.

그런 속에서 중심 역할을 한 한 무리의 국회의원이 있었으니, 바른정치모임인가 하는 동아리였다. 재선의원으로 정동영, 추미애, 이강래 등이고 초선의원으로 송영길, 정범구, 장성민 등 10여 명이 됐다. 나도 이 무리에 속해 있었다.

우선 대선 후보를 정해야 한다. 인사동 한정식집에서 후보군을 한 사람씩 만나 밥 먹으며 비공식 인터뷰를 했다. 약식 청문회를 연 것이다. 김근태, 이인제, 한화갑, 노무현 등 대여섯 명 됐다. 그 과정에서 전라도 출신은 더 이상 안 된다, 리틀 DJ는 더욱 안 된다, 모가지에 너무 힘줄이 들어가 있어 안 된다, 목사님처럼 장황하게 설교하는 사람도 안 된다…. 결국 전라도 사람 아니면서 촌놈 기질이 있고 비교적 솔직해 보이는 노무현이 제일 낫다는 데 만장일치가 되었다(당초에는 노무현만 현역 의원이 아니라서 제일 불리했었다). 그 후로는 전국 시도를 순회하면서 당의 이름으로 공식화하는 분위기를 만들어 갔다. 이렇게 해서 노무현이 민주당의 대선 후보가 되었다.

처음에는 한국당의 이회창 후보(대선의 재수생이다)와는 비교가 안 될 정도의 열세였다. 그러나 이 젊은 의원들의 프로파간다는 대단했다. 나치 시절 히틀러는 요제프 괴벨스의 선전선동술에 의해 독일의 절대통치자가 되었다. 지구상에서 가장 이성적이라는 독일민족조차도 조작된 선전선동에 사이비 종교집단의 광신도들처럼 광분했다.

우선 민주당은 노무현을 '서민 출신 인간 승리'로 스토리텔링을 만들었다. 가진 것 없는 부모 밑에 태어나 힘들게 살았고, 그래서 번듯한 대학도 못 다녔다. 사법시험에 붙었지만 그 잘난 SKY 출신들에 구박받아

판사 노릇도 길게 못했고, 장사(변호사)도 잘 안 돼서 어쩔 수 없이 인권변호사(노동사건 변호사)로 근근이 살아왔다고 선전했다. 우리 민족은 한의 민족이다. 좀 슬픈 영화나 홈드라마를 보면서도 온 식구가 눈물을 찔끔한다. 그런 노무현에게 어쩌면 동병상련의 염을 느꼈으리라.

반면 그들의 프로파간다 속 이회창은 좋은 집안에 태어나 경기고에 서울법대를 나와 대법관에 감사원장에 국무총리까지 한 사람이다. 그래서 그 빽으로 아들은 현역 군입대까지 면제되었다(이 대목은 훗날 정치조작이었음이 밝혀졌지만, 그 조작을 부추긴 어느 놈도 책임지지 않고 있다). 게다가 선거자금으로 사과 궤짝에 담은 현금을 차떼기로 받아먹은 그런 정당의 후보이다.

이런 감상적 양극화 속에서 후보자의 능력과 경륜, 자유와 민주, 국정철학 같은 이성적, 논리적인 단어들은 후보자들의 대통령으로서의 자질을 가늠하는 기준이 될 여지조차 없었다. 대부분의 유권자는 말할 것도 없고 근간에 대학을 졸업한 젊은이들에게조차도 자유니 민주니 하는 단어들은 그들의 삶의 가치기준이 되지 못했다. 당연한 것으로 여겨지거나, 그보다는 '공정'이나 '공감'이 더 마음에 와닿았다. 사과 궤짝으로 정치헌금을 받아먹는 집단보다 고사리손으로 동전 넣은 돼지저금통을 기부받아 선거를 치르는 그런 집단에 훨씬 더 공감이 갔으리라. 사실은 이것들은 모두 선전선동술의 일부였을 뿐이다. 그들도 정치자금 명목으로 뒷돈을 어지간히 챙겨 먹었음은 훗날 최도술, 안희정, 이광재, 여택수 등 노무현의 측근들 대부분이 돈 받아먹은 죄로 감옥에 간 것을 보면 확실하다(그들 스스로의 입으로 선거를 전후하여 돈벼락을 세 번 맞았다고 하지 않았던가).

총선이든 대선이든 대한민국 선거는 이렇게 치러진다. 여기에 더하여 언젠가부터는 SNS를 통한 여론 조작이 가능해졌으니 실체는 개차반(양아치보다 더 나쁜 놈)인데 포장술 뛰어난 놈이 당선되기 딱 좋은 선거판이 됐다. 막걸리, 고무신 선거는 차라리 낭만적이다.

아무튼 당초의 예상을 깨고 노무현 후보가 대통령이 되었다. 나도 당내 후보 선정 때부터 관여했고 후보와 함께 유세도 다녔으니 공신 반열에 들 수는 있었다. 그러나 민주당에 들어올 때부터 나는 이단아였다.

그래도 늙은 좌파들에게서는 사람 냄새가 났다. 콩알 하나라도 반으로 쪼개 먹으려 했다. 정 총무는 늘 국회에서 외국에 출장 나갈 일이 생기면 검사 시절 두 차례의 내 미국 연수 경력을 염두에 두고 "함 의원이 다녀와"라고 했다. 유람 가는 것이 아닌 한 경험 있는 사람이 참석해야 효율적이라는 것이 그의 논리였다. 그 바람에 각종 회의, 학술대회, 세미나 또는 의원외교 활동을 목적으로 4년간 30회 이상 해외 출장을 다녀왔다. 여수엑스포 유치를 위해서는 아프리카의 오지 라이베리아, 코트디부아르, 남아공까지 갔다. 국제의원연맹(IPU) 총회 참석을 위해서는 칠레, 페루, 니카라과까지 갔다. T-50 고등훈련기를 팔아먹기 위해서는 멕시코, 베네수엘라까지 갔다. 유럽과 미국은 안 가 본 대도시가 거의 없을 정도이다. 사주에 역마살이 끼어 있었는지 세계를 헤집고 다니는 것이 싫지 않았다.

그런데 젊은 좌파, 이들에게는 도무지 사람의 냄새가 나지 않았다. 철저한 에고이스트들이다. 이들의 생활 모습은 보수 우파들과 다르지 않다. 강남 아파트에 혈안이 돼 있고 마누라들은 대개가 이탈리아, 프랑스

제 고급 패션 상품을 몸에 두르고, 아이들은 태반이 미국이나 서유럽 국가에서 값비싼 유학 생활을 하고 있다. 주둥아리만 좌파다. 그러면서도 우파보다 도덕적이라는 자기최면에 걸려 있다. 1980년대까지는 그랬을지 몰라도 김대중, 노무현 정권을 거치면서 더 처먹고 더 썩었는데도 말이다. 입만 열면 토지공개념, 서민 복지, 무상급식, 평화, 하나의 민족, 연방제 통일을 주술처럼 지껄인다. 위안부, 독도, 징용 광부 등 민족감정을 자극할 만한 의제를 선점하여 자신들의 생존 기반으로 삼는다. 그러니 이런 자들과 어떻게 한통속이 될 수 있었겠나.

그래도 함께 유세 다닌 인연으로 당선자 시절에는 노무현 대통령과 가끔 독대도 했다. 나더러 법무부장관, 검찰총장감을 추천해 보라고도 했고, 대미관계에 대해서도 비교적 솔직한 대화를 나눴다. 송모를 총장으로 추천하니 그 말은 솔깃해 듣더니만, 윤동민 선배(작고)를 장관으로 추천했더니만 귓등으로 들었다. 이미 그보다 한참 후배인 여자 법조인을 마음에 두고 있었기 때문이다. 기수 파괴도 유분수지 10기나 밑으로 내려간 것이다. 이처럼 경륜이 일천한 여성 법조인을 장관으로 지명한 명분은 검찰 개혁이었지만 사실은 그 중간에 낀 잘나가던 고위직 검찰 간부들 엿먹으라는 인사다. 그 후 조국 등이 법무부장관에 지명된 것을 보면 그래도 노무현 대통령은 법조인으로서 최소한의 양식은 있는 사람이었다는 생각이 든다. 그녀는 법조 경륜이 일천하다는 것뿐, 범죄적 잡음이나 크게 물의를 일으킨 적은 없었으니 말이다.

노무현의 의도대로 엿먹고 검찰 떠난 유능한 중견 간부들이 한둘이 아니었다. 그러나 이로 인해 검찰이 개혁됐다는 뒷얘기는 들은 바 없다. 이것은 그래도 약과다. 정권이 바뀔 때면 흔히 있을 수 있는 얘기라는 뜻이다.

그로부터 한 달 쯤이나 지났을까. 미국 워싱턴DC로 출장을 갔다. 평소 알고 지내던 주미 대사관의 고위 정보기관 파견자와 저녁을 먹으면서 최근의 미국 조야(朝野)의 노무현 정권에 대한 분위기를 물었다. 그는 심각한 표정을 지으며

"럼스펠드(당시 미국 국방장관)는 주한 미군 철수까지 입에 담고 있다. '미군은 주둔 국가가 원하지 않는 곳에 주둔할 필요가 없다. 태평양 방어선은 주둔군이 아닌 기동군 체제로 얼마든지 방어할 수 있다'고 공언한다. 그리고 노무현을 비롯한 주사파들(이들은 한결같이 반미·친중 패거리다)의 언동을 예의주시하고 있다"고 요약했다.

출장에서 돌아온 후 조선일보 국회 출입기자가 방에 들렀기에 이 이야기를 들려주었더니 그다음 날 그 신문 1면 톱기사로 실었다. "함승희 국회의원에 의하면"이라고 출처까지 명기했다. 제목은 "미국 국방부장관, 주한 미군 철수 공개적 언급"이었다.

이것이 계기가 되어 정치적, 이념적 이단아였던, 하지만 어쩔 수 없이 한솥의 밥을 먹었던 나는 아주 확실하게 밥조차 따로 먹는 완벽한 군식구가 되어 버렸다. 무슨 모임이 있어도 통보조차 없었다. 오히려 잘됐다는 생각이 들었다.

속이 다른 놈은 겉이 다른 놈보다 함께하기가 더 힘들다. 그래도 당을 바꿀 수는 없었다. 그 당의 이름으로 공천을 받았고, 그 당의 지지자들 덕분에 국회의원이 됐는데 중간에 당을 바꾼다면 그것은 지지자들에 대한 배신행위 아닌가.

그런데 저절로 그 당조차도 벗어날 기회가 왔다.

노무현 탄핵 소추위원이 되다

노무현 대통령에 대한 탄핵이 시작되었다. 헌법 제65는 "대통령이 그 직무 수행에 있어서 헌법이나 법률을 위배한 때에는 국회는 탄핵의 소추를 의결할 수 있다"고 규정하고 있다. 탄핵소추 의결의 법적합성에 대한 판단은 헌법재판소가 하도록 되어 있다. 그리고 이 탄핵의 재판을 함에 있어서는 국회 법사위원회의 위원장과 그 위원장이 소속된 정당이 아닌 제2당의 간사가 당연직으로 소추위원 (형사재판에서 검사의 역할)이 된다고 국회법이 규정하고 있다. 이 국회법 규정에 따라 당시 법사위원장이던 김기춘 의원과 제2당의 법사위 간사인 내가 노무현 대통령 탄핵의 소추위원이 되었다.

도대체 노무현 탄핵은 왜 시작되었나? 그의 어떤 행동이 헌법이나 법률의 위반이었나?

우선 대통령은 공무원으로서 헌법 제7조의 정치적 중립의 권리와 의무를 진다. 그런데 노무현은 당선 직후부터, 특히 17대 총선을 앞두고 "민주당을 찍는 행위는 한국당을 지지하는 것이나 다름없다"며 열린우리당을 찍을 것을 노골적으로 호소하고 다녔다. 이것이 헌법 제7조 위반이라는 것이다. 그리고 이 같은 발언에 대하여 선관위가 헌법 위반의 소지가 있다고 하자, 그는 "그런 법률은 따를 수 없다"고도 했다. 이 같은 발언은 헌법의 근간인 법치주의를 부정하는 것이다. 그 밖에 그의 참모진들이 뇌물을 수수하는 부정을 저질렀는데 이에 대한 공범적 책임도 있다는 것이 탄핵소추 사유였다.

최순실 사건에서 박근혜 대통령은 돈 한 푼 받은 적이 없음에도 법논리적으로는 말이 안 되는 '경제공동체'(돈주머니를 공동으로 사용한다는 논리)라는 신조어를 만들어 공범임을 인정했다. 같은 논리라면 노무현도 꼼짝없이 안희정, 이광재, 최도술, 여택수 등의 경제공동체가 되어 탄핵은 물론 감옥에도 갔어야 한다. 그리고 이 논리는 장관이나 국회의원의 아내, 형제, 자식이 돈 받아먹은 경우 모두 공범이어야 하는데 그렇게 법논리를 전개한 적은 단 한 번도 없었다. 오직 박근혜·최순실 사건에서만 이 논리가 적용되었다.

어쨌거나 노무현은 법논리적으로는 헌법과 법률을 위반했다. 그러나 이 정도의 헌법 또는 법률 위반이 대통령으로서의 직무 수행을 못하게 해야 할 정도로 심각한 것인가는 별개의 문제다. 이것이 헌법재판소 탄핵심판의 핵심 쟁점이 되었다. 헌법재판소법은 대통령 또는 고위공직자 탄핵의 사유로 '헌법과 법률 위반'을 요건으로 삼고 있을 뿐, 그 심각성까지 판단할 재량은 주지 않고 있다. 그러나 당시 헌법재판소는 국민정서라는 것을 고려하여 노무현의 법 위반을 인정하면서도 재량판결로 그 '심각성'을 부인했다. 노무현의 손을 들어 준 셈이다. 헌법재판소의 탄핵재판이 법리의 판단이 아닌 정치재판이 되는 길을 열어 놓은 셈이다. 그런데 박근혜에 대한 탄핵재판에서는 탄핵소추의 의결을 한 국회의 손을 들어 주었다. 이 또한 국민정서를 고려한 결과라 한다.

작금 대량생산되는 각종 위헌적 법률의 위헌·무효를 가리는 재판과 더불어 고위공직자에 대한 탄핵재판이 법논리가 아닌 국민정서를 고려한 정치재판으로 심각하게 변질되고 있다. 헌법 수호 의지가 검증 안 된 아홉 명의 법률전문가가 적법성 심사를 넘어 '위법의 심각성'이라는 재량판결을 한다는 것이 견제와 균형이라는 민주주의의 기본 원리에 맞는 것인가? 누가 이들에게 이 같은 재량판결의 권한을 주었나? 이러고도 이 기관을 헌법 수호 기관이라고 말할 수 있겠나? 심각한 우려를 하지 않을 수 없다. 다음번 헌법 개정 때는 헌법재판소의 심판 범위를 헌법재판소법에 위임할 것이 아니라 헌법으로 명문화하여 재량판결의 여지를 근원적으로 없애는 것이 옳다고 생각된다.

노무현 대통령에 대한 국회의 탄핵소추 의결 당시 나는 민주당 의원 총회에서 노무현이 간첩 송두율을 옹호한 발언, "공산당이 제도권 정당으로 인정받을 수 있어야 비로소 민주주의가 완성된다"는 발언, "친미이면 어떻고 반미이면 어떤가?"라는 발언 등을 탄핵소추 사유로 삼아야 한다고 주장했었다. 왜냐하면 이 같은 발언은 자유민주국가의 국가 정체성을 부정하는 내용으로 대통령의 헌법상 국가 보위의 책무를 위반한 것이기 때문이다. 자유민주주의에 대한 신념을 대통령의 자격요건으로 만들고 싶어서였다. 그러나 한국당도 민주당도 내 의견을 받아 주지 아니했다. 탄핵재판의 결과와 관계없이 지금껏 아쉬운 대목이다.

노무현에 대한 탄핵을 발의할 때만 해도 대다수 국회의원들은 노무현의 법 위반 행위가 대통령의 직에서 배제시켜야 할 정도로 심각한 것은 아니라는 생각이 지배적이었다. 그러나 노무현은 평생을 그렇게 살아왔듯 승부사의 기질이 강하다. 탄핵소추에 대한 국회 의결을 앞두고 언행을 자중하는 것이 아니라 오히려 더 불을 질렀다. 대우건설의 남상국 사장을 가리켜 "좋은 학교 나오고 똑똑한 사람이 촌에서 농사나 짓는 사람(노무현의 친형 노건평을 지칭)에게 부탁질이나 하고…" 하면서 공개적으로 그를 비난했다. 엄청난 모멸감을 느낀 남 사장은 방송을 통하여 이 말을 전해 듣고 그 길로 한강에 투신하여 자살했다. 일순간 여론이 들끓었다.

"어떻게 현직 대통령이라는 사람이 한 개인을 그토록 공개적으로 모욕을 줄 수가 있어? 미친 거 아니야!" 이런 유의 비난이 쏟아졌다.

노무현은 도박을 잘한다. 정치적 도박 말이다. 선거운동 당시에도 경쟁 후보자 소속 정당에서 그의 아내 아버지가 남로당(남조선노동당) 간부였다는 비난이 쏟아지자 "그럼 아내를 버리라는 말이냐?"고 되물어 일순간 되치기에 성공했다. 지금 국회에서 탄핵소추 의결에 몇 석만 보태지면 끝장나는 마당에 이런 엉뚱한 혐오스러운 발언을 그냥 생각 없이 했겠는가? 모두 계산된 속셈이었다. 코앞으로 다가온 17대 총선에서의 지지세력 결집을 의도한 것이다. 그는 2002년 12월 대선 때도 선거일 하루 전날 정몽준과의 동맹 파기를 유도하여 정몽준 배신에 대한 대중의 분노를 일으키는 데 성공했다.

이에 반해 이른바 보수라는 자들은 그때나 지금이나 자신들이 주류라는 착각에 빠져 있다. 상대(적)는 모든 것을 다 거는데, 이들은 각자도생만 궁리하며 대세에 편승한다. 결국 JP를 비롯한 중도적 입장이었던 의원들도 남상국 사장 자살 사건을 계기로 탄핵 찬성 쪽으로 기우는가 싶더니 바로 탄핵의 소추가 의결되었다.

탄핵 역풍으로 재선 고배

새천년민주당의 공천을 받아 대통령에 당선된 노무현은 당선된 지 불과 1년 만에 2004년 총선을 앞두고 세가 불리해지자 자신을 공천하여 대통령으로 당선시킨 그 새천년민주당을 깨고 뛰쳐나갔다. 그리고는 열린우리당이라는 새로운 당을 만들어서 DJ의 동교동계만 빼고는 헤쳐 모이라고 했다. 졸지에 "새천년민주당은 지구상에서 없어져야 할 구악들의 당"이 되었다. 새천년민주당의 이름으로 공천 받아 국회의원 된 다수의 초·재선의원들이 앞다투어 그 열린우리당으로 빠져나갔다. 그랬던 놈들이 요즘 또 그 당의 세가 약해지니 자신들이야 말로 DJ 민주당의 적통이라고 서로 다투고 있다. 그 뻔뻔함과 천박함은 영락없는 나이트클럽 영업부장 수준 아닌가.

나에게도 빨리 나오라는 메시지가 하루에도 여러 군데서 왔다. 제일 앞장선 이가 정동영 의원이다. 그는 대놓고 "함 선배! 인생은 함 선배가 선배이지만 정치판은 제가 선배요. 정치판에서 살아남으려면 오늘이라 도 당장 나오세요. 함 선배가 동교동계와 무슨 인연이 있다고 그 늙다리 들 틈에 끼어 있는 겁니까?" 하면서 보챘다.

"정 의원 말이 맞아. 정치판에서 살아남으려면 열린우리당이 집권 여 당이 됐으니 그리로 가는 것이 편하겠지. 그런데 나는 정치판에서는 실패 하더라도 인생에서 실패하기는 싫거든. 동교동계가 뭔지도 모르지만, 어 쨌든 나는 김대중의 전화 받고 국회의원 된 사람이니 그냥 여기 남아 있 을게."

이렇게 해서 나는 지구상에서 없어져야 한다던 그 새천년민주당에 남 게 되었다.

대다수 젊은 의원들이 열린우리당으로 당을 갈아타고 있었음에도 불 구하고 굳이 민주당을 고집한 이유는 두 가지다.

그 하나는 DJ와의 관계이다. 그로부터 걸려 온 새벽 전화의 인연도 있었지만, 4년간 그의 인사 정책이나 대북 정책에 대하여 야당 이상의 비 판적 목소리를 높였음에도 그는 이를 모두 수용 내지 용인해 주었다. 국 회의원은 당리당략이 아닌 국리민복을 우선해야 한다는 헌법 규정을 그는 잘 이해하고 있었던 것이다. 일제강점기 때 신민 교육을 받은 사람도 이와 같은데, 해방 후 민주시민으로서 국민윤리를 배우고 전교조 교육을 받은 자들은 오히려 당의 방침과 다른 발언을 한 사람을 공천에서 탈락시키고 윤리위에 회부하고 제명을 시킨다. 이와 관련하여 진중권 교수는 『한번도 경험해보지 못한 나라』에서 "팬덤 정치는 이념이나 정책이 아니라 팬의 객체를 지지한다. 그렇기 때문에 이 팬 객체를 위해서라면 당이고 뭐고 그런 것은 중요한 것이 아니다. 그 사람들한테 중요한 것은 자기의 욕망이고 자기의 쾌락이다"라고 말하고 있다. 기막힌 아이러니 아닌가.

다른 하나의 이유는 열린우리당의 선도적 구성분자들의 상당수가 과거 공안검사였던 나에게는 국가보안법 위반 피의자 또는 잠재적 피의자들이었다는 점이다. 비록 피의자라도 철학적 이념이나 지적 능력 또는 세상을 바라보는 눈이 나보다 뛰어나다는 느낌이라도 있었다면, 과거의 실정법 위반 전과 한두 개쯤이야(파렴치범이 아닌 한) 굳이 염두에 둘 이유가 없었겠다. 하지만 그들 대다수는 일류가 되지 못한 데 대한 불만과 구실을 남 탓, 사회 탓, 국가 탓으로 돌리는 비겁함이 몸에 밴 얼치기 엘리트 아류들이었다. 미꾸라지처럼 미끈거리고 이해득실의 풍향에 민감하고 입만 까진 뺀질이들이었다. 순수함도 진실됨도 총명함도 포용력도 없는, 그냥 평생 정치판을 떠나서는 생존 자체가 어려운 그런 정치 양아치들이었다. 그러니 이들과 어울리는 것은 내 길이 아니었다.

과연 2004년 4월, 17대 총선에서 정 의원 말대로 나는 현역 의원임에도 그 동네의 구의원 수준이던 열린우리당 후보에게 고배를 마셨다. 물론 정상적인 선거가 아니라 노무현 탄핵에 대한 역풍이라는 정치적 변수가 있었지만, 선거에서는 지면 그것으로 그만이다.

정동영 의원은 그로부터 몇 년 지나 노무현 정권 말기에 이르러서는 그 열린우리당이야말로 지구상에서 없어져야 할 정당이라며 또다시 그 당을 뛰쳐나왔다. 그리고는 전에 버렸던 그 민주당의 이름으로 대통령 후보까지 되었다. 한국의 정치판에서 살아남으려면 경상도, 전라도, 충청도에서 태어나 그곳에서 뿌리를 내리면서 지역의 아들·딸로 행세하든가, 아니면 끊임없이 잔머리 굴려 가며 이 당 저 당 이 패거리 저 패거리 옮겨 다녀야 살아남는다. 정치적 소신이나 이념은 있어도 없어도 그만인 액세서리에 불과하다. 이것은 한국 정치판의 진리다. 그러므로 검사 노릇 제대로 한 놈이라면 이런 개판, 아사리판에는 처음부터 와서는 안 된다. 어떻게 검사 하던 놈이 잔머리를 굴리나? 굴릴 잔머리가 선천적으로 없어야 마땅하다. 전직이 검사였음에도 정치판에 잘 적응하고 있다면 그 자는 필경 검사를 엉망으로 했음에 틀림없다. 판사 했던 자들도 마찬가지다.

탄핵소추로 업무가 정지된 노무현은 눈물(사람들은 이를 두고 악어의 눈물이라 했다) 한두 방울 뚝 흘리면서 슬픈 얼굴로 창가에 서서 먼 산을 쳐다보는 장면을 연출했다. 자살한 남상국에게 "저런 가엾은 사람" 하던 그 여론이 며칠 사이에 노무현을 가리켜 "저런 가엾은 사람"으로 돌변했다. 대다수 언론이 앞장서서 그런 쪽으로 여론을 몰고갔다. 선거운동을 겸하여 동네(지역구)를 한 바퀴 도는데, 며칠 전 열린우리당으로 쪼개질 때까지만 해도 "의원님, 힘내세요! 민주당 의리 지켜서 존경합니다!" 하던 그 사람들이 싸늘한 눈매로 변했다. 모든 방송이 총동원되어 "불쌍한 우리 노무현"을 연출하니, 노무현 탄핵을 주도한 신한국당이야 어차피 자업자득이지만 상당한 숫자의 잔류파 민주당 지지자들은 열린우리당 쪽으로 돌변하여 민주당은 그야말로 없어져야 할 정당이라고 몰아붙였다. 이른바 '탄핵 바람몰이'였다.

결국 노무현의 '올 인'은 '올 윈'이 되었다. 그의 계산대로 주사파들이 중심이 되어 만든 신생 정당인 열린우리당의 완승으로 끝났다. 민주당은 호남 지역구 몇 석을 제외하고는 전멸했고, 신한국당은 그나마 붕대 감은 박근혜 손 덕분에 지역구에서 100석, 겨우 명맥만 유지했다. 지난 4년간의 의정활동을 평가하고 앞으로 4년간 국정을 책임질 의원을 뽑는 선거가 도박판의 1회성 베팅, 분풀이 판이 된 것이다.

대한민국 선거는 대부분 선거일을 기점으로 1~2개월 이내에 벌어진 자연재해, 전염병의 만연, 또는 인위적으로 조작된 위기 상황이 유권자의 표심을 지배해 왔다. 이른바 '바람몰이'다. 선거를 앞두고 휴전선 근처에서 총질이 오가거나 남북 정상회담을 개최하는 따위가 대표적 사례이다. 선거가 이 지경인데, 이러고도 대한민국은 민주주의에 성공한 나라라고 말할 수 있나?

4년간 당리당략에 얽매이지 않고 오로지 국리민복을 위하여 동분서주했던 노력은 노무현 탄핵안 지지 투표 한 방에 말짱 수포로 돌아갔다. 나쁜만 아니다. '미스터 클린'이라는 별명이 붙은 국회의원 모범생 조순형 의원도 이름 석 자도 들어 본 적 없는 열린우리당 후보에게 참패하면서 낙선했다. 4년간 법사위원을 함께 하면서 지켜본 조 의원은 국회도서관을 가장 자주 찾는 의원이다. 국정감사 때는 피감기관과의 의례적인 식사도 함께 하기를 기피한다. 그에게 당리당략이라는 용어는 원천적으로 없다. 이 같은 의원도 낙선시키는 선거가 노름판의 베팅, 아니면 연말에 벌이는 연예인 인기투표와 뭐가 다른가? 이러고도 선거가 끝나고 나면 국민들은 또다시 국회의원의 자질을 탓하기 시작한다. 이런 앞뒤의 모순이 세상사에 또 있는가? 엄청난 논리의 모순이고 자가당착이다. 미친 사회(광풍이 휘몰아치는 사회)의 선거판에는 역시 제정신을 가진 자는 끼어들 여지가 없다. 그 후로 노원 전셋집을 빼고 원래 살던 집으로 돌아온 후 다시는 그쪽을 쳐다보지도 않고 살고 있다.

돌이켜보면 그 무렵 나는 확실히 정치인으로서 소질이 없었던 것 같다. 정치, 특히 선거에서 '바람'이라는 것은 글자 그대로 바람일 뿐으로 지나가면 그뿐이다. 가장 강한 바람인 태풍조차도 피해자들에게는 뼈아픈 상처를 남기지만 제3자들은 그런 태풍에 대한 실감이 없다. 몇 달만 지나고 나면 그런 태풍이 있었다는 사실조차 잊고 산다. 같은 이치로, 비록 '노무현 탄핵 바람'으로 재선에 실패했더라도 적어도 내가 정치인(국회의원)으로서 공적인 잘못을 저지른 바 없는 이상 그 지역구에 계속 버티고 앉아 국가 정체성 수호를 위한 지속적 투쟁을 했어야 했다. 현직 대통령의 공천과 검사 시절 유명세에 의탁한 '온실 속의 정치인'이 아니라, 자유민주주의 수호자로서 야생마 같은 정치인으로 거듭날 수 있는 절호의 기회였다. 그런데 "내가 무엇을 잘못했는데?"라는 일종의 배신감과 "네가 싫다면 나도 싫다"는 일종의 오만함이 나로 하여금 지역구를, 아니 정치판을 아예 떠나게 만들었다.

지금과 같은 자유주의 시장경제 체제에 대한 확고한 신념 또는 국가 정체성에 대한 위기의식이 그때도 있었더라면 그렇게 쉽게 지역구를 떠나지는 않았을 터이다. 꽃가마 타고 일시적 인기에 영합하여 정치인이 된

자의 한계다. 일본 총리를 지낸 고이즈미 준이치로(小泉純一郎)가 한 말처럼 '한때 시궁창에서 뒹구는 수모'를 겪더라도 그것을 이겨 내는 결기와 투지가 없다면 정치판에는 처음부터 발을 내딛지 말아야 한다. 그런 결기와 투지는 어디에서 나오나? 정치적 신념과 철학의 확고함에서 나온다. 남에게서 '싫은 소리' 듣지 않고 보드라운 삶을 살아온 관료 출신 정치인들이 가슴에 새겨 둘 일이다.

국회의원 해 봤더니

국회 권력은 대통령 권력과 더불어 국가 운영의 양대 축이다. 그렇기 때문에 그 구성원인 국회의원이라는 직분은 총리, 장관 못지않은 무게감을 지닌다. 우선 국회의원은 민주정치의 기본 원리인 법치주의에서 그 법을 만드는 유일한 기관이다. 국가 운영의 근간이 법이니 그 법을 만드는 국회의원 역시 국가 운영의 근간인 셈이다. 또한 1년 단위로 국가 운영에 소요되는 재정(세입과 세출)을 통제하고, 대법원장을 비롯한 각종 헌법기관의 장을 청문하고 인준하고 탄핵할 수 있다. 게다가 국정감사 및 조사의 권한도 갖고 있다. 이런 광범위하고도 막강한 권한을 가진 국가기관은 대통령 말고는 없다. 내가 국회의원이라는 단어만 입에 오르면 부정적 견해를 나타내는 것은 국회의원이라는 직책이 덜 중요해서가 아니다. 그것의 엄중함에도 불구하고 실제로 국회의원 된 자들의 능력의 허접함과 성품의 비열함 때문이다.

인사청문회의 저승사자

4년(2000~04) 단임이라는 짧은 정치인 생활이었지만, 돌이켜보면 웬만한 3선의원 못지않은 의정활동을 한 것 같다. 다만 타고나기를 패거리를 짓지 못하니 고군분투였다는 표현이 어울린다.

국회의원의 권한 가운데 국회의원 개개인의 능력이 특히 돋보일 수 있는 권한이 있으니, 바로 고위공직자 인사에 대한 청문·인준의 권한이다. 고위공직자 청문은 국회의 동의가 필수인 청문과, 국회의 반대의견에도 불구하고 임명권자인 대통령이 임명을 강행할 수 있는 청문으로 나뉜다. 그러나 어느 쪽인가에 관계없이 청문 과정에서 개개 국회의원의 능력은 매우 중요하다.

DJ 정권 말기에 들어 법사위원회에서 법무부장관 청문회가 열렸을 때의 이야기이다. 나는 법사위의 민주당 측 간사위원이다. 대통령이 장관으로 지명한 후보이니 여당 간사인 나는 그를 엄호해 주어야 한다. 그렇게 해야 대통령의 인사권이 보호를 받는다. 그러나 DJ는 2000년 1월 어느 날 내게 전화를 걸어 "우리가 여당이 된 만큼 이념이나 출신은 문제되지 않는다"고 분명히 말했다. 당리당략에 구애되지 않아도 좋다는 뜻이다. "닭 모가지를 비틀어도 새벽은 온다"면서 맞짱 떴던 수구 세력과 야합(3당 합당)한 YS보다 민주주의에 대한 신념만은 역시 DJ가 한 수 위였음에 틀림없었던 것 같다. 그는 "인사가 만사다", "검찰이 바로 서야 나라가 바로 선다"는 말도 여러 번 했다. 그의 이런 말들이 시험대에 오른 것이다.

법무장관 후보자는 내가 서울지방검찰청 특수부 평검사 시절 특수부를 관장하는 차장검사를 지낸 사람이다. 그래서 잘 알고 있다. 그 당시에도 거악을 상대로 하는 특수수사를 관장할 만한 인물은 못 된다는 평이 있었다. 그렇지만 일단 예를 갖춰 축하한다고 인사했다. 그러나 아는 사람이라는 것은 거기까지다. 법무장관으로서의 자질에 대하여 나는 동의할 수 없었다.

"후보자는 지금 장관으로 지명된 것이 처음이 아니지요. 이 정권 초기에도 법무부장관 해먹었었지요?"

"그때 왜 그만두었지요? 문책성 인사 아니었나요?"

"이용호 게이트로 인해 고위 검찰 간부들이 줄줄이 구속된 적이 있지요? 이런 일이 과거에도 흔한 일인가요? 검찰로서는 근래에 없었던 최대 참사 아니었던가요?"

"그 검찰 간부들 모두 후보자와 동향이지요? 능력이 감당 안 되는 사람들을 단지 동향이라는 이유로 요직에 앉혔다가 일어난 참사 아닌가요?"

"문책성 인사를 당한 사람이 1년 만에 또 같은 자리에 지명된다는 게 말이 되나요?"

"영부인 쪽으로 연줄이 있다는 소문이 사실인가요? 아니면 홍삼 트리오 삼형제를 잘 비호해 준 대가라는 소문도 있던데, 어느 쪽이 맞는 말인가요?"

"어느 쪽도 아닌데 문책 인사를 당한 사람을 같은 자리에 두 번씩이나 앉히는 이유가 무엇이라고 생각하나요?"

이런 질문들에 대해 그는 "모르겠다, 대통령이 하라고 하니 하는 것뿐이다"라고 답변했다.

"대통령이 하라고 전화 오면 무조건 다 하나요? '말씀은 고마우나 나는 그런 그릇이 못 됩니다'라고 사양해야 하는 것 아닌가요? 지금이라도 대통령께 그렇게 전화하고 후보에서 물러서는 게 옳은 않은가요?"

본래 검붉은 그의 얼굴이 하얗게 사색이 되었다. 청문 과정에서 치명상을 입은 탓이었는지 그는 장관으로 억지 임용은 됐으나 그리 오랜 기간 버티지 못하고 물러났다.

노무현 대통령 취임 직후 국가정보원장 청문회가 열렸다. 국가정보원은 국가의 명운을 가를 수도 있는 국가 안위에 관련된 국내·외 정보를 수집, 분석, 생산해서 대통령에게 제공하고, 간첩을 색출하는 방첩 기능까지 가진 권력기관이다. 그런 기관의 장에 이름도 얼굴도 생소한 사람이 지명되어 청문회장에 나와 앉았다. 과거의 행적을 살펴보니 인권변호사단체의 일원으로서 간첩죄로 유죄판결을 받은 김낙중의 석방운동을 했다고 한다. 정보기관장으로서의 능력은 전혀 검증된 바 없는 인물이다. 과거 판·검사 경력 있는 대다수 야당(신한국당) 정보위원들은 그의 개인적 삶의 과오(예컨대 허가 없이 헛간을 뜯어고친 건축법 위반 행위 등)를 들춰내어 흠집 내기 바빴다.

정보위원회 여당 측 간사인 내 질의 차례가 되었다.

"간첩 김낙중을 석방 요구한 이유가 뭔가요?"

"간첩이라고 확정판결이 난 사람을 간첩이 아니라고 생각하는 건가요, 아니면 간첩활동을 한 것은 맞지만 인권 차원에서 석방해 달라는 뜻인가요?"

"왜 하필 간첩질한 자의 인권이 그토록 중요한가요?"

"국가정보원의 가장 중요한 직분 중의 하나가 바로 국가조직 내 간첩(스파이)을 색출해야 할 책임이 있다는 것 알고 있나요?"

"간첩의 인권을 그토록 중요하게 생각하는 사람이 다른 간첩 잡아 낼 수 있겠어요?"

"우리나라 정보기관의 정보능력이 인적 정보(휴민트) 외에 기술정보나 위성정보, 통신정보 면에서는 대북 정보를 감당할 수 없는 수준인데 이 점을 어떻게 보완할 것인가요?"

"우방국, 특히 미국·일본과 긴밀한 정보 교류를 해야 하는데, 미국 CIA나 NSA 또는 일본의 내각조사실이 후보자 같은 과거 경력을 가진 자에게 1급 비밀정보를 줄 것 같습니까?"

"그 정보가 후보자 같은 사람의 손을 거쳐 북한 정권에 넘어가지 않는다는 보장이 있나요?"

이런 식으로 그의 청문준비단에서 예상조차 못한 질문을 여름날의 소나기처럼 퍼부으니 그는 사색이 되어 시체처럼 굳어졌다.

국가정보원은 최고 정보 수요자인 대통령의 단순 참모가 아니다. 수집된 다양한 첩보를 객관적으로 분석하여 국가 정책에 반영해야 한다. 특히 대북 정보는 대통령의 대북 정책 수립과 집행에 도움이 되어야 하지만 경우에 따라서는 비판적일 수도 있어야 한다. 그런데 간첩죄로 실형 집행된 자의 석방운동을 하던 인물이 정보기관의 장이 되면 이런 것들이 가능하겠는가? 그래서 나는 여당 측 간사임에도 단호하게 임명에 반대했다. 야당 정보위원들은 희색이 만면한 데 반해 여당 의원들은 벌레 씹은 얼굴이다. 그럼에도 어느 누구 하나 나에게 개인적으로 섭섭한 감정을 드러내는 자는 없었다.

이에 반해 요즘 문재인 정권의 국정원장(박지원) 지명 행위나 이에 대한 정보위원들의 청문 과정을 지켜보면 국가정보원은 남북 정상회담 사무국으로, 정보위원회는 1당독재 국가의 통전부로 전락된 것 같은 느낌이다. 시간의 흐름이 발전 또는 진보라는 가설은 허구임이 분명하다. '라떼'를 비웃지만 '라떼'를 말하지 않을 수 없는 세태이다.

청문회의장에 당시 야당 대표였던 박근혜 의원이 잠시 들어와 방청했다. 그녀는 돌아가면서 수행한 자당의 사무총장 등에게 "왜 우리 당에는 저런 의원이 없어요?"라고 묻더란다. 훗날 오래포럼이라는 정책 연구 공부모임을 만들어 박 의원을 초빙했을 때 그녀는 종종 나를 지칭하여 "천하의 함 의원님"이라고 했다. 좀처럼 외교적 수사나 입발림말을 하지 않는 박 대표 입에서 '천하의'라는 관형어가 왜 나오는가 의아해 하는 사람들이 많았다. 바로 국정원장 청문회장에서 받은 인상 때문이라는 것이 그 측근들의 분석이었다.

2004년 17대 국회의원 선거에서 낙선한 후 워싱턴DC에 있는 조지타운 대학으로 유학을 간 적이 있다. 스탠퍼드 유학 시절에는 주로 정치 부패가 공부 주제였는데, 이때는 국가안보가 연구 주제였다. 시기적으로 9·11 테러 사건이 발발한 지 얼마 되지 않는 시점이어서 국가안보, 대테러 연구는 중요한 국가적 어젠다 중의 하나였다. CIA 작전국장을 지낸 윌리엄 오덤이 쓴 Fixing Intelligence를 우리말로 번역하여 『국가정보기관, 무엇이 문제인가』라는 제목으로 번역서를 출판한 것도 이때의 일이다.

혼자 생활하다 보니 남는 게 시간이었다. 정권을 잡은 열린우리당 패거리들이 온갖 핑계로 워싱턴DC를 뻔질나게 드나들었다. 내가 묵고 있던 숙소의 바로 근처에 있는 워터게이트 호텔은 그들의 단골 숙소였다. 그래서 식당, 카페 같은 곳에서 조우하는 경우도 많았다.

하루는 그 호텔 안에 있는 카페에서 차 한잔 마시고 있는데 모르는 사람이 다가와 인사를 건넨다. 한국인이다. 반갑기도 하지만 한편 의심도 들어 누구냐 물었더니 국가정보원에서 파견 나온 대사관 근무 직원이라고 자신을 소개했다. 이런 사람들은 좀처럼 자신의 신분을 잘 밝히지 않는 게 관행인데 의외였다. 일단 나쁜 놈은 아닌 것 같아 앉으라고 하고 차 한 잔 더 시켰다. 명함을 보니 직급이 상당히 높았다. 그는 단도직입적으로, 내가 이곳에 거주하면서 미국 조야 인사들과 가끔 만나고 식사하고 조지타운 대학에서 무슨 과목 강의를 듣고 있는지 자신은 잘 알고 있다고 말했다. 내 뒤를 캐고 다녔느냐 물었더니 웃으면서 "그런 건 아니다. 다만 이 사람 저 사람에게서 의원님 동향을 전해 들었을 뿐"이라고 했다. 그 말이 그 말이지 하면서 "나 공부하러 왔고, 더 이상 정치에 관심 없으니 괜히 시간 낭비하지 말라"고 했더니 절대 그런 건 아니라고 손사래 치면서 자신뿐만 아니라 대부분의 국가정보원 직원들은 작년에 있었던 원장 청문회에서 의원님 질의에 깊은 인상을 받았다고 말했다. 그러면서 계시는 동안 불편 있으면 아무 때고 전화 주시라며 명함에 자신의 개인 휴대폰 번호까지 적어 주었다.

국회의원 선거에 떨어지면 개도 쳐다보지 않는다는 우스갯소리가 있는데, 그는 나에 대하여 현역 의원 때처럼 예의를 갖추었다. 그곳에 있을 때는 한 번도 연락한 적 없다. 최근에 국가정보원 출신인 오래포럼 회원에게 그 사람 소식을 물었더니, 어느 중동 국가 대사를 지내고 지금은 국가정보원 산하 단체의 장으로 있다고 했다.

청문회에서의 국회의원의 역할은 청문, 인준 그 자체에도 영향을 주지만 그 기관의 조직원 전체의 사기와 긍지에도 영향을 미친다. 그럼에도 불구하고 대다수 청문회장에서는 예나 지금이나 공직 후보자에 대한 개인적인 흠이나 사생활 훑기에 집착한다. 청문회 수준이 이러하니 자질, 능력, 경륜 없는 인물이 총리, 장관, 공공기관장 자리에 앉아 결국 나라를 거덜 내는 데 합세하게 되는 것이다.

패악질 많은 국정감사장

국회의원의 권한 중에 입법권 못지않게, 아니, 피감기관 입장에서는 그보다 더 엄중한 권한이 국정감사권이다. 헌법 제61조는 "국회는 국정을 감사하거나 특정한 국정 사안에 대하여 조사할 수 있으며, 이에 필요한 서류의 제출 또는 증인의 출석과 증언이나 의견의 진술을 요구할 수 있다"고 규정하고 있다. 이 헌법 규정은 "검사는 범죄 혐의자를 수사할 수 있고, 그 방법으로 압수수색과 인신구속을 할 수 있다"라는 조문과 형식 면에서 거의 유사하다. 말하자면 국정을 운영하는 국가기관과 공공기관은 마치 범죄 혐의자가 검사의 수사 대상이 되듯 모두 국회의 이 권한으로 인해 감사 또는 조사의 대상이 된다는 의미이다.

그런데 수사의 권한이 있는 검사는 동년배들 가운데 두뇌가 월등히 좋거나 노력을 엄청나게 많이 한 자들 중에서 일정한 자격시험을 통과한 후 사법연수원에서 2년 또는 로스쿨에서 3년간 실무교육을 받게 하여 검사로 임관시키고, 현장에 투입한 후에도 선배 검사나 상급자들로부터 거의 도제식 교육을 받으면서 수사의 기법과 검사의 도를 배운다. 그럼에도 불구하고 자질이 엉망인 검사가 적지 않다. 이에 반해 분야별로 전문화된 국가기관이나 공공기관 업무의 시시비비를 가리는 국회의원이라는 자들에게는 도대체 어떤 선발, 교육, 검증 제도가 있는가? 기껏 아수라장 같은 공천 과정과 노름판의 베팅과 같은 투표 과정을 통과하면 그날부터 기고만장, 천방지축이 되고 그래서 선무당이 사람 잡는 꼴이 비일비재하게 된다.

수사는 일반 국민을 대상으로 함에 반해 국정감사나 조사는 직업공무원이나 전문가 집단을 대상으로, 합법·불법뿐만 아니라 당·부당까지 따지는 것이기 때문에 더욱 고도의 전문가적 지식과 식견과 경륜이 필요할 것임은 당연하다. 그런데 현실을 한번 생각해 보라. 아니, 멀리 갈 것도 없이 각자 자신의 지역구 현역 의원을 상기해 보라. 어디서 뭐 하던 놈인가? 그자가 국토교통위원이 됐을 때 주택 정책, 부동산 세금 정책, 물류 정책에 대하여 과연 제대로 문제점을 파헤치고 대안을 낼 능력이 있는가? 국민의 납세 의무와 개인 재산권 보장의 한계선을 어떻게 설정할 것인가에 대하여 법철학적 고민을 한 줌만큼이라도 해 본 적이 있는가? 산업자원위원이 됐을 때 국가 4차산업 정책이 제대로 추진되지 못하는 이유는 무엇인가, IT 강국이라고 하면서 아마존이나 구글 같은 산업이 한국에서는 육성되지 못하는 이유는 무엇인가, 에너지 정책에서 원자력산업을 저토록 초토화시키고도 국가 미래의 에너지산업에 지장이 없겠나, 이런 문제를 제대로 파헤치고 대안을 제시할 능력이 있는 자인가? 산하단체가 많아서 후원금 뜯어먹기 좋아서 산자위원이 된 놈은 아닌가? 곰곰이 생각해 보면 이런 허접한 인간집단에게 이 같은 막중한 권한(국정감사 및 조사권)을 주는 것이 긍정적 효과보다는 오히려 부작용만 더 커지는 것은 아닌가 생각해 볼 일이다.

우선 현행 국정감사 제도는 그 형식과 절차 면에서 가관이다. 나는 의원 시절 법사위원회와 정보위원회 그리고 각종 청문회에만 주로 관여했었기 때문에 다른 위원회들의 척박한 실정을 몰랐다. 그런데 강원랜드 사장을 3년간 지내면서 세 차례 국감을 받아 본즉, 산자위원이라는 자들의 허접한 지적 수준은 차치하고라도 국정감사장의 내부 풍경이 참으로 요상하다. 의원석에 앉아 있는 자들이 거지반 엊그제까지만 해도 동네 시의원·구의원 아니면 의원 비서 하던 놈들인데 그 거들먹거림이란 목불인견이다. 시도 때도 없이 휴게실을 들락거림은 기본이고 그 말투가 자못 고압적이거나 상스럽다. 게다가 피감기관장들은 어떤가. 주무부처의 장관이나 차관은 도시 자신의 업무를 제대로 파악이나 하고 나온 놈인가 의심스러울 정도로 버벅거리거나, 무슨 큰 죄나 지은 놈처럼 목소리가 기어들어 간다.

그 뒤에 3~4열 횡대로 앉아 있는 이른바 유관기관장이라는 사람들은 어떤가. 국정감사장 전체의 5분의 1 정도의 끄트머리 공간에(나머지 5분의 4 공간은 의원 20여 명이 세로줄로 앉고 가운데 넓은 공간은 비어 있다) 1열에 의자 10여 개씩 3~4열로 가로줄로 배치하여 30~40명이 촘촘히 앉으니, 일단 한번 앉으면 비좁아서 드나들 수가 없는 상태이다. 예비군 교육장이나 민방위 교육장도 이보다는 낫다. 도중에 한 사람이 화장실에라도 갈 참이면 적어도 20여 명이 일어서서 좌로 밀착, 우로 밀착을 해야 한다. 이런 상태가 최소한 10~12시간 지속된다. 그리고 그 내용도 부실한 가소로운 질문에 답변이라도 할라치면 앞, 뒤, 옆으로 의자를 밀치면서 비집고 일어서 있어야 한다. 일어서서 답변해야 할 어떤 법적 합리적 이유도 없기 때문에 앉은 상태로 답변하면 필경 앉아 있던 의원 중에 한두 놈이 태클을 건다. "국민의 대의기관을 무시한다"는 둥 "불성실하다"는 둥 하면서 말이다. 엊그제까지만 해도 형님, 선배님, 회장님 찾아다니면서 동네에서 밥 빌어먹던 놈들이 이런 짓을 한다. 한마디로 개×같은 풍경 아닌가. 검사도 피의자를 세워 놓고 신문하지 않는다. 피의자가 일어서면 수사관도 따라서 일어선다. 제 놈은 앉고 상대방을 세우는 경우는 왕과 신하의 사이에서만 가능하다. 그런데 이 같잖은 산자위원 놈들이 산하 수십 개 공공기관장들을 검찰청의 피의자보다 더 막 대한다.

2015년 가을 첫 번째 국정감사장에서 이 같은 장면을 목도하고 그 같잖은 놈들에게 "이런 호로새×들!" 하고 준엄하게 꾸짖고 그만뒀어야 하는데 그렇게 하지 못한 것이 못내 아쉬웠다. 반드시 바뀌어야 할 국정감사장 풍경이다.

국정감사 때만 되면 모든 의원은 기발한, 아니면 피감기관에 치명상을 입힐 수 있는 '한 방'을 노린다. 신문기사 등 언론 보도는 기본이고 수사·정보기관에서 수집한 각종 정보, 심지어는 증권가에서 떠도는 찌라시, 내부 불만자의 익명 투서까지 긁어모아 보좌관들이 밤을 새워 질의사항을 만든다. 대부분의 의원들은 이것을 기초로 상대방에게 해명 기회도 주지 않고 몰아붙이면서 기싸움에서 이기려 든다.

2001년 가을 국정감사 때의 일이다. 청와대로부터 한 뭉치의 서류가 넘어왔다. 민정이나 정무에서 취합 또는 생산한 문건들로 보였다. 당시 나는 초선이면서도 원내총무를 보좌하여 당 소속 의원들의 원내 활동을 조율해야 하는 운영위원회 소속 부총무를 맡고 있었다. 이 서류 뭉치는 대체로 피감기관장 또는 차기 대선 후보(이회창)의 비행 첩보들이다. 각 상임위원회별로 소관 서류를 나누어 주고 법사위에서 검찰청 감사 때 써 먹을 수 있는 두어 개만 남겨 두었다. 그중 하나는 같은 당 소속 배모 의원에게 넘겨주고, 사실성이 높아 보이는 하나만을 챙겨 두었다.

대검찰청에 대한 국정감사 날이다. 넘겨받은 자료에 적힌 대로 검찰총장을 상대로 질의를 시작했다.

"지금 신한국당의 유력 대선 후보인 이모 의원의 부인이 모 건설회사로부터 정치자금 명목으로 수억 원을 받았다는 첩보가 있는데 검찰에서도 알고 있나요?"

검찰총장은 당연히 "금시초문입니다"라고 답변한다.

"검찰의 범죄정보 수집 능력이 이 정도밖에 안 됩니까? 청와대 민정에서 이미 스크린된 거니까 구체적으로 검토해서 수사 착수 여부를 보고해 주세요."

"네, 알겠습니다."

그날 저녁 방송과 다음 날 신문은 온통 "신한국당 이회창 후보 부인 수억 수수 혐의, 검찰 내사 착수" 이렇게 도배질이 됐다. 그런데 그 후 이 첩보는 사실이 아님이 밝혀졌다. 같은 내용의 자료를 손에 들고 국회의사당 밖에서 기자회견을 한 민주당의 모 의원은 명예훼손죄로 고소당하여 실형선고를 받고 옥살이까지 했다. 나는 다행히 "국회에서의 직무상 발언"이라는 이유로 면책특권에 의하여 형사고소는 당하지 않았다.

법, 특히 형사법에 대하여서는 알 만큼 아는 내가 왜 이런 우를 범했을까? 이것이 국정감사 제도의 함정이다. 청와대에서 넘겨준 자료이고 그 내용이 상당히 구체성을 띠고 있기 때문에 사실로 믿은 것이다. 게다가 내용이 충격적이어서 터트리기만 하면 적어도 그날 저녁 톱뉴스로 보도될 것이라는 유혹에서 벗어나지 못한 것이다. 국회의원의 면책특권이라는 갑옷을 입고, 상대방에게 치명상을 입히는 것이다.

이 일은 두고두고 자괴감을 느끼게 했다. 이회창 선배의원에게는 지금도 미안한 마음이다. 군부정권하 판사 시절에는 물론이고 독선이 강한 YS 정권하에서 국무총리와 감사원장을 지내면서 그만큼 자신의 소신을 굽히지 않고 '소수의견을 써 내고 대통령 권력에 도전한 인물'은 좀처럼 찾기 힘들다. 한 인간으로서 거의 완벽에 가까웠음에도 그 완벽함이 오히려 단점으로 작용하는 것이 한국 정치의 현실이다.

불가(佛家)에서는 인과응보를 믿는다. 저지른 만큼 업(業)이 되어 이승에서(살아 있는 동안), 아니면 저승 가서라도 그 대가를 치른다는 말이다.

강원랜드 사장이 된 직후 국정감사장에서 한국당의 윤모라는 의원에게서 그 업을 당했다.

그는 국회의원 된 지 반년도 안 되었고 따라서 산업자원, 더 나아가 강원랜드의 실상에 관해서 아는 것이라고는 강원랜드가 카지노 사업체라는 사실 말고는 거의 없는 상태였다. 국회의원에 당선되고 산업자원위원회에 배속되어 산자부에 대한 첫 번째 국정감사를 하는 자리이면, 더구나 여당 소속 의원이면 산업 정책, 에너지 정책, 4차 산업혁명의 미래, 중소기업 정책 등 국가산업의 미래에 대해 물어볼 말이 산더미 같아야 한다. 하루 종일이라도 물어볼 게 있어야 한다. 그런데 이자는 산자부장관은 물론 산하 거대 공공기관(당시는 한전을 비롯한 에너지 공기업들의 부실투자가 심각한 문제였다)은 제껴 두고 나를 지목하여 15분 내내 질의를 하는데, 강원랜드의 업무 수행과 관련된 것도 아닌 업무외적인 것들, 특히 사장 부임하기 전에 운영하던 싱크탱크 '오래포럼'에 관련된 것들을 묻는데 그 내용도 터무니없는 허황된 내용이 거지반이다. '뭐 이런 미친 새×가 국회의원이라고 앉아 있지?'라는 생각밖에 들지 않았다.

예를 들자면 오래포럼의 회원이 아닌 사람을 회원이라고 지칭하면서 그를 특혜 채용을 하였다느니, 일본·중국 등지에서 오래포럼이 현지 대학과 공동으로 학술대회를 개최한 때 나는 명백히 휴가를 내고 개인 비용(또는 포럼의 공기금)으로 참가했음에도 무단결근(공기업의 CEO는 최고경영책임자로 무단결근이란 법률적, 사실적으로 있을 수 없다)하면서 참가했다는 등, 관련 서류만 들여다보면 금방 팩트가 무엇인지 확인될 수 있음에도 그런 사실 확인 절차도 없이 일단 터트리고 보자는 속셈으로 터무니없는 허황된 질문을 해 대는 것이다. 저놈은 나도 모르는 사이에 전생에서 무슨 원수진 게 있나? 그렇지 않은 바에야 모처럼 초선 국회의원 된 자가 어찌 국가 산업 정책에 관하여 그토록 중대사가 많음에도 불구하고 하찮은 중에서도 하찮은, 본래 산자부 소관도 아닌(문광위 소관이어야 맞는데 다만 폐광 지역이라는 의미에서 산자위 산하 공공기관으로 둔 것뿐이다) 강원랜드를 상대로, 그것도 사장의 개인사에 대하여 하루 종일 자신에게 할당된 질의 시간을 다 써야 할 이유가 무엇인가. 참으로 허접한 놈이다.

나중에 알게 된 일이지만, "내가 사장으로 부임하기 2년 전에 저질러진 500명 가까운 대형 채용 비리 사건"을 "내가 사장이 된 후 적발하여 고발한 데 대하여 앙심을 품은" "어떤 국회의원놈이 이 찌질한 놈에게 그렇게 하라고 사주하였다"는 것이다. 이자가 그 후 어느 날 골프장에서 동반 플레이어가 내 지인인 줄도 모르고 제 입으로 그렇게 실토하더란다. 채용 비리에 연루됨으로써 곤경에 빠지게 된 그 국회의원이라는 놈 역시 한심한 것이, 순리에 따라 해명하면 될 일인데 온갖 쓰레기 같은 뜬소문을 긁어모아 이 찌질한 놈에게 사주하고, 국민의 선량이라고 으스대며 국회의원에 당선된 놈이 그놈의 하수인처럼 사주 받은 대로 그 소중한 국정감사 시간을 허접한 내용의 질문으로 허송한 것이다. 질문 중에 단 한 대목도 사실로 확인됐거나 그로 인해 공기업 사장으로서 법적 책임을 질 일은 전혀 없었다. 그저 함승희 개인 이미지에 흠집 좀 내 보려는 시도였다. 이회창 후보처럼 대통령 출마라도 할 사람이라면 혹 모르겠지만 나는 그저 전직 국회의원일 뿐인데 개인 이미지 손상이 공공의 이익과 무슨 연관성이 있다고 이런 짓을 하나? 엄중해야 할 국회 국정감사권의 행사가 이처럼 사적 동기에 의한 하찮고 찌질한 굿판으로 전락해도 괜찮은가?

이 같은 국정감사 또는 국정조사권 남용·오용의 사례는 허다하다. 현역 국회의원이 뇌물 또는 후원금을 받아먹고 뒤탈 나는 가장 빈번한 사례가 바로 국정감사 또는 조사를 빙자하여 재벌 오너들을 증인 신청하거나 방대한 서류 제출을 요구하였다가 지인들의 청탁을 받고 철회하면서 그 대가로 금품을 받아먹는 경우이다.

이러한 이유로 앞으로 헌법을 개정할 기회가 있으면 국회의원의 국정감사 및 조사의 권한은 없애거나 면책특권에서 배제하여 질문의 내용이 사실이 아닐 경우 제 놈이 명예훼손죄로 감옥에 갈 각오로 질문하게 하는 등 어떤 형태로든 제한을 둘 필요가 있겠다는 생각이 든다.

사익과 공익의 충돌

지금까지 살펴본 그 어떤 권한보다도 국회의원의 가장 본질적 권한은 입법권이다. 입법권은 법률을 제정하고 개정하고 폐지하는 권한이다. 국회의 다른 이름이 입법부인 것만 봐도 그렇다.

세상은 한때 힘센 자(권력자)의 말이 곧 법인, 다시 말하여 법이 없는 것이나 마찬가지인 시대도 있었다. 의식이 깬 시민들의 피나는 투쟁으로 독재자(왕)의 권력을 제어하는 시민의 대표들이 만든 법에 따라 국가를 통치하도록 했다. 이것이 법치주의 원칙이고 근대 국민국가 탄생의 배경이다. 그런데 오늘날 세계는 너무 많은 법이 만들어져 더 문제가 되고 있다.

이 같은 문제는 특히 좌파 사회주의자들이 권력을 장악한 나라에서 더욱 심각하다. 분노와 질투가 곧바로 법이 되고, 사적 복수심이 곧바로 법이 되고, 포퓰리즘 입법이 변종 바이러스처럼 번지고 있다. 이 같은 법들은 필경 개인의 자유를 침해하고 자유로운 기업활동을 억제하고 인간의 삶 자체를 피폐하게 만든다. 오죽했으면 『보수주의자의 양심(The Conscience of a Conservative)』을 집필한 배리 골드워터는 의원의 입법권이란 "법을 만드는 것이 아니라, (자유를 제한하는) 법들을 폐기시키는 것(My aim is not to pass laws, but to repeal them)"이라고 했겠나.

그러나 작금 여의도는 진보를 자처하는 자들은 말할 것도 없거니와 보수주의자임을 자처하는 자들조차도 국회에서 만들어진 법이기만 하면 이미 충분한 법이라는 생각, 즉 법실증주의적 사고에 사로잡힌 인간들로 넘쳐난다. 법실증주의란 무엇인가? 독일에서 나치의 지배를 합리화시킨 어용 법학자들의 법철학적 사고의 산물이다. 이런 자들은 자유권의 본질인 행복추구권까지도 "시민을 행복하게 만들어 주어야 하는 국가의 책무"라고 곡해하기에 이르렀다. 다시 말해 국민의 행복을 빙자하여 개개인의 자유를 국가가 규제하고 통제해도 된다는 사고방식이다. 국가주의의 시발점인 것이다. 이 같은 비극은 자유주의 신념, 즉 진정한 보수주의의 가치를 모르거나 외면하는 데서 비롯된다.

2001년 9월 11일 미국 뉴욕에서 아랍의 강경파에 의한 테러공격이 있었다. 평화롭게 출근하여 일하고 있던 죄 없는 시민 수천 명이 순식간에 목숨을 잃었다. 전 세계가 패닉 상태에 빠졌다. 김대중 정권 들어 대공수사권을 비롯한 대북 첩보활동이 크게 위축된 국가정보원은 이 사건을 위상 제고의 기회로 삼고자 시도했다. 바로 '대테러방지법'의 제정이다. 당시 국정원장은 전두환 정권 때 세상을 떠들썩하게 했던 명성 사건(김철호 명성그룹 회장과 전두환 대통령 친인척들의 유착 비리 사건)을 수사했던 사람이었다. 나는 이 사건 수사를 위하여 서울지검 특수부에서 중앙수사부로 차출됐었다. 말하자면 지난날 한때 상사로 모셨던 사람이다. 그런 그가 국가정보원장이 되어 수하에 있는 2차장과 국장 등을 대동하고 당시 국회 정보위원회 여당 간사인 내 방으로 찾아와 법 통과를 간절하게 부탁하고 돌아갔다.

각종 테러행위로부터 국가의 안위와 국민의 생명 신체 재산을 지키는 법을 만들겠다는데 누가 반대하겠나? 보수당을 자처하는 신한국당 소속의 정보위원들은 물론이거니와 평소 인권 침해를 핑계로 국가보안법의 개정, 폐지를 주장하던 민주당 의원들조차도 대체로 이의가 없는 분위기였다. 심지어는 청와대 정무수석조차 대통령 양해사항이라는 언질을 보내 왔다.

당시 법사위와 정보위의 간사이면서 당의 제1정책조정위원장이기도 했던 나는 이 법률(안)의 전문을 제1조부터 꼼꼼하게 읽어 내려갔다. 채 열 개의 조문을 다 읽기도 전에 핏대가 솟았다. 속된 말로 야마가 돌았다.

'이거 미친 놈들 아니야? 어떻게 이런 법을 만들겠다는 거야? 도대체 대한민국 보수 세력의 본색임을 자처하는 신한국당 정보위원들, 완전 돌았네. 그리고 툭하면 사이비종교단체 교주 설교하듯 인권을 떠들어 대는 운동권 출신 좌파들, 이자들은 또 뭐야? 완전 쥐약 처먹었구만.'

이토록 화가 치밀었던 것은 '테러행위의 정의' 규정과 '테러단체 조직'에 관한 규정 때문이었다.

법률안 제1조는 "테러행위라 함은 정치, 경제, 종교, 이념 등의 목적을 달성하기 위하여 타인의 생명, 신체, 재산에 위해를 가하는 일체의 행위"라고 규정하고 있다. 이 법안이 국회에서 통과되는 순간, 그동안 노조, 대학, 심지어 여의도 의사당에서 발생했던 대다수 집단시위, 폭력행위는 단순 집시법 또는 폭력법 위반이 아닌 정치, 경제, 종교, 이념적인 목적을 실현하기 위한 테러행위에 해당하게 된다. 일단 테러범으로 낙인찍히면 모든 나라가 입국을 거절한다. 국제적 요주의인물이 되는 것이다. 또한 이 법률안은 '테러단체조직죄'를 규정하고 그 수괴는 사형, 중요 임무 종사자는 사형, 무기, 10년 이상의 유기징역에 처할 수 있도록 규정하고 있다. 실로 어마무시하다. 공산주의자들을 때려잡기 위한 국가보안법도 이 정도로 포괄적이고 공포스럽지는 않다. 이 법률안이 법으로 되는 순간, 각 대학에 조직된 지하서클은 대다수 테러단체가 되고, 그 수괴와 주요 임무 종사자들(예컨대 1980년대 중반 학원투쟁을 주도한 '자민투'의 언더 조직이던 구국학생연맹, 일명 '구학련'은 테러단체가 되고 이 단체의 부장들은 주요 임무 종사자에 해당한다)에 대하여는 최소 10년 이상의 징역형에 처할수 있게 된다. 집행유예의 선고도 불가능하다. 그리고 국가정보원은 이같은 테러범죄의 사전 예방을 위한 국가 보안·정보기관들에 대한 보안조정권을 갖도록 한다고 되어 있다. 과거 박정희, 전두환 시절 중앙정보부(국가안전기획부의 전신)의 보안통제권의 부활이다. 이런 법을 인권 국가, 인권 정부임을 내세우는 김대중 정권하에서 제정하겠다는 것이다.

나는 빨갱이들을 땅속의 두더지, 풀숲의 독사뱀보다 더 싫어하지만(빨갱이를 증오하는 이유는 인간을 국가 목적 실현의 수단으로 삼는 공산주의 사상 자체에 대한 본능적 거부감도 있지만 그보다 6·25 전쟁 당시 완장 찬 지방 빨갱이들에 의해 할아버지, 삼촌 등이 인민재판으로 살해된 가족력 외에, 공안검사 시절 깊은 철학도 없이 입만 살아서 나불거리는 그들의 허상을 경험했기 때문이다) 이건 아니다. 아침 해 뜨자마자 국정원의 국회연락관을 통하여 2차장을 들어오라 했다. 이 사람, 경찰 고위직 간부 하던 사람으로 심성이 여린 사람이다. 문턱에 들어서자마자 인사말 따위는 필요없다.

"지금 제정신이냐? 인권을 신주단지 모시듯 떠받드는 정권에서 어떻게 이런 전체주의 국가에서나 있을 법한 법을 만들겠다는 거야? 옛날 중앙정보부로 돌아가겠다는 거야?"

법률안 문건을 내팽개쳐 버렸다. 이 사람, 당황하여 어쩔 줄을 몰라했다.

여의도는 언론쟁이들 못지않게 소문이 빠른 곳이다. 당 인권위원장을 맡고 있던 이모 의원이 무슨 소문을 들었는지 내 방으로 찾아왔다. "함의원님, 너무 멋지세요. 저도 사실 못마땅했거든요. 그런데 청와대까지 양해했다고 해서 그만…" 하면서 말끝을 흐린다.

이 법은 이렇게 해서 정보위원회 상정·심의 절차도 거치지 아니하고 폐기됐다.

아무리 위중한 국가 목적의 실현이라도 도를 넘는 개인 자유의 심각한 침해는 안 된다는 것이 그때나 지금이나 변함없는 내 소신이다. 정권 차원에서 밀어붙이더라도, 설사 그것이 대선 공약 또는 대통령의 소신이라 하더라도 자유민주국가의 정체성을 훼손하는 법률은 국회 입법권의 한계를 벗어나는 것이다. 이런 법률을 가리켜 독일의 법철학자 구스타프 라드브루흐(Gustav Radbruch)는 "다수결을 가장한 초법률적 법"이라 하였다. 즉, 파시스트적 법률인 것이다. 모름지기 국회의원인 자는 이 같은 법률을 저지하는 데 그 목을 걸어야 한다.

이번에는 특정 이해집단의 이익을 위한 이른바 '청부입법'의 폐단이 얼마나 큰가를 보여 주는 예를 하나만 들겠다.

법률을 만드는 절차는 두 길이 있다. 하나는 정부가 국가 정책을 수립하고 그 정책을 수행하는 데 필요한 제도와 예산을 확보하기 위하여 법률안을 제정 또는 개정하는 것이다. 이 경우 국무회의의 심의는 필수요건이다. 다른 하나는 국회의원 스스로가 각종 이해단체의 의견을 듣거나 스스로의 정치적 이상을 실현하기 위하여 법률안을 만들어 동료 의원들의 지지를 받아 법률안으로 제출하는 이른바 의원입법이다. 간혹은 실질상 정부입법인데 의원입법의 형식만 빌리는 경우도 있다.

어느 경우에나 법률안의 최종 의결권은 국회에 있다. 소관 상임위의 의결을 거치고 법제사법위원회의 심의를 거쳐 본회의에서 의결한다. 법사위는 그래서 때때로 '국회 내 상원'이라는 부러움과 비난을 함께 받는다. 나는 그 법사위의 여당 간사이면서 법안심의소위원장이고 또 당의 제1정책조정위원장이었으니 웬만한 법률안은 내 손을 거치지 않으면 본회의에 상정조차 되기 어려웠다.

'도시철도법'인가 하는 법률의 개정안이 건설교통위로부터 넘어왔다. 내용은 부산, 대구, 인천, 광주 등 지하철이 있는 광역지방단체들이 지하철을 건설하면서 짊어진 부채와 운영 적자로 인한 부채가 너무 과중하니 이를 국가채무로 떠넘기겠다는 내용이다. 법안심사소위원회를 열었다. 법사위원 7~8명으로 구성된 소위원회인데 평소 마주할 일도 없는 이 당 저 당의 중진급 의원들이 뒷줄에 다리를 꼬고 앉아 웅성거린다. 부산의 김형오, 대구의 강재섭 등 거의 당 대표급 의원들이다. "부르지도 않았는데 왜 왔느냐?" 물었더니 이 법률안의 심의 과정을 지켜보기 위해서란다. 극히 이례적인 장면이다. 훗날 당대표 또는 공천관리위원장 등을 역임하면서 그 당을 최악의 상황으로 몰아넣은 장본인들이다.

심의를 시작했다. 먼저 조순형 의원이 법률안 발의자에게 물었다.

"이 법률안은 수천억 원의 국가예산이 수반되는 법안이다. 사전에 정부와 협의했는가?"

의원을 대신하여 배석한 기획원 예산실장이 "금시초문입니다"라고 대답한다. 갑자기 뒤에 앉아 있던 누군가가 "뭐야, 내가 전화로 얘기했잖아!"라고 언성을 높인다. 이 법률안을 대표발의한 의원이다. 조순형 의원의 목에 핏대가 선다.

"예산이 수반되는 법률안은 소관 부처와 예산 부처의 동의를 받아야 하는 것이 국회법 규정인데, 그런 국회법 규정도 모르면서 무슨 의원입법안을 제출하느냐?"

대표발의자는 "해당 상임위원회에서 충분한 논의를 거쳤으니 법사위에서는 그냥 통과시켜 주시지요" 하는 고자세다. 왜 법사위에서 딴지를 거느냐는 뜻이다. 이어서 내가 물었다.

"국회법 준수 여부를 따지는 것은 법사위 고유 업무요. 그리고 그 내용을 들여다보면 광역지자체(시·도)에서 국회의원들, 단체장들이 주민 편익과 채산성은 무시한 채 순전히 선거용으로 사업을 벌여 놓고 이제 뒷 감당 못할 만큼 빚이 늘어나니 그 빚을 전 국민의 부담으로 떠넘기겠다는 말인데, 강원도, 충청도, 제주도민들은 평생 그 지하철 구경도 못해 보고 빚만 떠안게 생겼네요. 좀 억울하지 않을까요?"

내 말에 사람들이 모두 웃는다. 나는 소위원장으로서 결론을 내렸다.

"이 법률안은 절차상으로나 내용상으로나 문제가 많네요. 더 검토합시다."

그렇게 법률안을 처박았더니 뒷자리에 앉았던 그 중진의원이라는 자들 중 어느 놈인가가 "요즘 초선의원들은 싸가지가 없어"라고 씨부렁거리면서 나간다. 내가 벌떡 일어나면서 "저 새× 지금 뭐라고 주접을 떠냐"고 하니 조순형 선배의원이 내 옷소매를 잡으며 주저앉힌다. "×같은 놈, 한 10년 국회의원 해처먹으면서 대가리에 똥만 찼구만" 하고 회의를 파했다.

회의장에서 나오는데 기재부 예산실장이 다가왔다.

"의원님 덕분에 우리가 살았습니다. 감사합니다."

지역이기주의를 위해서는 여·야도 없고, 청부입법을 위해서는 해당 부처 공무원을 마구잡이로 윽박지른다. 평소에는 괜찮아 보이던 사람도

일단 국회의원이 되면 아주 뻔뻔하거나 오만해진다. 그래서 국회 분위기
는 늘 살벌하다.

또 이런 일도 있었다. 전북 정읍 출신 국회의원이 대표발의한 '동학농
민혁명 희생자보상법(가칭)'이라는 법률안이 제출되었다. 동학 농민의 난
에 가담하였다가 희생된 자들의 후손들에게 국가가 경제적 보상을 해 주
고, 기념사업을 하는데 국가 예산으로 지원해 주자는 내용이었다. "100
년도 훨씬 전에 일어난 일인데 희생자의 후손임을 어떻게 가릴 것이냐"
물었더니 그때 남겨진 사료와 주민들의 인우보증으로 증명하면 된다는
것이다. 기가 막혔다.

국가배상 또는 보상이라는 제도는 왜 존재하는가? 배상이든 보상이
든 국민 다수가 피땀 흘려 번 돈을 세금이라는 명목으로 거둬들인(일종의
합법적 수탈) 돈을 특정 소수인에게 나눠 주기 위해서는 그 세금을 낸 다
수 국민의 공감이 있어야 한다. 국가배상은 국가가 특정 국민에게 불법
행위를 했을 때, 보상은 불법행위까지는 아니지만 국가가 공익 목적을
위해서 특정 국민에게 재산상의 손해를 끼친 때 이를 보전해 주는 제도이
다. 난(亂)인가 혁명인가의 역사적 논쟁은 차치하고라도, 조선 봉건사회
탐관오리들의 백성에 대한 학정이 오늘의 대한민국과 무슨 관계인가? 그
저 우리의 옛날 조상이 저지른 나쁜 짓이었을 뿐이다. 동학란으로 인해
조선의 근대화가 앞당겨졌는가? 오히려 청나라 군대를 조선반도로 불러
들임으로써 호시탐탐 조선반도 출병을 노리던 일본에게 구실을 주어 1
만여 일본군이 서울로 진입하게 하여 청일전쟁의 도화선이 되었고, 결국
일제 식민지화의 발판이 되었을 뿐이다. 그런데 그 난에 참가했다가 희
생된 후손들에게 대한민국의 국민이 낸 세금으로 보상을 해 주겠다니, 이

같은 발상이 현대 법치국가적 국정 운영 또는 상식에 맞는 일인가? 그런데도 해당 상임위를 통과하여 법사위에 상정되었다. 이런 식으로 국가보상을 확대했다가는 구한말 의병, 임진란 때의 의병은 물론 각종 사화(士禍)의 희생자 후손들에게도 보상해 주어야 할 판이다. 내가 법안심사소위원장의 자격으로 단호하게 반대하여 법안 통과는 저지되었으나, 그 의원과는 임기 내내 서먹한 사이가 되었다. 동학란의 발원지를 지역구로 하는 그 의원은 이 법이 통과되었더라면 아마도 그다음 선거에서 크게 유리했을 것이다.

이와는 반대로 개인(기업)의 경제활동에 도움이 되거나 부패의 척결 등 국가 목적 실현에 필요한 법들은 관료 집단이나 기득권자들의 입법 방해를 무릅쓰고 반드시 법제화돼야 하는 경우도 있다. 일례로 '자금세탁방지법'과 '전자어음법'의 제정이 이 경우에 해당한다.

YS 정권 시절 시행된 금융실명제는 준비 없이 강행된 바람에 경제적 충격은 대단히 컸지만, 부패 척결, 검은 돈의 차단에는 강력한 철퇴가 되었다. 현금이 주 거래 수단이었던 당시의 상황에서 일정 금액 이상의 현금 거래를 제한하지 않고서는 금융실명제의 실효성을 거둘 수 없었다. 그래서 입법 제안된 것이 자금세탁방지법안이었다(이 법은 OECD 국가의 글로벌 스탠더드에 해당하는 법이기도 하다). 그럼에도 불구하고 야당인 신한국당 의원들은 결사반대하고 나섰다. 기업 경제활동의 위축을 반대의 명분으로 내세웠으나, 속내는 그동안 받아먹은 거액(현금)의 정치자금에 대한 금융정보분석원(FIU)과 국세청 통보를 두려워한 것이다.

경제 선진국들은 미화 1만 달러(1천여만 원)를 기준으로 현금 거래를 제한하고 있지만, 우리의 경우는 그때까지만 해도 거액의 현금 거래가 일상화돼 있음을 감안하여 5천만 원으로 기준을 높여 야당과 절충하고 이 법을 통과시켰다(지금은 우리나라도 1천만 원이 기준이다). 공개적으로는 여야 합의 법안이었으나 이면에서 법안심사소위원장인 나는 극력 반대하는 의원들의 명단을 작성하고 개별적으로 만나 "도대체 5천만 원 이상의 현금 거래를 해야 할 합리적 이유를 설명해 보라(검은 돈이 그렇게 많은가)"고 옥박질러(?) 겨우 동의를 얻어 냈다.

오늘날 금융실명제와 자금세탁방지법 그리고 정치자금법은 정치권력과 기업 비자금의 유착을 막는 3대 기본법이 되었다.

또 하나, '전자어음법'은 기업 경제활동(중소기업 자금 조달의 편의성)을 돕는 법안이었다.

어느 날 낯선 세 명이 다짜고짜 의원회관 내 방으로 찾아와 면담을 요청했다. 보좌관이 받아 온 명함을 살펴보니 그들의 신분이 교수, 공인회계사, 기업체 사장이었다. 불량한 사람들처럼 보이지 않거니와, 입법 관련 민원이라기에 면담을 수락했다. 요지는 기존의 '어음법'은 종이어음을 기준으로 규제하는 법인데, 이 종이어음을 전자화해야 한다면서, 그렇게 했을 경우 생길 수 있는 문제(위·변조의 방지, 어음 분할 등)를 규제하는 새로운 법을 만들어야 한다는 것이다. 어음법 관련이라면 기획재정부와 법무부 소관이니 그들의 협조를 구할 일이지 왜 내게로 찾아왔느냐물으니 이들의 대답이 뜻밖이었다. 내가 국회의원들 가운데 종이어음의 폐해를 가장 잘 이해하고 있다는 것이다. 그러면서 내가 검사 시절 수사했던 수백억 원대의 딱지어음사건(일종의 어음사기사건이다)을 예로 든다. 주무부처 공무원들은 이 법안에 대하여 어떤 의견을 갖고 있더냐고 물으니 기재부는 근본적으로 어음 거래를 점차 축소시켜야 한다는 입장이고,

법무부는 어음의 위·변조나 해킹의 가능성이 높아질 것 아니냐면서 부정적 입장이라고 한다. 전자어음의 장점은 무엇인가 물으니 영세 중소기업의 자금 조달 방법은 현실적으로 어음 거래밖에 없다는 점과, 전자어음의 위·변조 가능성은 종이어음보다 훨씬 낮으며, 오히려 어음 분할 등이 가능하여 중소기업의 자금 조달 편의성에 도움이 된다고 주장한다. 그리고 무엇보다 전자정부를 지향하는 김대중 정부의 정책 방향에 부합하고, 연 수백억 원에 이르는 어음용지 발행 비용을 절감하고, 저탄소 환경 정책에도 도움이 된다는 것이다.

듣고 보니 일리 있어 보였다. 법무부 법무실장과 기재부 금융정책국장을 의원실로 불렀다. 난상토론 끝에 민원인들의 손을 들어 주는 데 합의했다. 이렇게 해서 전자어음법이 만들어졌다.

그 이듬해의 일이다. 법무부는 연초 정례적으로 하는 대통령에 대한 업무보고에서 이 전자어음법 제정을 실적으로 예시하면서 장차 모든 유가증권을 전자화하겠단다(관료집단의 잔머리는 대단하다). 실제로 이듬해에 선하증권이 전자화됐다.

이 전자어음 아이디어를 낸 기업인은 지금은 고인이 되었으나, 공인회계사는 지금도 내가 운영하고 있는 싱크탱크 오래포럼의 외부 감사로 도움을 주고 있다.

이렇듯 국회의원의 입법활동은 국정 운영과 국민 경제활동, 그리고 개개인 삶에 지대한 영향을 미친다. 국민이 납부한 피 같은 세금이 단 한 푼이라도 정권 유지를 위한 선심 정책 또는 의원의 차기 선거를 노린 지역구 선심 사업에 낭비되지 않도록 두 눈을 부릅떠야 할 뿐만 아니라 꼭 필요한 법안이 기득권자들 혹은 관료들의 태만과 무능으로 인해 창고에 처박혀서도 안 된다는 뜻이다. '국익과 양심에 따라' 일한다는 것이 말은 쉬우나 현실에서는 '원수를 사랑하는' 것만큼이나 쉬운 일이 아니다.

입법권의 남용과 대중독재

이 대목에서 국회 법제사법위원회(이하 법사위라 약칭)의 역할의 중요성에 대하여 특히 짚고 넘어가야겠다.

모든 상임위는 각각 소관 행정부처 업무와 관련하여 맡은 바 소임이 있지만, 특히 법사위는 대상 기관이 모두 법치주의를 지탱하는 국가기관(법원, 검찰, 헌법재판소, 감사원 등)인 데다가 모든 상임위에서 1차 심의·의결한 법률안에 대한 2차 심의·의결권을 가진다. 이 같은 2차 심의·의결권은 주로 해당 법률 제정(개정)안이 헌법 또는 다른 법률에 저촉되지 않는가, 또는 국회 입법권의 제원칙에 어긋나는 조항은 없는가 등을 심의하는 권한이다. 이러한 일은 법률전문가가 아니면 해내기 쉽지 않다.

여타 상임위들은 소관 행정부처에 대한 감시·견제 기능을 하면서도 또 한편으로는 의원 개개인의 지역구 민원 해결 등을 목적으로 소관 행정부처와 유착하기도 한다. 그들은 국정감사를 전후하여 밥도 함께 먹고 골프도 함께 친다. 그러면서 서로 간의 청탁이 오간다. 그 청탁 속에는 법안 또는 예산안의 신속한 처리와 같은 공적인 것도 있지만 소속 공무원의 인사 청탁이나 인·허가 청탁 등 사적인 것도 있다. 이것이 원 구성 때 의원들이 산하 공공기관이 많은 정무위, 산자위, 국토교통위 같은 곳을 서로 가려고 경쟁하는 이유이기도 하다.

어쨌거나 법사위의 2차적 법률안 심의권은 입법부 내의 자율적 통제 장치다. 잘못된 법률안을 본회의에서 저지하기란 쉬운 일이 아니다. 법사위원장 자리를 놓고 여야가 치열한 줄다리기를 한다든지, 심심치 않게 법사위의 2차적 법률안 심의권을 폐지하자는 주장이 다수당 쪽에서 흘러나온다. 이 같은 시도는 야당의 견제 없이 독주하고 싶어 하는 다수당의 횡포에 다름 아니다. 입법독재를 하겠다는 뜻이다. 법사위에서의 최소한 견제조차 없는 소관 상임위와 행정부처의 짬짬이에 의한 졸속입법의 폐해는 고스란히 국민의 몫으로 돌아간다. 그렇기 때문에 국회의원 중에서도 법사위원은 헌법적 가치관이 확고한 자들이어야 한다. 그런데 현실은 입만 까진 싸움닭들의 집합소 같으니 허구한 날 정쟁이 그치지 않는다.

국회의원의 입법활동과 관련하여 반드시 짚고 넘어가지 않으면 안 될 것이 하나 더 있다. 바로 특별법과 특례조항이 무더기로 만들어지고 있는 현상이다. 신문을 도배질하는 엽기적 강간 사건이 터지기라도 하면 곧바로 그런 특수상황에서의 강간범을 가중처벌하는 특별법이 만들어진다. 데이트 폭력이 사회문제화되면 '폭력행위 등 처벌에 관한 특별법'을 개정하여 데이트 폭력 행위를 가중처벌하는 또 다른 특례조항이 만들어진다. 음주운전자의 차에 치여 사망한 피해자의 딱한 사정이 신문에 보도되면 곧바로 특정범죄가중처벌법(특가법) 중의 교통사고 특례조항을 개정한다(이른바 윤창호법). 학교 앞에서 어린이가 교통사고를 당한 데 대하여 가해자에 대한 처벌이 너무 가볍다는 여론이 일면 개정한 지 1년도 안 되는 특가법 중의 교통사고 특례조항이 또다시 개정된다(이른바 민식이법).

법이란 한번 만들어지면 지속적으로 거미줄처럼 늘어나는 자기증식의 속성이 있다. 게다가 요즘처럼 포퓰리즘 입법이 양산되는 상태가 지속되게 되면, 대다수 국민이 전과자가 되고 개인의 자유권은 무제약적으로 침해되고 자유로운 상거래는 무너지게 되고 결국 인간의 삶 자체가 피폐해질 것이 뻔하다.

이 같은 현상은 왜 벌어지고 있는가? 국회의원이라는 자들의 법철학의 부재 때문에 빚어지는 비극이다. 많은 사람들은 법이란 "무언가 바람직한 상태를 먼저 상정하고, 그런 상태를 만들기 위하여 필요한 국가의 강력력을 동원하는 수단"이라고 생각한다. 이 같은 생각은 법에 대한 대표적 무지이다. 법은 '희망사항'을 설정하는 것이 아니다. 법은 사회질서를 유지하는 데 물러설 수 없는 최소한의 상태를 정하는 것일 뿐이다. 법은 어떤 경우에도 분노, 복수, 증오, 질투심의 산물이 되어서는 안 된다는 말이다.

소위 "그랬으면 좋겠다"라는 어떤 희망사항을 형사법적으로 강제하는 체제야말로 전형적인 국가주의, 전체주의 사회다. 정규재 주필은 오래 포럼에서 출간한 『세상을 바꿔라 4』(2016)에 기고한 글에서 "법은 언제나 절제 속에서 제정되어야 한다. 사인(私人)의 거래는 자유여야 하고, 국가의 권력은 법치의 견제 속에서 제한되어야 한다. 법은 그것의 입법이 적절한 이성적 상태 속에서 당장의 다수결이 아니라 오랜 과거로부터 축적된 지성들이 '예스'라고 말하고 있는 상황 속에서 제정되어야 한다"고 주장한다. 국회의원이 되기를 꿈꾸는, 그리고 현재 국회의원으로 활동하는 모든 이들이 가슴속에 새겨 두었으면 하는 좋은 글이다.

하버드대 교수 스티븐 레비츠키는 『어떻게 민주주의는 무너지는가』에서 현대판 국가주의적 독재자는 다수당을 통하여 입법권을 장악하고, 입법의 형식을 빌려 마음에 들지 않는 국가기관을 없애 버리거나 권한을 축소시키고, 언론과 사법기관을 자기 사람들로 장악함으로써 민주주의를 사멸시킨다고 쓰고 있다. 바로 21세기형 대중독재의 완성인 것이다. 대중독재란 무엇인가? 대중이 그것을 원한다는 위장이다. 문재인 정권은 '촛불'을 '대중의 의지'로 치환하여 바로 대중(인민)독재를 완성해 가고 있는 것이다.

04
보수의 민낯

끊지 못한 인연

"저 좀 도와주세요"

정치판이란 애당초 내게는 어울리지 않는 영역이
었지만 김대중 대통령의 전화 한 통으로 엉겁결에 말려들어 가 결국 아
마추어 같은 미숙함으로 4년간 좌충우돌만 하다가 미완으로 끝났다.
노무현 탄핵 직후 언론, 특히 TV방송들이 보여 준 극히 악의적으로 편집
된 편파방송을 지켜보면서, 정권을 장악한 좌파 패거리들의 선전·선동술
에 아예 질려 버렸다. 한동안 밤잠도 설치고 입맛도 떨어져 밥을 씹어도
모래알 씹는 것 같았다. 낮에는 혼자 산길로 쏘다니가, 밤에는 탄핵에
앞장섰다가 낙선한 몇몇 동료·선배 의원들과 어울려 음주만취하는 날이
잦게 되었다.

그러던 어느 날 문득 정신을 가다듬었다.

'정치판은 본디 와서는 안 되는 곳이었잖아. 그토록 절절하게 좋아했

던 검사의 칼도 홀가분한 마음으로 내던졌는데 이까짓 국회의원 배지가 뭐라고 그것을 아쉬워하는가? 밖에 나가 바람 좀 쐬고 정신 차려 본래 내가 잘하던 일 하면서 즐겁게 살자.'

이렇게 마음을 정리하고 2005년 초, 워싱턴DC에 있는 명문 조지타운 대학 내 자본시장연구원에 입학 허가를 얻어 2차 유학의 길을 떠났다. 유학이라는 단어보다 유랑이라는 표현이 더 어울리겠다.

1987년 검사 시절에 이미 같은 도시에 있는 연방검찰청에서 연수한 경험이 있어 별 어려움 없이 적응했다. 의원 시절에 알고 지내던 상·하원 의원, 국무부 관리, 대학 교수 등과 가끔 어울리며 다양한 식견을 넓힐 기회도 가졌다. 듀폰 서클에 있는 스텝토 앤드 존슨이라는 꽤 큰 로펌(국제무역분쟁 전문 로펌이다)에 사무실도 하나 얻었다. 백악관까지 걸어서 30분 거리이다.

DC는 미국의 수도이니 한국에서 파견 나온 전·현직 공무원, 교수, 언론인 등이 근교 버지니아나 메릴랜드주에 많이 거주하고 있었다. 이들과 가끔 조우하기도 했지만 정치판과 인연을 끊으려면 이들과의 조우조차 의도적으로 피하는 것이 상책이었다. 오전에는 대학 도서관에서 책 읽거나 특강 한두 개 골라 듣고, 오후에는 로펌 사무실에 들러 미국 변호사들과 차 마시며 잡담 좀 하다가 포토맥 강변을 트레킹 하면서 시간은 주마등같이 흘렀다. 이렇게 2년이라는 세월을 낭인처럼 지내니 탄핵의 역풍이라는 미친 광풍에 휩쓸려 재선에 실패한 억울함도 거의 잊혀졌다. 연전에 스탠포드 대학 유학을 마치고 돌아온 때처럼 머리가 맑아졌다.

검사 그만두고 만들어 놓은 법무법인의 본래 내 자리로 돌아와 변호사 일에 막 재미를 붙이려 하던 때이다.

김기춘 선배의원으로부터 전화가 걸려 왔다. 노무현 탄핵 재판 때 헌법재판소에서 소추위원으로 함께 일한 후 몇 년 만이다.

"함 의원, 오랜만입니다. 그동안 연락 한번 못 드리고, 죄송합니다. 잘 지내고 계시지요?"

그는 외모와 말씨가 언제나 반듯한 사람이다. 오죽했으면 검찰총장 시절 기침소리 빼고 그의 말을 글로 적으면 그대로 책이 된다는 말이 있었겠나.

"네, 저는 잘 지내고 있었습니다만, 선배님은요?"

"그동안 우여곡절이 많았습니다. 우리 지난 얘기도 좀 하고, 언제 한번 만납시다. 언제 시간 되세요?"

그의 평소 성격상 이렇게 전화 걸자마자 단번에 "만납시다" 하는 경우는 드문데 무슨 할 말이 있구나 짐작은 갔지만, 짐짓 태연하게

"저는 시간 많습니다. 편하신 때로 정하시지요."

그리고 며칠 후 그가 정해 준 날 약속 장소로 나갔다. 호텔 한쪽 켠에 마련된 비즈니스룸이다. 들어서니 의자가 여섯 개쯤 놓여 있는 조그만 회의실이었다. 김기춘 의원이 이미 와 있었다. 미리 준비된 듯한 차와 과일도 놓여 있었다. 그러면서 김 의원은 연신 시계를 들여다본다.

"누가 또 오십니까?"

"아, 전화상으로는 좀 그렇고 해서 미리 얘기 못했는데, 내가 함 의원에게 좋은 분 한 분 소개해 드리려고."

"아, 예" 하면서 커피 잔을 입에 막 대려는 순간, 좀 전에 나를 안내했던 비서인 듯한 젊은 친구가 문을 열면서 "오셨습니다" 한다.

대통령 빼고는 하고 싶은 거 다 해 본 김기춘 의원이 이토록 깍듯하게

모시는 이분은 도대체 누굴까 순간적으로 의아해 하면서 문 쪽을 쳐다 보니 낯설지 않은 여성이다. 박근혜 의원이었다. 나와 눈이 마주치자마 자 누가 먼저랄 것도 없이 마치 오래전부터 잘 알고 지냈던 사람처럼 "오 랜만입니다. 그동안 잘 계셨어요?"라는 인사가 오갔다. 그리고 나서 차 마시면서 내 미국 생활, 최근 정치 상황(주로 노무현 정권의 실정에 대한 비 판)을 주제로 잡담을 주고받다가 김기춘 의원은 갑자기 "저는 점심 선약 이 있어서 먼저 좀 실례하겠습니다. 두 분이 좋은 얘기 많이 나누세요" 하고 일어선다. 거의 예정된 수순 같았다. 나는 엉겁결에 또 "아, 예" 하 고 일어섰다 앉았다.

조금 전까지만 해도 오랜 친구처럼 신변잡사 이야기를 하였는데 단 둘이 마주 앉으니 갑자기 낯선 사이처럼 조용해졌다. 박근혜 의원이 먼 저 말문을 열었다.

"함 의원님, 저 좀 도와주세요."

갑작스러운 제안이라

"예? 도와드리라니요? 제가 뭘?"

"경선 캠프에 들어오셔서 저 좀 도와주세요."

그제서야 구체적으로 알아들었다.

"박 의원님도 아시다시피 저는 민주당으로 국회의원 하던 사람입니 다. 물론 지금은 탄핵 바람에 국회의원 떨어져 아무런 당적도 없습니다 만, 사람들 뇌리에는 그것이 남아 있기 때문에 제가 박 의원님을 돕는다 해도 별 보탬이 안 될 겁니다. 그리고 한 4년 정치에 관여해 보니 저 같은 사람은 남의 시시비비를 가리는 데는 적합할지 모르지만 정치인들과 더 불어 산다는 것이 쉽지 않은 것 같아요. 그래서 그쪽(정치판)과는 인연을 끊고 싶어서 사실 미국에서 장기 체류하다 들어온 것이거든요. 그러니 말씀은 고맙지만 별 도움도 안 될 저에게 공들이지 마시고 올곧은 인재들을 찾아보시는 게 좋을 것 같습니다."

다소 장황하게 내 솔직한 심정을 털어놓으니 가만히 듣고만 있던 박 의원은

"그래서 제가 함 의원님을 뵙자고 한 것입니다. 지난 총선 때 제 곁에 섰던 그 많은 사람들이 지금 상당수 저쪽(이명박 캠프)으로 가 버렸잖아요. 심지 곧은 사람이 정치판에는 별로 없는 것 같아요. 함 의원님도 그때 열린우리당 가셨더라면 지금도 국회의원 하고 계실 것 아니에요. 당적이 정 부담스러우시면 입당하지 마시고 그냥 밖에서 좀 도와주세요."

아주 조리 있게 내 입장을 고려하면서 설득한다. 『성역은 없다』 책 출판할 때의 그 출판사 여사장 생각이 났다. 여자들이 조리 있게 설명하면서 어떤 일을 권유하면 그 말을 듣고도 면전에서 "아니요"라고 대답하기가 참 힘들다.

2년간의 유랑 생활을 왜 했던가? "더 이상 정치판에 발 들여놓을 생각 없습니다"라고 단호하게 잘랐어야 했는데 "그렇게 말씀하시니, 별 도움은 못 될 것 같습니다만 한번 생각해 보지요" 하고 헤어졌다. 어리석게도 여운을 남긴 것이다.

또 이내 김기춘 선배의원에게서 전화가 걸려 왔다.

"말씀 잘 나눴다면서요. 지금 캠프에서 가장 화급한 일은 네거티브 선거 대책입니다. 저쪽에서 워낙 네거티브가 심해서….''

"이쪽에도 율사(법을 전공한 사람들을 이렇게 부른다)들이 여럿 있잖습니까."

"함 의원 같은 강단이 없어요. 그래서 함 의원의 공식 직함을 클린선거대책위원장으로 했으니 다음 주 월요일부터 여의도 캠프로 출근하세요. 위치는 비서에게 자세히 일러 놓겠습니다."

"박근혜 절대 안 된다"

그다음 날이 되었다. 정치인들은 본능적 후각이 발달된 것인지 아니면 서울 시내가 그만큼 좁은 것인지, 느닷없이 최시중이라는 사람에게서 전화가 걸려 왔다. 내가 의원 시절 여론조사 문제로 한두 차례 만났고(그는 당시 여론조사업체의 사장이었다) 그것을 계기로 골프도 몇 번 친 적이 있는 인물이다. 급히 좀 만나고 싶다 했다.

조선호텔에서 만났다. 그는 에둘러 말하는 성격이 아니다.

"지금 많은 보수 진영의 사람들이 이명박 캠프 쪽으로 모이는 이유가 뭐라고 생각합니까?"

"이명박이 될 가능성이 높아서 그런 것 아니겠습니까?"

"바로 그겁니다. 박근혜는 절대 안 됩니다. 그러니 그쪽 사람들이 뭐라고 유혹해도 들은 척도 하지 마세요. 나중에 좋은 기회가 올 겁니다."

마치 어제 박근혜 의원과 내가 만나서 나눈 대화 내용까지 아는 사람 같았다.

"최 사장도 알다시피, DJ 정권 시절 내가 의원 노릇 하는 것 봤잖습니까. 내가 언제 유·불리 따져 가며 삽디까? 그냥 옳은 것은 옳다고, 틀린 것은 틀리다고 말하면서 사는 것뿐이에요. 사실 어제 박 의원 쪽에서 만나자고 연락이 와서 만났습니다. 도와달라 합디다."

솔직히 털어놓으니 갑자기 긴장하면서 다급하게 묻는다.

"그래, 뭐라 했습니까? 승낙했어요?"

"확답은 안 했지만 생각해 보겠다고 했지요. 마음속으로부터 내키는 일은 아니지만 간곡하게 부탁하는데 어쩌겠어요"

그랬더니 펄쩍 뛰면서

"함 의원이 그 사람들과 무슨 인연이 있다고 그쪽으로 갑니까? 하루만 참으세요."

그리고 헤어졌다. 그런데 그날 저녁 이명박 후보로부터 전화가 왔다.

"시장 시절 청계천 철거공사 때도 함 의원 신세를 크게 진 적이 있습니다. 그때부터 고맙게 생각하고 있었습니다. 내게도 신세 갚을 기회를 꼭 주세요."

이명박 서울시장 시절 청계천 정비사업에 대하여 당시 강동·북부 지역 주민들은 교통난을 이유로 청계천고가도로 철거를 반대했었는데, 내가 나서서 중재한 적이 있다. 그는 이 일을 상기시킨 것이다. 내가 웃으면서

"주변에 사람들이 많이 모이는 것을 보니 이번 선거에서는 시장님이 되실 것 같은데요. 저쪽은 사람이 없어요. 그러니 제가 저쪽을 돕더라도 괘념치 마세요. 대세에 아무런 영향도 없습니다."

그는 집요했다.

"나를 돕지 않아도 좋습니다. 다만, 저쪽으로만 가지 말아 주세요. 그것만 약속해 주세요."

"생각해 보겠다"고 하고 전화를 끊었다. 자신의 뜻대로 살기 쉽지 않은 세상이다.

김대중 대통령으로부터 전화를 받았을 때는 그래도 정치라는 새로운

분야에 대한 호기심도 생겨 약간의 마음 설렘도 있었다. 이번에는 왠지 찌든 때 냄새가 났다. 두 패거리 모두 멀리했어야 했는데, 그래도 썩은 냄새가 덜한 쪽으로 가면 좀 나으려나 하는 생각도 들었다. 무엇보다 노무현 탄핵의 광풍 속에서도 민주당 소속 의원들은 거의 전멸했지만 한국당은 박근혜의 "한번만 살려 주세요"라는 읍소 덕에 그녀의 치맛자락 잡고 기사회생한 의원놈들이 100여 명이나 됐다. 그런데 대세가 이명박 쪽으로 기우니 그중 상당수가 이명박 쪽으로 갔다지 않는가. 그놈들의 배신행위가 괘씸하기도 하고 박근혜가 안돼 보였다. 고민 끝에 나라도 박근혜 의원을 도와야겠다는 마음이 굳어졌다.

보수를 자처하는 허접한 인간군상들

약속한 월요일 아침이 되었다. 평소보다 일찍 일어나 샤워부터 하고 외출복으로 갈아입으니 아내가 물었다.

"오늘 무슨 특별한 약속이라도 있는 모양이지요? 서두르는 것을 보니."

여자들에게는 직감이 있는 모양이다.

"응, 아니, 누가 조찬 좀 하자고 해서."

어물쩍 대답하고 나왔다. 꼭 8년 전의 데자뷔다. 그때도 TV에 내 모습이 비칠 때까지 "나 오늘부터 ○○당으로 정치 시작한다" 이런 말을 못했다. 범죄 수사할 때는 신바람이 나서 누가 묻지 않아도 "어느 놈 잡아넣었다", "어느 놈 정말 나쁜 놈이더라" 등등 무용담처럼 내가 겪은 일을 다 말해 줬는데, 정치판에만 관련되면 이상하게 내게는 어울리지 않는, 아니면 해서는 안 되는 일을 하는 것 같은 기분이 들어 쉬쉬 하게 된다.

평소처럼 콤비 차림에 여의도 캠프 사무실로 찾아 들어갔다. 새천년민주당 공천자대회 찾아갔을 때보다 더 낯설고 어색했다. 그래도 홍사덕, 최병렬 선배의원들이 두 팔을 쩍 벌리고 남녀 허그 하듯이 껴안으며 환영한다고 했다. 고맙다는 말도 했다. 홍사덕 이분과는 평소 개인적 친분관계는 없었으나 참 멋있는 정치인이라고 생각했었는데, 그날 만나 보니 역시 생각대로였다. 나머지는 그저 무미건조한 악수 또는 눈인사로 대신했다.

회의가 시작됐다. 제일 끝 귀퉁이 자리(7년 전에도 그랬었다)에 앉아 있으려니 상석의 박근혜 후보(이날부터는 의원이 아닌 '후보님' 또는 '대표님'이라고 호칭이 바뀌었다) 바로 옆자리에 앉아 있던 홍사덕 선배의원이 큰 소리로 "함 의원님(이미 3년 전에 의원 떨어졌는데도 사람들은 의원 호칭이 편한 모양이다)! 처음 나오셨으니 이쪽으로 오세요" 하면서 자신의 옆자리를 비우게 하고 그 자리를 권한다.

"아, 여기가 좋습니다."

몇 차례 고사했음에도 불구하고 강권하는 바람에 마지못해 앞으로 나가 박근혜 후보 옆옆자리에 앉았다. 캠프에서 ○○위원장 역할을 맡은 임원은 다 모인 자리다. 그때 그들의 표정은 지금도 잊혀지지 않는다. "쟤 뭐야? 쟤가 왜 저기 앉아?"라는, 온통 시기·질투의 눈빛이다.

7년 전 새천년민주당으로 찾아갔을 때 그들은 내가 김대중·서경원 5만 달러 수수 사건을 수사했던 공안검사였음을 알고도 이런 눈빛을 보이지는 않았다. 오히려 말끝마다 "동지, 동지" 했다. 그런데 이 캠프에 앉아 있는 놈들은 눈빛이 사납다. 시기·질투로 꽉 찼다. 순간 '역시 올 자리가 아니었구나' 하는 생각이 들었다. 이놈들 중 대다수는 내가 민주당 국회의원 하면서 대정부질문이나 각종 청문 자리에서 김대중 정권에 대한 비판적인 질문을 할 때면 "잘한다!" "그쪽에 앉아 있지 말고 이쪽으로 와라!" 하던 놈들이다. 그런데 정작 오니 "왜 왔느냐?" 하는 표정이다. 이유는 간단하다. 기득권 세력 특유의 배타성이라는 고질병이 도진 것이다. 정말 찌질한 놈들이다.

그 후 몇 차례 더 이 모임에 참석하면서 조선왕조 때 노론놈들이 나라 거덜 낸 이유를 확실히 알 것 같았다.

'더불어 일할 놈들이 못 되는구나.'

사내놈들이, 그것도 국회의원 몇 차례씩 해먹은 놈들이, 게다가 경력도 저쪽(좌파들)보다 번지르르한 놈들이 하는 짓이라니 꼭 조선시대 사극에 나오는 내시 같았다. 오로지 "박 대표님", "박 후보님" 찬송 일색이다. 온갖 교태(여자에게 흔히 쓰는 용어인데 그놈들이 박 대표 앞에서 하는 짓거리는 이 단어 말고는 적절한 단어가 생각나지 않는다)를 다 부린다.

훗날 그녀가 실패한 대통령, 실패한 삶으로 끝나게 되는 운명은 이미 이때 잉태되고 있었다. 최순실은 다만 도화선 역할을 했을 뿐이다. 서너 번 더 참석하고는 발길을 끊었다. 클린선거대책위원장 본연의 역할인 TV 토론, 언론 브리핑도 두서너 번 하다가 그조차도 참석을 피했다. 다만, 박 대표와의 개인적인 약속은 지켜야 하겠기에 박 대표가 직접 주재하는 '네거티브선거 대책회의'에만 몇 차례 참석했다.

당시 이명박 캠프 쪽에서의 박근혜 후보에 대한 네거티브 공세는 대단했다. 이른바 'X파일'이다. 최태민, 정윤회 관련 루머는 기본이고 심지어는 멀쩡한 독신 여성에게 어린애가 있다는 거짓 소문도 퍼트리는 수준이었다. 네거티브 하는 놈도 가증스럽지만 듣는 쪽도 대단한 인내였다. 이런 개소리 헛소리에 대응하는 것이 이른바 클린선거대책이라니! 웃기지 않는가.

어느 날인가 이런 일도 있었다. 공개토론을 대비한 대책회의 같은 자리였다. 캠프 내 이른바 율사라는 자들이 다 모였다. 사무처 직원들이 미리 만들어 놓은 예상 질의에 대한 적절한 답변을 만들고 후보자가 직접 리허설을 하는 자리이다. 그 당의 소속 의원도 아닌 데다가 뒤늦게 합류한 나로서는 가급적 나서지 않고 지켜보기로 마음먹었다.

그런데 예상 질문 중에 이런 고약한 것도 있었다. "소문에 어린아이가 있다는데 사실이냐?" "○○○가 맡아 키우고 있다는데 사실이냐?" 등이다. 김모 의원(이자는 이른바 골수 친박 행세를 하며 오래도록 여의도에 터잡아 살고 있다)이 나서서 모범(?) 답안을 내놓는다. "그런 사실 없다. 있으면 데려와 봐. DNA 검사라도 해 보자"였다. 곁에 앉아 듣고 있자니 도무지 배알이 뒤틀려 더 이상 앉아 있기 힘들었다. 후보자 얼굴을 힐끗 쳐다보니 빨갛게 상기된 채 입술을 지긋이 물고 있었다. 내가 나섰다.

"어이, 김 의원, 지금 뭐라 씨부리고 있냐. 어느 씨×놈이 이런 걸 예상 질문이라고 만들었냐? 처녀가 어떻게 아를 낳나? 그런 질문은 나올 리도 없지만 만약 미친 척하고 묻는다면 '한 나라의 대통령을 해먹겠다는 사람 수준이 그것밖에 안 되나요?'라고 되묻고 끝내면 그만이다. 무슨 얼어죽을 DNA 검사냐?"

나도 모르게 목소리가 높아졌고 게다가 씨×놈이라는 육두문자가 입에서 튀어나왔다. 좌중이 싸해졌다. 후보자의 얼굴이 더욱 홍당무처럼 변했다. 분위기 감당이 안 됐다. 문을 열고 밖으로 나와 버렸다. 나중에 들었더니 박근혜 의원 앉은 자리에서 그런 상스러운 육두문자는 전무후무했다고 한다. 어찌 됐든 나와는 생리가 맞지 않는 인간군상들이었다.

당에 입당한 것이 아니니 전당대회장에 참석할 이유도 없었다. 방송을 통해서 박근혜 후보가 근소한 표차로 패했다는 소식만 전해 들었다. 그 후 이쪽이든 저쪽이든 전화 걸어 오는 사람이 없었다.

어느 날 우연히 호텔 로비에서 최시중을 만났다. 그는 정색을 하면서

"그때 왜 내 말을 듣지 아니했나? 이 후보(이명박 대통령을 지칭한다)가 많이 서운해 하더라."

그 말만 하고 헤어졌다. 그리고는 단 한 번도 그를 만난 적이 없었는데, 이명박 정권 말기 그가 감옥으로 가는 모습을 TV에서 봤을 뿐이다.

내시와 간신배

이렇게 하여 이명박이 정권을 잡았다.

이명박은 확실히 현대건설 성장의 신화였다. 고도성장기 자수성가의 대명사이다. 그러나 건설업자의 신화라는 것이 무엇이냐? 하청업자 후려치고, 입찰 담합 잘하고, 공무원 매수하여 인·허가 잘 받아내고, 공사비 과대조작하여 비자금 만들어 정치자금 뿌리고, 그렇게 해서 치부한 돈으로 개발예정지에 알박기 해서 또 돈 벌고, 이것이 1980년대 이 땅의 건설업자들의 신화였다. 이 같은 똥구린내보다 더한 악취를 매끄럽게 덮는 데 공을 세운 기레기들과 3류 칼잡이 출신들이 내각과 청와대에 다수 포진하게 되었다. 이들은 그 후 일부는 감옥 갔지만 나머지 일부는 지금까지도 정치판에 살아남아서 또 '보수연대'를 외치고 있다. 그 끈질긴 생명력에서 "숙주는 죽어도 기생충은 살아남는다"는 한국판 변종 바이러스의

생리를 새삼 확인하게 된다.

2007년 한나라당 대통령 후보 경선 때 박근혜 캠프에서 잠시 일해 본 경험과 2008년 이명박 정권 출범 직후 청와대와 내각의 진용을 비교해 보니, 전자가 조선시대 '내시 무리' 같다면 후자는 노론의 잔당 '간신배들' 같았다. 이 간신들 중에는 이런 간신도 있었다.

2001년인가, 국회의원이 된 지 1년쯤 지나서의 일이다. 평창올림픽 유치를 위한 국회지원단의 단장 자격으로 과거 성공적으로 동계올림픽을 개최한 오스트리아, 이탈리아, 노르웨이 3국을 방문한 적이 있다. 출발하기 전날 변호사 시절에 알고 지내던 대우그룹의 사장급 임원에게서 전화가 왔다. 잠깐 차 한잔 마실 시간을 달라 했다. 퇴근길에 집 근처 커피숍에서 그를 만났다. 그는 쭈뼛거리며 어렵사리 말문을 열었다.

"내일 유럽 출장 가시지요?"

"어떻게 아셨는가?" 했더니 신문에서 봤다고 했다. "그런 기사도 나나요?" 했더니 워낙 유명인사(?)라 동정란에 다 난다고 했다.

"맞아요. 동계올림픽 유치를 위하여 유럽 3국을 방문합니다."

그는 이미 그 3개국이 어느 나라인지도 미리 알아보고 온 듯

"오스트리아에서 며칠간 묵으세요?"

"2박 3일인가 3박 4일인가? 최소한 2박은 하는 것 같던데요. 정확하게 알아볼까요?"

"아니, 됐습니다. 혹시 도착하시고 다음 날 한 30분 정도만 시간 내주실 수 있나요."

"왜요? 사장님도 오스트리아 가십니까?"

"그게 아니구요, 우리 회장님(김우중 회장)이 지금 유럽 모처에 있는데,

답답하시니까 변호사님, 아니 의원님을 잠깐 뵙고 상의 좀 하시고 싶어 합니다."

뜻밖이었다. 김우중 회장은 변호사 시절 한두 번 만난 적은 있으나 지금은 의원 신분이고 공무 출장인데 만나도 될까, 또 만날 시간적 여유가 있을까, 선뜻 답하기가 어려웠다. 그렇다고 거절하기도 난감하다.

"알겠습니다. 그쪽 전화번호를 주시면 제가 현지에서 일 보면서 틈이 나면 직접 전화 드리고 만나 보지요. 그런데 확답은 못합니다. 혼자 가는 것도 아니고 공무 출장이라서."

"충분히 이해합니다. 전화 한 통만 넣어 주셔도 정말 고맙겠습니다."

빈에 도착한 다음 날 인스부르크 스키 리조트를 방문하고 다시 빈으로 돌아오니 저녁 무렵이 됐다. 잠시 호텔 방에서 쉬는 틈에 그 전화번호로 연결을 시도했다. 기다렸다는 듯 신호음 두 번 만에 "헬로, 여보세요" 하는 음성이 김우중 회장 본인이었다.

"회장님, 오랜만입니다. 건강하십니까?"

"그런대로 잘 있습니다. 좀 뵀으면 싶은데요."

목소리에 힘이 없어 보였다.

그는 IMF 체제 당시 전경련 회장이었다. 기업 구조조정 문제로 DJ 정권의 경제 관료들과 번번이 충돌하다가 그 희생양이 되었다. 대우그룹은 해체되고 그는 국내에 들어오지 못하고 위성처럼 해외에서 떠돌고 있었다. 좀 안돼 보였고 동정이 갔다.

"알겠습니다. 제가 일행과 저녁 식사 후 9시경 호텔로 돌아옵니다. 그때 뵙든가 내일 아침 조찬 후 공항에 나가기 전 10시경에 시간이 됩니다."

그랬더니 당장 저녁에 근처로 오겠다 한다. 다만, 다른 사람들과 마주차는 것은 좀 그러니 한국 사람들이 거의 이용 안 하는 근처에 있는 H 호텔 커피숍에서 만나자고 한다.

정확하게 9시에 H호텔로 갔다. 산책하는 옷차림으로 혼자 걸어서 갔다. 커피숍에 들어서니 정말 동양인은 나밖에 없었다. 구석 자리에 안경 쓴 자그마한 노인네가 앉아 있었다. 전에 서울 힐튼호텔에서 두어 차례 보았을 때는 체구는 작지만 당당했었는데, 그날 그의 모습은 영락없는 초라한 홀아비 노인이었다. 마음이 쩡했다. 한때 "세계는 넓고 할 일은 많다"면서 전 지구촌을 누비고 다니던 그 자수성가 기업인의 대명사 김우중의 모습은 찾기 어려웠다.

"저녁 식사는 하셨습니까? 식전이면 뭐 하나 시키시지요" 했더니 됐단다. 커피는 잠이 안 와 못 마시고 주스를 한 잔 시키겠다 했다. 나는 맥주를 한 잔 시켰다.

"그래, 무슨 말씀인데요? 아무 말도 좋으니 하시지요."

"함 변호사님, 아니 함 의원님, 저 좀 도와주세요."

변호사 시절에 만났으니 그의 입에는 변호사라는 명칭이 쉬운 모양이다.

"아시다시피 제가 지금 국회의원 신분이라 나설 수가 없습니다. 변호사였더라면 물론 도와드렸겠지요."

"충분히 알고 있습니다. 이 일 전체를 도와주시라는 것이 아니라, 지금 한나라당의 몇몇 의원들이 김대중 정권에 압박을 가하고 있지 않습니까. 제가 당시 전경련 회장을 했다는 이유로 더 그러는 것 같아요. 사실 함 의원님도 아시겠지만 저는 김대중 정권의 희생양 아닙니까. 내 덕을 봤다면 한나라당 그놈들이 더 덕을 봤지요. 김대중 정권과의 유착이란 있을 수 없어요."

말하면서 억울하고 분한지 힘없어 보이던 목소리가 점점 높아진다. 무슨 말을 하려는지 더 안 들어 봐도 짐작이 갔다.

"알겠습니다. 한나라당의 어느 놈입니까, 회장님을 괴롭히는 놈이?"

그는 잠깐 멈칫하면서

"이름을 말하기는 좀 그렇고, 어쨌든 여럿 있습니다."

그래서 내가 점퍼 안주머니에서 국회의원 수첩이라는 것을 꺼내서 펴 놓고

"제가 잠깐 화장실에 좀 다녀올 테니, 여기 수첩 보시고 회장님 덕 많이 보고도 배은망덕하게 큰소리로 어깃장 치는 놈 이름 앞에 동그라미로 표시만 해 놓으세요. 억대 이상 받아먹은 놈은 동그라미 두 개, 그보다 적은 액수는 동그라미 한 개로 표시해 놓으세요."

일어나 화장실 가는 척하고 나갔다가 10분쯤 지나 자리로 돌아왔더니 수첩이 그대로 놓여 있다.

"왜? 아무 표시도 없습니까? 그러면 제가 도울 방법이 없는데요."

그는 좀 거북한 듯이 "거기 두 명…"이라고 한다. 자세히 펼쳐 보니 아닌 게 아니라 두 놈 이름 앞에 동그라미가 두 개씩 그려져 있었다. 마음속으로 '이런 씨×놈들, 이러고도 대우그룹 사건 진상 규명 어쩌구저쩌구 떠들어 대냐?' 생각하면서

"알겠습니다, 회장님. 저는 이만 돌아가 봐야겠습니다."

인사하고 일어서려니 그는 내 손을 꼭 잡으며 10분만 더 시간을 내 달란다. 할 수 없이 다시 주저앉으니, 본인의 딱한 사정을 쉼 없이 털어놓는다.

리비아와 베트남 두 정부는 독재정권이다. 다른 기업들이 투자를 꺼릴 때 과감하게 뛰어들어 대형 토목공사를 하면서 독재자들의 구미를 맞춰 줬더니, 지금 자신의 형편이 딱한 줄 알고 무엇이든지 도와줄 테니 자기네 나라로 오기만 하라고 한단다. 한국 정부만 자신을 사기꾼 취급 안 하면 그동안 국제사회에서 얻은 신용을 바탕으로 기업을 되살릴 수 있으니 자신을 도와달라는 것이다. 그리고 이 두 나라는 가까이 해 두면 훗날 국익에도 큰 도움이 될 것이라는 말도 덧붙였다.

"잘 알겠습니다. 저에게 그런 결단을 할 힘이 있다면 얼마든 도와드리고 싶은데, 유감입니다. 전할 만한 곳에 회장님 뜻을 꼭 전할게요."

악수하고 헤어질 때 그는 두 손으로 내 손을 꼭 잡았다. 지금도 눈에 선하다. 그때 그의 모습이!

그 후 그를 만난 적이 없다가 2017년 3월 오래포럼의 회장 자격으로 베트남 하노이에서 베트남 국가발전전략연구원(Vietnam Institute of Development & Strategy)과 공동으로 '국가 발전 전략'에 관한 공동 세미나를 개최했을 때 하노이에서 만났다. 김우중 회장은 베트남 정부 국가발전기획부의 당휘동 차관을 내게 소개해 주었고, 당 차관과 김병준 교수는 세미나에서 기조발제를 하였다. 그때 김 회장은 이미 팔순이 넘은 연세였으나 쉼 없이 베트남 사회에서 한국 기업들의 현지 적응과 한국 청년들의 현지 기업 취업을 도와주려는 마음이 가득 차 보였다. 재작년 늦가을 일본 도쿄에 출장 간 사이 타계하였다는 부음을 언론을 통하여 듣고 문상 드리지 못한 것이 지금도 마음에 걸린다. 영면을 기원한다.

3개국 유럽 출장을 마치고 귀국했다. 직후 국회 임시회가 열렸다. 동그라미 두 개 받은 그 한나라당 의원 중 한 명을 화장실에서 우연히 마주쳤다.

"함 의원, 오랜만이오. 요즘 활약이 대단하시던데."

너스레를 떨길래 "의원님이야말로"라고 응대하면서 큰 거 보는 쪽으로 고개를 돌려 보니 문이 조금씩 열려 있었다. 아무도 없음이 확인됐다.

"내가 엊그제 김우중 회장 만났어."

그 사람, 깜짝 놀란 표정을 지으면서

"김 회장이 한국에 들어왔어?"

"아니, 유럽에 가서 만났지. 그런데 김 회장이 특별히 의원님 이름을 찍으면서 안부를 묻던데."

이 사람 목소리가 가라앉으며

"그래? 나 잘 모르는데, 하여간 잘 계시던가요?"

"잘 모른다고 하면 김 회장 엄청 서운해 하겠던데? 꽤 가깝게 지냈다면서, 옛날 얘기도 많이 하던데?"

이놈이 그제서야 알아챘는지 황급히 "또 봅시다" 하고 후다닥 손도 안 씻고 나간다.

'대우자동차 노사분규 때 끼어들어 목소리 높일 때는 언제고, 후원금 두둑하게 챙겼으면 이놈아, 최소한 돈값은 해야지. 잘 모른다니, 찌질한 놈!'

이런 생각을 하면서 그 후 그놈의 언행을 유심히 주시했다. 약효가 금방 났다. "김우중 국내 송환" 어쩌고 하는 악다구니 소리가 잠잠해졌다. 바로 이놈이 이명박 사람으로 TV에 얼굴이 자주 비쳤다.

어디 이놈뿐인가. 2007년 박근혜, 이명박 경선 과정에서 박근혜에 대한 인신모욕적 네거티브를 서슴지 않았던 여의도 쓰레기들 중에는 그 후 박근혜 정권이 들어서자 언제 그랬냐는 듯 친박 쪽으로 줄을 바꾼 놈도 여럿 있었다.

2016년 20대 총선 기간 중 어느 지방을 지나친 적이 있다. 도심지 네거리에 있는 높은 건물에 박근혜의 전신 모습이 4층 높이만큼 크게 걸려 있었다. 그 곁에 4분의 1 크기의 그 지역 새누리당 후보자 얼굴 사진이 나란히 붙어 있는데 이놈은 2007년 이명박 캠프에서 박근혜를 인신공격하는 데 앞장섰던 바로 그놈이었다. 그런데 이놈이 국회의원에 당선된 후 또다시 박근혜 탄핵에 앞장서는 모습을 TV에서 봤다. 이놈은 지금도 국회의원을 해먹고 있다. 이런 놈이 한 둘이 아니다. 개중에는 심지어 문재인 쪽으로 또다시 줄 바꾼 놈도 몇 있다. TV에 얼굴만 비치면 "아! 저 놈!" 하면서 금방 알아볼 수 있는 놈들이다.

이명박, 박근혜 감옥 갈 때 가로막고 나서서 전두환 시절의 장세동처럼 "그거 대통령은 모르는 일이다. 내가 한 짓이다" 하는 놈 단 한 명이라도 있었던가? 그래서 이런 부류들을 내시무리 또는 간신배들이라고 지칭한다.

보수의 핵심 가치는 '자유'

인혁당재건위 사건과 헌법적 가치

2012년 가을인가 대선 캠페인이 한창인 때, '인혁당재건위'의 국가보안법·반공법 위반 사건에 대한 재심

판결이 있었다. 이미 사형이 집행된 피고인들에게 대하여 '원심 파기 무죄'를 선고했다. 무죄의 주된 이유는 사건 수사 과정에서 가혹행위 등 불법 수사의 흔적이 보인다는 것이다.

이 판결에 대하여 박근혜 후보는 기자들의 질문에 "그거 판결이 두 개 아니에요?"라고 대답하여 큰 파문을 일으켰다. 사형을 선고한 원심 판결과 무죄를 선고한 재심 판결 둘 다 유효하다는 의미이다. 많은 사람들이 그녀의 국가관, 인권관을 문제 삼아 공격했고 인기가 하락하기 시작했다. 새누리당 내 어느 놈도 이 점에 대하여 그녀에게 올바른 인식을 심어주는 자가 보이지 않았다. 보다 못해 나는 그녀에게 이런 내용의 손편지를 써 보냈다.

(…) 대표님은 매우 강고한 국가관과 애국심을 지니고 있는 것 같습니다만, 그 애국심은 시대 상황에 따라 달라져야 합니다. 일제 지배하의 애국심은 태극기만 보아도 울컥하는 감성적 애국심이었다면, 냉전 시대의 애국심은 확고한 안보관의 또 다른 모습입니다. 그렇다면 냉전 체제가 끝나고 산업화와 민주화가 어느 정도 완성된 자유민주국가에서의 애국심이란 어떤 모습이겠습니까? 그것은 바로 미국 사람들이 흔히 말하는 헌법적 가치에 대한 믿음(constitutional faith)이어야 합니다. 우리 헌법의 최고의 가치는 개인의 자유와 인간의 존엄입니다. 그리고 이를 보장하는 수단으로서 절차의 적법성이 존중되어야 합니다. 대표님이 과거 박정희 대통령 시절에 있었던 일 가운데 국민 모두가 긍정적으로 평가하는 부분은 최대한 계승 발전시키되, 부정적으로 평가되는 사안, 특히 권위주의적 통치 행태에 대하여는 헌법적 신념이라는 관점을 평가의 기준으로 삼아 주시면 국가관·가치관의 혼

선을 최소화할 수 있다고 생각합니다.

　이번에 문제가 된 인혁당재건위 사건에 대하여도 그들이 국가보안법을 위반했는지에 대하여는 이견이 있을 수 있지만(재심도 이 점을 재판 대상으로 삼지 않았음), 문제는 절차의 적법성, 즉 수사 절차상 가혹행위가 있었다는 사실이 재심 재판에서 확정됐으므로, 이 점은 잘못된 일이고 앞으로도 자유민주국가에서는 아무리 실체를 밝히기 위한 목적이라도 가혹행위는 있어서는 안 된다는 점을 강조하면서, 이 사건의 피해자나 유가족에게 아버지를 대신해서 사죄하는 모습을 보였더라면 좋았을 것이라는 생각이 듭니다. (…) (2012. 9. 17자 박근혜 의원에게 보낸 손편지의 일부 내용)

　그 이후로 박근혜 의원은 곧잘 '헌법적 가치'라는 용어를 사용하였다. 심지어는 대통령에 당선된 후 전직 헌법재판소장을 국무총리로 지명하면서 지명 사유에 "그의 헌법적 가치관을 높이 평가하여"라는 표현을 썼다.

　그러나 헌법재판관이라도 특히 좌파에서 추천된 자들 중에는 반자유주의자, 반시장주의자도 여럿 있다. 헌법재판소장이라 하여 다를 게 없다. 헌법재판소장이기만 하면 헌법적 가치가 체화됐을 것이라는 생각은 결국 헌법적 가치라는 신념을 제대로 이해하지 못하고 있었다는 방증이기도 하다. 하기야 개나 소나 심지어는 법학 교수였던 자나 사법시험을 붙었다는 자들 중에도 사법권 독립을 침해하고 검찰권을 무력화하고 국민의 재산권을 약탈하는 반헌법적 제도·훈령·지시를 자행하면서 '헌법적 가치' 또는 '헌법정신'을 입에 달고 사는 세상이니, 말해 무엇 하랴.

박근혜, 보람과 아쉬움

박근혜 의원이 '오래포럼' 공부모임에 가끔 모습을 나타낸다는 소문이 났던 모양이다. 이름도 들어 본 적 없고 얼굴도 낯선 사람들이 하나둘 찾아와 자신도 공부하고 싶다고 했다. 나이 들어 공부하고 싶다는데 마다할 이유가 없다. 누구라도 참석할 수 있다는 의미에서 공부모임의 명칭도 연구소가 아닌 포럼이라 하지 않았나. 단, 조건은 1년에 30만 원 이상의 회비를 납부해야 하고 꾸준히 참석해야 한다는 것이다.

그런데 이렇게 찾아온 인간들의 대부분은 우선 회비 납부를 잘 안 한다. 밥 먹고 살 만한 형편임에도 공짜에 이골이 난 인간들이다. 게다가 공부모임 하는 날 사무국에 미리 전화하여 그날 박근혜 의원이 참석하느냐 묻는다. 그리고는 참석하는 날만 공부하러 나온다. 공부하러 와서는 박근혜 의원이 앉는 테이블에 함께 앉게 해 달라고 부탁하는 놈, 사무국 직원에게 미리 핸드폰 맡겨 놓고 공부 도중에 사진 좀 찍어 달라는 놈, 별의별 놈이 다 있었다. 그렇더라도 공부모임이 활기를 띠는 것처럼 보여 즐겁기는 했다.

그러나 내 의도와는 관계없이, 시간이 흐를수록 이 공부모임이 무슨 정치 외곽단체화되는 것 같은 느낌이 들었다. 단순히 느낌만 든 것이 아니라 밖에 그렇게 소문이 난다고 했다. 그즈음 때마침 박근혜 의원도 당의 비상대책위원회의 위원장이 되면서 이 공부모임에 참석 빈도가 뜸하기 시작했다. 잘됐다, 기회는 이때다 싶었다.

단순한 공부모임에서 벗어나 독립형 비영리 공익법인으로 등록하고 활동 목표를 '국가 정책 연구, 사회 봉사, 인재의 관리 및 양성'으로 명확히 하였다. 그리고 토론 대상이 될 정책 의제는 자유주의와 시장경제를 기반으로 삼았다. 미국의 헤리티지 재단과 같은 독립형 민간 싱크탱크를 지향한 것이다. 정치단체의 냄새를 빼기 위하여 현실정치에 뜻을 둔 사람들(선출직 공직 참여 또는 중요 당직 보임자 등)은 자진탈퇴시키거나 참여를 제한했다. 박근혜 의원도 새누리당의 대통령 후보가 되면서 자연스럽게 이 공부모임에 발길을 끊었다. 독립형 민간 싱크탱크로의 발전적 전환이 이루어진 셈이다.

"저 좀 도와주세요"로 시작되어 공부모임에서 가끔 만난 박근혜 의원과의 인연은 보람과 아쉬움이 함께 공존한다. 냉전 시대의 반공적 애국심에서 벗어나 자유민주국가의 헌법적 가치관에 대한 신념이 진정한 애국심임을 그녀의 머릿속에 각인시켜 준 것은 큰 보람이었다. 그러나 천리마를 알아본 백락(伯樂)와 같은 혜안으로 인재를 널리 찾아 그들의 도움을 받아 개방적 국정 운영을 하라는 여러 차례의 내 충고는 십상시 같은 놈들에 의해 눈과 귀가 가려진 채 끝내는 실패한 정권으로 끝나 버렸으니 큰 아쉬움으로 남았다.

자유주의 · 시장경제의 적들

2000년 초봄 김대중 대통령의 전화 한 통으로 새천년민주당에서 정치를 시작할 당시 우리 사회에는 보수와 진보에 대한 확고한 정치철학의 구분이 없었던 것 같다. 단지 영남을 중심으로 한 기득권 세력과 호남을 중심으로 한 기득권에 대항하는 세력만이 선명하게 눈에 띄었다.

기득권 세력은 반공과 경제 발전의 기치를 들었고, 대항 세력은 민주화를 명분으로 삼고 있었으나, 두 세력 모두 실질에 있어서는 정치권력의 쟁탈이 유일한 목적이었다. 미국, 영국 등 서구 선진국가들의 역사적 발전 과정에서 형성된 보수주의(Conservatism)와 진보주의(Progressivism)의 이념과 철학은 애당초 우리나라는 존재한 적이 없다고 해도 과언이 아니다. 왜냐하면 서구 선진국가들에서 정치의 한 축을 담당해 온 보수주의(미국의 공화당, 영국의 보수당, 독일의 기민당, 일본의 자민당 등)의 바탕 이념은 국가권력의 최소화, 개인과 기업 자유의 극대화를 핵심 내용으로 하는 자유주의(Liberalism)인데, 우리나라에서는 조선왕조와 일제 점령기는 말할 나위도 없고 대한민국 건국 이후에도 이 같은 자유주의는 어떤 정치세력에 의해서도 주창되거나 체화된 적이 없기 때문이다. 주둥아리에 자유와 민주라는 용어를 담기는 했으나, 한쪽에서는 반공과 경제 발전이라는 이름으로, 다른 한쪽에서는 평화와 평등이라는 미명하에 헌법이 보장하고 있는 개인과 기업의 자유를 억압하고 규제하기를 밥 먹듯 해 왔다.

군부정권 시절은 그렇다 치고, 최근 20년은 어떠한가? 이른바 X86 세대라고 통칭되는 NL 계열 주사파·전대협 출신의 한 무리 정치집단들은 노골적으로 개인과 기업의 자유를 억압 내지 부정하거나 사유재산권을 형해화시키는 정책과 법, 제도를 양산하고 있다. 이들과 대척점에 서서 헌법적 가치 내지 국가의 정체성을 수호해야 할 이른바 보수 세력이라는 정치집단 역시 유권자의 표심을 의식하여 이를 방조하거나 동조하고 있다. 정부기관의 고위 관료 출신, 검찰·국가정보원·경찰 등 국가 공권력기관 출신, 법학 교수이던 자들조차도 꿀 먹은 벙어리요 침 먹은 지네다. 자유주의 시장경제를 주창해야 할 정치집단조차도 '경제민주화'라는 용어가 무슨 기독교의 복음이라도 되는 듯 복제하기 바쁘다. 그 바람에 경제민주화라는 용어를 담아 글줄이나 썼던 자들은 이 당 저 당에서 경쟁적으로 선대본부장으로 모셔 가는 등 몸값이 치솟는다. 참으로 웃픈 장면이다.

대한민국 헌법은 분명하게 제119조 1항에서 "대한민국의 경제질서는 개인과 기업의 경제상의 자유와 창의를 존중함을 기본으로 한다"고 규정하고 있다. 자유주의 시장경제가 대한민국 경제질서의 기본이라고 못 박아 놓은 것이다. 다만 제2항에서 "국가는 (…) 경제 주체 간의 조화를 통한 경제의 민주화를 위하여 경제에 관한 규제와 조정을 할 수 있다"고 규정한다. 제2항은 제1항의 원칙에 대한 보칙이다. 따라서 제2항에 의한 규제와 조정은 제1항의 원칙이나 본질을 침해하거나 훼손해서는 안 된다. 그 정도에 이르면 원칙이 원칙이 아닌 것이 되기 때문이다. 법률가가 아니더라도 이해할 수 있는 당연한 이치이다. 그런데 작금의 좌파 사회주의자들은 말할 것도 없고 우파 보수를 자처하는 자들조차도 개인의 사유재산권 행사와 기업의 영리 추구 행위를 죄악시하고 부도덕한 것으로 몰아붙이면서 헌법적 가치를 훼손하고 국가의 정체성을 부정하고 있거나 이를 방조, 용인하고 있다.

어찌 됐건 여의도의 현실 정치판에 뛰어들기 직전까지의 내 정신세계는 자유민주국가라는 국가 정체성의 수호를 위하여 공산주의자를 용인해서는 안 되고, 부정부패한 거악들은 반드시 제거해야 한다는 사명감이었다. 이런 관점에서 살펴보면 부정부패한 거악들은 보수를 자처하던 기득권 세력에 득실거렸고, 공산주의 동조 세력은 그 대항 세력(이른바 운동권 세력)에 훨씬 많았다. 어느 쪽을 선택하든 위험요소는 반반 존재했다.

김대중이 주도하는 민주당의 가장 큰 위험요소는 친북 세력과 동조화되는 것이다. 그러나 이 점에서 나는 공안검사 시절 운동권 출신들과의 이념 논쟁에서 터득한 논리를 유감없이 발휘했다. 이 땅에 존재하는 모든 계보의 좌파들 그리고 북한 정권의 숙원인 국가보안법 개정 또는 폐지의 법률안을 법사위원회 간사위원 자격으로 상정조차 못하게 막았다. 어느 누구도 내 면전에서 이 법안의 상정·심의를 주장하는 자가 없었다. 결국 나는 새천년민주당을 선택함으로써 뒤따르는 위험요소는 최소화하면서 자유주의 시장경제의 이념에 충실할 수 있었다.

한편 김대중을 중심으로 한 정치세력은 적어도 그때까지는 부정부패할 기회가 없었다. 기업들로부터 입막음용 푼돈 정도 받아먹었을 수는 있어도, 거악이라고 지칭할 만한 정경유착은 원천적으로 없었다. 반면 영남(뒤늦게 DJP 연합을 계기로 한 일부 충청 세력까지 포함)을 중심으로 한 기득권 세력은 근 30년간 TK니 PK니 하면서 정치권력과 돈권력 그리고 공권력(관료 권력)을 독점해 왔다. 세상에 멕시코나 콜롬비아의 마약 조직(나르코스 카르텔)도 아닌데 무슨 돈을 사과 궤짝으로 받아먹고 용달차로 실어 나르나? 직접 주고받은 자가 아니라 하더라도 그런 돈을 이용하여 선거를 치르고 지구당을 관리하고 치부를 했던 자들 중에 상당수가 아직도 다선의원임을 뽐내며 여의도 한구석에 똬리를 틀고 있다. 내가 민주당 공천 받고 공천자대회에 처음 참석했을 때 생면부지의 사람들이 "동지"라고 부르면서 서로 격려했던 것은 나로 인해 제 밥그릇이 축날 리 없었기 때문이다. 반면 2007년 박근혜 후보 선거 캠프에 첫 출근했을 때의 그 사나운 눈빛들은 사자가 뜯어먹다가 버리고 간 들소 사체를 놓고 서로 으르렁거리는 얼룩점 박힌 들개 떼들의 그 눈빛이었다. 아직도 뜯어먹을 먹거리가 남아 있었다는 뜻이다.

자유주의라는 철학적 이념도 민주공화국이라는 헌법적 가치관도 들어 있지 않는 텅 빈 머리통(잔꾀만 가득 찼다)과 들개 같은 탐욕의 주둥아리를 가진 자들이 그럼에도 불구하고 10년, 20년, 어떤 놈은 30년 가까이 여의도를 산채(山砦)로 삼을 수 있었던 비책은 무엇인가? 바로 지역주의이다.

수단 방법을 가리지 않고 영남 지역에서 공천만 받아 내면 당선이나 다름없다(아주 찌질한 놈 약간명 낙선되는 것은 지역주의와는 상관없는 개인의 문제이다). 이 같은 현상은 광주·전라도를 중심으로 한 호남 지역도 마찬가지이다. 조선시대 노론, 소론, 남인, 북인의 붕당보다 더 고질병인 이 같은 영·호남 지역주의를 벗어나지 못하는 한(그 지역 유권자들의 책임도 크다) 부정부패의 거악은 물론 들개 같은 탐욕의 무리들, 개인과 기업의 자유를 억압하는 무리들, 심지어 대한민국의 정통성을 부정하고 김일성 주체사상을 더 흠모하는 자들을 여의도에서 제거해 낼 도리가 없다. 대한민국의 미래보다 출신 지역 주민들의 현재의 지지를 신앙처럼 믿고 있는 자들에게는 모든 논리, 모든 명분이 백약이 무효다.

"우리가 남이가? 우리 동네 가면 내가 왕이다 아이가" 하는 놈들에게 나 같은 강원도 촌놈은 중과부적이다. 조선왕조 500년 동안 노론놈들에게 흠씬 당한 남인들의 처지보다 더 열악하다. 사태가 이러하니 문재인 정권 같은 '한 번도 경험하지 못한' 무도한 좌파 세력이 국정을 전횡해도 속수무책이 된 것이다. 지금까지 살아온 나라와는 전혀 다른 나라로 변질돼 가고 있음을 벌건 대낮에 두 눈 뜨고 보고 있으면서도 뒷구석에 앉아 구시렁거릴 뿐이다.

지역주의에서 벗어난 자유주의 이념으로 무장된 정치세력, 그리고 시민세력의 성장만이 대한민국의 미래를 담보할 수 있다는 주장은 바로 이같은 배경에서 나오는 것이다.

성역은 없다 Ⅱ

제5장 | 복마전 같은 공공기관의 환골탈태 –

05

칼잡이가 카지노 사장으로

기득권자들의 탐욕

"공공기관장 한번 해 보지 않겠어요?"

2014년 여름. 평소 나를 형이라고 부르며 따르던 커피숍 프랜차이즈 사업을 하는 후배가 개최하는 여름음악제에 초대받았다. 그는 성실하게 돈 벌어서 좋은 일 많이 하는 자수성가한 사업가다. 그도 오래포럼의 회원이었기 때문에 다른 회원 몇몇도 함께 초대받았다.

K팝 가수들의 여름 축제라 젊은이들이 넘쳐났다. 흥을 돋우는 음악 소리가 밖에까지 흘러나와 옆 사람과의 대화도 목소리를 높여야 할 정도였다. 그때 갑자기 휴대폰(나는 지금까지도 2G 폴더폰을 사용한다)이 진동으로 울렸다. 열어 보니 '김기춘 실장'이라는 이름이 뜬다. 그가 청와대 비서실장 된 지도 1년이 넘은 시점이다. 그간 전화 한 통 없었는데 웬일이지 하면서 급하게 밖으로 나가 전화를 받았다.

"함 의원, 잘 계셨지요? 나 김기춘입니다."

카랑카랑한 목소리 그대로였다.

"네, 잘 지내고 있습니다. 많이 바쁘실 텐데 무슨 일 있습니까? 전화를 다 주시고."

"용건만 말하겠습니다. 공공기관장 한번 해 보지 않겠어요? 강원랜드라고."

내가 무엇을 잘못 들었나 싶었다. 강원랜드라니, 거기 노름장 아니야? 정권 초기 이보다 더한 요직도 거절한 적 있는 놈더러 고작 카지노회사 사장을 하라는 말인가? 뭐야, 다른 곳에 전화 건다는 게 잘못 건 거 아니야?

"오래포럼에서 공부도 하고 회원들과 어울리고 지금이 좋습니다. 그 산골짜기까지 가서 내가 할 수 있는 일이 뭐가 있다구요." (당시 법무법인 대륙아주에서 받는 보수가 강원랜드 사장 급여보다 훨씬 많았다.)

"내 그럴 줄 알았어요. 하지만 그냥 카지노 업체라고 생각하지 말고, 고향인 강원도에 꼭 필요한 공공기관(당시는 '공기업'이 아니라 '공공기관'으로 분류돼 있었다)이고 또 문제가 많아 함 의원 같은 강단 있는 사람이 아니고서는 감당이 안 되는 곳이라 추천하는 겁니다. 서운하게는 생각지 마시고 시간을 두고 생각해 보세요. 그럼 끊습니다."

모처럼 아이돌 축제에 끼어 기분 전환 좀 해 보려 했는데, 기분이 상했다. 회원들이 눈치를 채고 무슨 전화인데 그러느냐 물었다. 별거 아니라고 얼버무렸다.

행사가 끝나고 잠실체육관 근처 재래시장 안에 있는 치킨집에 들어가 소맥에 치킨으로 우리끼리 뒤풀이 하면서 전화 받은 내용을 들려줬다.

절반은 찬성이고 절반은 반대였다. 그 자리가 내게는 어울리지 않는다는 데는 이구동성이다. 다만, 실장의 제안은 곧 대통령의 뜻이라고 봐야 하는데 그쪽과 최소한의 관계라도 유지해 두는 것이 나쁘지 않겠다는 의미에서 받아들이라는 입장과, 워낙 더러운 곳이라 필경 똥물이 튈 것이니 근처에도 안 가는 게 상책이라는 의견이 반반으로 엇갈렸다. 더 생각해 보자고 여운을 남기면서 일단 헤어졌다. 그리고 한동안 기억에서 잊혀졌다.

그런데 9월 어느 날 또 같은 번호의 전화가 왔다. 이번에는 내가 먼저 말을 꺼냈다.

"강원랜드 사장 건 때문에 전화 주셨군요. 아무리 생각해도 추천은 고맙지만 제게는 어울리지 않는 자리라는 것이 주위 사람들의 의견인데요. 죄송합니다."

"함 의원, 다시 한 번 생각해 보세요. 함 의원 강원도 사람 아닙니까. 문제가 많기는 해도 함 의원 성격이면 사실 그리 문제 될 것도 없어요. 그냥 원칙대로 하면 돼요. 지금까지는 정치권에 휘둘려서 그렇게 된 건데, 고향을 위해서 좋은 일 한번 해 보세요. 끊습니다."

대통령비서실장, 그것도 한때 미스터 검찰이라고 소문났던 사람이 어지간하면 평안감사도 저 싫으면 그만이지 할 텐데 꽤나 집요하다.

김기춘 실장은 민생특수부 검사 시절부터 인연이 참 많다. 내가 공안부 검사로서 국회의원 서경원을 국가보안법 위반죄(북한 정권으로부터의 금품 수수 등)로 수사할 당시 그는 검찰총장이었다. 이 사건에 김대중이 사전 공모했는가에 대하여 그는 각별한 관심을 보였다. 그로부터 10여 년이 지난 후 그와 나는 여의도 국회의사당 법제사법위원회에서 다시 만났다. 그는 야당 측 위원장, 나는 여당 측 간사로서. 때로는 충돌하고 때로는 공감하면서 지내다가 노무현 탄핵이 시작되며 우리 둘은 다시 헌법재판소에서 만났다. 국회법 규정에 따라 그는 노무현 탄핵소추위원장, 나는 소추위원이 되어 동료로서 만난 것이다.

이렇게 20여 년간 공적 인연을 맺으면서도 서로 사사로운 감정이 섞인 적은 단 한 번도 없었다. 이렇다 할 은원관계가 없었다는 뜻이다. 그런 그가 나를 강원랜드 사장 해 보지 않겠느냐고 두 번씩이나 강추하는 것이다.

연전에 일본 사람 이시다 레이스케(石田禮助)가 쓴 『거칠고 세련되지는 않았지만 비루하지는 않다(粗にして野だが卑ではないつもり)』라는 책을 읽은 적이 있다. 그는 77세의 고령에 당시 적자투성이의 온갖 문제점을 안고 있던 일본 국철(國鐵) 사장에 취임했다. 일본의 대기업 미쓰이(三井)물산 회장 자리까지 올랐던 인물이 이제 편하게 여생을 보낼 수 있는 나이에 왜 그렇게 골치 아픈 자리를 떠맡았느냐는 세인의 질문에 "죽기 전에 공공서비스 분야에서 일해 보고 싶은 것이 꿈이었다"고 말하면서 강성 노조에 만성 적자로 시달리는, 그러나 없어서는 아니 되는 국영철도회사를 바로잡으려면 "무사도(武士道)의 신념"을 가지지 않으면 안 된다고 말했다. 그는 골칫덩어리 일본국철을 바로잡아 오늘날 JR을 만드는 데 큰 기여를 한 인물로 지금까지 일본인의 뇌리에 남아 있다.

중견 로펌의 창립자 겸 고문변호사로 대우받으면서 정책 싱크탱크 오래포럼을 운영하며 좋은 두뇌들과 어울리는 일은 인생 만년에 누릴 수 있는 큰 행운이다. 이 행운을 마다하고 악다구니의 늪으로 들어가는 데는 상당한 명분과 각오가 필요했다. 무사도의 정신까지는 아니더라도 검사 시절의 기백만 있으면 웬만한 부조리는 제압할 수 있겠다는 생각이 들었다. 게다가 인생 후반기에 고향을 위해 무언가 보탬 되는 일을 한다는 것은 보람도 있어 보였다. 장고 끝에 김 실장에게 전화를 걸었다.

"좋습니다. 갈게요. 대신 오래포럼은 내 평생의 일거리이니 그대로 유지하고(비영리 공익법인이라 겸직해도 법적으로 문제가 없다) 강원랜드에서는 내 뜻대로 경영할 것이니 어떤 놈도 입질해서는 안 됩니다."

"함 의원이 하겠다는데 누가 뭐라 하겠어요? 그 점은 염려 마세요."

이렇게 해서 몇 단계 법적 절차를 거친 다음 2014년 11월 13일 주주총회에서 주식회사 강원랜드 대표이사 사장에 선임됐다. 검사 시절 '사장' 하면 웬만한 사기꾼놈은 거지반 사장 명함을 갖고 있었기 때문에 하질(下質)인 국회의원보다도 더 하질로 보였는데(물론 정상적인 기업의 유능한 경영자인 사장은 여기에서 제외된다), 내가 말년에 그 사장을 하게 된 것이다.

사장 취임식을 마치고 부사장 이하 임원급 10여 명과 사장 방에서 간담회를 열었다. 부사장을 제외한 대부분의 임원은 임기가 끝나 가는 사람들이다. 그중 제일 똑똑해 보이는 기획본부장인가 하는 임원이 별도 보고를 드리겠다고 한다. 2페이지짜리 무슨 일정표 같은 것을 내민다.

"이게 뭡니까?"

"네, 내일부터 3일간 서울(국회), 세종시(산자부), 춘천시(각종 기관장) 출장 일정표입니다. 관례적으로 국회는 물론이고 산자부, 문광부 그리고 강원도지사, 각 언론기관 사장, 검사장, 법원장에게는 두루 부임 인사를 해 둬야 임기 동안 편해지십니다."

"지금 이노마가 뭐라고 지껄이고 있노? 야 이노마야! 그놈들한테 내가 왜 인사를 가야 하는데? 그래, 백 보를 양보해서 관행이라 치고 인사를 간다 하더라도, 강원랜드가 뭐 하는 곳이고 뭘 잘 부탁한다고 말해야 하는지는 알고 가야 할 것 아니야? 그냥 잘 부탁한다고 말하라 이 말인가? 야 이 새×야! 내가 신장개업한 다방 마담이냐? 그럼 넌 레지(여자종업원)겠구나. 쟁반에 커피 보온병 들고 따라온나."

그랬더니 처음 대면한 이 임원이라는 사람 얼굴이 하얗게 질리면서

"저기예(그는 부산 사람이다)… 그게 아니구예, 이건 그냥 관행입니다. 제가 그쪽 비서들과 이미 시간 예약까지 잡아 놔서 그냥 시간 맞춰 가시기만 하면 그쪽에서도 반갑게 맞이할 겁니더. 진정하시구예."

이놈이 사람 점점 더 열받게 만든다.

"뭐? 예약! 누구 맘대로 예약을 해? 당장 모조리 취소해. 우선 우리 직원들부터 한번 만나서 악수라도 하고 시설도 좀 둘러본 다음에 가도 늦지 않아. 그리고 감독기관장들은 그렇다 치고 강원도지사, 언론사 그놈들은 강원랜드에서 1년에 몇억, 몇십억 원씩 뜯어 가는 놈들인데 그놈들이 인사를 와야지 왜 내가 인사를 가나? 관행, 관행 하는데 참 쓰레기 같은 관행이구나. 어쨌든 난 안 간다."

이렇게 첫날 업무가 거칠게 시작되었다.

똥개도 밥그릇을 건드리면

부임한 다음 날 점심 식사를 마치고 사무실로 들어가려니 비서실에서 낯선 사람이 비서실 직원들과 잡담을 하고

있다가 황급히 밖으로 나간다. 수행한 비서실장에게 "저 사람 우리 직원인가?" 물으니 머뭇거린다.

"뭐 하는 놈이냐?"

다그쳐 물으니 관할 경찰서 정보과 형사란다.

"사장실은 출입문이 통제돼 있는데, 특별한 용무도 없는 놈이, 게다가 경찰관놈이 어떻게 사장실에 들어와 직원들과 노닥거릴 수 있느냐?"

오래전부터 임시출입증이라는 것을 만들어 국정원, 경찰, 언론사, 심지어 지역 유지라는 사람들에게까지 배포하였고, 이들은 이것을 이용하여 사장실을 비롯한 임원실과 카지노장을 수시로 출입해 왔다고 한다. 심지어 이자들은 지인들이 외지에서 찾아오면 이 출입증을 이용하여 제 마음대로 카지노장을 투어 시켜 왔다는 것이다(일반 고객은 입장료를 내고 출입 절차를 밟아야 한다). 정신 나간 짓을 해 온 것이다.

경영본부장을 들어오라 했다. 그날로 임시출입증을 전부 회수하여 폐기 조치하고 두 번 다시 이런 얼간이 같은 짓을 하지 못하도록 했다. 그랬더니 이 경영본부장이라는 사람(산업자원부 퇴직 공무원) 얼굴이 굳어진다.

"왜? 무슨 일 있나?"

"사장님 부임하시자마자 갑자기 강한 조치를 하면 그놈들이 작당하여 사장님에 대한 나쁜 여론을 조성하여 퍼트릴 것이 걱정됩니다."

"야 이노마야. 그 따위가 무서우면 공직을 맡지 말아야지. 검사 시절에는 사시미칼 들고 설치는 새×들하고도 맞짱 떠 봤다. 괜찮아. 즉각 조치해."

이 사람 마지못해 "네 알겠습니다" 하면서 나가는데 그 뒷모습이 처량하다. 상식에 어긋나는 하찮은 일조차도 기득권이라는 것이 생기면 그 기득권을 빼앗는 일이 이토록 쉽지 않다. 하물며 어떤 놈들의 밥줄이 걸려 있는 일은 그것이 아무리 나쁜 제도·관행일지라도 이를 바꾸는 것은 그 밥줄을 빼앗는 결과가 되니 저항이 이만저만이 아니다. 사납지 않은 똥개도 밥그릇을 건드리면 으르렁거린다. 하물며 사람이야!

또 이런 일도 있었다. 어느 지역에서나 기차역 또는 버스 터미널은 대체로 그 도시의 중심 번화가에 위치한다. 그곳에는 그 고장에서 가장 높은 건물이 한두 동 이상 서 있기 마련이다. 그리고 이런 건물 옥상에는 거의 예외 없이 이른바 옥탑광고라는 시설물이 설치돼 있다. 부임한 다음 날부터 각 부서별 업무보고를 받기 시작했다. 그 자리에서 강원랜드는 '하이원리조트'라고 쓰인 옥탑광고를 전국에 15개소 설치하고 있고, 그 광고 비용으로 1개소에 2억 원씩 1년에 30여억 원을 시설 사용료로 지출해 오고 있다는 사실을 알게 되었다. 담당 임원에게 물었다.

"10층 이상 되는 고층건물에 설치된 옥탑광고 문구를 보고 강원랜드 리조트를 찾아오는 고객이 1년에 얼마나 될까?"

답을 못한다.

"카지노는 광고가 필요 없는 사업이고, 다른 리조트 사업장은 좀 더 시대감각에 맞는 광고 방법으로 바꾸는 것이 좋지 않을까?"

역시 안절부절못하면서 대답을 못한다.

"고층건물 꼭대기에 옥탑광고를 설치해야 할 필요성을 설명하든지, 계약을 종료시키고 다른 광고 방법을 구상하겠다든지 무슨 대답을 해야지, 왜 똥 마려운 강아지처럼 안절부절못하느냐?"

역시 마찬가지다. 내 참을성은 여기까지이다.

"야 이 새×야. 모든 옥탑광고를 금년 말로 모두 종료시켜! 10층 건물 가진 놈이면 그 지역에서는 제일 부자 축에 들 터인데 그것도 모자라 옥상까지 이용해 연 2억 원씩 벌어먹는다는 것이 말이 되냐? 노름판에서 돈 벌어 그런 놈들 배 채울 일이 뭐가 있냐?"

이렇게 해서 모든 옥탑광고 계약을 해지시켰다. 단지 광고의 효과와 불요불급한 비용 절감을 염두에 둔 조치였다.

그런데 세상은 내 생각처럼 심플하지가 않다. 이 건물주놈들은 거지 반 그 지역의 제일가는 유지로서, 그 지역 국회의원이나 그 지역 출신 저명인사들과 친분이 두텁다. 다음 날부터 아직 상견례도 안 한 국회 산자위·문광위 소속 의원들은 물론 강원도 출신 의원들로부터 "형님", "선배님", "사장님" 하면서 전화가 빗발친다. 어떤 놈은 국정감사 운운하면서 은근히 협박성 전화도 한다. 이쯤 되면 용돈 몇 푼 얻어먹고 체면치레용으로 하는 전화가 아니다. 거의 밥줄이 걸린 모양이다(나중에 알게 된 일이지만 옥탑광고 설치 소개·알선비가 임대료의 20~30퍼센트 이상 된다 한다).

기득권이란 이런 것이다. 흔히 일반 시민들은 기득권 하면 보수 세력을 떠올린다. 천만의 말씀이다. 돈 많은 놈과의 유착은 한쪽이 돈, 다른 쪽이 권력을 가지기만 하면 필요충분하다. 정치적 사상, 이념과는 아무런 관련이 없다는 말이다. 오로지 돈 많은 놈의 종이 되지 않겠다는 자존감만이 이 같은 유착관계를 벗어날 수 있다. 우리나라 정치인들 중에 이런 자존감을 가진 자가 보수, 진보 막론하고 몇 명이나 될까? 그래서 진정한 개혁은 어려운 것이다.

부임 첫해 100억 원 절감

대기업 경영에서 기부금 등 준조세는 조세보다 더 큰 부담이다. 2019년 국내 기업들의 당기순이익은 119조 원인데, 준조세 부담은 68조 원이었다. 강원랜드의 1년 지출 예산 중에서 외부인의 관심이 집중되는 항목이 사회공헌기금이다. 연 300억 원에 이른다. 도·시·군 등 자치단체, 각종 언론사와 시민단체들은 강원랜드 설립 시점부터 이 돈의 일부씩을 후원금, 기부금 등 명목으로 챙겨 왔다. 이 돈은 강원랜드와 이들 단체 간의 공생의 접점이다. 업무보고를 하는 담당 임원은 "이 예산 항목을 둘러싼 외부로부터의 청탁이 빈번하다"는 말도 곁들였다. 충분히 그럴 것으로 예상됐다.

그 자리에서 부사장에게 지시했다. 부사장이 중심이 되어 '사회공헌 위원회'를 구성하되 위원은 강원랜드와 이해관계가 없는 서울에 거주하는 대학 교수나 사회봉사 활동에 경험 있는 분들로 위촉해서 절차의 공정성과 결과의 만족도를 높이라고 했다.

중앙 및 지방 언론사들은 행사 지원금 명목으로 1년에 수억 원씩 받아 가는데, 그 행사라는 것이 중복되고 내용도 허접하다. 부사장에게 다시 당부했다.

"중복되는 행사는 하나로 정리하여 1개 언론사에 맡기고 여기서 배제되는 언론사들은 도민들에게 실질적 도움을 줄 수 있는 다른 내용의 행사를 열도록 유도해라."

이렇게 해서 '운탄고도 트레킹대회', '토속음식 경연대회' 같은 종래 없었던 행사가 언론사 주최로 열리게 되었다.

가장 큰 후원금 항목은 스포츠팀 지원금이다. 그동안 강원FC 축구팀과 관련하여 강원도에 연 40억 원, 아이스하키팀에 연 40억 원씩 지급돼 왔다. 노름으로 국민 호주머니 턴 돈으로 이 같은 용도에 이만한 거금을 사용해도 되나 의구심이 들었다.

우선 아이스하키는 도민은 물론 국민적 관심이 거의 없는데 연 40억 원은 너무 큰 돈 아닌가 물었다. "동계올림픽 주최 국가로서 아이스하키 팀을 누군가는 유지해야 하는데 이만한 돈을 내놓을 사기업이 없다"는 것이 실무자들의 답변이다. 어쩔 수 없이 동계올림픽 때까지만 후원한다 는 조건을 붙여 그대로 유지하기로 했다.

문제는 강원FC 축구팀이다. 실력이 형편없어 2부 리그로 탈락한 데 다가 팀의 운영 책임자가 수억 원을 횡령했다고 한다. 강원랜드가 이런 사업에 연 40억 원이라는 큰돈을 후원한다는 것은 어떤 명분도 없다. 사 회공헌위원회를 열어 연 20억 원으로 줄이는 데 모든 위원들이 찬성했다.

절약된 20억 원을 기금으로 삼아 강원도 내 초·중·고등학교 학생 스 포츠팀 중 100여 개를 선발하여 한 학교에 2천만 원씩 지급토록 했다. 돈이 없어 운동기구도 빈약하고 유니폼도 못 사 입고 전국체전에 숙박비 가 없어 당일치기로 참가하는 팀이 수두룩하다는 것이다. 이 돈으로 이 같은 문제를 어느 정도 해소하기에 이르니 수많은 학부모들이 강원랜드 의 존재를 새삼 인식하게 됐다.

문제는 그다음이다. 강원랜드 이사회의 당연직 이사로 참석하는 강 원도 관광국장, 이 사람은 이사회만 열리면 다른 일에는 아무런 관심이 없다. 오로지 "강원FC 축구팀 운영은 지사님 역점 사업이다. 제발 원래 대로 20억 원 증액해 달라"는 말만 되풀이하고 퇴장한다. 강원도는 강원 랜드의 2대 주주다. 그런데 투자 기업의 발전에는 관심이 아예 없다. 오로지 돈이다. 도리 없이 조건을 붙였다. 팀 운영자가 횡령한 돈 전액을 변충하고 팀 실력을 1부 리그로 격상시켜 도민들의 축구에 대한 관심과 애향심을 높일 수 있는 특단의 대책을 강구하면 증액시켜 주기로 했다. 이 조건은 부임한 후 3년이 지난 시점에 겨우 보완되어 다시 40억 원씩 지급하게 됐다.

이런 방법으로 절감한 지출 예산만도 부임 첫해 100억 원에 이른다. 모두 불요불급한 용도 또는 지난날 힘 있는 놈들의 압력 또는 청탁에 의해 지급되기 시작하여 어느덧 그들의 기득권이 된 것들이다.

주던 돈 끊는다는 것은 명분에 관계없이 거의 원수지간이 될 각오가 필요하다. 사회공헌기금을 둘러싼 각 단체, 기관들의 탐욕과 이기심은 아프리카 초원에 사는 굶주린 개떼 수준이다. 이를 집행하는 사장의 입장에서는 그동안 쌓아 올린 인간관계 자체가 무너질 수 있었다. 왜냐하면 지급 대상에서 배제하거나 감액이라도 하려면 거의 예외 없이 평소 친분 있는 사람을 앞세워 재고해 달라고 청탁하기 때문이다. 그나마 부임 직후 설치한 사회공헌위원회가 절차적 공정성과 결과의 합리성을 확보해 주어 개인적 시달림을 덜어 주었다.

돈을 둘러싼 인간들의 탐욕은 평소 그 사람의 사람됨이나 인간관계와는 다르게 나타난다. 돈이란 참 없어도 큰일이지만 있어도 골칫거리다.

도박중독자 등쳐 먹는 찰거머리떼들

나로 인해 밥그릇을 통째로 걸어차인 또 한 무리의 집단이 있다. 노름에 빠져 합리적 판단력을 잃은 도박중독자들을 상대로 카지노 영업장 안팎에서 고리의 사채놀이를 하는 악덕 사채업자 및 이들과 연계된 조직폭력배 무리들이 그것이다. 혐오스럽기가 열대 우림 지대의 찰거머리떼와 같은 자들이다. 이들은 강원랜드 카지노사업과 함께 생겨나 근 15년간 비옥한 환경 속에서(강력한 단속 등 어떤 장애물도 없었다는 뜻이다) 무성하게 성장했다. 강원랜드 진입로 입구에는 50여개 소의 전당포가 밀집해 있다. 이 전당포를 소굴로 삼아 카지노 영업장에서 사채를 유인하는 일명 '꽁지'라는 하수인들만 100여 명이 활동하고 있고, 그 배후에는 거금을 굴리는 전주(錢主)를 비롯하여 담보물건처분책, 빚받이꾼(일명 채귀[債鬼]. 잠적한 노름쟁이를 추적하여 본인과 가족까지 괴롭혀 돈을 받아내는 양아치 패거리) 등 줄잡아 200~300여 명이 암약하고 있다는 것이 부임 직후 파악한 현장 실상이었다. 이들이 움직이고 있는 불법도박 자금은 수백억 원에 이를 것으로 추산되었다. 인근 공터에는 이들이 담보물로 잡은 억대의 외제 승용차만도 수백 대가 널브러져 있다.

간혹 이들의 횡포에 대하여 현장 르포 형식의 특집 프로가 방영된 적도 있었으나, 수사기관 세무당국 누구도 이들을 단속하려 들지 않았다고 한다. 워낙 광범위한 점조직 형태로 움직이고 있는 데다가 성정이 포악한 자들이라 공권력기관들은 지레 겁먹었던 것 같다. 그렇지만 이 같은 양아치 패거리들을 그대로 방치하고서는 "온 가족이 함께 즐기는 복합리조트시설"로의 도약은 광고 전단지에나 써먹을 장식용 문구가 될 터이다. 그래서 감사실장과 보안실장을 방으로 불러 지시했다.

"카지노 영업장 안팎에 CCTV를 좀 더 촘촘하게 설치하고, 현장 감시체계를 강화해라. 사채 유인으로 보이는 거동수상자는 즉각 퇴실 조치하고 단기금융업법 위반 혐의 증거가 확보되면 곧바로 경찰에 신병 인계

해라. 그리고 감사실에서는 관할 세무당국 및 경찰 광역수사대와 공조하여 현장에서 적발된 꽁지가 소속된 전당포의 전주 및 빚받이꾼 등 양아치들의 범행을 자금추적 등을 통하여 밝혀내서 단기금융업법 위반, 사기, 공갈은 물론 이 같은 범죄를 목적으로 조직된 범죄단체로 엮어 뿌리를 뽑아 내라."

감사·보안 직원 200여 명을 동원하여 상시 감시 체계에 들어간 지 6개월쯤 지나니 괴이한 옷차림과 외모를 한 속칭 꽁지들은 거의 눈에 띄지 않게 되었고, 심심치 않게 발생해 왔던 자살사건이나 외부인과 연계된 카지노 딜러의 부정행위는 거의 발생하지 않게 되었다. 그렇다고 이들 양아치들 범죄집단의 뿌리가 뽑힌 것은 아니다. 일시 잠적하고 휴면상태에 들어갔을 뿐이다. 경찰이나 세무당국의 어느 누구도 이들이 움직이는 수백억 원대의 자금 흐름을 제대로 추적할 만한 능력이나 의지를 가진 자가 없었다. 휴면기에 들어간 이 양아치들은 평범한 지역 주민인 척 위장하고 카지노 직원들에 접근하여 경영진에 대한 음해성 헛소문을 퍼트리고 주민들의 집단시위에 끼어들어 터무니없는 요구조건을 내걸어 이들을 선동하면서 세상 바뀌기(정권 혹은 경영진 바뀌기)만을 기다린다. 검사였다면 이들의 뿌리가 뽑힐 때 까지 파고들었겠지만, 주식회사 강원랜드 사장에게는 아무런 공권력이 없다. 거대한 범죄집단을 눈으로 뻔히 보면서도 어쩔 도리가 없었다. 강원랜드를 둘러싼 각종 비리나 범죄 행태는 마치 독사의 무리가 엄동설한에 얼어 죽지 않기 위하여 땅속으로 기어들어 가 겨울잠을 자면서 이듬해 봄을 기다리는 것과 같은 생태계다(조용히 잠만 자는 것이 아니라 휴면기 중에도 기회만 있으면 악령처럼 나타나 사악한 짓을 하고 다시 기어들어 가는 것이 동물과 다를 뿐이다).

폐광 지역 지원금 수조 원 어디다 썼길래

강원랜드를 둘러싼 4개 시·군(정선, 태백, 영월, 삼척) 및 타도(他道) 폐광 지역(경북 문경, 충남 보령, 전남 화순)에는 해마다 영업결산이 끝나면 1개 시·군에 주주 배당금, 특별지원금 합하여 200억~500억 원이 지원된다. 국가에서 지원되는 교부금 이외의 돈이다. 다른 시·도는 물론 강원도 내 어떤 시·군도 강원랜드로부터 단돈 10원도 지원받지 못한다. 이 지역 사람들이 만나기만 하면 사장을 면전에 두고 앵무새처럼 입밖으로 내뱉는 말이 있다. "강원랜드가 생겨서 우리에게 해 준 게 뭐 있냐?"이다.

내 고향 양양은 같은 강원도이면서도 강원랜드의 존재 자체를 모르고 사는 사람들이 90퍼센트가 넘는다. 양양은 폐탄광 지역은 아니나 폐철광 지역이다. 1960년대 말까지만 해도 철광석 채굴이 번창했다. 우리나라에는 제철소가 없어서 원광석 전량이 일본으로 수출됐다. 수출산업의 발달이 미미했던 그 시절 외화벌이에 큰 역할을 했다. 광산 월급 받는 날이면 양양읍이 들썩했다. 한복 입은 아가씨들이 시중드는 요정만도 몇 개가 있었다. 그런데 채광굴을 10킬로미터 이상씩 파고 들어가다 보니 위험성에 비해 경제성이 낮아졌다. 그래서 폐광되었다. 수천 명의 광부 가족이 하루아침에 벼랑 끝으로 내몰렸다. 그러나 그 시절에는 아무도 먹여 살리라고 데모한 사람이 없었다. 뿔뿔이 흩어져 일부는 석탄광산의 광부로 가고 일부는 소작농이 되고 일부는 도시빈민이 되었다. 내 할머니 댁에서 평생을 기거하면서 농사일을 돕다가 연전에 돌아간 문씨 성가진 이도 그때 그 철광산의 광부 출신이다. 모든 것을 운명처럼 받아들이면서 착하게 살다 간 이들이다. 폐철광산 지역이라 하여 정부가 생계

지원금 명목으로 단돈 10원도 준 적이 없다.

여기서 주목되는 점은 그동안 1조 원 이상을 지원받은 강원도 폐광 지역 4개 시·군은 양양, 고성 등 그 밖의 지역과 비교해 다른 면이 별반 없다는 사실이다. 있을 것은 다 같이 있고, 없는 것은 다 같이 없다.

그렇다면 1조 원이 넘는 그 돈은 다 어디 갔나? 사정기관은 바로 이런 것을 감사 또는 조사해야 되는 것 아닌가? 출장비 몇백만 원, 아니 법인 신용카드로 사용한 커피 두세 잔, 햄버거 2~3개 소매 시가로 1~2만 원을 누구와 먹었느냐고 지랄병을 떨 게 아니라, 1조 원이 넘는 거액의 돈이 그동안 어디에 쓰였길래 그 지역 주민은 아직까지도 "강원랜드가 우리에게 해 준 게 뭐냐?"라고 반문하는지 훑어봐야 하는 것 아니냐는 말이다.

사장으로 있을 당시 여러 차례 언론과의 인터뷰에서 이 문제점을 지적한 적이 있다. 인터뷰 기사도 여러 번 실렸다. 그럼에도 아직껏 감사 착수 얘기는 들리지 않는다. 그러면서도 카지노 출입 고객 명단은 주기적으로 훑어보고 싶은가? 눈에 띄는 만만한 중하위직 공무원 몇 명 악살 먹이고 싶어서? 아서라, 그런 짓은 헌법기관이, 그 기관장을 총리급으로 예우해 달라는 국가기관이 할 짓은 아니다.

해마다 지원되는 2천억 원에 이르는 돈들이 바르게 쓰여야 강원랜드 설립 목적인 '폐광 지역의 경제 회복'이 가능해진다. 지금처럼 소모성 경비로 낭비하면 밑 빠진 독에 물 붓기가 된다. 독점적 특혜가 무제한으로 지속될 수는 없다. 30년 전에 폐광 지역 주민들이 흘렸던 눈물이 무엇을 의미하는지도 모르는 시대가 오면 그때 누가 나서 강원랜드의 독점적 사업권을 보장해 주겠는가? 폐광 지역 시·군이 스스로 깨우치지 못하면 감사원이라도 나서서 그동안의 잘못된 쓰임새를 지적해 주고 국가가 나서서 제도적으로 바로잡아 주어야 한다. 공기업이기 때문에 그렇다.

계륵 같은 자본잠식 자회사들

그런데 이보다 더 심각한 문제가 있다. 7개 폐광 지역에는 이처럼 1년에 수백억 원씩의 주주 배당금과 특별지원금이 지급돼 왔음에도 이것이 성에 안 찼는지, 강원랜드의 미래를 위하여 사내에 유보한 사내적립금이 왜 그렇게 많으냐, 더 내놓으라고 아우성을 쳤던 모양이다.

산자부는 10여 년 전에 사업 투자라고는 단돈 100만 원도 해 본 적이 없는 석탄과장 등이 중심이 되어 이 사내유보금을 헐어서 7개 시·군에 적게는 200억~300억 원에서 많게는 700억 원 규모의 자회사를 한 개씩 설립해 주었다. 명분은 지역 주민 일자리 창출과 경제적 자립 지원이다. 그로부터 10여 년이 지난 시점에서 수익성 있는 자회사는 단 하나도 없다. 태백시에 설립된 게임업체는 그간의 운영자금까지 합하여 1천억이 넘게 투입됐는데도 자본잠식 상태가 된 지 오래다.

이 같은 터무니없는 투자가 어떻게 이루어졌는가? 그 과정을 살펴보면 자치단체의 장, 의회, 그 지역 국회의원, 시민단체 등이 중심이 되고 주민들을 앞세워 강원랜드 이사회를 압박하고, 산자부와 청와대에 계속 민원을 넣게 하고, 사장에게는 "이 돈이 네 돈이냐? 너는 연봉만 받아먹고 그냥 있다가 가면 돼, 헛수작 하지 말고" 이런 식으로 겁박하니 심약한 역대 사장 누군들 "안 돼, 내 돈도 아니지만 네 돈도 아니잖아"라고 버틸 재간이 있었겠는가. 용역사라는 놈들도 전부 한 패거리가 되어 어느 한 놈도 "이런 사업은 수익성 없음. 곧 파산할 것임"이라는 의견을 제시한 적이 없다. 거액의 용역료 받아먹고 "잘만 하면 잘될 수 있음"이라는 식으로 두루뭉술 긍정평가 의견을 내서 지역 주민들로 하여금 더 기고만장하게 만들었다. 이렇게 10여 년을 지나니 수천억 원을 투입하게 한 놈, 받아먹은 놈 다 어디 가고 누적된 적자액만 수천억 원에 이른다. 연결재무제표상으로는 이런 자회사들의 경상적자액과 감가상각액이 해마다 마이너스로 기재되어 전체 경영평가에 부정적으로 작용한다.

그뿐인가. 과거에 무슨 일이 있었는지도 모르는 엊그제 당선된 해당 지역 국회의원놈들은 국정감사만 열리면 이구동성으로 "강원랜드에는 왜 이토록 부실 자회사가 많으냐? 당장 해결책을 내놓으라"고 언성을 높인다. 한마디로 "너희 동네 사람들이 옛날에 다 해처먹은 것이여 이 씨×놈들아" 하고 싶었지만 알아듣는 놈이 없었다. 어디 국회의원뿐인가. 4개 시·군의 시장, 군수, 지방의회 의장, 번영회장 등 '장'자 붙은 자들은 번갈아 가며 파상적으로 찾아와 추가로 200억~300억 원씩 더 투자하든지 신사업을 만들어 내라고 아우성이다. 이대로 방치하면 강원랜드의 독자적 생존은 점점 어려워질 것이 뻔하다. 내가 저지른 일은 아니지만 그래도 하나씩 정리하지 않으면 강원랜드는 존립 자체가 암담해질 위기에 처해 있었다.

데모만 하면 다 된다는 악습 단절

현금 지원에 대한 미련을 못 버리는 곳이 있었다. 태백시이다. 이곳은 가장 큰 폐광 지역인 황지탄광이 있던 곳이다. 강원랜드를 사북·고한 지역이 아닌 황지 지역으로 유치하지 못한 것이 한이 된 곳이기도 하다. 그래서 강원랜드 못지않은 리조트를 만들겠다는 야심으로 태백시는 외부 자금까지 끌어모아 수천억을 투입하여 오투리조트라는 것을 만들었다. 그러나 경영 부실로 파산 직전까지 갔다. 다급해지자 평소 성향이 거친 몇몇 주민들을 앞세워 강원랜드 이사회를 압박했다. 그 거친 압박을 못 이긴 산자부 석탄과장, 강원랜드 사장은 150억 원을 기부금으로 지원하기로 의결했다.

그러나 거금 150억 원은 밀린 체불 임금 등 소모성 경비로 하루아침에 날아갔다. 망해 가는 기업에 대한 공적 자금 지원은 항상 업무상 배임 문제를 야기한다. 결국 150억 원 중 상당 금액을 변상하라는 대법원 판결이 확정됐다. 소문을 들으니 당시 사장은 채용 비리 문제로 옥살이를 했고, 이 변상 판결로 인해 한 채밖에 없는 살던 집이 압류됐다고 한다. 그 개인에게는 엄청난 비극이다. 그는 자리를 이용에 치부한 적이 없다. 그렇다고 권력기관 놈들처럼 권한을 남용했나? 남용은커녕 다른 놈들 청탁 들어주기에도 숨 가빴다고 한다. 그런데 왜 이런 비극이 초래됐나? 그 최 사장이 파렴치한 범법자인가? 아니다. 그는 한때 얌전했던(간이 작은) 지방공무원(부지사) 출신이다. 강원랜드의 태생적 왜곡이 그를 그렇게 만든 것이다.

투자를 빙자한 자금의 지원이 이 지경에 이르렀음에도 그 태백시는 또다시 빈 상여 메고 강원랜드 광장에서 철야농성을 한다. "이번에는 또 뭐냐?" 했더니 자동차 재제조사업(중고 자동차를 구입하여 엔진 등 주요 부품을 썻고 닦아 다시 팔아먹는 사업)을 할 테니 500억 원만 또 신규 투자하라는 것이다. 용역 결과도 긍정적으로 나왔다는 이유이다.

"소비처인 대도시까지의 물류비용이나 환경오염, 그리고 전기자동차·수소자동차가 출시되는 마당에 구형 가솔린 엔진 닦아 팔아먹겠다는 것이 말이 되냐? 앞서 1천억 원 이상을 날린 게임사업 꼴 난다. 안 된다."

그랬더니 또 "강원랜드 돈이 네 돈이냐"면서 막무가내다.

이런 경우를 대비해 나는 사장 취임 직후 투자심의위원회라는 자체 자문기구를 설치했다. 서울에 거주하는, 강원랜드와는 아무런 인연이 없는 금융·회계·법무에 밝은 전문가들로 구성했다. 이들에게 자문을 구했다. 당연한 결과로 투자하면 원리금 회수도 못하고 망한다는 결론이다. 이들과 지역 대표들 간에 토론회를 열게 했다. 사업성 긍정평가를 했다는 용역사 대표도 참석시키라 했다. 논리적으로 설득하여 억지 투자를 막았다. 그들도 승복했다.

대신 게임기 개발사업을 유치시켜 주었다. 2020년에 시제품이 출시됐고 호평을 받고 있다고 한다. 헛되이 날릴 뻔한 500억 원을 지킬 수 있었을 뿐만 아니라, 얼굴에 석탄가루 검댕이 묻히고 빈 상여 메고 큰소리로 을러대면 자신들의 의사를 관철시킬 수 있다고 생각하던 그 나쁜 악습을 단절시킬 수 있어서 의미가 더욱 컸다.

여담이지만 이들 투자심의위원들과 1년에 몇 차례씩 주말에 서울에서 만나 투자의 타당성에 대한 의견을 교환하면서 밥을 먹고 그 값을 사장 명의의 법인카드로 결제하였는데, 이것도 법인카드의 사적 사용이라면서 지랄병을 떤 대상이 되었다.

공기업의 5대 악

대한민국 공기업에 공통된 5대 악이라면 첫째 만성

적자, 둘째 강성 노조, 셋째 비전문가들의 낙하산 인사, 넷째 전 직원의 철밥통 의식, 다섯째 임·직원의 부정부패이다. 300여 개의 공기업 가운데 이 다섯 가지에서 자유로운 곳은 거의 없다.

이 같은 치유하기 어려운 고질병 환자인 공기업들을 국가 제도로서 용인해야 할 이유는 무엇인가? 성질 급한 사람은 사기업화하거나 없애버리면 될 것 아닌가라고 생각할지 모르겠다. 그러나 국민의 일상생활 또는 국가경제의 인프라에 해당하는 산업(전기·가스, 보건·위생, 항공·항만, 철도·도로 등 천문학적 초기비용이 들어가는 산업)이나 독점적 사기업화하기에는 특혜의 시비가 문제 될 수 있는 산업(카지노, 담배·인삼 등 전매산업) 또는 채산성보다 공익성이 우선시되는 장기 R&D 사업 등은 이 모든 부정적 요인을 감수하고서라도 공기업으로 운영할 수밖에 없다.

한편 이들 공기업의 경제 규모는 재벌기업 몇 개의 합보다 크다. 국민경제에 미치는 영향이 지대하다는 뜻이다. 그렇기 때문에 공기업 개혁의 문제(위 5대악 척결의 문제)는 정권의 이념적 정체성과 무관하게 모든 정권에서 가장 우선되어야 할 국정 어젠다가 되어야 한다.

그런데 현실은 어떤가? 다수의 공기업이 정권 유지의 수단으로 악용되고 있다. 사장과 임원은 그 능력과 무관하게 모두 정권 코드에 맞는 자로 채워진다. 민주노총에 의해 장악된 공기업 노조를 정권 지지의 친위대로 활용한다. 과다한 신규 채용과 정규직 전환으로 고용 경직성은 심화되고 생산성은 날이 갈수록 떨어진다. 사내유보금을 쌈짓돈처럼 주무른다.

강원랜드는 위 다섯 가지 고질병 가운데 첫 번째 만성 적자만 빼고 다른 네 가지는 아주 심각한 상태에 빠져 있다. 강원랜드는 만성 적자가 아닌 오히려 가라앉지 않는 배, 즉 만성 흑자다(코로나19 같은 재난 앞에서는 이 신화도 깨지고 있다). 그런데 문제는 그것이 경영을 잘해서가 아니라 국민들의 호주머니를 터는, 아니 아예 깝대기를 벗기는 카지노라는 노름으로 돈을 번다는 데 있다. 공기업이란 제공되는 서비스(재화)에 다소간의 공공성이 있어야 하는데, 카지노(노름)에 무슨 공공성이 있는가? 탐욕만 가득하다. 그런데 왜 공기업이 이 짓을 해야 하나? 돈이 필요했기 때문이다. 그냥 돈이 필요한 게 아니라 큰돈이 간절하게 필요했기 때문이다.

우리는 지금 석유·원자력 시대에 살고 있기 때문에 석탄을 잘 모른다. 그러나 1980년대(전두환, 노태우 시대)까지만 해도 석탄이 모든 에너지, 산업동력의 원천이었다. 2차 산업혁명 과정에서는 모든 국가가 다 그러했다. 채탄산업은 엄청난 호황을 누렸다. 오죽했으면 동력자원부에서는 석탄국장이 요직이었고, 탄광지대에서는 개도 만 원짜리 지폐를 물고 다닌다고 했겠는가.

한반도 남쪽에서 석탄이 가장 많이 나는 곳은 태백산맥 끝자락에 자리 잡은 태백, 정선, 영월, 삼척 일대이다. 거기에 간헐적으로 충남 보령, 전남 화순, 경북 문경에 탄광이 있었다. 한때 홈드라마로 안방을 사로잡았던 〈자이언트〉나 영화 〈창〉도 모두 탄광 지역의 명암을 소재로 한다. 이 산업이 석유 에너지로 대체되면서 이 지역에 어두운 그림자가 드리웠다. 전두환 쿠데타 세력의 집권 초기였다. 광주 사태는 누구나 기억한다. 그러나 사북·황지 사태는 기억하는 사람이 별로 없다. 그러나 그 실상은 자못 심각했다.

우리나라 노동투쟁 역사에서 현직 경찰서장이 노동자들의 돌에 맞아 죽은 일이 있었는가? 실제 1980년 4월 사북에서 이런 일이 벌어졌다. 석탄산업이 사양길에 접어들며 채탄부(막장굴에 들어가 석탄을 곡괭이로 캐고 나르는 노동자)들의 삶이 불안해졌다. 당시 채탄부들은 그의 노동인생 마지막 선택이었다. 대도시나 농촌에서 도저히 먹고살 수 없는 사람들이 흘러들어 온 경우가 대부분이었다. 생사가 걸린 문제에서 분별이라는 것을 기대할 수 있겠는가. 그래서 사태 진압에 나선 현직 경찰서장이 돌에 맞아 죽은 것이다. 군부 정권 초기여서 강제진압은 됐다. 그러나 잠재적 폭발력은 가히 공포 그 자체였다.

이 사람들이 1990년대 후반에 또 들고일어났다. 정부가 석탄산업은 이제 경제성이 없어서 문 닫겠다고 하니 그러면 먹고살 대책을 만들어 놓고 문을 닫으라고 들고일어난 것이다. 다급해진 김대중 정권은 고심 끝에 내국인이 출입 가능한 카지노를 허가해 주기로 했다. 미국에서 소수민족(주로 아메리카 원주민)을 한곳으로 이주시켜 놓고 일자리가 없는 이들이 먹고살게 하기 위하여 카지노를 허가해 준 사례를 모방한 것이다.

외국인 전용 카지노는 이미 국내에 여러 개 있어 왔지만 내국인의 출입이 제한되기 때문에 그곳에서 무슨 일이 벌어지고 있는지 사람들은 관심이 없다. 그러나 일반 국민이 마음대로 출입 가능한 강원랜드 카지노는 그것들과는 근본이 다르다. 골프, 당구까지도 돈을 걸지 않으면 재미없다고 할 만큼 노름을 좋아하는 사람들에게 천국이 생긴 것이다. 허가를 내 준 담당자들도 깜짝 놀랄 만큼 문을 열자마자 연간 순수익이 천억 원대를 넘어섰다(현재는 연 5천억 원에 이른다). 패가망신에 인생 막다른 길로 내몰린 도박중독자가 양산되고 있음에도 그 부작용보다는 쌓이는 돈이 워낙 거금이라 그 유혹에서 누구도 벗어나지 못한다.

처음에는 카지노만 운영하는 소기업이었는데, 쌓이는 돈을 반복 투자하면서 호텔, 콘도, 스키장, 골프장, 워터파크 등으로 확장하여 지금은 초대형 복합리조트 사업체로 변모했다. 단일 리조트업체로서는 그 자산 규모, 시설, 종업원 수 등에서 국내에서는 단연 최대이고 마카오나 라스베이거스의 카지노 재벌들과도 거의 맞먹을 수준이다. 이토록 화려한 외형적 성장을 해 왔지만, 속으로는 엄청나게 곪아들어 가고 있었다. 쌓여 가는 현금에만 혈안이 되었을 뿐, 어느 누구도 책임지고 경영할 주인의식이 없었기 때문이다.

1990년 말 IMF 체제로 들어가면서 국내에서는 미국에서 박사 받고 들어온 경영학자들을 중심으로 "오너경영 체제가 나라 경제를 망쳤다"면서 전문경영인 체제를 강조했다. 그러나 그 후 20년 세월이 흘렀는데 전문경영인 체제로 성공한 기업이 과연 몇이나 되는가? 포스코, KT, KB국민은행이 그나마 전문경영인 체제로 자리 잡았다고 하지만 정부의 입김은 여전하다. 완전 민영화와는 거리가 멀다는 뜻이다. 이에 반해 공기업은 이도 저도 아니다. 누구에게도 주인의식이 전혀 없는 데다가 인센티브도 없으니 전심전력할 이유가 없다. 공적 사명감 하나로 버틴다 하더라도 경영에 개입하는 자가 워낙 많고(청와대, 관련 부처, 자치단체 등) 뜯어먹자고 달라붙는 자 또한 부지기수다. 게다가 감사라는 구실로 깐죽대는 곳은 또 몇인가. 감사원, 지역 언론, 중앙 언론, 시민단체 등 그 수를 헤아릴 수조차 없다.

하지만 이것들은 그나마 간접적이다. 강성 노조의 몽니는 더 직접적이고 노골적이다. 공기업 노조는 대개가 민주노총 산하이다. 정치단체에 가깝다. 기업을 잘되게 하자는 목적보다는 투쟁 그 자체를 위한 투쟁을 한다. 한 술 더 떠서 기업의 성격과는 무관한 민주노총의 투쟁 노선에 부화뇌동하는 정치투쟁도 서슴없이 한다.

게다가 정권에 따라서는 공기업을 정권 선전·선동의 전위대로 삼는다. 이명박 정권 시절에는 형님(이명박 형 이상득) 외교활동을 위하여 가스공사를 앞세워 지구촌 곳곳의 광산을 구입케 하여 수천억 원의 적자를 초래했다. 문재인 정권의 탈원전 정책으로 멀쩡했던 한국수력원자력과 한국전력이 망가져 가고 있다. 감독·주무부처라는 자들은 낙하산 인사와 청와대의 의중만 살필 뿐, 어떻게 하면 산하 공공기관을 건강한 공기업으로 발전시킬 것인가에 대하여는 관심도 뒷전이고, 그렇게 할 능력도 없다. 이런 경영 환경 속에서 공기업의 뼛속까지 스며든 5대악을 무슨 재간으로 척결할 수 있겠나.

임원 인사에 권력기관 개입 차단

부정부패의 근절 다음으로 중요한 것이 인사의 투명성과 공정성이다. 우선 나 자신이 남들에게 비전문가의 낙하산 인사로 보일 수 있었다. 그래서 전 직원 조회 때 솔직히 고백했다. 내가 사장으로 오게 된 경위를 가감 없이 간략하게 설명해 주었다. 여기에 덧붙여 강원랜드를 포함한 모든 공기업이 안고 있는 5대 적폐를 나보다 더 잘 근절할 수 있는 자는 적어도 지원자 중에는 없었다고 말해 주었다. 그리고 복합리조트 사업체로서 살아남기 위하여 어떤 경쟁력을 갖추어야 하는지 최대한 짧은 시간 내에 두루 보고 배워서 비전문가라는 말이 나오지 않도록 하겠다고 약속했다. 그리고 약속한 대로 이행했다.

취임한 지 두 달이 지나 새해가 되었다. 우선 임기가 만료되었거나 그

동안 공석이었던 임원 7~8명을 신규 채용해야 할 상황이다. 강원랜드 임직원 인사권은 사장에게 있다. 부사장을 불러 지시했다.

"당신이 인사위원장이 되고 외부 인사 몇 분 모셔 와서 인사위원회를 구성하여 분야별로 유능한 임원들을 뽑으시오."

"그래도 임원인데 사장님이 직접 고르셔야 하지 않겠습니까?"

"공기업 사장은 처음 해 보는 일인데 난들 어떤 자가 유능한지 한눈에 알아볼 수 있겠는가? 서류 전형과 면접 전형으로 분야별로 2배수를 선발해 오면 그 명단을 놓고 함께 검토해 보자. 그 전 단계는 부사장이 책임지고 걸러 내라."

그렇게 1차 선발권을 부사장에게 확실하게 위임했다.

이 부사장은 대학 후배이고 언론인 출신이다. 그 속을 알 수 없을 만큼 말수가 적고 꼼꼼한 사람이다. 임원 채용 공고를 내고 며칠 후 그가 방으로 찾아왔다.

"오늘 서울 출장 다녀오겠습니다. 임원 면접일이라서요."

"아, 그래요? 잘됐네. 면접위원은 누구누구요?"

"아마 사장님은 모르실 겁니다. 한 분은 산자부 출신 전직 공무원이구요, 한 분은 대학 교수입니다. 이력서를 보시겠습니까?"

들고 들어온 서류봉투를 꺼내려 하길래

"아니, 아니, 됐어요. 그 사람들 내가 알아서 뭐 하게. 부사장이 알아서 잘 뽑으세요."

그에 대한 백 퍼센트 신뢰를 재확인했다.

"그런데 사장님, 혹시 어디서 전화 받으신 거 없으십니까? 미리 알려 주시면 면접 때 유념하겠습니다."

처음에는 이 말의 뜻을 잘 알아듣지 못했다.

"전화라니, 무슨 전화?"

"아, 예. 그러면 됐습니다. 혹 청와대나 다른 기관 또는 지인들로부터 부탁 전화 받으신 것 없나 싶어서요."

그제서야 생각이 떠올랐다. 아닌 게 아니라 두어 군데서 전화를 받았다. 한 명은 검사 시절 절친이던 연수원 동기이고, 다른 한 명은 사회에서 만난 친구인데 의리 있고 생각의 폭도 넓은 호인이다. 이들로부터 동생인가 처남인가가 강원랜드 임원으로 응시했으니 잘 좀 살펴봐 달라는 전화가 있었다. 이 두 사람 얘기를 해 줄까 하다가 참았다.

1차 선발권을 부사장에게 위임한 이상 그 권한은 부사장에게 있다. 위임해 놓고 "이런 저런 응시자는 좀 챙기시오" 하면 그 위임의 의미가 무엇이란 말인가? 그러고도 전 직원 조회나 간담회 때 공정한 인사를 말하면 부사장이 옆에 앉아 속으로 비웃을 것 아닌가.

"아~ 그거, 전화 몇 통 받기는 했지만 무시하세요. 2배수 안에도 못 들어오는 수준이라면 아예 거명할 가치도 없지요. 마음 편하게 선발하세요."

그 후 부사장이 분야별로 2배수를 선발해 왔다. 부탁 전화 온 그 두 사람은 모두 탈락돼 있었다. 그것이 서운했던지 그 이후로 지금껏 이 친구들 안부 전화도 없다.

둘 중에 한 명씩을 골라야 한다. 이것은 온전히 사장 몫이다. 그러나 나이 50세 전후한 응시자들에게 몇 줄짜리 학력, 경력, 그리고 면접 점수가 무슨 의미가 있겠나. 그자의 얼굴, 특히 눈을 보면서 그 인성, 품격, 언행을 봐야 할 것 아닌가. 그렇다고 로또 번호 찍듯 찍을 수도 없다.

다시 부사장을 불렀다.

"어찌 됐든 점수는 점수이니 일응 1순위자를 선발하도록 합시다. 다만, 출신 지역과 남녀 성별 그리고 직원 사기를 고려해서 여성 임원과 내부 승진자가 꼭 한 명씩 있었으면 좋겠고(강원랜드는 19년 전 창사 이래 직원이 임원으로 승진되거나 여성이 임원이 된 경우는 단 한 건도 없었다), 1순위자들이 어느 한 지역으로 편중돼 있으면 2순위라도 다른 지역 응시자를 뽑도록 합시다. 부사장이 면접 봤으니 이 사람은 무조건이다, 라고 여겨지는 응시자가 있습니까? 우선 그 사람부터 먼저 찍읍시다."

그랬더니 감사실장직에 지원한 이모를 서슴없이 지목한다.

"이 사람은 국가정보원 1급 국장 출신이라 사실 강원랜드 상임감사도 아닌 임원감사 지위에는 과분한 사람인데, 똑똑하고 바른 사람으로 보이던데요."

"그래요? 그거 잘됐네. 그 사람으로 합니다. 다음은요?"

그 나머지는 잘 모르겠다면서 "사장님이 선발하시지요" 한다.

여성 임원 1명, 내부 승진자 1명 정해 놓고 나니 두 자리가 고민이다. 하나는 카지노 담당 임원이고, 다른 하나는 카지노를 제외한 리조트 시설(시설 규모는 이것이 훨씬 크다) 담당 임원이다. 강원랜드를 먹여살리는 2개 부서이다.

카지노 담당 임원으로는 두 명이 경합한다. 한 응시자는 국방부 조사본부장을 지낸 카지노가 뭔지도 모르는 사람이고, 다른 응시자는 국내 카지노업계만 20년 이상 전전하던 사람이다. 결론을 내렸다. 강원랜드 카지노는 영업이나 마케팅은 그리 중요하지 않다. 3,500여 명에 이르는 카지노업장 종사자들의 관리가 가장 중요한 소임이다(이들이 노조 구성원의 대부분을 차지한다). 그리고 문광부 국회 문광위원회 언론 등과의 관계 설정이 더 중요하니 과거 군 사단 병력을 관리해 본 사람이 더 낫겠다는 판단이 섰다. 그 또래의 사관학교 출신들에게 그의 사람됨을 물어보니 "한결같이 올곧게 군 생활을 한 사람"으로 평한다. 그래서 그 육군소장 출신을 낙점했다(그럼에도 불구하고 국정감사만 열리면 왜 카지노 문외한인 군 출신을 카지노본부장으로 선발했느냐가 질문의 단골 메뉴였다).

나머지 하나, 리조트사업체 담당 임원은 "아무리 봐도 적임자가 없는 것 같소. 재공모 합시다"로 결론이 났다.

부사장이 혹시 면접할 때 유념할 사항 있느냐고 물었을 때 무심코 두 친구로부터 전화 받은 내용을 말해 줬더라면, 그리고 그 사람들이 혹여라도 임원으로 채용됐더라면 나는 아차 하는 순간에 꼼짝없이 인사 청탁을 저지른 셈이 된다. 사람 뽑는 일이 얼마나 어려운가 실감되는 대목이다.

그로부터 다시 며칠이 지났다. 부사장이 다시 들어왔다. 쪽지를 한 장 내민다. 사람 이름이 세 명 적혀 있었다. "이게 뭐요?" 했더니 앞으로 강원랜드 임원 선발할 때 참작해 달라면서 청와대에서 온 전화 내용이라 했다. 어느 놈이 그따위 전화를 하더냐고 물어도 부사장은 그에 대한 대답은 하지 않고, 그냥 참작만 하시고 구애받으실 필요는 없다고 한다.

그런데 그중 눈에 익은 이름이 하나 있었다.

'혹시 그놈이 아닌가?'

의심이 들어 오래포럼 사무국으로 전화를 걸었다. 이름을 확인한즉 역시 그자가 맞단다. 한때 회원 노릇을 했는데 포럼 활동을 핑계로 자신의 공직 선거에 이용해 먹으려는 행태가 너무 노골적이어서 제명시킨 놈이다. 지난 대통령 선거 때 어떤 캠프에 들어가 활동한다는 소문은 전해 들은 바 있다. 그런데 이자가 청와대까지 손을 뻗쳐 인사 청탁을 한 것이다.

청와대 인사수석실로 전화를 걸게 했다. 수석비서관은 부재중이라며 어느 비서관과 통화가 연결됐다.

"내가 강원랜드 함승희 사장이오. 인사수석과 통화 좀 하고 싶은데."

"수석님은 지금 부재중입니다. 사적인 내용이 아니면 저에게 말씀하셔도 됩니다만."

"그래요? 강원랜드 임원 공채하는데 부사장 통해서 세 명 쪽지 보낸 것 있소?"

이 사람 좀 당황한 목소리로

"저는 잘 모르는 내용인데요. 무슨 문제라도 생겼습니까?"

"그 세 명 중에 한 명은 내가 잘 아는 사람이오."

"아, 마침 잘됐네요. 크게 부담 가지시지는 마십시오."

"이보시오, 부담 갖지 말라니, 청와대에서 공기업 사장에게 이런 쪽지를 내려 보내면 부담 갖지 않을 공기업 사장이 어디 있겠소? 사람을 추천하려거든 제대로 좀 알아보고 추천하시오. 그놈 아주 못된 놈이란 말이오. 나머지 두 놈도 같은 놈이 아니란 보장이 어디 있소?"

라고 언성을 높이니 이 비서관이라는 사람, 그제서야 정신이 번쩍 드나 보다.

"그냥 당에서 추천해 온 명단을 전달한 것뿐입니다. 세 명 모두 무시해도 상관없습니다."

"청와대 인사가 매사 이런 식으로 이루어지니 결국 대통령 욕 먹이는 것 아니오. 당신들 어공(어쩌다 공무원)은 거기서 일하다가 정권 바뀌고 원대복귀하면 그뿐이지만, 밖에서 일하는 사람들은 정권이 망가지면 덤터기로 하루아침에 병신 된다 이 말이오. 알겠소? 그 수석이라는 사람에게 내 말 그대로 전하시오."

이놈이 한 마디라도 헛소리를 지껄이면 김 실장에게 전화하여 "공기업 인사를 이 따위로 하느냐"고 따져 물을 작정이었는데, 더 이상 군소리가 들리지 않아 그만뒀다. 그 이후 이 전화 받은 비서관이 소문을 냈는지 임기 3년간 청와대로부터는 단 한 통의 청탁 전화 같은 것이 없었다.

이토록 임원 인사를 엄정하게 하였음에도 불구하고, 2016년 말 국정감사 때의 일이다. 어떤 의원이 오래포럼 회원을 임원으로 특채하지 않았느냐고 질의했다. 배석했던 부사장 이하 전 임직원이 혀를 찼다. 똥개 눈에는 똥만 보인다고, 제 놈들이 그따위 인생을 살아왔으니 남도 다 그렇게 사는 줄 잘못 아는 소치이다. 안타까운 일이다.

부정부패 온상에서 깨끗한 공기업으로

모든 생명체의 사활은 그 생명체를 구성하는 세포 하나하나의 건강성과 유기적 결합성에 달려 있다. 하나의 생명체가 건강성을 유지함에 하찮은 부분이란 없다. 악성 세포 하나가 씨앗이 되어 몸 전체로 암세포가 번져 결국 그 생명체는 죽는다. 인간사회라는 유기체는 하나하나의 인간이 세포다. 인류 역사의 흐름을 보면 국가 대 국가의 치열한 전쟁에서 패함으로써 국가가 멸망한 경우보다는 내부 암세포가 세력을 확장하여 반란, 쿠데타, 혁명으로 체제가 뒤집히고 왕조가 멸망한 경우가 더 많다. 멀리 갈 것 없다. 조선왕조의 멸망 과정을 보라. 총 한 방 쏘지 못하고 왕조가 멸망하지 않았나. 한 나라 안에서의 정권도 이와 유사하고, 각종 기업과 단체도 이와 유사하다. 그렇기 때문에 지도자, 즉 리더는 세포 구성원들의 적절한 구성과 배치, 다시 말하여 공정하고도 적정한 인사에 조직체의 사활이 걸려 있음을 처절하게 인식하고 있어야 한다.

강원랜드는 이 같은 관점에서 보면 태생적 기형이다. 태어나기를 폐광 지역 주민의 집단반발을 무마하는 데 필요한 거액의 돈을 만들기 위해서 태어났기 때문이다. 폐광 지역 주민들, 특히 삭발을 하고 집단행동에 앞장섰던 주민들은 자본금 수천억 원으로 출발한 주식회사 강원랜드에 단 1원의 지분 참여도 없으면서 정서적 주인 행세를 하고 있다. 강원랜드 설립 초창기부터 어느 정도 공기업 형태를 갖추기까지 10여 년간 역대 강원랜드의 사장들은 이것이 주식회사임에도 불구하고 자본금을 투자한 주주보다 이들 태생적, 정서적 주인을 더 섬겼다. 섬겼다기보다 그들에 끌려다녔다는 표현이 더 적절하다. 그들은 아들, 딸, 며느리, 심지어 사돈의 팔촌까지 온 가족을 강원랜드에 취직시켜서 먹고살아 왔다.

여기에 지분 참여한 주인들(강원도를 비롯한 7개 자치단체)도 법적 의미의 주주라는 명분으로 또 한몫씩 챙겨 왔다. 대주주인 광해관리공단을 지배하는 산자부, 그 산자부를 지배하는 청와대, 그 산자부와 청와대에 국정감사를 구실로 영향력을 뻗치려는 국회의원들, 이놈들 역시 먹이사슬을 이루어 한몫씩 챙겨 왔다.

이런 상황 속에서 강원랜드의 역대 사장은 어떤 사람들인가? 퇴물 공직자나 집권세력의 시다바리 노릇을 하다가 정권 실세들의 은총(?)으로 한자리 차고 들어온 심약한 자들이 대부분이었다. 한둘도 아닌 주인 행세하려는 거칠고 탐욕스러운 집단과 의지 나약한 CEO와의 관계 설정을 한번 상상해 보라. 시작부터 이미 게임은 끝난 것이다. 역대 강원랜드 사장들은 5천 명 임직원의 리더이기 전에, 자산 규모 3조 원짜리 대기업의 관리인이기 전에, 이미 무도하게 주인 행세하는 다양한 집단들의 말 잘 듣는 머슴일 뿐이었다. 한 단계 높여 충직한 마름이라고나 할까.

강원랜드가 지난 15년간 운영돼 오면서 누적된 최악의 부정적 이미지는 부정부패이다. 어떤 때는 사장이 구속되고 또 어떤 때는 자회사의 사장 또는 본사의 임직원이 구속되었는데, 그 사유가 모두 부정부패이다. 1년에 한 번씩 시행되는 공공기관 청렴도 평가에서도 강원랜드는 항상 꼴찌 등급(E등급)을 면치 못했다. 그도 그럴 것이 해마다 기존 시설의 보수·관리·유지 및 각종 구매 예산만 수천억 원이 넘는 데다가 신규 사업 투자도 해마다 수백억 원에 이른다. 이 같은 환경 속에서 주인 행세하며 이권에 입질하는 놈이 한둘이 아닌 데다가 강원랜드 사장 자리를 도지사나 국회의원 출마를 위한 발판으로 삼으려는 자 또한 한둘이 아니었으니 저희들끼리 배가 맞는(유착) 것은 당연한 이치이다.

이사회라는 것은 집행임원을 견제하는 수단으로 존재하는 것인데, 주식회사 강원랜드의 이사회는 주주인 강원도와 4개 시·군의 대리인격으로 온 자들과 국회의원 따위의 입김으로 선임된 몇몇 지역 유지들로 채워진 구성체이다. 그러하니 각각 자기 도·시·군 또는 이익집단의 몫만 챙기기에 혈안이 될 수밖에. 게다가 감독·감사기관이라는 산자부와 감사원은 지역이기주의로 가득 찬 국회 산자위원회와 법사위원회 소속 의원들의 영향력에서 벗어나지 못하고 있다. 아예 하수인 노릇 하는 놈들도 있다. 그러니 무엇이 무엇을 견제하며 누가 누구를 감시하나?

내가 사장으로 부임한 이후로는 이 같은 먹이사슬을 무시하고 주주로서의 배당금과 법이 정한 폐광 지원금 그리고 법적 테두리 안에서의 사회공헌기금과 복지기금 외에는 어떤 자도 10원짜리 하나 입질을 못하게 하였으니 그동안 한통속이 되어 짬짬이로 잘 해먹던 놈들이 얼마나 속앓이가 컸겠나?

처음 부임할 때 길거리에 나붙었던 200여 장의 "함 사장 환영합니다"라는 플래카드는 1년쯤 지나고 나니 "함 사장은 강원랜드의 주인이 누구인지 똑바로 인식하라"라는 400여 장의 플래카드로 바뀌었다. 그렇더라도 부정부패만은 뿌리를 뽑아야겠다는 생각이었다. 그러지 않고서는 굳이 그 산골 오지에 와서 사장입네 앉아 있을 이유가 없었다. 더 나아가 아무리 돈을 많이 벌어 폐광 지역 경제 발전에 기여한다고 하더라도 공기업으로서 지속시켜야 할 명분도 없었다.

사장 취임 직후, 첫 번째 각 부서 팀장급 이상 200여 명이 참석하는 확대간부회의를 소집했다. 그리고 이렇게 단언했다.

"업무와 관련하여 과거에 돈 받아먹은 것은 불문에 부치겠다. 현재 진행중인 업무와 관련하여 받은 돈이 있으면 1주일 내로 돌려줘라. 준 놈이 돌려받기를 거절하면 그 돈 들고 감사실에 찾아가 자복해라. 그러면 징계를 면해 주겠다. 이후에 돈 받은 사실이 드러나면 그 액수의 다과에 관계없이 최고 수위의 징계와 더불어 100만 원 이상일 때에는 검찰에 고발하겠다. 예외는 없다. 그리고 감사실은 최근 금품 수수로 중징계받은 사건들을 다시 검토하여 100만 원 이상인 사건은 징계의 종류와 관계없이 소급하여 검찰에 고발하라."

실제로 이에 해당하는 혐의자 8명이 검찰에 고발됐다. 이들에게는 아닌 밤중에 날벼락이었을 것이지만, 전 직원에게 반부패 의지를 확실하게 인식시키는 계기가 되었다.

그리고 임원들에게 지시했다.

"금전 지출이 수반되는 업무와 관련하여서는 그 규모가 30억 원 미만일 경우 집행임원과 부사장의 전결로 처리해라. 법적으로나 실체상으로나 사장과 연계시키려 들지 마라. 협력업체와 관련된 어떤 자도 사장실 근처에도 오지 못하게 해라. 이 또한 예외는 없다."

이권이 걸린 문제에서 사장은 객관적 입장을 유지하기 위한 조치였다. 그래야만 유착의 잡음과 편견에서 자유로울 수 있기 때문이다.

임기 3년 내내 이 룰을 지키게 했다. 이렇게 제도를 바꾸었더니 부작용이 나타났다. "강원랜드는 부사장이 실세라더라", "부사장에게만 잘 보이면 된다더라" 등. 그러나 개의치 않았다.

그 효과는 바로 나타났다. 2016년 초에 실시한 2015년 공공기관 청렴도 평가에서 강원랜드는 한꺼번에 3등급이나 뛰어오른 B등급(우수등급) 평가를 받았다. 전 직원은 물론 민주노총 산하 강성 노조인 강원랜드 노조 집행부도 사장실로 일부러 찾아와 감사 표시를 했다. 그 후 3년 내내 우수등급 평가를 유지했다. 큰 보람이었다.

언론과 사정기관의 비열한 행태

홍위병들 앞세운 적폐몰이

강원도 정선 산골짜기, 행정구역으로는 정선군 사북읍 사북리 소재 소라아파트라는 곳(2시간 간격으로 밤낮없이 태백선 열차가 굉음을 내며 지나간다)에 마련된 관사에서 정 붙여 가면서 하루 하루를 지내다 보니 2주간이 눈 깜짝할 사이 지나갔다.

부임한 날로부터 2주 후인 11월 28일 금요일 서울로 왔다. 금, 토, 일 3일간 강원랜드 서울사무소와 오래포럼 사무국에 들러 밀린 일 좀 처리하고 12월 1~2일(월~화) 이틀간 국회에 들어가 산자위와 문광위 위원장과 양당의 간사들을 만났다. 부임 직후 최우선적으로 해야 한다던 부임 인사를 간 것이다.

그런데 개중에는 이런 놈도 있었다. 서울 노원구에서 국회의원 할 때이다. 지역구에서 무슨 음식점을 경영하는 자를 앞세우고 나를 찾아와 평생 충성하겠다면서 노원구가 인구 과잉으로 갑구, 을구, 병구로 분구되면 자신을 그곳에 공천받을 수 있게 도와달라고 부탁하던 놈이 산자위 위원장이라고 앉아 있었다. 그냥 부탁이 아니라 다소곳이 앉아 두 손을 모으고 머리를 조아리던 놈이다. 그런데 이놈이 나를 처음 보는 사람처럼 대한다. 과일을 먹고 있었는지 과일 포크를 손에 든 채로 말을 한다. 이런 씨×놈 하면서 되돌아 나올까 하다가 억지웃음을 지으며 5분가량 앉아 있다가 나왔다. 전라도가 고향인 청와대 행정관인가 하던 놈이다. 강원랜드 사장 괜히 한다고 했구나라는 생각을 들게 한 첫 번째 놈이다. 그 후로 이런 놈, 아니 이보다 몇 배 더 가소로운 놈도 여럿 만났다.

최악의 경우는 이런 일도 있었다. 사장 그만두고 1년쯤 지났을 무렵이다(정확하게는 2018년 8월). 문재인 정권에 장악된 몇몇 좌파 언론 내지 노조 경영 언론쟁이들이 서로 짠 듯 벌떼같이 달려들어 내가 강원랜드 사장으로 근무하면서 회사 법인카드를 사적 목적으로 사용했다고 물고 늘어졌다(사실 확인도 없이 대서특필했다). 이른바 적폐몰이의 일종이다. 임기 3년 동안 실제로 사용된 법인카드 총 금액은 8,700만 원(1년 사용액 2,900만 원 정도)인 것은 회계장부상으로 명백함에도 '억' 소리를 제목에 붙여야 시청자의 이목을 끌 것 같으니 터무니없이 억대의 돈을 사적 목적으로 사용했다고 기사를 썼다. 제목만 읽으면 3년간 업무상으로는 단한 푼도 쓰지 않고 억대의 돈을 전부 사적 목적으로 썼다는 뜻이 되니 이런 허무맹랑한 것도 기사냐? 게다가 취임한 지 보름밖에 안 된 시점인 12월 1~2일(산자위원장 등을 만난 그날) 이틀간 사장은 정선에서 근무하고 있었는데, 사장에게 발급된 법인카드는 여러 차례 서울에서 사용되었단다. 그러니 틀림없이 그 카드를 제3자에게 줘서 그 제3자가 제 마음대로 쓰고 다녔을 것이라고 보도했다.

처음에는 무관심했다. 정권이 바뀌면서(통상적인 선거가 아닌 탄핵과 촛불이라는 전형적인 포퓰리즘에 의한 정권 교체이기 때문에) 완장 찬 좌파들의 광신적 푸닥거리쯤으로 여기고 "미친놈들, 아무리 지×병을 떨어 봐라. 어림도 없다"라는 생각으로 내버려 뒀다.

그런데 그냥 두면 정말 내가 공·사 구분도 못하는 3류 인간이 될 판이 되었다. 당시 대관(對官)업무(국회, 산자부, 문광부 등 강원랜드를 감독 또는 감사하는 정부 부처를 통칭하여 이들과 접촉하는 업무) 담당 팀장에게 업무일지를 확인해 볼 것을 부탁했다. 그의 업무일지에도 명료하게 12월

1일 및 2일 내가 국회 각 상임위 위원장실에 상견례를 겸해 방문을 하였고, 점심과 저녁에는 그중 친분이 있는 의원 몇 명(한선교 문광위원 등)과 식사까지 한 것으로 적혀 있었다. 국회 등 정부 부처를 방문할 때는 항상 대관업무 팀장이 길 안내를 한다. 게다가 수행비서와 운전기사는 당일 국회 내 후생관에서 음료수 등을 구입한 법인카드 사용 내역도 있었다. 그런데 그 방송과 신문, 그리고 민주당 의원 두 놈은 사장은 그날 강원도 정선에 있었고 법인카드는 서울에서 사용됐으니 횡령 또는 배임죄가 되지 않겠느냐면서 시청자에게 새빨간 거짓말을 '보도', '기사', '인터뷰'라는 형식을 빌려 나불거렸다(국회의원놈의 인터뷰는 국회 내의 직무 활동이 아니기 때문에 면책특권 대상도 아니다). 그 강원랜드 법인카드는 사장 이름이 새겨진 기명카드로서 3년간 단 한순간이라도 내 지갑 속에서 벗어난 적이 없는데도 말이다.

사실관계가 이러하다면 이들을 어떻게 조치해야 하나? 검사였다면 당장 잡아넣어 버리기에 충분하다. 그런데 검사 그만둔 지 오래다. 어떤 사람은 1차로 언론보도 정정 신청을 하고 그다음으로 형사고소 또는 명예훼손으로 인한 위자료 청구 소송을 하라고 한다. 나더러 경찰 또는 검찰에 가서 고소인 조사를 받으라는 말이다. 내가 호구냐, 그런 짓을 하구 돌아다니게? 호구 아니면 무슨 방법이 있나? 아직은 처절하게 응징할 묘수를 찾지 못하고 있다. 그러나 세월이 지난다고 그냥 넘어가면 진짜 호구가 된다. 그놈들 눈깔에서도 피눈물이 나게 해야 한다. 그 기사, 그 뉴스 때문에 내 주위 사람들이 받았던 가슴 아픔의 열 배, 백 배의 고통을 그놈들에게 되돌려 주어야 한다. 아주 둔탁하면서도 찐한 고통을 말이다. 요즘에도 인터넷을 통하여 내 이름을 검색하면 그때의 그 쓰레기 같은 기사 내용이 뜬다지 않는가.

법률가에게 있어서 정의란 완벽한 법치의 실현이다. 임마누엘 칸트가 한 말이다. 그러나 법치의 작동이 고장 났을 때, 즉 경찰, 검사, 기자 따위가 정치권력의 충견(忠犬)이 되어 객관적 사실 인식을 못하거나 외면할 경우 법치에 의한 정의 실현은 불가능하게 된다. 이럴 때 나는 늘 영화 〈대부 2〉를 떠올린다. 음해적 증언을 한 프랭키를 욕조에서 동맥을 끊고 자살하게 만드는 알 파치노의 모습 말이다. 자구행위(폭력에 의한 보복)와 국가 공권력에 의한 응징(수사와 재판), 어느 것이 더 인간성의 실현이고 정의에 가까운 것인가는 법철학의 영역에서 영원한 숙제다.

감사원의 초법적 갑질

감사원의 공공기관 감사에 대하여는 좀 더 상세한 분석이 필요하다. 내 경험으로 감사원은 경찰과 더불어 대한민국 공권력기관 중 가장 비겁한 행태를 보여 온 집단 중의 하나다. 살아 있는 권력에 아부하는 충견 집단이라는 뜻이다. 명색은 헌법기관이다. 헌법기관으로 자리매김해 준 이유는 정치적 독립성과 중립성을 유지하라는 뜻이다. 그런데 정권의 눈치를 살피면서 감사 권한을 행사하고 결과 조치를 하는 데에는 경찰 못지않게 예종적이다. 일반 국민을 상대하지 않고 공무원(또는 공공기관 종사자)들을 상대하기 때문에 그 비겁함과 무모함이 널리 소문나지 않았을 뿐이다.

이들 업무 행태의 치졸함은 이미 의원 시절에 경험한 바 있다. 당시 감사원장은 내가 전두환 대통령의 동생 전경환을 수사할 때 염보현 서울시장 구속 문제로 한 차례 부딪힌 적이 있던 그 사람이다. 중수부장을 거친 수사에는 남다른 안목을 가진 인물이다.

국정감사 때의 일이다. 당시 나는 법사위 간사위원으로서 감사원장인 그에게 물었다.

"원장님, 법체계상 청와대, 안기부, 검찰 같은 권력기관은 감사원의 감사 대상에서 제외돼 있나요?"

"아닙니다. 국가안보 관련 업무 아닌 통상 업무에 대하여는 감사할 수 있습니다."

"원장으로 취임한 후, 아니면 그 전에라도 이 세 기관에 대하여 감사원이 회계감사는 물론 직무 감찰을 한 적 있나요?"

당황해 하며 즉답을 못한다.

"감사원을 포함한 이 4대 기관 상호간에는 서로 봐주기로 한 이른바 '침묵의 카르텔'(이탈리아 마피아 조직들의 전통이다)이라도 존재하는 것인가요?"

평소 여유 있는 감사원장의 모습은 찾을 길이 없다. 쩔쩔맨다.

"그러면서 툭하면 공공기관장들의 몇 푼 안 되는 판공비 사용 내역은 확대경으로 들여다보는, 그것도 모든 공공기관장에 대한 공평 감사도 아니고 정권의 눈밖에 난 몇몇 공공기관장만 선별해서 그게 뭐 하는 짓이오? 헌법기관인 감사원이 경찰처럼 타 기관의 사주에 의한 청부감사나 표적감사를 한다는 것이 부끄럽지도 않소?"

"의원님 말씀이 맞습니다. 앞으로 그런 잘못된 관행은 바로잡아 나가겠습니다."

"당신들 연초 업무계획 보고할 때 보면, 상투적으로 대형 국책사업에 대한 예방감사, 정책감사에 주력하겠다고 하고 있지 않소. KTX 사업,

방위산업 같은 수천억 원 내지 수조 원씩 예산이 소요되는, 그래서 정책 결정이 한번 잘못됐거나 사악한 정치적 의도가 개입되면 국민의 혈세가 수천억 원에서 수조 원이 날아가는 그런 대형 국책사업을 정책감사, 예방 감사 하라 이 말이오. 소 잃고 외양간 고치는 식의 사후감사에만 매달리지 말고. 그래서 대통령에게 문제점을 보고하고 국민에게도 그 문제점을 알려야 하는 것 아니오? 정권 바뀐 다음에 하는 뒷북감사는 원상회복시킬 수도 없고 애먼 담당 실무자 몇 명만 문책당하고 끝나게 되니 이게 무슨 의미가 있소?"

질문이라기보다 호통이다. 이럴 때 피감사기관들의 상투적인 답변은 "존경하는 함승희 의원님의 말씀을 깊이 새겨 앞으로 업무에 반영토록 하겠습니다"라고 끝난다. 그 후에 뭐가 좀 달라졌나? 눈꼽만큼도 달라진 게 없다. 아니, 더욱 나빠져 가고 있다.

그래도 김영삼 정권 시절에는 이회창 감사원장이 있어 수십조 원이 투입된 방위산업(이른바 율곡사업)을 집중감사하여 당시 국방장관이던 이종구, 이상훈 등 몇몇 군 수뇌부와 안기부장을 검찰에 고발했고, 나는 대검찰청 중수부 검사로서 이자들을 뇌물죄로 구속한 적이 있다. 그 후 상황은 어떤가? 이명박 정권 시절의 치수사업, 해외 에너지 광산 투자사업, 박근혜 정권 시절의 각종 R&D 사업에 대해 사업 착수 전 또는 진행중일 때 정책감사를 한 적이 있는가? 안 했거나 형식상 하는 척만 하고 오히려 큰 문제 없는 것으로 하여 덮어 버리기 일쑤였다.

작금 가장 크게 문제가 되고 있는, 어쩌면 미래산업의 성장동력에 치명상이 될 수 있는 탈원전 정책은 정책감사, 예방감사의 필수적 대상이다. 월성 1호기를 조기 폐쇄 조치한 것에 대해 일부 언론이 구체적인 문제점까지 지적하며 감사를 촉구하는데도 요지부동이었다. 언론 보도 내용대로라면 정부의 이 조치는 부당을 넘어 명백한 범죄행위가 되는데도 말이다.

최근 월성 1호기 폐쇄 조치에 대한 경제적 평가 및 에너지 수급 정책의 절차적 위법성에 대한 최재형 전 감사원장의 정책감사는 이회창 감사원장 이래 보기 드문 감사원 본연의 모습이다. 또한 이에 대한 검찰 수사 역시 뒤늦은 감은 있으나 제 역할을 하는 것인데, 문정권은 이 또한 정치감사, 정치검찰이라고 매도하고 있다.

노무현 정권 때의 일이다. 대통령에 당선된 노무현의 급선무는 과거와의 단절이었다. 그는 우선 당적을 이탈했다. 자신을 선거운동 해 준 새천년민주당을 탈출한 것이다. 다음으로 그는 열성 추종 세력만을 헤쳐 모아 열린우리당을 만들어 여의도를 그들의 해방구로 삼았다. 이어서 국가정보원, 검찰, 감사원 등 국가 공권력기관의 장악에 나섰다. 국가정보원장에는 국가안보가 무엇인지도 모르는, 오히려 간첩 활동을 하다가 유죄판결을 받은 자의 석방운동에 앞장섰던 사람을 지명했다. 법무부장관에는 차관보다 7~8년 아래 기수의, 검찰 수사가 어떻게 진행되는지도 모르는 여성 법조인을 지명하여 검찰을 발칵 뒤집어 놓았다. 감사원장에는 백면서생인 무슨 대학 교수를 지명했다.

감사원장 후보에 대한 청문회는 법사위원회 소관이다. 국가정보원장 후보 청문회 때 여당 간사인 내가 야당 의원들보다 더 호되게 몰아붙였던 탓인지 감사원장 후보자는 내 방으로 직접 찾아와 선처를 부탁했다. 그러면서 본인의 저서 한 권을 놓고 갔다. 대충 읽어 보았다. 뉴질랜드의 정부조직 개혁에 관한 줄거리였다. 경제 규모 세계 10위권에 인구 5천만, 세계 강대국의 틈바구니에서 남북 대치 상태에 놓여 있는 대한민국의 정부조직은 남태평양에 외롭게 떨어져 있는 농축산국가 뉴질랜드와는 비교가 될 수 없다. 국민들의 심성부터가 근본적으로 다르다. 그런 나라의 정부조직 개혁을 연구했다는 경력을 들이밀면서 대한민국의 방대한 정부조직을 감사하는 기관의 장으로서 적임자라니 이게 말이 되나? 이자는 필경 강성 민노총의 생리가 어떠한지, 철밥통 문화가 왜 생겼는지, 정치권력과 관료 조직이 어떤 형태로 유착되어 있는지 알 턱이 없는 자이다. 그럼에도 불구하고 하필 이런 문외한을 감사원장에 지명한 노무현의 의도는 무엇인가? 단순하고 명백하다. 삼청동 감사원에서 30~40년 동안 똬리 틀고 들어앉아 만만한 먹잇감만을 눈깔 희번덕거리며 괴롭혀 온 이무기들을 한바탕 휘저어 놓을 심산이었으리라.

청문이 시작되었다. 여야를 불문하고 모든 청문위원들은 후보자의 개인 신상에 관한 것만 묻고 늘어진다. 내 차례가 되었다.

"감사원이 헌법기관이라는 사실을 아는가?"

"감사원을 헌법기관으로 둔 이유는 대통령 권력, 국회 권력과 맞짱 뜨라는 뜻이다. 그런데 대통령과의 개인적 인연으로 감사원장에 지명됐고, 법사위원회의 국정감사 대상인 후보자가 무슨 용기로 청와대 비서실을 비롯한 권력기관에 대한 감사를 제대로 할 수 있겠나?"

"일전에 안기부 예산 중에 천억 원 이상의 돈이 집권당 총선 자금으로 전용되었다는 사실이 언론에 보도됐다. 이것은 명백한 범죄이다. 직무감찰로 이를 밝혀낼 용기가 있는가?"

이 백면서생의 얼굴이 백지장처럼 하얗게 탈색됐다. 그는 인준 청문에서 부결됐다. 결국 노무현 정권에서도 감사원은 크게 달라진 것이 없게 됐다.

그런데 그 후 감사원의 행태를 지켜보면서, 아니 그들에게 터무니없는 갑질을 당하면서 이 백면서생을 감사원장 자리에 앉아 보지도 못하게 하고 쫓아낸 청문회에서의 내 처신이 과연 잘한 일인가 문득문득 의문이 들 때가 있었다. 차라리 노무현의 의도대로 이 백면서생으로 하여금 30~40년 똬리 틀고 삼청동에 틀어박혀 작은 물고기들만 괴롭히는 이무기들을 용소(龍沼) 밖으로 끌어내 말라 죽게 했어야 하는데 하는 아쉬움이 지금도 남는다.

"환영합니다"가 "사장 물러가라"로

그런 아쉬움을 들게 한 몇 가지 사례가 있다.

뒤에 이야기할 채용 비리 사건에 대한 감사원의 감사가 무능의 소치라면 강원랜드 워터파크 공사에 대한 감사는 비겁함의 표본이다. 이 공사는 약 2천억 원이 투입되는 대형 공사이다. 당초 예비타당성조사 할 당시 KDI를 비롯한 몇몇 용역기관들은 실내놀이시설과 야외놀이시설의 비율을 7 대 3 수준으로 하는 게 좋겠다는 의견을 제시했다. 강원랜드는 해발 1천 미터 가까운 산악 지역에 위치하기 때문에 여름이 짧고 또한 여름에도 선선하다. 그래서 이 같은 의견을 낸 것이리라. 그런데 무슨 곡절이 있었는지 앞선 최 사장은 이 의견을 무시하고 정반대로 3 대 7의 비율로 야외시설을 7로 하고, 게다가 야외시설과 실내시설을 각각 다른 곳에 설치하는 설계를 하여 공사를 착공했다. 여기저기서 말이 많았겠다. 그러니 감사원은 감사를 할 수밖에. 당시 감사결과서에는 분명 이 같은 설계는 잘못됐다고 지적하고 있다. 그러면서도 이미 야외놀이시설에 대한 공사 이권을 가진 자들(지역 영세 업체들이 대부분이다)의 반발이 거세지자 "잘못된 설계"라고 지적하면서도 시정 조치는 하지 않았다. 집단민원이 두려운 나머지 공사를 중단시키고 재설계 또는 설계변경할 것을 지시하지는 않은 것이다.

내가 부임한 직후부터 많은 사람들, 특히 지역 사정에 밝은 지방 언론 관계자들이 사무실로 찾아와 문제를 제기했다. 이사회에서도 일부 이사들이 이 문제를 다시 들여다볼 것을 권고한다. 나는 워터파크 물놀이 시설의 전문가가 아니다. 그러나 상식에 비추어 봐도 지하수 물이 20℃ 내외로 차기 때문에(공중사우나 시설의 찬물 온도가 19~20℃이다) 물놀이 시설에 적합한 온도인 27~28℃로 높이려면 엄청난 에너지가 소모되고, 지형적 여건 때문에(무더위 기간은 고작 30일 정도라 한다) 2천억 원 가까이 투입되는 이 대형공사가 자칫 애물단지로 전락할 위험이 클 것으로 판단됐다. 이미 수천억 원이 투입된 태백시의 오투리조트가 거덜이 났고 그로 인해 많은 법적 문제가 야기되고 있음을 빤히 보고도 이런 짓을 또 한다는 것이다.

그래서 용기를 냈다. 마침 시공사가 법정관리라는 내부 사정으로 일시 공사를 중단하고 있었다. 이 기회에 전문 업체에게 용역을 주어 기술적 판단을 다시 받아 보도록 했다. 용기를 냈다는 것은, 후임 사장으로서는 전임자가 시공한 대로 진행시키면 그뿐이고 나중에 부실덩어리가 되더라도 후임자 책임은 아닌 것이지만 그것은 공인의 자세가 아니라는 의미이다. 용역 결과는 내 예측대로였다. 실내시설 비율을 더 높이고 실내시설과 야외놀이시설을 한 장소에 설치하라는 것이다. 그래서 설계를 변경하여 실내놀이시설과 야외놀이시설 비율을 5 대 5 비율로 하기로 방침을 정하고 밀어붙였다. 이 과정에서 공사가 다소 지연됐다. 야외놀이시설에 이권을 가진 지역 업체들이 중심이 되어 "사장 물러가라"라는 플래카드가 강원랜드 진입로인 고한·사북 시내 일대에 수백 장 나붙었다. 부임할 때 모처럼 강단 있는 사장이 부임해 왔다며 "환영합니다" 했던 그 상황과 정반대가 되었다. 골프 치러, 트레킹 하러, 카지노 하러 드나드는 수천 수만 명의 고객들은 이 플래카드를 보고 "함승희 사장, 역시 검사 하던 사람이라 리조트 사업에는 문외한이구만"이라고 생각했을 것 같다. 내가 부임하기 전에 감사원이 감사 과정에서 적발한 문제점대로 시정 조치 했더라면 내가 이런 덤터기는 쓰지 않았을 것 아닌가.

2015년 국정감사장에서 오래포럼을 물고 늘어졌던 그 윤가 성 가진 의원은 워터파크 설계 변경 문제도 함께 물고 늘어졌다. 아예 국정감사 전날 모 방송에 자료를 주어 뉴스로 보도하게 하는 이른바 언론 플레이까지 하면서 치밀하게 물고 늘어졌다. 설계변경을 이중으로 한 데에는 필경 무슨 꿍꿍이속이 있을 것이라는 추측이었다.

그 워터파크는 내가 떠난 이듬해에 완공되어 운영되고 있다. 많은 직원이나 고객들이 "실내시설을 더 넓혔더라면 좋았을 것"이라고 한다지 않는가. 그리고 실내시설과 야외놀이시설을 한 장소에 설치한 것은 관리 운영 경비 면에서 정말 잘한 조치였다고 한다지 않는가.

당시 그 방송을 기획보도한 자와 그 의원은 지금이라도 강원랜드를 방문하여 실내시설을 그나마 5 대 5 비율로 넓힌 일이 얼마나 잘된 일인지 확인해 보고, 내 말이 맞다고 판단되면 처절하게 반성하고 내게 찾아와 사죄해야 한다. 뒤늦게라도 일을 바로잡으려 한 나를 물고 늘어질 그 시간, 노력이 있었다면 차라리 당시 감사원의 비겁함을 지적하는 것이 국회의원이나 언론이 해야 할 일 아니었겠느냐 말이다.

구태를 못 벗어난 감사 행태

감사원의 비열함은 점입가경이다. 감사원 안에는 공공기관감사국이라는 부서가 있다. 공공기관을 정기 또는 수시 감사하는 곳이다. 그럼에도 어느 날 감사원 특별조사국 소속 과장 이하 감사관 몇 명이 강원랜드를 특별감사하겠다고 나왔다. 처음에는 강원랜드 카지노 출입자 명단을 전수조사하겠다는 명분이다. 개인정보보호법상 법관의 영장이 없는 한 절대 안 된다고 거절했다. "과거에는 됐는데 왜 함 사장만 안 된다고 하느냐?"면서 2~3일간 버티고 물러서지를 않았다. 부사장 등은 저들의 비위를 건드려 좋을 것 없으니 타협할 것을 권유했다. 그러나 "내가 법을 배운 사람인데 어떻게 실정법을 어기느냐? 감사원 아니라 대통령이 달래도 안 된다"고 했다.

이놈들이 일단 물러났다. 그러나 2~3일 후 다시 나타났다. 이번에는 사장의 해외 출장 관련 출장비 사용 내역을 특별감사하겠다는 것이다. 출장비를 다른 목적으로 전용했는지 들여다보겠다는 것이다. 그런 일은 공공기관감사국이 정기감사로서 할 일이지 특별조사국이 나설 일은 아니다. 특별조사국은 수천억~수조 원짜리 국책사업에 대한 정책감사를 하는 부서이다. 일선 세무서에서 조사하면 충분할 일을 국세청 특별조사국이 나서는 것과 같은 모양새이다. 이는 필경 배후가 있는 짓이다. 내가 국회 법사위원이었다면 이 배후를 밝히는 한편, "지금 너희들이 하고 있는 일이 얼마나 치졸하고 악의적인 짓인지 알겠는가?"라면서 감사원장을 요절냈을 것이다.

해외 출장에 소요되는 비용 중에서 가장 큰 비용은 항공료와 숙박비다. 이것은 이미 국내에서 투명하게 온라인으로 처리되거나 현지에서 신용카드로 결제된다. 이 부분에 대해서는 편법이 있을 수 없다. 다만, 일일이 영수증으로 증명해야 하는 부분이 현지에서 지출되는 교통비, 식비, 현지 조사연구비(출장 목적이 주로 선진국 리조트 문화의 직접체험에 있으므로 이 항목이 상대적으로 비중이 높을 것임은 당연하다), 기타 약간의 잡비이다. 특별감사 나온 시점에서 이에 해당하는 비용은 열 번 남짓한 해외 출장 기간중 합계 1억 원 정도의 금액이다. 이것의 사용 내역을 밝히겠다고 특별조사국의 한 과가 동원된 것이다.

근 6개월간 샅샅이 뒤지고도 사사롭게 사용되었다고 밝혀낸 것은 단 1원도 없다. 그자들은 어지간히 쪽팔리는 짓을 하고 나서 궁여지책으로 실무 직원 2명을 수백만 원 회계처리 잘못했다는 명목으로 검찰에 고발했으나 이 역시 무혐의로 종결됐다. 그 과정에서 이 특별조사국의 감사관이라는 자들은 마치 저희들이 무슨 특별수사관이라도 되는 듯 출장 업무에 종사한 직원들을 여러 차례씩 불러 조사하고(이렇게 할 법적 권한이 없다), 심지어 당시 사장 비서실 차장은 암 치료차 입원해 있는 아내를 간병하고 있었는데 그 병원까지 쫓아가서 장시간 조사를 하는 바람에 환자가 오랜 시간 혼자 방치되는 곤욕을 치렀고, 영장 없이 이 직원들의 은행 계좌를 들여다보고, 여행사들을 불러 세무조사 받게 하겠다고 을러대고, 자기들의 구미에 맞게 문답서를 미리 작성해 온 다음 틀린 것 있으면 고치라는 식의 옛날 일제시대 순사들이나 하던 조사 방법을 답습하는 등 온갖 쓰레기 같은 짓은 다 했다 한다(대저 공무원놈들의 무리한 짓에는 두 가지 동기가 있다. 하나는 경제적 대가를 바라는 경우, 다른 하나는 힘 있는 놈의 사주 청탁이다. 이 경우는 나로 인해 강원랜드에 꽂아 놓은 빨대를 빼앗긴 놈이 배후에 있었다는 후문이다).

10여 전 국정감사장에서 내 질의에 대한 당시 감사원장의 답변은 이러하다.

"감사원은 국책사업에 대한 예방감사, 정책감사에 집중할 것이며 헌법기관으로서 감사원의 격에 맞지 않는 짓은 하지 않겠다."

그로부터 20년이라는 세월이 지나 세상이 엄청나게 변했음에도 감사원은 터럭만큼도 변한 것이 없었다. 그 이무기들이 그대로 똬리 틀고 삼청동에서 버티고 있기 때문이었다. 그럼에도 불구하고 이런 조직을 헌법기관으로 계속 존치할 필요가 있는가?

정권의 눈치나 살피는 정체성 모호한 지금의 감사원은 더 이상 헌법기관으로 존치할 이유가 없다. 그 대신 어떤 정권의 아이콘이라 할 만한 대형 국책사업에 대한 예방감사·정책감사를 할 수 있는 최고감사기구(Supreme Audit Institution, SAI)를 헌법기관으로 둘 필요가 있다. 그래서 방위사업, 치수사업, 에너지 정책, 재난·방역 대책 같은 천문학적 수치의 예산이 소요되는 국책사업에 대하여 정책 시행의 전 과정에 걸쳐 그 합법성과 타당성을 심사하도록 해야 한다. 더 나아가 정권이 바뀐 후에도 그 인과적 책임(causal responsibility)을 물어야 한다. 시정 권고도 할 수 있어야 하고 고발권도 갖고 있어야 한다. 그 밖에 지금의 감사원이 하고 있는 국가기관이나 공공기관에 대한 회계감사는 국회 소속의 심계원이

맡도록 하고(회계감사권을 국회 소속 기관의 권한으로 해야 할 이유는 그것이 국회의 예산·결산에 관한 권한과 밀접하기 때문이다), 국가기관장이나 공공기관장 등의 위법·부당행위에 대한 직무감찰은 홍콩이나 싱가포르식 부패방지위원회(현재 국가권익위원회와 유사한 기관) 등에 맡기면 충분하다는 생각이다.

전임자의 대규모 채용 비리

취임한 후 7~8개월쯤 지났을 무렵이다. 감사실장(임원 채용 과정에서 응시자 108명 중 1등 한 사람이다)이 심각한 표정으로 들어왔다.

"왜, 무슨 일 있나? 강원도 정선 산골짜기에서 심각하게 살 일이 뭐가 있냐. 편하게 살자."

"저도 그러고 싶지요. 그런데 이 문제는 여간 심각한 것이 아닌데요."

그러면서 세 페이지짜리 보고서를 내민다. 제목이 "강원랜드 대형 채용 비리 사건 적발"이다.

"대형 채용 비리라니? 도대체 몇 명이나 부정 채용을 했는데? 한 20~30명 되나?"

"그 정도면 좋겠습니다. 놀라지 마십시오. 자그마치 500여 명이나 됩니다."

"사장이 채용할 수 있는 숫자가 임기중 임원 10여 명 내외, 신규 사원 매년 100여 명 내외인데, 어떻게 500명이라는 숫자가 나오나? 지난 17년 동안 누적된 숫자 아닌가? 그렇다면 그중 상당수는 공소시효도 다 지났다. 원래 강원랜드는 태생부터가 기형아라 안 했나. 이놈 저놈이 선발 기준도 없이 알음알음으로 다 들어왔다지 않는가. 옛날 얘기는 그만 덮자. 대한민국이라는 나라도 건국 초기에는 장관, 차관, 청장 자리조차도 이놈 저놈이 알음알음으로 다 해먹었다 아이가. 초기에는 어느 조직이나 어쩔 수 없는 기라."

"그게 아닙니다. 최홍집 사장(직전 사장) 혼자서 한 번에 500명을 뽑았다니까요."

"야 야, 정원이 몇 명인데 사기업도 아니고 공기업이 어떻게 정원 규정을 무시하고 500명을 한꺼번에 뽑을 수 있노? 최홍집이 그 사람 정신병자 아니고서는 어떻게 그렇게 할 수 있냐 말이다?"

그가 자초지종을 설명한다. 카지노사업장이 증설되어 평년보다 약간 명 더 선발해야 할 수요는 생겼으나, 그조차도 공기업 정원을 통제하는 기재부의 내락이 있어야 한다. 그런데 이 최 사장이라는 사람, 평소 1년에 100명 내외(정원은 50명 정도 여유분이 있었고 해마다 50여 명 정도 자연증가분이 생긴다)를 선발해 왔었는데, 무슨 마음을 먹었는지 임기 1년 앞두고 1, 2차로 나누어 500여 명을 한꺼번에 뽑은 것이다. 당국으로부터 허용된 정원을 400여 명이나 초과한 숫자다.

원래 내가 알던 최 사장은 전형적인 지방공무원 출신으로 소심한 사람이다. 절대 어떤 일을 이토록 무리할 사람이 아니다. 그런데 무엇이 이 사람을 이렇게 만들었나?

무릇 선거란 그것이 국회의원이든 대통령이든 도지사든 멀쩡한 사람을 미치게도 만들고 범죄꾼으로도 만들고 비열하게도 만든다. 그는 도지사 출마를 눈앞에 두고 있었다. 자신의 필요에 의해 정원을 약간명 초과해서 뽑으려 하니 그 소문이 금세 퍼져 지역 유지, 국회의원 등 온갖 놈들이 "너만 해먹냐? 우리 민원도 좀 들어 줘" 하면서 입질을 해 댔던 것 같다. 이놈이 열 명, 저놈이 스무 명, 이렇게 해서 1차로 300여 명을 뽑았단다. 뒤늦게 이 사실을 안 어떤 놈들이 "너희들끼리만 다 해먹을 거냐? 우리도 눈이 있고 입이 있다"고 다시 압박을 가하기 시작했을 것이다. 이미 엎질러진 물이다. 300여 명 선발한 지 몇 달도 지나지 않았는데 또 200여 명을 뽑았다.

여기서, 정원만 초과했으면 징계 사유는 될지언정 범죄는 아니다. 문제는 이렇게 온갖 탐욕스러운 놈들의 청탁에 의해 선발하다 보니 당초 만들어 놓은 선발 기준이 무의미하게 되었다. 낙오된 응시자들을 억지로 기준에 맞추어 끌어올리기 위하여 점수를 사후조작까지 했다. 이 모든 내용이 당시 인사팀장이던 직원의 하드디스크에 담겨 있다고 한다. 보고하는 감사실장 이 사람은 평생을 정보기관에서 해외공작을 해 오던 사람이라 아주 침착하다. 그런데 스스로 흥분하여 점점 목소리가 높아지고 얼굴이 붉어진다.

"썩은 곳인 줄 알고 왔지만 이토록 썩었을 줄은 몰랐어요."

"어떻게 처리하면 좋겠소?"

"법대로 해야지요. 검찰에 고발하고 언론에 보도자료도 내야 합니다. 잘못하면 우리까지 똥바가지 쓰게 생겼어요."

"그렇게 쉽게 판단할 문제가 아닌 것 같다. 몇 놈 감옥 가는 건 어쩔 수 없다 하더라도 수백 명의 해고 사태가 나면 그렇잖아도 빌미를 못 찾아 눈을 희번덕거리는 지역의 유지라는 자들, 그리고 노조가 가만 있겠어? 생각 좀 해 보자."

일단 감사실장을 내보냈다. 참으로 기가 막혔다. 한두 명을 반칙으로 뽑아도 결국은 소문이 나는 폐쇄된 공간에서 수백 명을 부정한 방법으로 선발했다니, 아무리 선거에 미쳤다 하더라도 있을 수 없는 얘기다.

그런데 이런 과정에서 언론, 산자부, 감사원 이놈들은 도대체 뭐 했나? 언론(특히 지방 언론)은 강원랜드가 그들의 최대의 먹잇감이라 아예 기자 1명을 상주시켜 놓고 온갖 사소한 잡음까지 기사화하여 때로는 생색 내고 때로는 협박하고 때로는 과장하면서 공생해 왔다. 산자부 놈들은 사장 또는 본부장(임원) 자리 하나를 붙박이로 꿰차고 자체 인사의 숨통을 트는 데만 활용할 뿐, 강원랜드를 어떻게 하면 일류 복합리조트 산업체로 발전시킬 것인가, 이웃 나라 마카오나 조만간 카지노산업을 합법화하기로 예정한 일본과의 경쟁에서 살아남을 것인가에 대한 어떤 대책도 관심도 없는 놈들이다.

그렇다면 감사원은 어떤가? 강원랜드는 감사원의 집중 감사 대상 공공기관이다. 워낙 비리가 많은, 그래서 공공기관들의 청렴도 평가에서 만년 꼴찌를 해 온 기관이니 감사원의 관심 대상이 되는 것은 당연하다. 그런데 2013년 500여 명의 채용 비리가 저질러진 후 여기저기에서 민원이 제기되고 소문에 의한 범죄성 첩보가 감사원에도 접수되었음에도 불구하고 이 사건은 유야무야 처리됐다. 강원랜드 자체 감사팀(감사, 조사 업무를 해 본 적이 없는 아마추어들이다)이 한 달도 안 걸려 적발해 낸 내용을 감사원은 간과한 것이다. 의도적이었다면 비열하고, 그렇지 않다면 엄청나게 무능한 것이다.

자체 적발 사건을 정권의 적폐몰이에 악용

며칠을 고심한 끝에 이

사건을 세상 밖으로 들춰낸 감사실장으로 하여금 결자해지하는 차원에서 감독·감사기관인 산자부, 감사원 그리고 청와대 민정수석실과 처리 방법을 상의해 보도록 지시했다.

며칠간 서울 출장 다녀온 후의 그의 대답은 이러하다.

우선 산자부의 감사관이라는 놈은 아예 자초지종을 들으려고도 하지 않고, 앞부분만 좀 듣는 척 하더니만 그런 걸 왜 여기로 가져왔느냐는 표정으로 "강원랜드가 알아서 잘 처리하시라"고 했단다.

감사원 공공기관감사국의 어느 감사관놈 역시 난감한 얼굴색으로 그런 걸 어떻게 적발해 냈느냐면서 처리는 강원랜드가 알아서 하시라 했다고 한다.

마지막으로 청와대의 어느 비서관놈은 자초지종 이야기를 다 듣더니만, 강원랜드 함승희 사장은 과거 국회의원, 검사도 역임한 정무적 감각이 뛰어난 분이니 함 사장께 맡기면 된다고 하더란다. 대동소이한 놈들이었지만 말이라도 청와대는 좀 낫게 했다.

열심히 사장 출장 활동 보좌한 죄밖에 없는 실무 직원들을 수개월간 괴롭히고 검찰 고발까지 하던 놈들이 500여 명의 채용 비리 사건에 대하여는 구체적 정보를 보고받고도 자체 처리하라고 했다니, 이러고도 이놈들이 국가 최고 감사기관인가?

마지막으로 감사실장을 다시 불러 물었다.

"이 사건은 워낙 파급효과가 클 것은 분명하다. 요즘같이 일반 직장 취업이 옛날 과거시험보다 어려운 세상에 한두 명도 아니고 500여 명을 불법채용하였다고 하면 범법자 몇 놈 감옥 가는 것은 그다음 문제이고 국민 여론은 옥석 구분 없이 우리를 비난할 것이고 강원랜드 문 닫으라고까지 할 것 같다. 사장이 돼서 강원랜드를 더욱 발전시키지는 못할망정 문 달으라 소리를 듣게 되면 그게 사장이 할 짓이냐? 내가 검사라면 좌고우면하지 않고 몽땅 잡아들이겠다만 지금은 검사가 아니고 사장이지 않냐. 너하고 나하고만 눈감으면 세상 조용해지지 않을까? 네 생각은 어떠냐?"

감사실장은 이미 말을 준비한 듯

"사장님께 큰 부담을 드린 것 같아 정말 죄송합니다만, 저는 어떤 부작용이 있어도 이놈들(관련자들)을 그냥 둬서는 안 된다고 생각합니다."

그의 의지는 단호했다.

"그래, 그렇지. 네 말이 맞아. 나도 사실은 그렇게 생각했어. 옛날 고사에 어떤 놈이 청백리에게 뇌물을 주면서 아무도 본 사람이 없으니 안심하고 받으시라 했더니 그 청백리 왈, '아지자지(我知子知)하고 천지지지(天知地知)한데(내가 알고 네가 알고 하늘이 알고 땅이 아는데) 어찌 아무도 모른다고 하느냐?'고 호통 쳤다고 안 했냐. 법대로 처리하도록 하자. 법무실장 불러 고발장을 써서 검찰에 접수토록 해라."

대신 아주 조용히 접수시켰다. 보도자료도 내지 않았다. 엄청난 사건인데 의외로 반향이 조용했다. 2016년 1월 이 사건을 춘천지검에 고발했을 당시에 이 사건을 인지한 국민은 거의 없다. 이상하지 않은가? 몇몇 언론사의 한 줄 보도로 끝났다.

이때 후폭풍을 염려하여 검찰 고발을 지체했거나 묵살했더라면 정권이 바뀐 후 나는 꼼짝없이 사건 은폐, 즉 범인은닉, 증거인멸 등 혐의를 뒤집어쓰고 공기업 적폐 1호가 됐으리라.

잘 넘어가는 듯싶었다. 그런데 수사 과정에서 힘깨나 쓰는 자리에 있는 몇 놈들이 객기를 부린 모양이다. 수사검사를 우회적으로 겁박하고, 일개 의원 보좌관이라는 놈이 검찰 소환에도 불응하면서 서면진술서로 대신하고, 거의 수사 방해 수준으로 담당검사를 열받게 한 모양이다. 고발한 지 1년 반이 되도록 수사를 미루더니만 대통령 선거일인가 국가적 이벤트가 벌어지는 날을 전후하여 슬쩍 끼워넣기로 어물쩍 처리했다. 채용 비리를 저지른 사장(최흥집) 및 그의 지시를 받고 비리행위를 도운 직원 몇 명만 구속 또는 불구속기소되고 정작 이 같은 범행을 저지르도록 청탁·압력을 행사한 놈들은 모두 무혐의 처리됐다. 최흥집이 혼자 500여 명을 불법 채용했다는 말이다. 삶은 소대가리도 웃을 수사 결과 아닌가. 당시 어떤 언론은 이 같은 수사를 가리켜 "요상한 수사 결과"라고 지적했다.

결국 이것이 화근이 됐다. 호미로 막을 일을 가래로도 못 막는 일이 되고 말았다. 그사이 정권이 바뀐 것이다. 담당검사가 외압을 받아 제대로 수사할 수 없었다고 폭로하면서 일파만파, 사건이 전 국민의 관심사가 되었다.

문재인 정권은 비정규직 없는 사회, 채용 비리 없는 나라 만들겠다면서 취업난을 겪는 젊은이들, 그리고 그 젊은이들의 부모의 마음을 사로잡는 데 이 사건을 120퍼센트 활용하기 시작했다. 강원랜드 채용 비리 사건은 이들의 정치적 노획물, 마루타가 되었다. 내가 사장으로 부임하기 2년 전에 저질러졌고, 강원랜드 스스로가 적발하여 수사해 달라고 검찰에 고발한 사건(정확하게 말하자면 이도형 자체감사팀이 적발했고 내가 고발 지시한 사건)을 두고, 마치 좌파 정권이 들어서서 적발해 낸 양 그동안의 경과 진행 사실을 숨긴 채 거두절미하고 "채용 비리 엄단"만 입만 열면 씨부린다. 검찰은 뒤늦게 무슨 특별수사본부까지 만들어 호들갑을 떨었지만 결과는 강원랜드 자체감사팀이 적발해 낸 최초 보고서 내용에도 크게 못 미친다.

이 과정에서 강원랜드만 유구무언의 희생양이 되었다. 장기근속하면서 지역 유지들과 알고 지내다가 단순하게 그들 자녀들의 당락 여부를 알아봐 준 정도의 임직원들까지도 그 인사팀장의 메모에 이름이 적혀 있다는 이유만으로 모두 채용 비리 관련자로 간주되어 엄청난 곤욕을 치렀다고 한다. 꼭 잡아넣어야 할, 깊숙이 개입한 국회의원이나 권력기관·언론기관 종사자에 대한 수사는 부실하게 하고, 단순 시골 마을 사람들 인정에서 비롯된 임직원들에게 채용 비리 연루자라는 가혹한 주홍글씨를 매긴 놈들, 참으로 한심한 자들이다.

특히 문정권을 등에 업고 낙하산으로 내려간 임원들과 산자부의 감사실에 근무하던 놈들이 이런 비열한 짓에 앞장섰다고 한다(산자부는 감사실장이 이 사건을 최초 보고했을 때 나 몰라라 뒤로 나자빠졌던 놈들이다). 이놈들은 자기들이 무슨 홍위병의 소조장(小組長)쯤 되는 줄 착각 속에서 사는 것 같다.

요상한 수사, 수상한 판결

이른바 '청탁'에는 두 종류가 있다. 하나는 청탁을 받은 자가 그 청탁 내용대로 들어주지 않으면 어떤 불이익을 받을 것 같은 심리적 압박감을 느끼는 경우이다. 다른 하나는 한국사회 특유의 알음알음의 정서에 기초한 체면치레 또는 관심의 요청이다. 이는 청탁한 내용대로의 성사를 불문한다. 전자에 해당하는 청탁은 형법상 직권남용죄나 업무방해죄 또는 공무집행방해죄를 구성할 가능성이 높다. 후자에 해당하는 청탁은 법적 통제 밖의 도덕·관행의 문제이다(최근에는 김영란법 위반의 소지가 생겼다).

출신 고향, 부모 이름도 가리고 선발하는 블라인드 채용을 하는 세상이 됐으니 형사처벌의 대상이 아닐지라도 인정에 기초한 선의의 청탁조차 삼가야 마땅하다. 그러나 전자의 청탁은 명백한 범죄이고, 이것은 비단 인사 채용 분야뿐만 아니라 국가작용이 미치는 모든 분야에서 철저하게 배제돼야 한다. 청탁할 수 있는 길이 없는 힘없는 사람들은 결과에 승복할 수 없기 때문이다. 공정과 정의가 침해되기 때문이다.

강원랜드는 당초 폐광 지역 경제 회생의 목적으로 설립되었기 때문에 지역 주민들에게 일자리를 만들어 주는 것 또한 경제 회생의 한 방법으로 여겨져 어차피 전문적인 지식과 경험이 요구되지 아니하는 일반 서비스 직종 분야에서는 가급적 그 지역의 주민 자제들에게 취업의 기회를 주는 것이 합리적이고 합법적이라고 여겨져 왔다. 이 같은 사회적 분위기가 오늘날의 이 같은 대형 채용 비리의 배경이 됐던 것으로 짐작된다. 단기간 내에 많은 인원을 채용해야 할 창업 초기 때에는 그 같은 정서가 용인될 수도 있었겠다. 그러나 강원랜드는 이미 창업 20년에 자산 규모 3조 원이 넘는 대기업 수준의 굴지의 공기업이 되었다. 신입사원 경쟁률이 최소한 10 대 1, 직종에 따라서는 100 대 1이 넘는 경우도 있다. 이런 상황에서는 공정한 기회, 원칙에 기초한 선발이 생명이다. 알음알음에 의한 채용이란 있을 수 없다. 창업 초창기 때의 분위기가 어떠했냐는 것은 변명의 사유가 되지 못한다.

감사실장의 내부보고서에는 청탁자의 명단이 고스란히 나와 있다. 인사권자인 사장에게 청탁한 자의 이름과 청탁 대상인 응시자의 이름도 그대로 나타난다. 강원도 출신 국회의원들과 산업자원위원회 국회의원들, 그리고 산자부·문광부 등 공무원, 언론기관 종사자, 주주인 지자체 공무원 등이 그 한 부류이고, 강원랜드에 장기간 근속하여 지역 주민들과 호형호제하는 간부급 직원들이 또 하나의 부류이고, 폐광 지역 일대에 거주하는 이른바 지역 유지·단체장들이 제3의 부류이다. 법률적 관점에서 볼 때 청탁과 함께 금품 접대가 오간 경우는 어느 부류인가에 관계없이 처벌 대상이다. 그렇지 않은 한, 첫 번째 부류만이 범죄가 될 가능성이 높다. 따라서 수사는 여기에 집중됐어야 한다.

그런데 초대형 강원랜드 채용 비리 사건은 시작과 끝이 불투명하고 우유부단했다. 첫 번째 부류에 해당하는 자들 중 어떤 자는 아예 기소 대상에서 제외되었고, 또 어떤 자는 유죄, 어떤 자는 무죄가 되었다. 같은 유형의 인간 행태에 대하여 유·무죄가 엇갈린다는 것은 수사 또는 재판 중 어느 하나가 잘못됐다는 뜻이다. 어떤 언론은 이를 두고 '요상한 수사'에 '수상한 재판'이라고 했다. 뒤집어 말하면 심리적 억압을 받을 정도의 강한 청탁도 없었는데 사장이 인사 원칙을 무시하고, 심지어는 점수를 사후조작까지 해 가며 당락을 뒤집었다는 이야기가 된다. 최 사장이 상식을 가진 사람일진대 이게 말이 되나? 반대로 두 번째 부류, 즉 내부 직원에 대하여는 가혹할 정도의 사후 조치를 하였다. 좌파 정권의 완장 찬 놈들의 '기존 체제에 대한 보복적 인사'의 심사가 엿보이는 대목이다.

이 사건으로 인한 피해 내지 부작용은 엄청나다. 가장 큰 피해는 부정부패가 만연한 최악의 공기업이라는 평가(E등급)에서 내 부임 3년간 가까스로 부정부패가 거의 없는 우수한 기업으로 평가(B등급)를 올려놓았는데, 이 사건 한 방으로 말짱 도루묵이 되었다는 점이다. 또한 수백 명의 부정합격자가 발생하게 되었다. 이들은 2년 기간의 연수를 거쳐 정규직으로 보직 받고 열심히 일하고 있는 어엿한 사원들이다. 개중에는 청탁이 없었더라면 채용되지 못했을 사람도 있겠지만, 그렇지 않은(단순히 부모나 친지가 선의의 청탁을 하였을 뿐 당락에까지 영향을 준 것은 아닌) 경우도 상당수 있으리라. 이런 사원들에게는 평생의 한(恨)이 된다. 더 나아가 알음알음 정서에 기초한 지역 유지나 내부 간부직원들에게는 엄청난 상호 불신과 억울한 인사 불이익이 생겨났다. 게다가 같은 국회의원끼리도 누구는 기소 대상에서 제외, 누구는 유죄, 누구는 무죄가 됨으로써 잘못된 수사, 잘못된 재판이라는 사법 불신의 골이 깊어졌다. 수사검사의 외압 폭로는 여기에 기름을 부은 꼴이 됐다. 그럼에도 불구하고 좌파 정권은 우파 정권 때 있었던 일이라는 사실만 대서특필하여 적폐로 몰아붙이면서 자신들은 도덕적인 것처럼 위장하는 데 이 사건을 악용했다.

그러나 인간만사는 어떤 놈, 어떤 세력의 뜻대로만 되지는 않는다는 것이 삶의 법칙이고 역사의 교훈이다. 임기가 남은 공기업 임원들과 사외이사들까지 온갖 구실을 붙여 내몰고 그 자리에 제 편 심기에 혈안이 되고 있다는 근자의 언론 보도를 보면서 훗날 이 같은 행태가 또 다른 초대형 채용 비리 사건이 안 될 것으로 생각한다면 그것은 까마귀만도 못한 지능지수이다. 정권이 바뀌기도 전에 이미 환경장관인가 하는 자가 바로 이 같은 채용 비리로 구속되지 않았나. 국민의 분별력이 있어야 제대로 된 민주국가가 될 수 있다는 것을 생생하게 보여 주는 대목이다.

야당 대표 망신 주기

강원랜드는 10여 년 전부터 여자프로골프대회를 부대시설인 하이원 골프장에서 개최해 왔다. 리조트 기업체임을 널리 알리기 위한 취지였을 것으로 보인다. 그리고 다른 대회의 스폰서 기업들과 마찬가지로 본대회 하루나 이틀 전에 시합에 참석하는 프로선수와 기업 홍보 차원에서 필요하다고 인정되는 유명인사들을 초대하여 이른바 프로암대회를 개최해 왔다. 행사 전체 예산이 20억 원 정도이고, 그중 프로암대회에 소요되는 경비는 2억 원 내외이다.

나는 부임 첫해 임원회의에서 이 대회를 없애는 것이 좋지 않겠느냐는 의견을 제시했다. 노름사업으로 벌어들인 돈으로 골프대회를 여는 것은 느낌이 안 좋다는 이유에서였다. 담당 임원은 여자프로골프협회와 3년 단위로 계약을 갱신해 왔는데, 만약 중간에 계약을 파기하게 되면 총경비의 70퍼센트를 현금으로 배상해야 한다면서 난색을 표했다. 14억 원을 현금으로 물어 주어야 한다는 말이다. 어느 놈이 그런 터무니없는 계약을 체결했느냐 했더니, 프로골프 업계의 관행이란다.

어쩔 수가 없었다. 마음을 바꾸어 먹었다. 기왕 프로암대회를 개최할 것이면 종래처럼 강원도 내 이른바 지역 유지 중심으로 초대하지 말고 전국적 유명인사들을 초대하여 강원랜드 시설의 우수함을 최대한 홍보하는 기회로 삼아 보라고 지시했다. 노름쟁이들만 득실거린다는 이미지를 벗어나는 절호의 기회라고 여긴 것이다. 이것이 사장으로서 할 수 있는, 그리고 실제로 행한 권한 행사의 전부이다. 나머지는 종래의 관행과 내부 위임 전결 규정에 따라 진행됐다.

문제는 초대 대상 인물난이다. 미국이나 일본의 프로암대회에는 전직 대통령이나 전직 총리도 참석한다. 그러나 우리나라에서는 전국적으로 알려진 유명인사들이 주중에 서울에서 3시간 이상 걸리는 강원도 산골짜기까지 당일 코스로 다녀가려 하지 않는다. 부득이 나와 개인적으로 친분이 있는 20여 명의 유명인사들 명단을 적어 실무자들에게 넘겨줬다. 그래서 박관용 전 국회의장, 전윤철 전 감사원장, 전군표 전 국세청장, 윤세영 SBS 회장(강원도민회장), 김재기 전 외환은행장, 차동민 전 대검 차장, 김종환 전 합참의장 등이 참석하게 되었고, 김병준 전 총리지명자도 그중 하나다. 지역 유지들만 참석하던 종래의 대회와는 전혀 격이 다른 행사가 되었다. 임직원들은 물론 일반 내장객들조차도 "강원랜드가 노름장인 줄만 알았는데, 저런 인물들도 가족과 함께 찾아와 쉬고 즐기는 곳이구나"라는 인식을 갖게 했다. 초대받은 모든 이들도 한결같이 "한번 와 보고 싶었지만 남의 눈치가 보여 꺼렸었는데, 앞으로는 여름 한 철 외국에 나갈 것이 아니라 강원랜드에서 골프도 치고 트레킹도 하고 쉬다 가야겠네"라는 찬사를 아끼지 않았다. 이런 행사야말로 카지노 전문 사업체에서 복합리조트사업체로 변신시키려고 노력하는 CEO가 할 일 아닌가. 아주 유능한 CEO만이 할 수 있는 일 아닌가 말이다.

그런데 외눈깔 박힌 정치꾼, 언론쟁이들에게는 이 같은 경영인의 충정이 보이지 않는다. 아니, 알고도 일부러 모르는 척하는 것인지도 모른다.

"자유한국당 비대위원장으로 취임한 김병준이 작년에 함승희 사장의 초대로 강원랜드 프로암대회에 참가했다. 행사 끝나고 기념품도 받아 갔는데, 그 기념품 값과 그날 먹은 밥값, 골프값 합하면 100만 원이 넘는다. 최근에 시행된 김영란법에는 교수 등 공직자는 100만 원 넘는 금품, 향응을 받으면 안 되게 돼 있다. 잘 걸렸어. 톱뉴스로 터트려."

터트린 날은 김병준이 자유한국당 비대위원장에 취임한 날이다. 다른 이들은 모두 전직이고 김병준만 현직 교수 신분에다 '탄핵으로 폐족'이 된 야당 비대위원장이 됐으니 제대로 걸린 셈이다. 공공연한 공식 행사에 초청된 것이고, 10년 전부터 해마다 반복되어 온 일이고, 이미 세상에 다 알려진 일인데도 말이다. 100만 원을 넘는 금액만 법 위반인데, 얼마나 넘었다는 것이냐 보니 18만 원을 초과했다고 우기고 있었다. 행사계획안에는 1인당 85만 원으로 예산이 책정돼 있었고, 이 모든 업무는 부사장 전결 사항이다. 강원랜드는 공기업이라 예산에 정한 범위 안에서만 집행이 가능한데 예산 범위를 넘어서까지 집행을 할 이유가 없다. 누구 좋으라고, 뭐 때문에? 설사 사장이 그렇게 하라고 지시한다 하더라도 임직원들은 그런 지시에 따르지 않는다. 사기업이 아닌 공기업이기 때문이다. 도무지 말이 안 되는 언론 보도 내용이다.

그래서 그들의 계산 방식을 상세하게 살펴본즉, 기념품 가방 속에 끼어들어 간, 영세 골프용품 제조업자들이 자사 제품의 광고·판촉을 위하여 무상으로 제공한(모든 프로암대회의 관행이다) 선크림 종류, 장갑, 수건 따위를 전부 동종 물품의 소매가격으로 환산했다는 것이다. 기념품 등은 대량구입이기 때문에 할인가격으로 구입했음에도(구입가격이 영수증 등으로 증명 가능할 때는 실구입 가격으로 환산하라는 것이 대법원 판례이다) 개당 소매 정가로 계상했다는 것이다. 그리고 김 위원장은 개인 사정으로 당일 새벽에 내려와 골프만 치고 저녁 식사 전에 자리를 떠났음이 객관적으로 증명되는데도 저녁 밥값 전부를 계상해야 한다고 조사 경찰관놈들이 우기더란다. 이렇게 마구잡이로 부풀려 18만 원어치 법 위반을 했다는 트집으로 제1야당의 당대표(비대위원장)를 TV 화면에 내 얼굴과 함께 크게 비춰 망신을 주겠다는 발상이 문재인 정권 패거리들의 소행이었다. 이때 청와대 민정수석은 인권과 공정을 강조하던 조국이다. 가소롭지 않은가. 비열하지 않은가.

경찰로서는 입건 조사가 불가피했더라도, 이 행사 예산 집행의 최종 결재자인 부사장을 우선 조사하고, 결재선상에 있지 아니한 사장은 조사 결과 사실상 관여한 사실이 인정되면 그때 입건 조사하는 것이 순리이다. 그럼에도 불구하고 경찰은 (아무런 조사도 없이) 다짜고짜로 사장과 김병준을 피의자로 입건부터 하고 언론에 얼굴과 이름을 크게 보도하게 했다(일반인이 보면 큰 죄나 저지른 사람처럼). 여기까지는 위에서 시키니 어쩔 수 없다 치자. 수사기관으로서의 최소한의 직업적 양심이 있는 자들이라면 조사해 본즉 김영란법 위반이 아니라고 판단하는 것은 법 공부를 하지 않은 행정주사도 할 수 있었을 터이다. 그럼에도 이놈들은 터무니없이 기소 의견을 붙여 검찰에 송치했다.

이 같은 일련의 소행은 (나중에 밝혀야 할 일이지만) 그렇게 하도록 시킨 놈들을 포함하여 피의사실공표죄, 허위사실 유포에 의한 명예훼손죄, 허위공문서(경찰의 송치의견서) 작성 및 동 행사죄로 모두 구속 수사해야 할 대상이다. 이들은 내가 검사 시절 지휘·감독했고 함께 밤새워 일했던 그 경찰보다 유능해지기는커녕 더 비열하고 알아서 기는 집단이 됐다. 이런 자들에게 검찰의 지휘감독을 받지 않는 독자적 수사권을 주는 것이 검찰 개혁의 요체라니! 박종철 사건 때 그토록 당해 보고도 아직도 경찰의 실체를 제대로 보지 못하는 문정권은 도대체 어떤 일이 벌어져야 제정신을 차릴 것인가.

18만 원짜리 접대 사건은 수사기록만 천 페이지가 넘는다. 프로암대회에 초빙된 전 감사원장, 전 국회의장 등 100여 명이 넘는 인사들이 전수조사를 당했다. 외국에 거주하는 교민들에게는 국제전화로 미주알고주알 물어보더란다. 노무현 정권 시절 거의 유일무이하게 정책적 식견과 학자로서의 양식을 지녔던 김병준 위원장도 강원경찰청에 불려가서 장시간 피의자 조사를 받는 곤욕을 치렀다 한다. 그러면서 2년 가까이 질질 끌다가 최근에야 범죄혐의 없음으로 종결되었다. 정말 쓰레기 같은 새×들의 허접쓰레기 같은 짓거리라 아니할 수 없다.

사업은 사업일 뿐인데 기업의 공식 행사까지도 이토록 정치적으로 덧칠을 하려 하니 어떤 유명인사가 이곳을 또다시 방문하고 싶겠는가? 좀 나아지는 듯하던 강원랜드의 도박장 이미지는 그 사건 이후 도루묵이 되어 역시 그곳은 근처에도 가지 않는 게 상책이 되었다. 라스베이거스를 벤치마킹하겠다고? 턱도 없는 얘기다. 대형 컨벤션 행사는 고사하고 중소기업체 세미나 행사도 유치하기 어렵게 됐다.

06
국제 수준의 복합리조트 시설로

리조트의 생명줄은 안전

중증 안전불감증에 빠진 사람들

공정하고 투명한 인사 못지않게 중요한 사장의 책무는 시설의 안전, 즉 국민의 생명·신체와 국가 재산의 보호이다. 세월호 사건은 이러한 관점에서 많은 교훈을 준다. 사고의 발생 자체를 막을 수 있었던 연안여객선의 안전점검 시스템의 부재에서부터 사고 발생 후의 구조 시스템의 허접함까지 뭐 하나 제대로 된 것이 없이 국가가 운영돼 왔다는 사실이 세상에 노출된 사건이다. 이 점에서 많은 국민이 분노한 것이다. 이 정도로 허술한 나라가 무슨 국민소득 3만 달러의 선진국 진입 문턱에 들어선 국가라고 개뻥을 치고 있느냐는 것이다.

그런데 남의 일에는 이토록 분노하면서 자신의 안전 문제에 대하여 과연 얼마나 잘 인식하고 있는지 스스로를 돌아보라. 부끄러운 일이 하나둘이 아닐 게다.

강원랜드에 부임하고 한 달 만에 연말 크리스마스가 되었다. 내방객이 하룻밤에만 3만 명에 이른다. 1,800여 실의 호텔과 콘도가 꽉 차고 카지노는 발 디딜 틈도 없었다. 이런 날에는 카지노 업장에 들어가게 해주는 일도 카지노 근무 직원들의 특권 아닌 특권으로 작용할 정도이다. 게다가 개장 이래 강원랜드의 볼거리 중 하나라면서 거창한 불꽃놀이까지 진행된다.

12월의 태백산맥 강풍의 세기는 거의 중형급 태풍 수준이다. 20층이 넘는 호텔이 2개동, 10층이 넘는 콘도가 수십 개동 들어서 있고, 건물과 건물 사이의 모든 부지는 활엽수로 가득 차 있어 겨울이면 땅바닥에 쌓인 낙엽이 카펫처럼 푹신거린다. 사람도 휘청거릴 정도의 강풍에 수십만 평의 부지에 산불이라도 나면 숲속에 끼어 있는 호텔이나 콘도로 연소될 것은 불문가지이다. 수백 명이 불에 타 죽고 밟혀 죽고 떨어져 죽은 대연각 사고보다 더 비참한 사고가 나지 않는다는 보장이 어디에 있나. 생각만 해도 자다가 벌떡 일어날 노릇이다.

실수로 또는 가끔 있는 일이지만 카지노에서 탕진하고 열받은 자가 담배꽁초 하나 내던지면 어떤 일이 벌어질 것인가 상상해 보라. 1년에 최소한 2~3차례씩은 카지노에서 패가망신한 놈이 호텔 방실에서 안으로 문 걸어 잠그고 번개탄 피워 놓고 자살하거나 아예 "다 죽자"면서 시너통에 불 지르는 일이 간혹 있어 왔다. 정말 이러다 다 죽는 끔찍한 참사가 일어날 수도 있겠다는 생각이 들었다.

우선 소방시설을 점검해 보았다. 각 층에 띄엄띄엄 놓인 수동식 개인 소화기가 전부였다. 스프링클러 시설이 돼 있으나 노후되어 작동 여부가 불분명했다. 한번 작동시켜 보라고 했더니 그러면 그 방의 벽지며 카펫을 버리게 된다며 난색을 보였다. 바닥에 비닐 깔고 벽지 다시 바를 생각하고 내가 랜덤으로 지정한 방실의 스프링클러를 실제로 작동시켜 고장 유무를 점검했다.

고층에 화재가 발생한 때 소방관서는 어디서 출동하느냐 물었더니 정선읍(군청 소재지)에 28미터 고가사다리차 한 대와 살수차 몇 대가 있고, 강원랜드호텔 근처에 몇 년 전에 강원랜드 돈으로 지어 준 소방파출소가 1개소 있다고 한다. 밤늦게 관사로 내려가다가 그 파출소라는 곳에 과일 한 상자 사 들고 들렀다. 2톤 트럭 크기의 살수소방차 1대가 장비의 전부이고, 그나마 직원은 2명인데 숙직실에서 자고 있는지 한참을 불러도 인기척이 없다. 수행자가 들어가 깨우니 한 놈이 슬리퍼 끌고 눈 비비고 나오면서 누군데 한밤중에 왜 왔느냐는 표정이다. "고생이 많겠다"면서 과일 상자를 내려놓으니 시큰둥한 표정으로 "거기에 놓고 가세요" 한다. 이런 호로새×, 지금 강원랜드가 자체 경비로 지어 준 소방파출소에서 밥 먹고 사는 놈이 그 회사 사장이 격려차 나왔는데 도무지 무표정이다. 화재 발생 신고가 들어와도 옷 갈아입고 신발 신고 불자동차 시동 걸고 화재 발생 장소에 도착하면 이미 거의 전소됐을 때쯤일 게다.

정선소방서장을 만났다. 정선읍에서 출동하면 강원랜드까지 얼마나 걸리느냐 물었다. 빨리 와야 30~40분, 보통 한 시간은 잡아야 한다고 태연히 말했다. 정선군 관내에 23층의 초고층건물은 강원랜드 건물밖에 없으니 그 고가사다리차를 이곳 파출소에 상시 대기시키는 것은 어떻겠냐고 물으니 별도로 예산을 배정받아 초고가사다리차를 구입하면 모를까 현재로서는 곤란하다는 것이다.

강원랜드 안전실장(이 사람은 청와대 경호실에서 다년간 근무하여 안전업무에 정통하다)을 불러 산림청 산불진화용 헬기와 군부대 헬기 지원 실태를 점검해 보도록 했다. 산림청 항공진화대나 군부대 모두 원주에 기지가 있어 출동하는 데만 최소한 30~40분 이상 소요된단다. 게다가 민간기업인 강원랜드가 구조 요청을 한다 해도 즉시 출동할지도 의문이라 했다.

설상가상인 것은 23층 높이의 초고층건물의 지붕이 무슨 도깨비 뿔처럼 지어졌다. 평탄하지 않아 헬기가 내릴 수 없는 구조다. 계산상으로 10층 이상에 투숙한 사람은 고가사다리차도 못 미치고 위쪽으로 피신해도 구조용 헬기가 내릴 수 없으니 속수무책인 것이다. 이런 시설에서 태연하게 20년 가까이 장사를 해먹고 있는 것이다.

청와대 뺨치는 안전시설

우선 종합안전상황실을 만들었다. 시설 내부뿐만 아니라 시설 밖 야산, 트레킹길에도 CCTV를 설치하고 종합상황실에서 전 시설을 24시간 상시 감시토록 했다. 패트롤 오토바이를 두 대 구입하여 사람의 시야가 미치지 않는 지하주차장이나 후미진 곳을 시간대별로 순찰하게 하고, 시설 밖에도 살수용 소화전을 곳곳에 설치하도록 했다. 강원도소방본부에 48미터짜리 초고가사다리차를 우선배치해 줄 것을 요청했다. 정기적으로 한 달에 한 번씩 모든 직원과 고객을 상대로 실전과 똑같은 방재대피훈련을 하도록 했다.

직원, 지역 주민, 내방 고객 모두 불만이 커지기 시작했다. 사장이 과민대응한다는 것이다.

세월호 사건은 정치적으로는 엄청난 후유증을 남겼다. 지금도 진행중이다. 그러나 정작 재난 방지라는 사건 본래의 의미는 퇴색한 지 오래다. 온 국민이 분노하는 사건이나 재난이 발생하면 정치인들은 이를 정치적으로 상대를 공격하는 빌미로 삼는 데만 혈안이 된다. 이로 인해 관료 조직과 일반 시민의 위기의식은 그 속에 매몰되면서 결국 이를 교훈 삼는 데는 젬병이다. 문정권에 들어와서 빈발하는 각종 화재 사건이나 최근에 번지고 있는 코로나 바이러스로 인한 재앙만 봐도 그렇다. 초기 대응 모습은 도대체 이자들이 메르스 사건이나 세월호 사건 때 박근혜 정권을 그토록 비난하던 그 무리가 맞는가 의심이 들 정도였다. 지난날의 재난에서 배우고 터득한 온 국민과 의료진의 노하우와 노고는 뒷전으로 한 채 "K방역" 어쩌고 하면서 가소로운 자화자찬하기 바쁘다. 보고 듣는 눈과 귀가 민망하다.

강원랜드 부지 내 야산에는 지금도 수도관이 그물망처럼 퍼져 있다. 산불이 났을 경우를 대비해 곳곳에 소화전이 설치돼 있기 때문이다. 유비무환이다. 안전실장 최 상무는 뿌듯해 하며 입버릇처럼 말한다.

"강원랜드 안전시설은 청와대보다 우수합니다. 청와대 경호팀 직원들도 가끔 들러서 둘러보고 혀를 내두르고 갑니다."

최근에 48미터 초고가사다리차 1대가 정선소방서에 배치됐다 하니 천만다행이다. 그러나 신고 받고 출동하여 현장에 도착하기까지는 상당한 시간이 소요되고, 호텔 지붕은 아직도 헬기가 내릴 수 없는 구조이다. 아쉬운 대목이다.

연못 메워 산책길로

재해는 화재뿐만이 아니다. 붕괴 사고도 지진

못지않은 참사를 빚는다. 삼풍백화점 붕괴 참사가 그 교훈적 사례 아닌가.

강원랜드호텔(카지노업장) 뒤뜰에는 대형 연못이 만들어져 있다. 지하수를 끌어올려 물을 채우고 밤이면 인공분수를 만들어 하나의 볼거리를 연출했다.

어느 날 이곳을 지나가며 수심을 살폈더니 처음 보았을 때보다 수심이 많이 낮아져 보였다. 내 눈이 잘못됐나 싶어 수행자들에게도 보라 했더니 저희들은 잘 모르겠단다. 다음 날 시설상무를 불렀다.

"내 눈에는 저 연못의 수심이 분명 낮아지는 것 같은데, 내가 착시냐?"

"정확하게 보신 겁니다."

반농담으로 한 말이 심각한 진담이 되었다.

"왜 수심이 내려가는데?"

"사실은 언제부터인지는 모르겠지만 물이 계속 밑으로 빠지고 있습니다. 지난 몇 년간의 전기 사용량을 보면 빠진 물 보충을 위하여 모터 돌린 전기료만 연 수천만 원 정도 됩니다."

태연하게 대답한다.

"뭐이가 어째? 그럼 하루 누수량은 얼마나 되는데?"

"전기 사용량으로 추산해 보면 전체 담수량 2만 톤 중 1일 1천 톤 가량씩 빠지고 있는 것 같습니다."

이게 무슨 말인가! 수년 동안 하루도 빠짐없이 물이 바닥으로 스며들었다는 뜻이다. 기가 막혔다(강원랜드 사장 3년 동안 이런 종류의 기가 막힌 일이 여러 차례 있었다). 정신을 가다듬고

"그렇다면 지반은 괜찮은가? 이곳 시설이 모두 경사면에 지은 것인

데, 아래쪽 지반이 약해지면 슬라이딩 현상이 일어나는 것은 아닐까?"

시설상무 자신도 그 방면의 전문가가 아니라서 확답을 드릴 수 없단다.

이 지역은 폐광 지역이라서 시설물을 건축할 때부터 지반의 안전성이 문제 됐다고 한다. 과거 석탄 도굴로 인하여 지적도에는 나타나지 않는 천공도 많고, 지질도 단단한 화강암이 아닌 마사토에 사암으로 형성돼 있어서 붕괴 위험이 다른 곳보다 높다는 것이다. 그런 데다가 지반 도처에 세굴 현상이 나 있으면 정말 심각해진다. 그까짓 연못이 대수냐. 인공분수는 또 무엇이냐. 지반이 미끄러지는 순간 아래쪽에 있는 워터파크, 위쪽에 있는 23층 높이의 호텔 2개동이 붕괴된다. 그러면 수천 명이 죽는 참사가 일어난다.

"장 상무, 내일 당장 연못물 다 빼고 가장 믿을 만한 업체를 선정해서 지반안전검사를 해 보라."

한국지질자원연구원인가 하는 공기업에 의뢰해서 수십 군데를 깊이 50미터 이상씩 천공을 뚫고 얼마만큼의 세굴 현상이 나 있는지를 측정하게 했다.

몇 달 지나 지반검사 결과가 나왔다. 다행히 당장 붕괴 위험 수준은 아니었다. 그러나 더 이상의 누수는 지반 약화를 초래할 수 있다는 의견도 덧붙여 있었다. 결국 연못을 메우고 그곳에 잔디밭과 꽃길을 조성하여 놀이터 겸 산책길로 활용토록 했다.

메르스 어떻게 돌파했나

2016년 메르스라는 유사독감이 창궐했을

때의 이야기다. 메르스는 코로나 19와 같은 세계적 팬데믹은 아니었으나, 전염률과 치사율이 2020년 코로나와 유사한 호흡기 질환이었다. 당시 정부는 지금 같은 고강도는 아니었으나 이와 유사한 사람들의 집합·왕래 제한 조치를 취했다. 이 같은 조치의 제1차적 타깃은 강원랜드와 같은 카지노 리조트 시설이다. 정부 정책을 어떤 방식으로 수용할 것인가는 사업체의 재량에 맡겨져 있었다(지금처럼 획일적이고 구체적이지는 않았다).

정부의 집합·왕래 제한 조치가 발표되던 그날 나는 임원회의를 소집했다. 카지노운영본부장에게 당분간 휴무 조치를 하면 어떤 문제가 생길 것인가 물었다.

"1일 50억~60억 원 정도의 매출 감소는 물론 충성 고객들의 해외 카지노 유출, 지하 도박장으로의 이탈 등으로 유행병 종료 후에도 막대한 손실이 지속될 것으로 우려됩니다."

"그렇더라도 공기업인 강원랜드가 돈에 눈이 멀어 카지노업장에서 메르스 확진자가 나왔다는 사태가 발생할 때의 기업 이미지 손상을 생각해 보면 특단의 고민은 해야 할 것 아닌가?"

나의 반문에 모든 임원들이 입을 다문다. 결국 최종 결심은 사장 몫이다.

"보안실장! 카지노 호텔 출입구가 모두 몇 개나 되나요?"

평소 보안 감각이 뛰어난 최 실장은

"직원 전용 출입문, 자재 운반용 출입문 포함하여 모두 8개소입니다."

"그러면 오늘 당장 서울 가서 고성능의 열화상 체온측정기 10대를 사오세요. 그리고 내일 중으로 모든 출입자들의 체온을 철저하게 체크하여

37.5℃가 넘는 모든 출입자는 임직원, 고객 누구라도 출입을 제한하고 인근 병원에서 정밀검사를 받도록 하세요."

듣고 있던 경영본부장이 나섰다.

"사장님, 그 기기가 좋은 것은 대당 수천만 원을 호가하여 그만한 예산을 집행하려면 입찰 절차를 거쳐야 되는데요."

그러면서 곁에 앉아 있는 법무실장에게 "내 말이 맞지요"라고 확인까지 한다. 그의 말이 채 끝나기도 전에 이내 내 속이 울컥했다.

"경영본부장! 거 무슨 잠꼬대 같은 소리 하는 건가? 지금 사태는 우리에게는 전시와 같은 거야. 전쟁터에서 무기를 입찰 구입하나? 내가 책임질 것이니 보안실장, 현금 들고 오늘 당장 서울 올라가서 사 와! 심야 중이라도 설치해서 내일 아침 출근 때부터 시행하란 말이야."

이렇게 해서 메르스 사태 종료 시점까지 강원랜드는 단 하루도 문을 닫은 적이 없고 단 한 명의 메르스 환자도 발생한 적이 없다. 후일담이지만 그 화상열감지기는 그 후 가격이 급등하고 국내에서 물량이 동이 나 돈이 있어도 한동안 구입할 수 없었다고 한다.

그렇다. 국가든 기업이든 모든 인간조직은 위기상황이 발생했을 때 지도자의 리더십, 즉 순발력, 대응력, 공감능력이 그 국가, 그 기업의 운명을 가른다. 구체적 대응책을 마련하여 위기 사태를 극복할 의지도 능력도 없는 자가 대통령입네 사장입네 하면서 자리 차지하고 앉아 곳간(국민의 세금, 사내유보금)만 탕진한다면 그것은 국민 또는 주주에 대한 배임행위에 다름 아니다.

문화와 힐링이 있는 곳

독서 문화와 국민의 의식 수준

　　　　　　　　　　　　검사 시절은 물론이거니와 국회의원 시절까지만 해도 나는 미국을 좋아했다. 여행도 미국, 유학도 미국, 음식도 피자·햄버거 등 양식이 좋았고, 사람도 미국 상·하원의원, 미국 검사, 미국 교수와의 사귐이 즐거웠다. 그래서 돈세탁 수사기법도 배우고 정치 부패, 대테러 대책, 국가 정보기능의 강화를 공부했다. 이런 면에서 미국은 지구상에서 압도적으로 우세한 국가이다.

그러나 공직 활동이 끝나고 오래포럼이라는 정책 연구 활동을 하면서부터는 일본과 중국에 대한 관심이 높아졌다. 우선 항공료가 덜 들어 좋다. 미국 한 번 갔다 올 돈이면 이곳을 열 번 갔다 올 수 있다. 둘러볼 곳, 먹고 쉴 곳도 미국 못지않게 많고, 사람도 잘만 가리면 좋은 사람이 참 많다. 많기만 한 것이 아니라 미국 사람보다 더 인간적이고 사귐의 깊이도 더 깊다. 내공이 충실한 사람이 많다는 뜻이다.

먼저 중국의 대도시를 드나들면서 검사 시절 '공무원들의 저승사자'라는 닉네임답게 '반부패 정책의 전도사' 역할을 톡톡히 했다. 좀처럼 외국인은 초빙하지 않는다는 중앙당교는 나에게 중국공산당 간부들을 상대로 전·노 두 전직 대통령의 비자금 수사 비화를 특강할 기회를 주었다. 그 무렵 시진핑 정권은 부패범죄는 파리든 호랑이든 다 때려잡아야 한다면서 보시라이 충칭시 당서기, 저우융캉 쓰촨성 당서기를 잡아들였다.

중국은 춘추전국시대부터 차도살인(借刀殺人), 즉 남의 칼을 빌려 적을 죽이는 수법을 많이 써 왔다. 결국 내 혀를 빌려 부패한 정적의 목을 치는 수법을 쓴 것이다.

이를 계기로 나는 베이징대학, 인민대학, 푸단대학, 상하이대학, 교통대학, 난징대학 등 중국의 10대 명문 대학을 거의 빠짐없이 방문하여 강연을 하고 토론회를 가졌다. 그러면서 베이징대의 옌지룽(燕繼榮), 푸단대의 린상리(林尙立), 인민대의 우진훈, 난징재경대학의 류닝(劉寧) 교수 같은 좋은 친구들을 사귀게 되었다. 삶의 큰 즐거움 중의 하나다.

일본은 큰 것부터 작은 것까지 배울 게 참 많은 나라다. 우선 크게는 국가의 통치술이다. 150여 년 전까지만 해도 일본 역시 천황이 있고 봉건 영주가 있고 사농공상이라는 신분제 사회였다(여기서 '사士'는 우리네 선비와는 다른 무사계급을 의미한다). 민주주의나 자본주의라는 단어조차 없었기는 우리의 조선과 마찬가지였다. 그러던 일본이 이른바 메이지유신을 통하여 근대국가로 변모하고 오늘날에는 자본주의와 민주정치가 잘 착근된 나라 중의 하나가 되었다.

반면 조선은 갑신정변, 갑오경장 등 단편적 개혁운동이 실패로 돌아가고 개혁 세력은 씨가 마르면서 일본의 식민지가 되었고, 그 과정에서 일부 저항 세력(개혁 세력과는 그 이데올로기가 다르다)이 있었을 뿐, 산업혁명과 근대 국민국가 형성에 앞서 나가던 서양 열강의 제도와 문물을 보고 배우고 경험할 틈도 없이 대한민국이 시작되었다. 국가의 상류층도 기층 민중도 한결같이 주권국가를 성취했다는 데만 심취했을 뿐 민주주의나 자본주의의 정신과 철학이 무엇인지, 그것이 망가질 경우 나라 꼴이 어떻게 되는지 보고 배우고 경험할 틈이 없었다. 그저 "잘살아 보세"에 일로매진했다.

그 결과 잘살아졌다. 그런데 나라의 기초가 되는 국민 공통의 정신, 영혼이 없다. 남의 불행이 나의 행복이 되는 죽기살기의 싸움터로 변했다. 뒤늦게 미국으로 영국으로 유학가는 자들은 부지기수로 늘었으나 이들은 삶의 기술(일자리를 위한 스펙 쌓기)만 배워 왔을 뿐 민주주의, 자유주의, 자본주의 철학을 배워 오지 않았다. 당연한 것으로 여겼던 모양이다. 교활한 집단이 양의 탈을 쓴 늑대처럼 민주정치의 거죽을 둘러쓴 채 대중독재를 자행해도 "좋다", "나쁘다"는 양비론적 논쟁을 벌이면서 국가권력 만능의 나락으로 떨어지고 있다.

저런 일본과 이런 대한민국의 차이는 어디에서 비롯됐는가? 많은 견해가 있을 수 있겠지만 나는 단연코 책을 많이 읽는 백성과 그렇지 않은 백성의 차이라고 생각한다.

19세기 후반 개화기 때 일본의 쇼군 정권은 수백 명의 견구사절단(遣歐使節團, 서구 열강 견문사절단. 대표적인 것이 이와쿠라 사절단이다)을 꾸려 20~30세의 청년부터 12~13세의 소년까지, 며칠간이 아니라 몇 달 또는 1~2년의 장기간 미국, 영국, 독일, 프랑스를 주유하면서 보고 배우게 했다. 중앙정부뿐만 아니라 봉건 영주들(조슈, 사쓰마, 사가번 등)도 그들 나름대로 수십 명씩의 견문사절단을 꾸려 몇 달씩 서구 열강 국가로 내보냈다. 그뿐인가. 먼저 보고 배운 자들은 귀국하는 대로 견문록을 쓰거나 서구 문명 제도에 관한 학술서적을 번역하기 시작했다. 메이지유신 후 내무성은 자체적으로 번역소를 두어 꼭 읽어야 할 책들을 번역하고 또 번역돼 나온 모든 책들의 목록을 만들어 백성들에게 배포하고 읽기를 권장했다.

한 예로 일본돈 만 엔짜리 지폐에 나오는 후쿠자와 유키치(福澤諭吉)가 쓴 『서양사정(西洋事情)』은 출판 당해년도에만 20만 권 이상이 팔렸다(당시 일본 인구는 3,500만 정도). 그가 쓴 『학문을 권함(學問のすすめ)』이라는 책은 지금까지 350만 권이 팔려 나갔다고 한다. 조금 늦은 시기 조선의 유길준은 후쿠자와와 교분하면서 『서양사정』을 모방하여 그 축소판인 『서유견문』을 펴냈다. 일본 도쿄에서 인쇄하여 1천여 권 쯤 갖고 들어오다 금서로 지정되어 다 뺏기고 몇 권만 시중에 나돌았다.

1867년 메이지유신이 성공한 후 일본에서는 10년 동안 서양문물을 소개하는 서적이 약 4천여 권 번역되었는데 그중 가장 많이 지속적으로 읽힌 학술서적은 프랑스 정치학자 알렉시스 드 토크빌이 쓴 『미국의 민주주의』, 찰스 다윈이 쓴 『종의 기원』, 그리고 애덤 스미스가 쓴 『국부론』이었다. 지식층뿐만 아니라 상업자본을 축적한 장사꾼, 부농을 중심으로 한 농사꾼, 도자기·은을 팔아 부자가 된 장인, 전쟁이 없어 역인(役人, 실무관료) 또는 돈 많은 자의 호위무사로 전락하거나 낭인이 된 하급 사무라이에 이르기까지 책 안 읽는 자가 없었다.

이들은 천황 중심의 입헌군주제 국가로 출발하여 비록 한때 제국주의의 수렁에 빠지는 큰 죄악을 저지르기는 했지만, 패전 후 현대 국민국가로 변신하는 과정에서 자유주의, 자본주의, 민주주의의 정신과 철학을 몸에 익히게 되었다. 1960년대에 이르러 적군파가 기승하고 자생적 좌파 내지 무정부주의자들이 도쿄대학 건물을 불태우는 등 난동을 부렸고 정치판은 계파 중심의 금권정치의 틀을 못 벗어나고 있지만, 지구상에서 가장 철저한 자본주의 경제를 구가하고 자유민주 정치 체제를 착근시키고 있다.

일본만 그러한가? 중국도 청나라 말기 루쉰(魯迅) 같은 이는 평생 한 자로 700만 자에 이르는 방대한 저술활동을 하였고 쑨원(孫文)이 쓴『삼 민주의』는 지금까지도 많은 중국의 젊은이들에게 읽히고 있다.

카지노에 북카페를

서양의 웬만한 고급 리조트에 가면 지금도 스마 트폰보다는 문고판 책을 읽으며 풀장 근처 벤치에 누워 쉬는 사람들을 더 많이 볼 수 있다. 그래서 나는 "책을 읽지 않는 국민은 결코 일류 선진 국 국민이 될 수 없다. 아니, 될 자격이 없다"고 단언한다.

온 국민이 책 읽기를 좋아하던 일본도 한때 스마트폰의 영향으로 책 읽기가 저조하여 이와나미(岩波)서점 등 많은 유서 깊은 서점들이 규모를 줄이거나 폐업하기 시작했다. 이 틈새시장을 비집고 새로운 콘셉트의 서 점이 들어서기 시작했으니 그것이 이른바 '북카페'라는 것이다.

물론 도쿄나 교토의 대학가 근처에는 백 년 가까이 된 고전적 의미의 북카페도 존재한다(나중에 조사해 보니 영국, 독일 등의 유명 대학도시에도 전 통 있는 북카페들이 제법 많이 있음을 알게 되었다). 교토대학 앞에는 100년 된 북카페가 있는데 이곳에서는 모든 소설책의 초판만 취급하고 있었다. 그러나 쓰타야(蔦屋書店) 같은 현대적 감각을 살린 북카페는 분명 새로 운 트렌드이다. 단순히 '책과 차'만 있는 것이 아니라 쁘띠크한 레스토 랑, 제과점, 젊은이들 취향의 소품, 심지어는 반려동물 용품 숍까지 갖춘 북카페가 도쿄 시내에만 수십 개가 넘는다. 이런 것들을 둘러보기 위해 취임 1년차에 대여섯 차례 일본을 방문했다.

그리고 결심했다. 강원랜드에 국내 최고의 북카페를 만들기로 한 것이다.

몇 차례 임원회의를 열었다. 알아듣는 자가 없었다. 세상은 아는 만큼만 보이기 때문이다. 설득하기 위하여 설계도까지 직접 그려 주면서 호텔과 콘도 중간 지점 숲속에 북카페 건물을 짓고 호텔과 콘도에서 산책하면서 접근할 수 있도록 오솔길도 만들도록 지시했다. 그리고 아빠가 카지노에서 즐기거나 등산, 트레킹 등 아웃도어 액티비티를 하고 있을 때 엄마와 아이는 북카페에서 책 읽으며 간식도 즐길 수 있도록 설비를 갖추게 했다. 여름에는 가벼운 야외 연주도 할 수 있도록 계단식 데크도 만들게 했다.

간식으로 무엇을 팔 것인가가 토론 대상이 됐다. 빵, 케이크가 주종을 이루었다. 나는 붕어빵을 팔면 어떻겠느냐고 제안했다. 그리고는 일본 갔을 때 200년 넘는 노포에 들러 일본식 붕어빵(다이야키)을 한 시간 가까이 줄 서고 기다려 열 개를 사 와서 시식해 보도록 했다. 이 가게는 한 개씩 숯불에 굽는 전통을 그대로 유지하고 있다. 맛을 본 모든 이들이 특별한 맛이라면서 좋아했다. 그 후 이 붕어빵은 북카페와 더불어 강원랜드의 명물이 됐다.

이렇게 생겨난 북카페는 내장객은 물론 젊은 직원들의 가족들에게 훌륭한 복지문화시설이 됐다. 왜냐하면 정선, 태백 지역에는 번듯한 공공도서관이나 영화관 하나 없기 때문이다. 이로부터 1년쯤 지났을 무렵 서울 삼성동 스타필드에 별마당도서관이라는 엄청난 규모의 북카페가 문을 열었다. 강원랜드가 한 발 앞섰지만 널리 알리지 못한 것이 아쉬웠다.

최근 들려오는 소문에 의하면 이토록 공들여 만든 북카페를 폐쇄하고 다른 용도로 전용했다고 한다. 어느 놈의 짓인지 참으로 마음이 닫힌

놈이구나 하는 생각이 들었다(아무리 좋은 사업이라도 정권이 바뀌면 후임자는 전임자의 흔적을 지우기 바쁘다. 이 얼마나 어리석은 짓인가!).

유럽식 테라스 카페와 햄버거

강원랜드호텔 안에는 식당이 여러 곳 있다. 양식, 일식, 중식, 한식, 뷔페식 골고루 갖추어져 있다.

강원랜드는 주변 풍광이 기가 막힐 정도로 좋다. 해발 1천 미터에 위치하니 공기도 청정하거니와 사계절에 따라 눈, 야생화, 단풍, 신록이 파노라마처럼 바뀐다. 그런데 이 많은 식당이 하나같이 호텔 내부에 위치하여 이 같은 백만 불짜리 풍광을 창문을 통하여 눈으로 즐기며 차 한잔 마실 곳이 없다. 최초 설계한 놈은 어지간히도 개념이 없었나 보다.

마침 본관 호텔 후면에 넓은 공간이 있는데 그냥 빈터로 방치돼 있었다. 카지노 노름꾼들이 나와서 담배 피는 장소로 이용되고 있었다. 그 꼬질꼬질한 모습에 담배를 연방 피워 대고 가래침까지 바닥에 뱉으니 자산 규모 3조 원짜리 복합리조트가 이름이 무색할 지경이었다. 어린아이 동반한 부모들은 눈살을 찌푸리면서 이곳을 피해 돌아가기 일쑤다.

때마침 그 무렵 오스트리아 인스부르크에 있는 인터알펜이라는 고급 리조트를 방문하고 돌아온 직후이다. 그곳은 해발 1천 미터 높이에 위치해 있다. 식당, 수영장, 헬스클럽 어디에서나 우뚝 솟은 만년설 산봉우리가 마주 보인다. 절경이다. 통유리 창문을 통하여 이 같은 풍광을 즐기며 차 마시고 담소하고 체련장에서 운동하면 시간 가는 줄 모른다.

'그렇다. 강원랜드를 인터알펜 같은 리조트로 만들자.'

다시 시설책임자 장 상무를 불렀다.

"장 상무, 이 빈터에 200평 정도의 통유리 벽에 천장을 개폐식으로 한 카페 하나 만들려면 돈이 얼마나 들까?"

"정확히 어떤 콘셉트를 원하시는지 모르겠지만, 한 10억 원 정도면 지을 수 있을 것 같습니다."

그 정도라면 당장 설계 검토하라 했더니 연말까지 기다려 이사회 승인 받아야 된다고 했다. 아무리 필요한 일이라도 본질이 주식회사이기 때문에 일정 규모 이상의 사업은 이사회의 승인이 필수적이다. 그래서 한참을 기다렸다가 이듬해 짓기 시작해서 1년 만에 완공했다. 이름하여 '더 가든'이라는 카페다.

무엇을 팔 것이냐가 문제 됐다. 커피를 비롯하여 차 종류는 기본이고 간이식을 팔아야 하는데 나는 샌드위치와 햄버거를 추천했다. 많은 임원들은 "노름꾼들은 우동이나 라면을 더 좋아한다"고 했다.

"모처럼 분위기 즐기는 카페에 라면에 김치 냄새가 배어 있으면 좀 그렇지 않겠나? 그윽한 커피향 즐기려면 샌드위치나 햄버거가 좋겠다."

식음팀도 적극 찬성했다. 그런데 그 햄버거라는 음식이 보기에는 단순해 보이는데 제맛을 내는 일이 여간 어려운 것이 아니었다. 나는 혼자 미국 유학 갔을 때 거의 매일 햄버거 아니면 샌드위치로 점심을 때운 적이 있다. 그때 먹은 햄버거 맛을 국내에서는 좀처럼 느끼지 못한다. 같은 맥도날드 점포인데 맛이 다르다. 양식부에 근무하는 셰프들에게 서울, 특히 우리 집 인근 서래마을 일대에서 파는 햄버거를 몇 차례 사다 준 적도 있고 또 서울 출장 가서 직접 사 먹어 보라고 권하기도 했다(이 같은 목적으로 몇 차례 햄버거나 샌드위치 등을 구입해 간 적이 있는데, 이를 두고도 서래마을 일대에서 법인카드를 사적으로 사용하여 빵 사먹었다고 일부 언론에서

지×병을 떨었다).

몇 차례의 시행착오를 거쳐 햄버거 맛이 괜찮아졌다. 이 테라스 카페에서 비 오거나 눈 오는 날 커피 한 잔에 햄버거 하나 시켜 놓고 망중한을 즐기면 마치 오스트리아 인스부르크에 있는 그 유명 리조트에 앉아 있는 것 같은 분위기를 즐길 수 있다.

최고의 트레킹 코스, 운탄고도와 백운산 오솔길

요즘 사람들은 석탄을 어떻게 캐내는지 모른다. 어떻게 생겼는지도 모른다. 처음 캐낸 석탄은 새까만 가루 또는 덩어리이다. 캐내는 데는 어려운 과정을 거친다. 땅속에는 온통 석탄(원탄)만 산더미처럼 묻혀 있는 것이 아니라 시루떡처럼 켜커로 석탄층과 암벽층이 번갈아 묻혀 있다. 굴을 파고들어 가며 드릴로 암벽층을 깨고, 곡괭이로 석탄을 캐고(이 작업을 하는 광부를 선산부라 한다), 이렇게 캐낸 석탄을 레일을 깐 운탄차에 실어 밖으로 내온다(이 작업을 하는 광부를 후산부라 한다). 선산부는 후산부보다 숙련공이고 그래서 노임도 더 받는다. 여기에 뚫고 들어간 굴(갱)이 무너져 내리지 않도록 갱목으로 버팀목을 놓는다. 그리고 굴속의 희미한 산소 부족을 보충하기 위해 끊임없이 바깥 공기를 주입한다. 이렇게 캐낸 석탄을 산더미처럼 굴 밖에 야적해 놓으면 이 석탄을 대도시로 옮겨 도시 변두리에서 십구공탄을 만들어 취사 또는 난방용으로 쓰고 일부는 산업체로 운반하여 에너지로 이용한다.

그러기 위해서는 운반이 필수조건이다. 이 운반은 화물열차가 맡는다. 그래서 태백, 정선을 지나는 태백선 열차는 우리나라 산업 발전의 간

선동맥 역할을 해 왔다. 강릉에서 청량리까지 연결된 영동선 열차의 한 구간이 태백선이다. 나는 고등학교, 대학교 시절 이 기차를 타고 15시간 걸려 고향에서 서울을 다녔다. 15시간이면 서울에서 항공기로 뉴욕 가는 거리다. 비행기에서는 밥을 세 번 준다. 그런데 15시간 걸리는 열차에서는 도시락 제공이 없다. 그래서 없는 사람은 쫄쫄 굶으며 간다. 좀 있는 사람은 열차 내 승무원이 파는 삶은 계란과 영주, 원주역에서 파는 즉석우동(가케우동) 한 그릇 사 먹는다. 시간이 촉박하여 2~3분 내로 먹어야 하는데 그 맛이란 요즘 먹는 어떤 음식보다도 꿀맛이었다.

석탄을 운반하는 데 가장 큰 문제는 채탄굴 입구에 산더미같이 야적된, 물기를 머금어 돌덩이같이 무거운 원탄을 사북, 고한, 황지 기차역까지 나르는 일이다. 처음에는 소달구지, 마차, 사람의 등짐으로 운반했다한다. 해발 1천 미터의 고지에서 험악한 오솔길을 따라 10~20킬로미터 떨어진 기차역까지 하루 종일 운반한들 도대체 그 양이 얼마나 됐겠나. 거의 노예 노동이었다.

그때 박정희 대통령은 군입대 기피자나 사회적 문제아들을 국토건설단이라는 이름으로 끌어모아 이곳에 투입했다. 이들로 하여금 채탄굴에서 역까지 트럭이 다닐 수 있는 산악도로를 만들게 한 것이다. 요즈음에는 중장비가 좋아 더 높고 험한 고산지대에도 임도(林道)를 쉽게 내지만 그때는 오로지 삽과 곡괭이 그리고 간혹 다이나마이트로 산악도로를 만들었다. 그렇게 만들어진 꼬불길로 제무시(GMC)라는 트럭이 석탄을 가득 싣고 갱도 입구에서 기차역까지 쉬지 않고 날랐던 것이다.

그 후 석탄산업이 사양산업이 되고 나서는 이 길도 무용지물이 되어 위쪽에서 돌이 굴러떨어져 가로막히고 아래쪽 부목이 썩어 쌓아 놓은 돌더미가 무너져 내리면서 곳곳의 길이 끊기는 바람에 차는 고사하고 사람도 다니기 힘든 폐도가 된 채 방치되었다.

다른 고장에서는 산책길을 인공으로 조성하고 억지 스토리를 만들어 붙이면서 호객행위를 하는 판에(우후죽순으로 생겨나는 둘레길이다) 이토록 한이 맺히고 산업의 역사가 깃든 길이 그대로 방치되고 있다니 말이 되나. 나는 그곳을 운탄고도라 이름 짓고 안내 책자에 나와 있는 '하늘길'이라는 지도상의 이름도 운탄고도로 바꾸게 했다. 운탄고도란 석탄(炭)을 나르던(運) 옛(古) 길(道), 또는 구름이(雲) 양탄자처럼 펼쳐진(坦) 높은 곳에(高) 난 길(道)이라는 두 가지 의미를 가진다.

운탄고도는 만항재에서 신동역까지 총연장 20킬로미터가 넘는 고원길로, 하루 코스 트레킹길로는 한반도 안에 이만한 길이 없다. 구름 낀 날에는 구름이 발아래 깔려 운해(구름바다) 위를 걷는 것 같다. 맑은 날 특히 저녁노을 무렵에는 수백 개의 산봉우리들이 붉게 물들어 눈 닿는 지평선 끝까지 펼쳐지는 장관이다. 중간중간에 쉼터를 만들어 도시락도 먹을 수 있도록 간이탁자도 만들어 놓고, 채탄굴(갱도)도 옛날 모습대로 복원시켜 놓고, 옛날 광부의 아내들이 남편의 무사 귀가를 기원하던 도롱이 연못을 재현해 놓았다.

그리고 나서 서울에서 친구, 지인들이 찾아오기만 하면 이 길에서 트레킹 하도록 안내했다. 한결같이 제주 올레길이나 일본 규슈 올레길, 월정사 선재길, 지리산 둘레길은 물론 유럽의 알프스 트레킹길이나 캐나다의 로키산맥 둘레길 등 어떤 트레킹 코스보다 좋다고 평한다. 이 길에는 다른 길에서는 볼 수 없는 고산지대에만 식생하는 야생화와 야생동물, 야생조류를 볼 수 있고, 봄이면 자연산 두릅, 여름에는 다래·머루, 가을에는 도토리·밤이 수시로 눈에 띄고 겨울에는 눈 덮인 길에 금방 지나간 노루나 산토끼 발자국을 쉽게 볼 수 있다. 기가 막히게 멋진 길 아닌가. 1억 원도 안 되는 공사비로 옛날 길을 완벽하게 재현했다. 비록 노름산업으로 벌어들인 돈이지만 이렇게 쓰고 나니 뿌듯함이 느껴진다. 강원랜드가 공기업인 것은 제공되는 서비스의 공공성이 아니라 벌어들인 돈의 쓰임새의 공공성에 있다는 뜻은 바로 이런 경우를 두고 하는 말이다. 다만 아쉬운 것은 트레킹길과 맞닿는 마을이 너무 황량하고 트레킹을 끝내고 나서의 먹거리, 즐길거리, 쉴거리가 부족하고 접근이 쉽지 않다는 것이다.

최근 강원도와 산림청이 공동으로 이 운탄고도를 폐광 지역 4개 시·군으로 연결하는 사업을 추진하려 한다는 소식이 들린다. 잘만 만들면 캐나다 로키나 프랑스 샤모니 트레킹길보다 더 멋질 것이다.

아무리 좋은 음식도 그것만 반복 먹으면 싫증이 난다. 마찬가지로 운탄고도만으로는 부족함이 있었다. 그래서 하나 더 만들었다.

골프장이 있는 하이원호텔에서 메인호텔(카지노사업장) 사이에는 해발 1,400미터가 넘는 백운산 자락이 가로막고 있다. 그래서 마을 쪽으로 우회도로를 만들어서 모든 교통수단은 이 우회도로를 이용한다. 이 도로와는 별도로 백운산 산봉우리의 7부 능선을 가로질러 두 호텔을 연결하는 트레킹길을 하나 더 만들면 트레킹 코스로서는 환상일 것 같았다. 신사업팀장을 불러 여기에 오솔길을 내도록 했다. 완공을 못 보고 임기가 끝났는데 최근에 완공되었다고 한다.

운탄고도는 트럭이 다닐 만큼 넓은 길인 데 반해 이 길은 숲속을 뚫고 지나가는 오솔길이다. 중간중간에 구상나무 군락지며 조릿대 군락지 그리고 자작나무 군락지가 그림처럼 펼쳐지고 이른 봄부터 늦가을까지 온갖 야생화가 끊이지 않고 피어나 보는 이로 하여금 탄성을 자아낸다. 이 같은 시설이면 3박 4일 정도는 지루하지 않게 온 가족이 함께 찾아와 힐링할 만하지 않은가. 적어도 노름쟁이들만 득실거리는 카지노 전문사업체와는 전혀 다른 이미지 아닌가. 물적 시설의 변화는 환골탈태라 할 만하다.

정태영삼 투어 코스와 토속음식점 발굴

강원랜드의 투자 모체는 정선, 태백, 영월, 삼척 4개 시·군이다. 왜 하필 이 넷뿐인가?「폐광지역 경제지원에 관한 특별조치법」이라는 긴 이름의 특별법에 의해 강원랜드가 출범할 당시 석탄광을 운영하던 곳은 강원도에서는 이 4개 시·군뿐이었다. 인근의 홍천, 평창, 동해에도 탄광이 있었으나 이미 폐광된 지 오래라 지원 대상에서 제외됐다.

4개 폐광 지역 주민들은 끊임없이 현금 지원을 요청한다. 그러나 현금 지원은 깨진 독에 물 붓기로 지역경제 발전에 큰 도움도 못 되면서 자칫 업무상 배임 문제를 야기한다. 그럼에도 툭하면 지방의회 의원이나 시민단체 대표라는 사람들은 수십 명씩 몰려와 언성을 높이고 삿대질까지 하며 한바탕 소란을 피우고 돌아가기 일쑤다. 때로는 삭발하고 연탄가루를 물에 개어 무슨 특수부대원처럼 얼굴에 환을 그리고 붉은 헝겊천으로 머리띠 묶고 빈 상여까지 어깨에 메고 강원랜드 진입로 입구까지 밀고 들어와 데모를 한다. 수많은 내장객들이 드나드는 곳에서 말이다. 명백한 불법 집회이고 불법 시위인데 경찰이라는 자들은 언제나 뒷짐 지고 강 건너 불구경이다. 집권세력에 잘 보일 일이 아니면 좀처럼 움직이지 않는 것이 이놈들의 속성이다. 자유당 때부터 그래 왔다.

강원랜드라는 사업체가 주민 집단시위의 결과물로 태어났기 때문에 주민 집단시위는 늘 그들의 전가의 보도이다. 대기업 부장 수준의 연봉을 받으며 3년 근무하면 그만인 사장이 무슨 재간으로 이들의 삶의 행태를 바꿀 것인가? 감독기관이라는 산자부·문광부, 감시기관이라는 감사원 등 어떤 놈도 오불관언이다. 극히 미시적인 눈깔로 저 보고 싶은 것만 보면 그만이다. 초대형 채용 비리 사건도 그 단초는 도지사 선거를 의식한 최 사장의 과오에서 시작됐지만, 그것이 광범위하게 죄의식 없이 진행된 것은 이 같은 이 지역만의 정서에서 비롯된 것이다.

유대인들의 속담에 "물고기를 잡아 주지 말고 물고기 잡는 그물을 주라"고 했다. 그렇다. 어떻게든 이들이 자생할 수 있는 길을 터 주는 것이 강원랜드의 공공서비스다.

우선 이 4개 폐광 지역을 하나의 경제공동체로 묶을 필요가 있다. 석탄광이라는 역사가 있고 스토리텔링이 있는 광역관광지역으로 개발하는 것이다. 지구촌 어디를 가나 수백만, 수천만 명이 다녀가는 유명 관광지의 특색은 첫째가 볼거리, 둘째가 먹거리, 거기에 더하여 스토리가 있다.

4개 시장·군수와 지방의회 의장을 회의실로 초빙했다. 광역관광공동체 개발에 대한 의견을 물었다. 각자 몇백억 원씩 그것도 현금으로 지원해 달라는 말 외에는 어떤 아이디어도 없었다. 내가 말문을 열었다.

"외지 특히 다른 시·도에서 오는 관광객들은 우선 4개 지역 명칭부터

가 낯섭니다. 그냥 동강에서 래프팅 하고 태백산 등산하고 삼척에서 대게 먹고 강원랜드에서 카지노 한다는 식의 산발적 관광 개념밖에 없어요. 이런 식으로는 관광객 유치에 한계가 있습니다. 우선 명칭부터 통일합니다. 강원랜드를 허브로 하여 '정·태·영·삼'으로 통일합시다. 정=정선, 태=태백, 영=영월 그리고 삼=삼척의 머리글자입니다. 그다음 각 시장·군수님들은 관할 지역에 볼거리나 체험할 거리 또는 야외 액티비티 2~3가지씩 서로 중복되지 않는 것으로 집중 개발하세요. 강원랜드는 당장 금년부터 지역 방송사와 공동으로 지방 토속음식 경연대회를 공개방송(이른바 먹방)으로 열겠습니다. 그래서 매년 1등에서 10등까지 10개 업체를 토속음식 모범업소로 선정하여 방송에서 크게 홍보하게 할 테니, 시·군별 홍보 책자에도 실어 주세요. 끝으로 강원랜드는 4개 시·군의 관광 명소와 먹거리 모범업소를 연계하는 무료(또는 약간의 실비만 받는) 순환버스를 운행하겠습니다. 매일 시간표를 정하여 몇 차례씩 순환시키는 겁니다. 반일 코스, 전일 코스 등으로 말입니다. 고객들이 별점을 많이 매긴 곳에는 연계를 늘리고 별점이 줄어들면 순환코스에서 빼겠습니다. 서로 경쟁하세요."

이렇게 해서 오늘날 강원랜드에서 가장 인기 좋은 관광상품인 '정태영삼 관광 코스'가 생겨났다. 정태영은 내 친구 이름이고 영삼은 김영삼의 영삼에서 차용한 것이다.

4개 시·군의 관광과에서는 직원을 1명씩 강원랜드 호텔 로비에 상주시키면서 각자 자기 시·군의 관광 명소와 먹거리 명소로 유치하려고 치열하게 경쟁한다. 이것이 자생력이다.

그러나 회의를 마친 당일 시장·군수들은 자기만의 공적이 있어야 다음 선거에 써먹을 수 있는데, 광역관광지구 개발이라는 공통의 과제를 제시하니 시무룩한 표정으로 돌아갔다.

파산 직전 자회사를 산림힐링재단으로

영월 상동 지역에는 테마파크라는 자회사가 있다. 이 회사는 당초 600억 원의 투자금액을 확정해 놓고 그 범위에서 어린이와 청소년을 주 고객으로 삼는 테마파크를 조성한다는 사업이다. 이 역시 10여 년 전에 지자체들의 강요에 의해 마지못해 벌인 지원사업의 하나다. 500억 원이 투자된 상태에서 하청업자가 돈 떼먹고 달아난 바람에 공사가 중단되고 장기간 방치된 상태다. "100억만 더 투자하면 예정된 대로 공사가 완공되느냐?" 물었더니 실무자들은 한결같이

"어림도 없습니다. 앞으로 최소한 300억~400억 원은 더 투자돼야 당초 설계대로 완공될 수 있는데, 문제는 완공된다 하더라도 입지가 워낙 산골짜기 오지이고 주변 환경이 나빠 수용 시설만큼의 고객이 있겠느냐가 더 심각합니다. 오투리조트 망한 것 보십시오."

이곳에서 10년, 20년 근무하며 밥 먹고 살아온 놈들이 엊그제 부임한 사장에게 이게 할 말인가? 그런 오지에 그 같은 사업을 시작은 왜 했는데?

기가 막혔다. 어느 날 기사만 데리고 슬그머니 현장을 둘러보았다. 리조트 문외한이지만 외국의 유수한 리조트에는 여러 번 가 본 식견이 있다. 이건 한마디로 정신병자가 장난질 쳐 놓은 모습 그대로다. 돌아온 즉시 임원회의를 소집했다.

"상동테마파크 사장인가 하는 새× 뭐 하던 놈이냐?"

감사실장이 답한다.

"전직 안기부 직원 하던 최모라는 자인데, 지역 국회의원과는 중학교인가 고등학교 동창생이랍니다."

그 의원이라는 놈은 참 가지가지로 질척댔구나 하는 생각이 들어

"이 실장, 상동테마파크에 대해 감사원 감사가 있은 적 있나요?"

"감사를 한 번인가 했는데 크게 문제 삼은 적은 없었던 것으로 압니다."

"아니, 그 씨×놈들, 출장비는 10원짜리까지 따지고 묻고 지랄하면서 500억 원을 투자하여 저렇게 멀쩡한 산림만 헤집어 놓고 한눈으로 봐도 날림공사가 명백하던데 별것 없다니 그게 말이 되냐? 이 실장 당신이라도 다시 감사해 봐라."

이렇게 해서 다시 자체 감사를 시작했다.

한 달여 지났을까. 그가 감사결과 보고서를 들고 들어왔다.

"단가 조작 등으로 공사비를 부풀려 최소 30억 원 가량 뒷돈으로 해 먹은 것 같습니다."

나는 희색이 만면하여

"그러면 그렇지. 수고했다. 당장 영월지청에 고발해라."

그런데 몇 달이 지나도록 감감무소식이더니만, 이 감사 다시 들어와 풀 죽은 모습으로

"씨×놈들이 벌써 저희끼리 손을 썼는지 증거 부족으로 무혐의랍니다. 단가 조작했다고 재하청업체 한 놈이 실토까지 했는데…."

"그 최씨란 놈, 빽이 대단한 모양이구나. 됐다. 다른 방법을 강구해 보자."

이렇게 해서 책임 규명은 불발에 그쳤고, 대안 마련이 시급했다.

신사업팀장을 불렀다. 성이 수풀 림(林)자 임씨라 그런지 산에 미친 사나이다.

"상동테마파크 공사현장에 가 본 적 있냐?"

"네, 공사 중단 전에 가 본 적 있습니다."

"영월 지역에서는 추가로 몇백억 원을 더 투자해 달라고 아우성인데 네 생각은 어떠냐?"

"소용없을 것 같습니다. 교통도 불편한 데다가 주변에 마을 하나 없는 그런 오지에 테마파크라니 말이 안 됩니다. 첫 단추가 잘못 끼워졌습니다."

"이대로 방치하면 문도 못 열어 보고 기존 투자액 500억 원만 날리는 꼴이 된다. 어떻게 처리하면 좋겠냐?"

묵묵부답이다. 임원회의를 열어 논의해 봤다. 역시 묵묵부답이다. 운탄고도를 걸으며 곰곰이 생각해 봤다.

'어떻게든 이 애물단지를 털어 내야 하는데….'

아무리 난제라도 생각이 깊으면 길이 열린다. 검사 시절부터 터득한 삶의 방식이다. 평소 알고 지내던 동부지방산림청장을 사무실로 초빙했다. 마음이 탁 트인 쾌활한 친구다(훗날 강원도 고성군수가 됐다).

"이 청장, 산림의 보존이란 무조건 현상대로 유지하는 것만이 능사는 아니잖아. 경제성 있게 친환경적으로 활용하는 것도 보존 아닌가. 스위스나 캐나다나 일본에 가면 산악지역이 좋은 관광지로 잘 활용되고 있던데."

"저도 동감입니다. 단, 현행법 위반이 안 되는 범위에서요."

"맞아, 그래서 말인데 산림청과 강원랜드가 합작으로 산림힐링재단 하나 만들어 치유와 힐링이라는 공공서비스를 제공하면 어떨까? 요즈음 힐링이니 휘게(Hygge, 아늑함)니 하는 용어가 대세이니 말일세."

"좋은 생각 있으세요?"

"지금 영월에 있는 상동테마파크 개발단지가 국유림 지역 안에 있지 않은가. 여기에 500억 원이 이미 투자되었고, 100억 원이 현금으로 남아 있거든. 강원랜드는 이 자산을 투자하고 산림청은 주변 국유림을 활용하는 조건으로 공동투자하여 독립재단을 하나 만드세. 그리고 산림청 퇴직 공무원들과 강원랜드의 일부 직원이 공동으로 운영하면서 예컨대 집중힐링이 필요한 군부대 특별관리 대상자들, 치유가 필요한 청소년들, 자연과의 교감이 필요한 게임·도박 중독자들을 대상으로 공공서비스를 제공하면 어떨까?"

"기가 막힌 아이디어인데요. 본청과 상의해 볼게요."

이 청장은 시원하게 대답하고 돌아갔다. 며칠 후부터 실무자들끼리 구체적 협의가 진행되었다.

드디어 2016년 말 강원랜드 이사회에서 가칭 '상동산림힐링재단' 설립을 승인 의결했다. 강원랜드는 자회사 형태이던 상동테마파크의 기존 투자 금액 500억 원과 남은 사업비 100억 원을 운영자금으로 투자하는 것으로 하고, 산림청은 주변 산림을 이용한 힐링 시설의 추가 개발을 허용하는 조건으로 독립된 재단법인을 설립한 것이다. 산림청은 퇴직한 산림 전문가들을 활용할 수 있게 됐고, 강원랜드는 추가 투자 없이 연결재무제표에서 부실 자회사 하나를 덜게 됐다.

상동산림힐링재단은 내가 떠난 후 2018년 말에 완공되어 2019년 한

해 운영한 결과 예약이 6개월씩 밀린다고 한다. 전국의 대기업, 소년원, 공공기관 등에서 계속 이용 문의가 들어온단다. 대성공이다.

퇴임한 후 어느 날 그 신사업팀장이 서울 출장 온 길에 찾아왔다.

"사장님은 검사, 국회의원 하신 분인데 도대체 그런 사업 구상은 어디서 나옵니까? 저도 정년 얼마 남지 않았지만 강원랜드 근무 20년간 제일 큰 보람입니다."

"니가 보람이면 그것이 내 보람이기도 하지."

리조트사업의 미래는 MICE에

강원랜드는 카지노가 주사업이다. 카지노는 하룻밤에도 수억 원에서 수십억 원을 잃거나 따는 거대한 도박이다. 여기에 한번 빠져들면 나름 가방끈이 길다 하는 번듯한 직업을 가진 자들(의사, 변호사, 금융인, 사업가 등)도 있는 돈 다 날리고 급기야는 고리의 사채까지 쓰다가 수금 전문 양아치들에게 걸려들어 시달리고, 결국은 극단의 길로 가기도 하는 위험천만의 인간 행태이다. 그러면서도 뭔가 큰 것 한 방을 노리는 인간의 본성을 자극하는 것이기도 하여 예로부터 마약, 매춘과 더불어 법령 또는 율법으로 금지하여 왔으나 근절되지 않고 오히려 번성하는 사업이다.

미국의 라스베이거스는 네바다주 황무지에 사막의 신기루처럼 만들어졌다. 카지노에서 벌어들인 돈으로 인간이 살기 힘든 이 지역을 도시화한다는 명분과 개발업자(조폭)와 정치인의 뒷거래가 맞아떨어져 이루어진 곳이다. 마카오 역시 포르투갈의 조차지가 된 이곳에 마약에서 벗어나지 못하는 인간들의 해우소 겸 도박 좋아하는 동남아에 퍼져 있는 화교들의 돈을 끌어들일 목적으로 만들어졌다. 이 두 곳은 세계 최고의 환락의 도시이다. 24시간 불야성을 이룬다. 그러나 그 이면에는 이권 다툼을 하는 조폭들의 범죄의 온상이기도 하다. 수많은 사람들이 이곳에서 패가망신한다.

이 같은 폐해가 누적되어 그 한계치에 다다르자 두 도시는 드디어 탈출구를 모색하기 시작했다. 이른바 MICE산업이다. MICE는 회의(Meeting), 포상관광(Incentive), 대회(Convention), 전시(Exhibition)의 머리글자를 모은 조어이다. 즉, 본래는 카지노 고객을 위하여 만들어진 호텔 연회장, 전시장, 식당, 극장 등을 활용하여 연례적인 대형 전시회, 신제품 설명회, 학술대회, 각종 연예·스포츠 이벤트를 유치하고 고객들에게 볼거리, 즐길거리, 먹거리를 제공하는 복합리조트사업을 의미한다. 현재 라스베이거스나 마카오의 재벌급 도박기업들은 과거 10년 전까지만 해도 도박 수입과 비도박 수입의 비율이 9 대 1 정도로 압도적으로 도박사업 위주였으나 최근에는 4 대 6 정도로 오히려 이 MICE사업의 수익성이 더 높다고 한다.

강원랜드에 내국인 상대 카지노 사업을 독점적으로 허가 내준 이유는 그 사업으로 벌어들인 돈으로 폐광 지역의 경제를 회생시켜 지역 주민의 삶을 보장한다는 취지였다. 그래서 1년에 벌어들인 영업수익 약 6천억 원을 세 몫으로 나누어 약 2천억 원은 국세를 비롯한 각종 세금, 2천억 원은 주주 배당을 비롯한 폐광 시·군에 대한 특별지원금, 그리고 나머지 2천억 원을 미래 투자를 위한 유보금으로 적립하는 구조이다. 예컨대 정선군은 강원랜드 시설물에 대한 재산세까지 합하여 1년에 600여억 원을 자치단체 고유의 재정수입 외의 가외수입으로 더 얻는다. 이렇게 해서 강원랜드가 폐광 지역에 지급한 특별지원금만 지난 20년간 1조 원이 훨씬 넘는다.

그런데 이 같은 수입구조가 언제까지나 지속될 수 있겠는가? 물론 무제한 도박을 허용하면 그럴 수도 있겠다. 그러나 나라다운 나라에서는 도박산업을 이토록 무제한으로 허용해서는 안 되는 일이다. 그것은 국민이 마약에 중독되도록 방치하는 것과 다름 아니기 때문이다. 이는 강희·옹정·건륭 3제(帝)의 치(治)를 자랑하던 동시대 세계 최강의 나라 청이 조그만 섬나라 영국에 패퇴하고 더 작은 섬나라 일본에 박살 난 이유가 뭔가를 생각해 보면 금방 이해된다. 위정자들은 돈과 권력에 중독되고 백성은 마약(아편)에 중독된 때문이었다. 카지노는 방치하면 마약의 폐해에 못지않다. 그래도 방치할 것인가? 절대로 안 될 일이다. 하루아침에 확 바꿀 수는 없다 하더라도 공기업이니만치 국가의 적절한 통제가 필요하다.

지금 강원랜드에 적립된 유보금이 약 3조 원에 이른다. 적절한 방법으로 재투자하여 라스베이거스처럼 변모시켜야 한다. 오늘날의 라스베이거스를 보라. 과거 일확천금을 노리던 노름쟁이들의 도시가 아니다. 자동차쇼나 전자쇼에는 전 세계의 내노라 하는 기업인, 정치인들은 물론 미래의 빌 게이츠나 스티브 잡스를 꿈꾸는 젊은 기업인들이 수천, 수만 명이 모인다. 늘씬한 선남선녀도 그냥 즐기기 위하여 모인다. 우리나라에서도 삼성의 이재용, 현대의 정의선, SK의 최태원 등도 다 간다.

이에 반해 강원랜드의 실상은 어떠한가? 일반인들의 짐작 이상으로 참혹하다. 강원랜드의 주고객은 현금장사 하는 자영업자들이 주종을 이룬다. 간혹 낯익은 중소기업 대표들, 의사, 변호사 등이 얼굴을 들이밀지만, 금방 소문난다. 게다가 몇 년에 한 번씩 감사원이 들이닥쳐 영장도 없이 카지노 고객 명단을 몽땅 갖고 갔다. 자주 드나드는 공무원, 공공기관 종사자들을 잡아내겠다는 뜻이다. 10여 년 전에 그런 방법으로 주중에 드나든 공무원 몇 명을 잡아내 징계를 했고, 그걸 무공처럼 내세워 담당 감사관놈들은 칭찬받은 모양이다. 이 사실이 밖으로 알려진 후 그 이듬해 강원랜드는 창사 이래 최악의 매출이 기록됐다 한다. 사스나 메르스 그리고 금융위기 때보다 더한 매출 감소였다 한다.

그런데 앞에서 소개한 것처럼 내가 사장으로 근무하던 2016년 이놈들이 10년 전의 그 재미(?)를 한 번 더 보겠다고 찾아와 카지노 출입 고객 명단 3년치를 달라고 했다. 그 당시 감사원의 원장과 사무총장은 둘 다 판사, 검사 했던 자들이다. 판사를 했으면 뭘 하고 검사를 했으면 뭘하나. 현재의 그 자리에 미쳐서 앞뒤의 헤아림이 없으면 과거의 정치인 출신, 군 출신 감사원장과 다를 바 없다. 내가 완강하게 버티는 바람에 결국 그놈들은 빈손으로 물러갔지만 그 후 그 특별조사국 4과라는 자들이 나타나 해외출장비 사용 내역을 조사한다면서 실무자들을 6개월이나 괴롭혔다. 이 같은 척박한 분위기 속에서 미래의 빌 게이츠나 스티브 잡스를 꿈꾸는 유망 기업인들이나 선남선녀들이 남의 눈치 안 보고 드나드는 그런 컨벤션사업체, 리조트기업체가 된다는 것은 꿈같은 이야기 아니겠는가.

호시노 요시하루의 리조트 경영 기법

일본에는 호시노야(星野屋)라는 유명 리조트 경영 전문기업이 있다. 사장 호시노 요시하루(星野佳路)

는 게이오대 경영학부를 졸업하고 씨티은행에서 근무한 엘리트이다. 그는 당시만 해도 사양산업으로 분류되던 온천료칸(旅館) 사업을 선대로부터 물려받아 경영수업을 하면서 노하우를 터득하여 오늘날 일본 국내에서만 40여 개의 고급 리조트를 운영하는 세계적인 리조트 전문 경영인이 되었다.

그는 리조트를 소유하지 않는다. 파산 직전의 온천료칸의 소유주로부터 경영위탁을 받아 남다른 시설과 콘텐츠와 서비스를 접목시켜 1박에 100만 원이 넘는 초고급 힐링 쉼터로 재탄생시키는 것이다. 연전에 도쿄를 방문한 트럼프 미국 대통령(당시)의 딸 이방카 트럼프가 묵으면서 아베 신조 총리와 만찬을 하여 화제가 된 '호시노야 도쿄'도 이 호시노리조트가 경영하는 사업체이다.

코로나 팬데믹으로 전 세계 관광산업이 아사상태로 빠져들 때 호시노의 경영능력은 더욱 빛났다. 호시노야 리조트만은 처음 2~3개월을 제외하고는 여전히 예약률 90퍼센트 이상의 평년 수준을 유지하고 있다고 한다. 비결은 하나다. 생존을 위한 그만의 독특한 레저 콘텐츠를 개발한 것이다. 이름하여 '마이크로 투어리즘', 즉 기존의 근교 여행과 비슷한 개념이다. 그는 도심지 노포를 새로 개발하는 등 투어 코스를 새로 짜고 식사 메뉴도 지역 주민이 흔히 먹을 수 없는 타지역 식재료를 사용한 새로운 먹거리를 개발했다. 체크인·아웃도 특정 시간대에 몰리지 않도록 조정하고, 시설물 내 고객 밀집도를 외부인이 실시간 알 수 있도록 하는 앱도 개발했다. 결국 그의 공격적이고 창의적인 경영 마인드에서 비롯된 '18개월 생존전략'은 성공을 거둔 셈이다.

이 같은 사례와 대비하여 보면 같은 시점에서 강원랜드의 경영상태는 거의 빈사상태였다. 2020년 1년간 영업손실만 1조 원에 이를 것이라고 한다. 창사 이래 20년간 재투자를 위하여 쌓아 둔 3조 원대의 사내유보금 중 1조 원이 1년 사이 사라졌다는 뜻이다. 이 같은 부실경영이 단지 코로나 때문만인가? 최고경영자를 비롯한 경영진은 호시노 사장처럼 살아남기 위한 어떤 특단의 고민을 하기는 했나? 국정감사장에서 사장이라는 자의 답변은 매우 상투적이다. "감독관청인 문광부·산자부 등이 지시하는 대로 따르겠다"는 것이다. 산자부·문광부의 주무 국·과장이라는 자들은 리조트·카지노산업에 대한 전문지식은커녕 강원랜드를 잘 키워야겠다는 의지조차 없는 자들이다. 그런데 최고경영책임자라는 자가 그런 자들의 지시에 따라 경영하겠다는 마음자세이니 이러고도 이 기업이 살아남을 수 있겠는가? 문정권하에서 대다수의 공기업 사장은 이런 자들로 채워졌다. 이른바 저희들끼리 코드만 맞으면 그것으로 그만이다.

나는 강원랜드를 호시노야 같은 고급 복합리조트로 변신시키고 싶었다. 그래서 라스베이거스, 마카오, 블라디보스토크 등 해외 카지노 업자들과의 공동투자를 위하여 여러 차례 현지 출장도 다녀왔고 그쪽 CEO를 강원랜드에 초대하기도 했다. 손재간 좋은 셰프들을 뽑아 일본, 홍콩, 싱가포르 등 유수 관광지에 출장을 보내 1인분에 수십만 원씩 하는 최고급 식단도 직접 체험하게 했다. 국내 관광업계의 중국 관광객 의존도를 벗어나게 하기 위해 최초로 싱가포르에 해외 지점을 설치하여 동남아 마케팅의 거점으로 삼았다. 전 직원의 굳어진 머리를 깨우치게 하기 위하여 한 달에 두 차례씩 저명인사 초청 특강도 개설했다. 중국 항저우의 서호 위에서 펼쳐지는 장이머우(장예모) 감독의 〈물과 빛의 향연〉이라는 야외 쇼를 보고 감동하여 강원랜드 탄광촌 문화를 배경으로 한 야외 상설 쇼를 만들기 위해 장이머우 감독을 접촉하기도 했다.

이 같은 다양한 노력에도 불구하고 지역 주민들은 늘 현금에 굶주려 있다. 민주노총 산하 노조도 늘 불만이다. 적게 일하고 많이 주는 기업이 그들이 생각하는 낙원이다. 감사원, 산자부, 문광부 이놈들은 도움은 커녕 오히려 딴지만 걸지 않아도 다행이다.

그래도 사장의 이 같은 끊임없는 노력과 시도를 정확하게 평가해 주는 한 무리의 집단이 있었다. 바로 소액주주들이다. 2014년 11월 내가 부임할 당시 주가는 1주당 3만 원을 밑돌았다. 내가 부임한 이듬해 4만 5천 원까지 상승했다(코스피 주가지수가 아직 2000대를 넘지 못한 때이다). 이 수치는 강원랜드 창사 이래 최고점을 의미한다. 2016년 한창 일할 때 시가총액은 9조 원이 넘는, 국내 단위기업 순위로 25위에 이르는 거대 공기업이 되었다. 내가 그만둘 무렵 다시 3만 원대로 떨어졌다. 비(非)카지노 부분 매출액도 연 800억 원대에서 1천억 원을 넘는 복합리조트 기업으로 변신해 가고 있었다. 그런데 2018년 이후 강원랜드 주식은 2만 원대에서 맴돌고 있다. 어느 놈이 무슨 개소리를 지껄여도 소액주주들은 냉정하고 정확하다. 기업이 어떻게 운영되는지, CEO의 경영철학이 어떠한지 시장(市場)은 다 알고 있는 것이다.

공기업 개혁에 정권의 명운을 걸어라

강원랜드가 복마전 같은 기업이라는 사실은 보통 사람들도 다 안다.

임직원들의 비리가 간단없이 언론에 보도돼 왔기 때문이다. 나 역시도 그 정도, 아니 그 이상일 것으로 짐작은 하고 있었다. 사업의 성격 자체가 법은 고사하고 도덕과 윤리에 친화적이지 못하다. 오죽하면 '카지노 자본주의'라는 용어가 생겨났겠나. 이 용어가 무슨 뜻인가. 마르크스주의자들은 자본주의를 "돈 가진 자본가가 노동자의 노동력을 착취하는 경제구조"라고 비판해 왔다. 돈(자본)이 노동(인간)을 지배하는 세상이라는 뜻이다. 이 같은 문제점이 극명하게 드러나는 사업이 카지노다. 카지노라는 사업은 거액의 자금을 밑천 삼아 숙련된 딜러들을 앞세워 일확천금을 노리는 대중들의 호주머니를 훑어 가는, 그야말로 피도 눈물도 없는 돈이 사람을 지배하는 생생한 현장이다. 그래서 대부분의 문명국가는 도박행위를 법적으로 금지하고 있다. 우리나라 역시 상습도박죄는 형법상 중죄에 해당하여 걸리면 거의 예외 없이 구속기소된다.

그런데 왜 국가는 강원랜드라는 공기업을 만들어 카지노를 주사업으로 삼아 돈을 벌게 하고 있는가? 우리나라뿐만 아니라 미국, 중국(마카오), 싱가포르에는 대형 카지노 도시가 있고 유럽의 대부분 국가도 웬만한 대도시에는 스몰 카지노가 존재하고, 이웃나라 일본도 2020 하계올림픽을 전후하여 기존의 파친코 외에 카지노 사업까지 합법화할 움직임을 보이고 있다. 이유는 간단하다. 돈을 벌기 위해서다. 엔터테인먼트산업을 육성하여 보다 많은 관광객을 유치하려는 것을 명분으로 삼고 있으나, 그 이면은 거액의 돈이다.

이런 관점에서 볼 때 세상에 필요악적 존재가 어디 카지노뿐인가. 현실이 이러하다면 합법화된(국민이 공감하는) 필요악적 존재에 대하여는 그 해악을 최소화하는 노력과 더불어 그 필요성(목적성)을 극대화하는 것이 답이다. '악의 최소화'와 '필요성의 극대화', 이것이 강원랜드 경영의 움직일 수 없는 바탕이 되어야 한다는 뜻이다. 대다수 공기업이 정도의 차이는 있을지언정 필요악적 속성이 있음을 감안할 때, 이 같은 좌우명은 대한민국 공기업 CEO들의 공통의 경영철학이 되어야 한다.

이 같은 경영철학을 바탕으로 나는 3년간 강원랜드의 체질 개선(환골탈태)을 시도했다.

모든 조직의 성패는 조직 구성원의 배치, 즉 인사의 공정성과 적정성에 달려 있다. 인사의 실패는 곧 국가의 실패, 정권의 실패로 이어진다는 사실을 우리는 수많은 역사적 사실에서 배웠고 목도했다. 그래서 나는 부임 직후 단행한 임원의 채용에서 부사장 책임하에 능력 위주의 공채를 하게 했고, 청와대를 비롯한 감독·감시기관들의 입질(개입)을 차단했다. 이렇게 했음에도 과거의 관행에 찌든 몇몇 똥개 같은 놈들은 과거 악습의 틀에서 벗어나지 못하고 당연히 자신이 그러하니 남들도 그렇겠지라는 짐작으로(똥개 눈에는 똥밖에 보이는 게 없어서) 헛소리를 지껄여 댔지만, 나 자신이 당당하니 꺼릴 것이 없었다.

신규 사원 채용에서는 지역 주민들의 생존권 확보라는 설립 목적을 고려하여 아예 사전에 폐광 지역 주민의 자제들과 타지역 응시생의 채용 비율을 내규로 정해 놓고, 두 집단 내부에서는 공정성 유지를 위하여 블라인드 채용 방식을 취했다. 3년간 300여 명을 신규 채용하였는데 단 한 건의 불공정인사 잡음이 없었다. 오히려 전임 사장 시절 정원외 채용의 문제점을 자체 조사하는 과정에서 500여 명의 부정 채용 사실이 적발되어 검찰에 수사 의뢰까지 했다.

정권이 바뀌는 과정에서 신정권이 구정권에 흠집을 내서 자신들의 도덕적 우월성을 확보하기 위한 정치공작의 수준이 아니라면, 국가기관이나 공기업에서 전임 기관장의 비행을 후임 기관장이 자체 고발하기란 쉬운 일이 아니다. 더군다나 그 기관장이나 관련자들이 개인적으로 친분 있는 사이라면 더더욱 그렇다. 그럼에도 불구하고 자체 고발을 결행한 것은 첫째, 그럼으로써 악습의 고리를 끊겠다는 의지이고, 둘째, 훗날 범죄를 알고도 은폐했다는 덤터기를 쓰지 않기 위해서였다. 그런데 고발을 받은 검찰은 공기업 사장인 나보다 단호하지 못했다. 워낙 광범위하게 벌어진 일인 데다가 국회의원, 언론, 정부기관 등 다양한 사람들이 얽혀 있으니 어디까지가 범죄이고 어디까지가 관행인지 가리지 못하고 우왕좌왕했기 때문이다. 그러다가 정권이 바뀌니 문정권은 잽싸게 이 사건을 전 정권의 대표적 적폐의 표본으로 삼아 결국 옥석 구분 없이 전 정권에서 사장을 지낸 나까지도 일반 국민들에게는 인사의 공정성에 문제가 있었던 사람으로 휩쓸리게 만들었다(많은 지인들로부터 "함 사장은 괜찮은 거지?"라는 전화를 수도 없이 받은 사실이 그 증거다).

실상 강원랜드 임직원 채용의 부정은 김대중·노무현 정권 때 우심했고(그때는 창립 초기라 인사의 원칙 자체가 확립돼 있지 못했었다), 최흥집 사장은 자신의 도지사 선거 출마를 염두에 둔 채 전 정권에서의 인사 관행을 답습한 것뿐이다. 그럼에도 불구하고 이 사건은 문정권의 악의적인 적폐몰이의 제물이 되어, 3년간 어금니 악물고 추진했던 '공정인사'는 그 빛이 바랜 채 과거의 악습을 단절시키는 문지방(runway threshold) 역할도 못하고 흙탕물에 휩쓸리고 말았다. 참으로 아쉬운 대목이다.

사장 그만두고 되돌아보니 이것 말고도 아쉬운 대목이 더 있다. 평소 가깝게 지내던 사람들에게 서운함을 준 것이다. 임원 인사 때 전화를 걸어 왔던 그 두 친구는 지금껏 안부전화 한 통 없고, 학연·혈연·지연으로 사적인 교분을 맺고 있었던 사람들 중에 꽤 많은 사람이 서운한 감정을 드러내거나 노골적으로 반감을 드러내는 경우도 간혹 있었다. 그러나 삶 자체가 끊임없는 선택의 과정이다. 좋은 것만 전부 선택하며 살아갈 수 있는 인간은 없다. 그럴 수 있다고 착각하는 인간(대다수의 독재자, 사이코패스형 인간이 여기에 해당한다)이 더러 있기는 하지만 이런 인간들은 한결같이 뒤끝이 불행하다.

국가나 조직에서 인사 다음으로 중요한 것은 재정, 특히 방만한 비용 지출의 억제와 사업 예산의 적정성이다. 강원랜드는 황금알을 낳는 거위와 같은 카지노사업으로 천문학적 수치의 돈을 벌어들이는 데다가 마땅한 주인의식도 없으니 "먼저 먹는 놈이 임자이고, 못 얻어먹는 놈이 병신"이라는 말이 일반화돼 왔다. 그래서 부임 직후부터 각양각색으로 갑질하는 놈들의 압력이나 청탁으로 지출되어 온 후원금, 지원금, 광고홍보비, 기금 명목의 비용과 지역상생이라는 명목의 소모성 경비를 과감하게 잘라 낸 결과 연 100억 원 이상의 지출 예산을 절감했다. 반면, 강원도 전역에 그 혜택이 미칠 수 있도록 학생체육활동기금을 만들어 주고 각종 후원금 지출 대상 행사는 명목을 불문하고 내용을 충실하게 검증하고 통제했다. 자본잠식 상태에 있는 자회사들 가운데 회생 가능한 것은 업종을 전환하여 추가 투자를 하고 그렇지 못한 것은 청산절차를 밟게 했다. 그러다 보니 "강원랜드 사장은 반성하라"는 플래카드 수백 장이 나붙는 것은 기본이고, 붉은 머리끈에 빈 상여 메고 시설물 출입구에서 데모를 벌이는 일은 예사이고, 이들의 표를 의식한 국회의원이나 시·군의원이라는 자들은 때와 장소의 구분 없이 읍소, 청탁, 협박성 질문을 해 댔다. 청탁과 압력이 먹혀들지 않으니 내부 불만 세력들을 꼬드겨 허위사실을 날조하거나 사실을 과장하여 언론 플레이를 하고, 국정감사장을 악용하고, 심지어 감사원으로 하여금 청부감사를 하게 하는 놈도 있었다. 과거 일선 수사관서에서 '청부수사'를 했다는 말은 들어 봤지만 '청부감사'라는 것은 그때 처음 목도했다.

강원랜드 창사 이래 최고의 매출(연 1조 6천억 원)과 최대의 영업이익(연 6천억 원), 그 당연한 결과로 최고의 주가(주당 4만 5천 원대)라는 괄목할 만한 실적을 올렸지만, 문정권 주구들의 비열하고 치졸한 짓거리 때문에 그 많은 성과와 노력들이 일회성으로 끝나 제도와 관행으로 정착되지 못했다.

더욱 점입가경인 것은, 그만두고 얼마간 지난 어느 날 문정권의 충견 노릇 하는 하수인놈들을 앞장세워 내가 사장 시절 법인카드로 서울 집 근처에서 빵 사 먹고 커피 사 마시고 보쌈집에서 돼지고기 보쌈 사 먹었다면서 이것도 적폐라고 지랄병을 떤 사실이다. 그렇다고 주장한 법인카드 사용액을 모두 합산해 보니 3년간 수백만 원 정도 된다고 했다(최초 일부 기레기는 억대라는 표현을 썼다). 중국의 마오쩌둥이 획책했던 문화대혁명 시절 홍위병들이나 저질렀을 법한 치졸한 적폐몰이까지 연출한 것이다. 1년 예산 규모 1조 원이 넘는 강원랜드 사장쯤 되면 수천만 내지 수억 원의 리베이트나 뇌물을 받아먹었다고 우겨야 그럴싸하지, 어떻게 전직 대통령의 수천억 원 비자금까지 밝혀낸 검사였던 나에게 몇만 원짜리 과자값, 커피값, 돼지고기 보쌈값을 사적으로 사용했다고 지×병을 떠냐? 대꾸할 가치조차 없는 허위사실이지만, 흠집을 내더라도 격(格)이라는 것이 있는데 이자들은 양아치 같은 인생을 살아온 자들이라 그런가 최소한의 격이라는 단어도 모르는 것 같다.

강원랜드는 내가 부임하기 전부터 카지노사업만으로는 기업의 지속성에 한계가 있음을 깨닫고 스키, 콘도, 골프, 워터파크, 트레킹 등을 즐길 수 있는 종합레저시설을 갖추기 시작했다. 그것은 잘한 일이고 올바른 방향이었다. 미래 먹거리산업으로서 우리나라가 뒤처져 있는 것들 중의 하나가 서비스산업이다. 대표적 서비스산업인 의료, 금융, 법률, 물류 어느 한 분야에서도 글로벌 플레이어가 없다. 리조트산업은 특히 척박하다. 미국의 덴버, 라스베이거스, 일본의 홋카이도, 유럽의 잘츠부르크, 샤모니, 인터라켄 같은 4계절 전천후의 종합레저타운이 없다. 시설만 부족한 것이 아니라 리조트 전문 경영인이 전무하다 보니 콘텐츠 또한 후진적이다. 사기업조차도 이 점에서는 마찬가지여서 회원권 장사에만 몰두한다. 오래포럼을 운영하면서 몇 차례 이 분야의 전문가를 자처하는 교수 등을 초빙하여 '레저산업의 미래'를 주제로 발제하게 하고 토론해 봤지만, 일본의 호시노야 사장 호시노 요시하루 한 사람만큼의 콘텐츠를 가진 전문가도 찾기 어려웠다. 나 역시 이 분야의 문외한이기는 마찬가지이다.

그래서 부임 직후부터 해외 견문 출장을 시작했다. 부임 직후 경영기획팀장이 사무실로 찾아와 "사장님, 웬만한 일은 아래에 맡기시고 부임 1년차에 해외에 나가서 많은 것을 배워 오십시오. 그래야 강원랜드가 변합니다"라고 건의했던 기억이 새롭다. 해외 유학 시절 또는 의원외교 활동으로 방문했을 때 눈여겨보아 둔 리조트산업 선진국들을 대상으로 강원랜드에 접목시킬 만한 레저 콘텐츠를 갖고 있는 시설들을 추려내서 직원들로 하여금 인터넷을 통하여 사전 탐색하게 했다. 그런 다음 해당 임직원 몇 명으로 견문학습팀을 꾸리게 하여 이들과 함께 짧게는 3박 4일, 길게는 7박 8일 정도로 일정을 짜서 일본, 중국, 싱가포르, 유럽 국가들에 산재한 일류 시설들을 탐방했다. 이 같은 현장학습을 통하여 북카페, 테라스 카페, 신년 클래식음악회, 하계 대중음악축제, 반려동물 동반 투숙시설, 강원랜드 인근 탄광 지역에 대한 도시재생사업(좋은 마을 만들기), 4개 시·군을 연계하는 새로운 투어 코스 개발(정태영삼 관광 코스), 먹방을 통한 토속음식점 발굴, 폐광 지역을 유네스코 지정 산업유적지로 등재하는 사업, 스키 슬로프를 이용한 야생화 단지 조성, 세계명상대전 유치를 통한 기업 이미지 변신 등 다양한 콘텐츠를 개발하게 된 것이다.

한편 잦은 해외 출장으로 인한 내부 업무 추진의 지연을 염려하여 출장 일정은 반드시 주말 또는 연휴 기간을 이용하도록 했다. 주말 또는 연휴 기간의 이용은 비단 해외 출장뿐만 아니라 국내 출장(대관업무를 위한 서울 출장) 때도 상대방의 사전 양해(토·일요일에 만나도 괜찮겠는가라는)를 얻어 활용했다. 해외 출장 또는 국내 출장을 주중에 잡게 하고 주말은 주말이라는 핑계로 쉬게 되면 사장의 부재 기간이 잦게 되어 직원들의 원활하고 신속한 업무 추진에 차질을 빚게 될 우려 때문이었다. 나는 자녀들이 다 컸으니 별문제가 없었으나, 주말이나마 가족과 함께 지내야 할 임직원들에게는 적지 않은 고통이었으리라.

그런데 이 같은 충정과 업무 추진의 열정조차도 사시눈깔을 가진 놈들에게는 액면대로 받아들여지지 않았다. 법인카드를 사적으로 사용하였다고 우겨댔던 놈들의 논거 중의 하나가 주말에 법인카드를 사용했다는 것이다. 주말에는 공적 업무를 보아서는 안 된다는 뜻이다. 이게 정신 나간 놈들의 사고방식 아니고 무엇인가. 게다가 감사원은 해외출장비 사용 내역을 특별감사하면서 부임 첫해의 잦은 해외 출장과 출장 기간중 숙박시설 등급이나 조사연구비 규모가 공기업 사장의 기준을 넘어섰다 고 트집을 잡았다. 한심한 놈들이다. 리조트산업의 문외한(공기업 사장 대부분이 그 공기업의 문외한이다)이 사장이 되었으니 빠른 기간 내에 전문 경영기법과 선진 레저 콘텐츠를 배우는 길은 우리보다 앞선 다른 나라의 시설을 둘러보고 경영진과 면담하는 길 외에 또 무엇이 있나? 다른 국가 기관장이나 공기업 사장의 경우에는 호텔이나 음식점 이용이라는 것이 출장 목적 달성을 위한 부수적 수단이지만 리조트 경영 사장에게는 그 자체가 출장 목적이다. 잠이나 자고 밥이나 먹으려고 그 나라의 그 시설 을 방문한 것이 아니라는 말이다. 잠자는 시설은 어떠하고 특별한 음식 은 어떤 것이 있고 직원들의 서비스 자세는 어떠하며 CEO의 경영철학은 어떠한지를 보고 듣고 체험하는 것이 출장 목적 그 자체라는 말이다. 그 런데 이놈들에게는 직급별 국내·외 출장기준표만이 금과옥조이고, 이것 을 초과하면 법 위반이 된다고 우긴다.

공기업 사장의 업무 추진 환경이 이리도 척박하니 내 후임 사장은 겁 을 잔뜩 집어먹었던지, 아니면 전임 사장의 업무 행태는 잘못된 것임을 강조하고 싶었던지 해외 출장도 거의 멈추고, 법인카드도 거의 사용하지 않았다고 한다. 아예 국회의원이고 언론인이고 관련 부처 공무원이고 거 의 만나지 않았다는 것이다. 일류 시설의 벤치마킹도 없었다는 뜻이다 (그냥 산자부나 문광부에서 시키는 일만 하겠다는 자세다). 그러면서 연봉과 사장으로서의 지위는 전임 사장과 똑같이 누렸다고 한다.

공기업이란 다소 필요악적 요소도 있지만, 특정한 공익 목적 때문에 법으로 존치시키는 것이다. 임직원들의 급여 수준도 대기업에는 못 미치지만 중소기업이나 공무원보다 높다. 게다가 본인만 비위를 저지르지 않으면 임기 또는 정년까지 신분이 보장되니 가히 철밥통이라 할 만하다. 이 같은 대우는 특정한 공익 목적을 달성하라는 뜻에서의 반대급부이다. 때문에 철밥통의 이익만 누리면서 특정한 공익 목적을 방기하면 그것은 법의 취지에 반하는, 국민에 대한 배임이다.

사장을 비롯한 임원들은 모름지기 모르는 것은 견문을 통하여 스스로 터득하거나 잘 아는 전문가를 통하여 아웃소싱하고, 부당한 간섭, 압력, 청탁에 대하여는 대면하여 설득하거나 단호하게 저지해서 사원들과 기업체를 보듬고 잘 길러 내야 한다. 그러라고 그 자리에 앉힌 것이다. 그럼에도 불구하고 주어진 공익 목적 달성과는 무관하게 청와대나 소관 부처의 비위 맞추기에 급급하고, 복지부동한 채 자리가 주는 이익만을 즐기려 하는 자들이 상당수 공기업의 수장으로 앉아 있다니 이는 필경 나라를 말아먹을 징조인 것이다.

작금 나라 안에는 국가나 기업이나 가정의 부강을 위하여 열심히 일하는 것이 최고의 덕목이라고 생각하는 집단과, 그보다는 그동안 축적된 부를 나눠 먹는 일에만 골몰하는 집단, 두 부류가 공존하고 있다. 전자는 자유주의와 자본주의의 이념을 가치관으로 삼고 있음에 반해 후자는 국가주의와 사회주의를 추종한다. 만약 70년 전 일제강점기가 끝날 무렵부터 대한민국 땅에서 후자의 집단이 지배세력이었다면 경제 규모 세계 10위권의 대한민국이라는 국가는 꿈속에서나 존재했을 것이고, 오늘날 삼성, 현대, SK 같은 대기업은 존재조차 하지 않았을 것이다. 북한, 필리핀, 베트남 국민도 한 사람 한 사람은 70년 전 대한민국 국민 개개인만큼이나 똑똑하고 부지런했다. 그런데 지난 70여 년간 무엇이 이들 나라와 우리나라의 오늘의 격차를 만들어 냈는가? 단 한 가지, 자유와 민주와 성장이라는 가치관 그리고 리더십의 차이가 그렇게 만들었다.

그렇다면 이제 우리는 어느 길로 가야 하나? 이만하면 됐으니 자유와 민주와 성장이라는 가치를 유보할 것인가? 개인의 자유와 창의를 통제하여 전체의 틀 속에 우겨넣고 왜곡된 평등과 분배의 개념으로 대중심리를 충동질하면 그 결과는 어떻게 될 것으로 생각하나? 미국의 역대 대통령들(트럼프만 빼고)은 국정 운영의 모든 책임은 대통령 자신에게 있다고 천명했다. 아예 백악관 집무실 바람벽에 "The buck stops here"라고 써 붙여 놓았다지 않는가. 대통령은 그 정치적 이념과 관계없이 집권 초기부터 공기업 개혁에 정권의 명운을 걸어야 한다. 왜냐하면 300개가 넘는 전체 공기업이 국민경제에서 차지하는 비중은 재벌기업의 총화 못지 않게 크기 때문이다. 특히 이 공기업들이 제공하는 공공서비스는 국민 의식주 생활의 기본이 되고 국가경제의 기초 인프라를 구성하기 때문에 더욱 그러하다.

우리는 아직 갈 길이 멀다. 4차 산업혁명 전체가 지지부진하거니와 서비스산업 하나만 떼어 놓고 보아도 선진국과의 격차는 나날이 벌어진다. 정권을 쟁취하거나 빼앗기지 않기 위해서 온갖 술수를 부리는 것도 문제이지만, 백보를 양보하여 특정 정치집단의 사활이 걸린 일이니 다소 용인한다 하더라도 그것은 정치 영역에만 국한돼야 한다. 먹고사는 문제, 국가 안위에 관련된 문제, 개개인의 삶의 모습과 가치에 관련된 문제까지 날조, 선동, 편가름의 술수로 휘저어 놓는 것은 반역사적, 반헌법적 범죄행위이다. 같은 하늘 아래 같은 조상을 가진 같은 민족이라고 공감하기 어려운 족속들이나 저지르는 반민족적 행위인 것이다.

제6장 | 정책 싱크탱크와 민주정치 -

07
정권에 휘둘리지 않는
싱크탱크의 필요성

국가 정체성의 위기

서기 2000년 이전에 태어난 모든 사람은 두 세기에 걸쳐 사는 특이한 경험을 하고 있다. 같은 시간의 연속일 뿐, 세기의 전환이 한 개인에게 무슨 큰 의미가 있겠는가 반문하는 사람도 있을 법하다. 단절적으로 보면 맞는 말이지만 역사의 긴 흐름 속에서 보면, 19세기에서 20세기로의 전환이 인류문명사적으로 혁명적이라 할 만큼 큰 변화를 가져왔던 것처럼, 20세기에서 21세기로의 전환 또한 그렇게 바뀔 것이다.

나는 정확하게 20세기 중간 지점에 태어나 지금 21세기 전반부의 중간에 와 있다. 운만 좋으면 21세기 중간 지점까지는 살 수 있을 것 같다. 그러면 아마도 살아 움직이는 100년 역사의 교과서가 되지 않을까. 그러기 위하여 열심히 기록한다.

1960년대 우리나라는 1인당 국민소득 100달러가 안 되는 지금의 아프리카 최빈국 수준이었다. 온 국민이 다 함께 못살 때라서 최소한 빈부의 갈등은 지금처럼 드러나지 않았다.

그러나 미국을 비롯한 선진국들은 이미 이때부터 빈부격차가 사회문제로 되었고, 이것이 곧 인종과 연결되면서 인종차별 문제가 심각해졌다. 게다가 한국전쟁의 후유증이 채 가시기도 전에 베트남에서 또 수만 명의 미군이 의미 없는 죽음을 당함으로써 반전운동까지 가세했다. 그리고 그 배후에는 세계의 사회주의화를 꿈꾸는 스탈린주의가 사상적 배경으로 작용하고 있었다. 중남미에서는 피델 카스트로나 체 게바라가 설치고, 미국에서는 마틴 루터 킹 목사가 연일 수십만 명이 운집하는 집회를 열다가 암살되고, 영국에서는 비틀즈가 반전(反戰) 노래를 불러 전 세계의 젊은이들을 열광시키고, 일본에서는 100년 전통의 도쿄대학 본관 건물이 적군파(赤軍派)에 의해 불탄 것도 이 같은 시대적 배경에서다.

국가권력이 싫어서, 왕의 조세권을 피해서, 미지의 땅으로 이주해 온 필그림들이 건국한 미국에서도 1930년대의 경제 대공황을 극복하는 과정에서 이른바 케인스 학파의 논리에 따라 국가 기능의 확장, 정부의 방만한 재정지출, 과도한 세금 징수가 날이 갈수록 심각해져 갔다. 그리고 그 배후에는 진보·좌파 세력이 도사리고 있었다. 기독교 원리주의자들과 태생적 자유주의자들은 미국 건국의 기본정신인 자유주의가 그리워지기 시작했다. 이들을 중심으로 미국 건국의 아버지들(Founding Fathers)이 기초한 「독립선언서」와 건국헌법이 다져 놓은 '국가권력 최소화, 개인 자유 극대화'의 정신을 되살리고 싶었다. 이것이 미국 보수주의(건국이념인 인간의 태생적 자유를 지켜 내자는 움직임)의 이념이고 철학이다. 보수(保守, Conservatism)를 한자 뜻으로 직역하여 무조건 옛것(구제도)을 지켜 내려는 수구(守舊)와 혼동하는 일부 사람들의 생각과 주장은 보수주의의 역사적 배경과 기본 철학을 무시한 단세포적 발상이다.

국가권력의 과도한 개입으로부터 개인의 자유를 지켜 내려는 자유주의는 경제 영역에서 시장주의, 정치 영역에서 민주주의와 친화적이다. 그래서 민주공화국인 대한민국의 헌법적 가치는 바로 자유주의, 시장경제, 민주주의인 것이다. 따라서 이 세 가지 본질적 요건 중 어느 하나만이라도 훼손하면 그것은 곧바로 대한민국의 국가 정체성에 대한 부정이고 반역을 의미한다. 자유주의가 훼손되면 전체주의가 된다. 시장주의가 훼손되면 사회주의가 된다. 민주주의가 훼손되면 국가주의가 된다.

대한민국은 지금 전자인가 후자인가 선택의 기로에 서 있다. 즉, 자유민주국가의 정통성을 지켜 낼 것인가, 아니면 이를 포기하고 '한 번도 경험해 보지 못한 나라', '국가사회주의'로 갈 것인가의 선택지인 것이다.

척박한 기부문화, 빈약한 싱크탱크

1970~80년대 미국에서는 나날이 도를 더해 가는 진보·좌파 세력(주로 민주당)의 국가주의에 대항하여 이를 반대하는 정책토론회, 단행본 저술, 시민운동, 사회계몽운동이 활발하게 전개되었다. 이른바 '자유를 위한 젊은 미국인(Young Americans for Freedom, YAF)' 운동이다. 이 운동은 주로 20~30대의 보수 행동주의자들이 이끌었다. 이들은 미국의 오늘을 있게 한 이른바 '위대한 세대'(1900~30년대에 출생한 이들)의 손자뻘이다. 오늘날 우리나라의 MZ 세대와 유사하다.

그 중심에 자유주의 싱크탱크들이 있었다. 이들 싱크탱크들은 정부나 특정 정당과는 인적, 물적으로 무관하다. 재정은 주로 각종 공익재단과 개인 또는 기업 후원금으로 충당했다. 다만 이념적으로만 보수주의임을 명백히 했다.

헤리티지 재단은 이 같은 시대적 흐름 속에서 생겨난 대표적 자유주의 싱크탱크이다. 헤리티지 재단은 1973년 "자유기업, 제한된 정부, 개인의 자유, 강한 국가의 가치에 기초하고 보수적인 공공정책을 수립하고 장려하는 것"을 설립이념으로 하여 폴 웨이리치, 에드워드 풀너 등이 설립한 싱크탱크이다. "보수이념의 생산공장이며 보수운동의 선구자" 역할을 자임하고 나섰다. 설립 후 10여 년간 국가 정책 어젠다를 설정하고 각 분야 전문가들이 재능기부의 방식으로 글을 써 편집한 *Mandate for Leadership*은 1981년에 집권한 레이건 정부의 국가 운영 지침서가 되었다. 그 후 헤리티지는 구소련과 동구권 사회주의 체제를 붕괴시키는 데 결정적 역할을 하였다고 평가된다. 2016년 기준 이 재단의 재정은 71만 명에 이르는 소액후원금 기증자가 낸 소액기부금 2,800만 달러와 기업 및 공익재단 후원금 6,400만 달러, 합계 9,200만 달러(한화 약 1천억 원)에 이른다.

이 대목에서 대한민국 대기업들의 척박한 기부문화에 대하여 한 줄 언급을 아니 할 수가 없다.

좌파 정권의 공통된 특징이기는 하지만 특히 문재인 정권은 재벌기업을 범죄집단으로 몰아붙이고 있다. 김상조, 장하성, 홍장표 등이 그 첨병 역할을 하고 있다. 오죽했으면 이병태 교수 같은 이는 『재벌이 대체 무슨 죄를 지었다고』라는 책까지 저술해 가면서 기업의 국가경제 기여도를 열심히 변론하고 있지 않은가.

기업(특히 대기업)은 시장경제의 산출물이다. 이 시장경제는 정치철학적으로 자유주의와 연계된다. 즉, 대한민국의 모든 기업들의 오늘이 있기까지에는 자유주의 시장경제를 국가의 정체성으로 선언한 헌법 체계가 그 밑바탕에 있었다. 정치권력과의 유착에서 비롯된 인·허가나 금융 특혜 등은 타락한 국가권력이나 왜곡된 시장경제의 부작용일 뿐, 본질의 문제가 아니다. 그럼에도 불구하고 삼성, 현대를 비롯한 우리나라 대기업집단들은 오늘의 자신을 있게 해 준 그 자유주의 시장경제 체제를 지키거나 발전시키기 위하여 어떤 노력 또는 기여를 해 왔는지 묻지 않을 수 없다. 자신들의 치부를 물고 늘어지는 시민단체나 노조 경영 언론사에는 광고비 등 명목으로 거금을 지출하면서도 정작 자유주의 시장경제를 연구하고 계몽하는 어떤 단체에 거금을 기부했다는 소문을 들어 본 적이 없다.

미국 헤리티지나 미국기업연구소(AEI)의 최대 기부자는 카네기 재단, 록펠러 재단 등 공익재단과 개별 대기업들이다. 척박한 정치문화 때문에 개별적 후원이 어렵다면 일본 파나소닉 회장이었던 마쓰시타 고노스케(松下幸之助)가 설립한 마쓰시타 정경숙(松下政經塾) 같은 독립된 정치 엘리트 양성 기관이라도 하나 만들었어야 되는 것 아닌가? 힘깨나 쓰는 개별 정치인에게 후원금 보내고 잘나가는 관료들을 골라 해외로 유학 보내면서 사적 인연을 만드는 대신, 자유주의 시장경제 체제를 대한민국의 정체성으로 확고하게 자리 잡게 할 만한 재정적으로 독립된 한국판 헤리티지를 만드는 것이 최우선적 과제 아니었던가? 지금 재벌기업이 겪고 있는 고난은 이 같은 관점에서 보면 시장경제 체제의 방어를 소홀히 한, 다시 말해서 자기정체성의 논리적 기반을 확고히 다지지 못한 후과라고 여겨진다.

오늘날 헤리티지에는 넉넉한 후원금을 밑천 삼아 100명이 넘는 정책 전문가들이 상주하면서 보수적 관점에서 복잡한 정책 이슈들에 접근하고 있으며, 매주 수십 회씩 TV와 라디오에 출연하고, 수백 건의 정책연구 보고서를 발행하며, 미국 내뿐만 아니라 세계 각국의 보수적 지도자들과 연찬회를 갖는다. 2018년 펜실베이니아 대학은 이 재단을 공공정책에 미치는 영향력 1위의 싱크탱크로 꼽았다. 제아무리 독불장군 노릇을 한 트럼프조차도 이들 싱크탱크들이 제시한 정책의 틀에서 크게 벗어나지 못했다 한다.

반면 우리나라의 실태는 어떠한가? 미국 등 선진국과 비교해 볼 때 한국정치에서 싱크탱크는 양적인 면에서나 독립성과 자율성이라는 질적인 면에서 비교할 수 없을 만큼 미미하다. 2020년 기준 전 세계에는 1만 1,175개의 싱크탱크가 활동하고 있다. 한국은 대다수가 국책연구소 또는 대기업 부설 연구소인 데다가 숫자도 100여 개 미만에 불과하여 25위권 수준이다. 한국 민주정치의 후진성을 그대로 보여 주는 한 단면이다.

굳이 그 원인을 분석해 본다면 위에서 기술한 재정적 빈약성 외에도 첫째, 정책 형성 과정에서 국가 이외의 집단이 참여할 가능성이 거의 없었고, 둘째, 선거에서 지역주의와 연고주의가 판을 치는 한 싱크탱크에 의존할 필요성이 거의 없었고, 셋째, 특정 정치 지도자 개인을 중심으로 한 파벌적 속성이 강했다는 점 등을 들 수 있다.

싱크탱크의 생명인 독립성과 자율성

그나마 현존하는 한국형 싱크

탱크들의 실체를 분석해 보면 설립 주체라는 측면에서 거의 전부가 국가가 주도하는 것(한국개발원KDI, 산업연구원KIET 등), 지자체가 설립한 것(서울시정연구원, 경기개발연구원 등), 대기업 부설(삼성경제연구소, 포스코경영연구원 같은 것들), 정당 부설(여의도연구원, 민주연구원 등) 연구소들뿐이다. 이것들을 선진국의 싱크탱크와 비교해 보면 독립성과 자율성이라는 면에서 비교가 되지 못한다. 재정 조달을 전적으로 설립 주체에 의존하다 보니 이들 연구소의 활동 영역은 첫째, 중립적이고 독립적인 시각에서 정부 정책을 비판하고 새로운 대안을 제시해 줄 수 없고, 둘째, 지역감정의 자극이나 소모적 정쟁의 행태에서 벗어나기 어렵고, 셋째, 모기업(설립주체)의 이익으로부터 독립된 연구 주제의 설정이나 연구 결과의 도출은 물론 국책연구기관들과 상충하는 연구 결과를 내놓을 수 없다는 한계에 직면해 있다. 한 걸음 더 나아가 대기업 부설 연구소는 정권 실세들의 퇴직 후 일자리 제공을 통한 또 다른 정경유착의 고리 역할까지 하고 있는 실정이다.

싱크탱크들의 내재적 속성을 떠나 통치구조와 싱크탱크의 독립성·자율성의 연관성을 생각해 보자.

대통령제 국가인 우리나라에서는 제도적으로 아웃사이더나 아마추어, 이른바 '깜짝스타'가 대통령이 될 가능성이 점점 높아져 가고 있다. 이들이 대통령이 될 경우 협소한 학연·혈연·지연에서 비롯된 인맥을 중심으로 패거리를 형성하여 정치를 하게 됨으로써 필연적으로 '내 편 중심'의 정실(情實)국가, 즉 부패국가가 될 개연성이 높다. 뿐만 아니다. 아마추어가 대통령이 되면 필경 국가통치의 현장은 한동안 국정 운영의 연습장이 되고 만다. 경쟁국가는 1보 전진하는데 아마추어 대통령의 시행착오는 1보 후퇴를 의미한다. 이렇게 해서 초래되는 2보의 간극이 누적되니 국가경쟁력은 나날이 뒤로 밀리고 성장 잠재력은 해마다 잠식되면서 결국에는 중진국 수준에도 못 미치게 된다.

세습왕정 시대에 왕이 불초(不肖)하면 천하의 인재를 발굴하는 과거시험을 통하여 뛰어난 총재(冢宰)들이 왕의 미숙함을 보필했다. 설사 현군이 즉위한다 해도 왕이 혼자 만기총람(萬機總攬, 왕이 모든 일을 혼자 다 함)할 수는 없다. 역시 총명한 재상은 필요하다. 그런데 한국 정치 제도에는 이 같은 과거 제도도 없다. 그러니 오직 매명(賣名, 이름 팔기)에 능숙한 영혼 없는 간신배들만 아마추어 정권에 득실거리게 된다. 그래서 국민들 눈에는 그놈이 그놈인 것으로 비친다. 정치 불신이 초래되고 미래의 비전이 보이지 않게 된다. 희망이 꺾이는 것이다.

또한 깜짝스타가 대통령이 되는 경우 그가 다른 정당 후보일 경우는 물론이거니와 설사 같은 정당 출신이 된다 하더라도 이전 정부와의 연속성이 단절됨으로써 정책적 시행착오와 정책 정보 획득을 위한 과도한 사회적 비용을 막을 수 없다.

그래서 인적 자원과 정책적 경험이 결집된 센터의 역할이 필요하게 된다. 재정적, 조직적, 학술적으로 독립성과 자율성을 유지하면서 공익을 위하여 필요한 정책 의제를 개발하고 그 실천 방안을 수립하는 '독립형 민간 싱크탱크'의 출현이 한국 민주정치의 발전사적 관점에서 매우 절실한 이유가 여기에 있다.

독립형 민간 싱크탱크에 대한 시대적 요구는 그 필요성뿐만 아니라 가능성이라는 측면에서 국내 정치의 상황은 매우 긍정적으로 변화하고 있다(강원택 등, 『한국적 싱크탱크의 가능성』, 2006 참조).

첫째, 인물 중심의 정치에서 벗어나 '보수 대 진보'와 같은 좀 더 일반적인 가치를 대변하는 정치 성향이나 이념을 중심으로 '정책 대안의 생성과 전파'가 그 중요성을 더해 가고 있다.

둘째, 여야간 정권 교체가 반복됨으로써 과거 정부의 실정(失政)에만 기대는 것으로는 불충분하고, 유권자들에게 신뢰감을 주기 위한 자신들만의 고유한 정책과 논리의 개발이 중요하게 되었다.

셋째, 후보와의 개인적 관계에 의한 지역적으로 편중된 인물이나 '저격수'처럼 비판과 다툼에만 능한 인물보다 국가 정책에 대한 실질적인 지식과 전문성을 가진 인물의 필요성과 선호도가 커져 가고 있다.

결론적으로 주요 국정 현안에 대한 다양한 정책 아이디어를 개발하여 제공하고, 전문가들을 공급하는 인재 풀(pool) 역할을 담당하며, 자유주의 시장경제의 이념을 널리 계몽하는 독립형 민간 싱크탱크의 출현이야말로 한국 민주정치의 기초를 다지고 한 단계 성숙시키기 위한 필요불가결한 시대적 요구가 되었다.

08

오래포럼, 어떤 일을 하고 있나

이명박·박근혜의 인사 참사

2012년 12월, 대선 재수생 박근혜가 대통령에 당선되었다. 이미 그 1년 전부터 공부모임 오래포럼에는 거의 나오지 않은 상태였지만, 그래도 한때 함께 공부했다는 자부심에 회원들은 밝은 표정이었다. 무슨 보람을 느끼는 것도 같았다. 그러나 그런 감정도 잠시뿐, 집권 초기부터 인사의 실패 장면을 몇 차례 겪고 나서는 그 실망의 골이 이명박 때보다 더 깊어 갔다.

이명박 정권의 실패 원인이 무엇이었나? 한마디로 인사의 실패다. 이상득, 최시중, 박영준 같은 깜냥도 안 되는 한 무리의 측근이라는 부패 집단과 검찰·언론 출신의 영혼 없는 간신배 집단들이 정권을 망친 것 아닌가. 대통령의 독단과 폭주를 막을, 제대로 품격을 갖춘 인물이 단 한 명도 없었다는 말이다.

박근혜 의원이 공부모임에 참석할 때면 임현진, 김호기 같은 진보 성향 학자들을 초빙하여 평등·공정과 같은 좌파적 가치관에 대한 이야기도 들려주고, 최평길 교수 같은 대통령학을 전공한 학자들을 불러 인사가 만사이니 백락과 같은 혜안으로 능력과 소신을 갖춘 인물들을 세상에서 널리 찾아 이들과 함께 국정을 이끌어 갈 것을 그토록 역설했건만 허사였다. "아는 만큼 보인다"는 말은 진리인 것 같다. 이명박도 박근혜도 아는 것이 한쪽으로 제한된 인물이니 그들의 눈높이 이상의 능력과 인품을 가진 인물은 시야에 들어오지 않았던 모양이다. 그저 아첨과 아부와 교태로 분단장한 인간들만 그 눈에 들어왔던 것 같다.

우선 국무총리와 비서실장에 지명된 자 중에서 단 한 명이라도 전 직장에서 "올곧게 일했다"라는 세평을 받은 자 있던가. 출세욕, 위선, 비겁함만 넘쳐나는 자들뿐이었다. 좀 더 구체적으로 설명하자면 법원, 검찰, 경찰, 교수 출신으로 총리나 비서실장으로 내정된 자들 가운데 전 직장의 동료나 후배들로부터 존경받은 자 단 한 놈도 없다. 오로지 출세욕만이 넘쳐나서 간에 붙었다 쓸개에 붙었다 간신배 같은 짓거리만 해 왔거나 앞뒤가 꽉 막힌 독일 병정 같은 행태를 보인 자들뿐이었다는 말이다. 그래서 인준 청문회 때부터 시끌벅적했고, 겨우 청문을 통과했어도 그 인간성의 찌질함과 능력의 허접함 때문에 제대로 자리에 걸맞은 역할 한번 못하고 내시나 간신 같은 처신만 하다가 물러나지 않았던가.

그런데 세월이 지나 그 찌질함과 미욱함이 사람들의 기억에서 지워질 때쯤이면 이놈이 과거 정권에서의 직함만을 앞세워 장관 해먹었네, 총리 해먹었네 하면서 또다시 정치판을 기웃거린다. 참으로 가소롭다 못해 역겹기까지 한 장면이다.

비영리 공익법인으로 등록, 탈정치화

솔직히 고백하자면 오래포럼은 당초 지식과 경륜은 쌓여 있으나 이것들을 발휘할 기회를 갖지 못한 사람들이 모여서 미래를 예비하는 공부모임으로 출발하였다. 그러나 그 기회라고 하는 것은 지식과 경륜과 정책 아이디어의 크기에 비례해서 오는 것이 아니다. 여기에 조급증을 느낀 회원들은 중도에 포기하고 다른 길을 찾아 나가기도 하고, 나갔다가 돌아오기도 했다. 이 같은 공부모임을 5~6년 계속하면서 나는 확연히 깨달았다. 그 같은 기회가 오든 오지 않든 그것은 부차적인 문제이고, 최우선적 활동 목표는 보다 많은 사람들(국민들)에게 자유주의와 민주주의에 대한 살아 있는 지식을 깨우치게 해야겠다! 왜냐하면 좌파·진보 세력은 말할 것도 없거니와 우파·보수 세력을 자처하는 자들조차도 자유주의와 민주주의에 대한 신념, 철학은 고사하고 그것들의 기초적 개념조차도 제대로 머릿속에 정리된 사람이 드물다는 사실을 시간이 흐르면 흐를수록 절감했기 때문이다.

세상에는 남을 위해 봉사하면서 사는 사람도 많다. 깨끗한 마실 물이 없는 아프리카 국가에 가서 우물을 파 주고, 학교 시설이 없는 산골 오지에 찾아가 학교를 지어 주고, 먹을 것이 없는 나라에 가서 우유와 빵을 공급하면서 사는 사람들의 모습은 가슴 뭉클할 만큼 아름답다. 그런데 정작 자유민주주의 국가 대한민국에 살면서 자유와 민주에 대한 어떤 신념도 개념도 없이 하루살이처럼 오늘에만 몰입하여 사는 사람들이 왜 이리 많은가? 이들을 그대로 방치해도 되나? 그러고도 대한민국에 미래가 있겠나? 이들 역시도 구호의 손길이 필요한 정신적 허약자요 철학적 빈곤자들이다. 오래포럼의 역할을 여기에서 찾아야 한다. 이것이 오래포럼의 정체성이고 미래라는 생각이 들었다.

2013년 박근혜 대통령 취임식이 끝난 후 어느 날, 운영위원장 김주남 등 오래포럼의 운영진들과 저녁 먹으면서 공부모임 오래포럼의 정체성을 어떻게 자리매김할 것인가에 대하여 격의 없이 토론했다.

"오래포럼을 지금처럼 공부모임으로만 끌고가기에는 한계가 있으니, 차제에 사단법인 또는 재단법인화해야만 지속성이 보장된다."(김주남 운영위원장)

"오래포럼이 그동안 막연하게 국가 정책 공부모임으로 유지돼 오다 보니 공부 그 자체보다는 정치에 뜻을 둔 사람들이 더 많이 모여든 것 같다. 공부의 근본 목적이 무엇인가? 정체성이랄까, 이념이 뚜렷한 모임이 됐으면 좋겠다."(손효정 사무국장)

"오래포럼의 이념적 정체성을 명확히 하고 토론을 거쳐 정리된 정책은 널리 홍보할 필요가 있다."(원유현 홍보위원장)

"여건이 쉽지 않더라도 노블레스 오블리주 정신을 실현하기 위해서는 봉사활동을 강화해야 한다."(홍성권 봉사위원장)

토론의 결과 "공부모임 오래포럼을 사단법인(비영리 공익법인)으로 등록한다. 그리고 정치 외곽단체라는 오해를 불식시키기 위하여 현실정치, 즉 선거에 직접 출마하려는 사람과 선거조직이나 정당의 공식 직함을 갖고 있는 사람들은 회원에서 배제한다"는 데 의견이 모아졌다. 그리고 공익법인으로서 오래포럼의 설립 목적과 기본이념 그리고 활동 방향을 정립했다.

기본이념은 자유주의 시장경제로 한다.

설립 목적은 자유(Freedom), 기회(Opportunity), 번영(Prosperity), 강한 국가(Strong Country)의 가치를 추구한다.

활동 방향은 국정 어젠다의 설정과 토론, 인재의 관리·양성, 사회 공헌, 국민 계몽으로 한다.

이것들은 과거 1970~80년대 미국에서 좌파들의 선동에 의해 문화예술계가 점령당하고 사회가 극히 혼탁했을 때 젊은 미국인들 중심의 자유행동주의자들이 취했던 활동 내용과 같다.

자유주의 시장경제를 신념으로

왜 자유주의 시장경제인가? 김대중, 노무현 정권 10년간이 지나치게 사회주의적이었다면 이명박, 박근혜 정권 9년간은 지나치게 수구적이었다. 특히 박근혜 정권은 후보 시절 "헌법적 가치야말로 진정한 애국심의 원천이 되어야 한다"고 누누이 설명해 주었음에도 그 논리를 충분히 흡수하지 못한 것 같다. 아버지 박정희 시절의 권위주의 통치가 되살아나는 듯했다. 그러다 보니 주위가 온통 내시 같은 인간들로 포진되게 되었다. 얼치기 보수주의자들은 스스로 자유우파의 위기를 자초했다. 그 반동으로 집권한 문재인 정권은 집권 초기부터 자유주의 시장경제와는 대척점에 있는 국가사회주의로 치닫고 있다. 개인의 자유, 기업활동의 자유에 대한 간섭과 규제가 거의 전체주의적 통제국가 수준이다.

개개인은 자신의 삶을 국가에 의존하면서 국가의 노예로 전락하고 있다. 가장 우려할 일은 자신이 노예 상태로 빠져드는 줄 모른다는 사실이다. 그러면서 개개인은 무력감에 빠지고 국가는 국민을 위한다는 명분만 내걸면 무슨 일이든 다 할 수 있다는 환상에 사로잡히게 된다. 국가사회주의의 폐단이 여실히 노정되고 있는 것이다. 당연한 결과로 사유재산 제도를 부정하거나 거의 형해화(形骸化, 뼈대만 남기고 내용물은 다 들어내는 행위)시킬 정도의 각종 정책이 법으로 만들어지고 있다. 기업 이익 공유제, 토지공개념, 부동산 거래 허가제, 수탈적인 조세 제도(재산세, 종합부동산세 등 보유세와 양도소득세 등 거래세 그리고 취득세를 함께 강화함으로써 사지도 팔지도 못하게 하는 부동산 세제나 미실현 수익에 대한 고율의 징세는 가히 수탈적이다), 국민연금에 의한 사기업 경영 개입(일명 스튜어드십) 등을 골자로 하는 법률이나 제도가 대량생산되고 있다는 말이다.

더 나아가 이 같은 잘못된 정책으로 인한 경제의 침체, 인간성의 말살, 국가 미래의 암울함을 한 줄 비판이라도 하면 바로 적폐 세력으로 내몰린다. 노조에 지배된 언론사의 일부 광신적 기레기나 완장 찬 또라이들을 앞세워 헐뜯게 하고 이를 빌미로 어용단체를 앞세워 고발하게 하고, 충견으로 길들여진 공권력기관을 앞세워 억지 사건을 만드는, 영락없는 중국 문화혁명 시기 홍위병들의 작태의 재현이다. 진실 따위는 아랑곳하지 않고 자신들에게 유리하다 싶으면 아무렇게나 우겨 대고, 그렇게 우격다짐으로 밀어붙인 것을 심지어 법으로 만들어 남들에게 강요하다가 자신들이 불리해지면 지키지 않는 자들, 영락없는 남미 국가들의 좌파 포퓰리스트들과 닮은꼴이다. 나치에 의해 추방됐던 독일 법철학자 구스타프 라드부르흐는 이런 행태들을 가리켜 "법률적 불법", "초법률적 법"이라고 경계하면서, 이런 행태들이 만연된 사회야말로 진실이 왜곡되고 정의가 죽는 전체주의로 치닫게 된다고 했다.

대한민국은 자유민주주의를 기본이념으로 하는 민주공화국이다. 이 것이 헌법적 가치이다. 구체적으로 설명하자면 헌법 제1조는 "대한민국은 민주공화국"임을 선언하고 있다. 이어서 제10조는 "모든 국민은 인간으로서의 존엄과 가치를 가진다", 제23조는 "모든 국민의 재산권은 보장된다", 제119조는 "대한민국의 경제질서는 개인과 기업의 경제상의 자유와 창의를 존중함을 기본으로 한다"고 규정하고 있다. 정치적으로 자유민주주의를, 경제적으로 시장경제와 사유재산권 보장을 기본원칙으로 천명하고 있는 것이다. 이에 대한 예외규정이나 단서조항은 글자 그대로 예외적이고 보완적일 뿐이다. 보칙이나 단서가 원칙이나 본질을 훼손해서는 안 된다. 꼬리가 몸통을 흔들어서는 안 되는 이치이다. 이것이 헌법적 가치를 수호해야 하는 보수주의자들의 기본이념이다. 우리가 공산주의자를 용인할 수 없는 것은 그들이 빨갱이여서가 아니라 인간의 존엄과 가치 그리고 사유재산 제도를 부정하기 때문이다. 우리가 좌파 포퓰리스트를 배척하는 것은 그들이 대중(촛불)을 기만하고 시장경제, 즉 개인과 기업의 자유와 창의를 부정하고 국가주의로 치닫고 있기 때문이다.

국민의 직접선거에 의해 선출된 대통령은 임기 5년 동안 "헌법을 준수하고 국가를 보위"할 책무를 진다(헌법 제69조). 그런데 이 같은 책무를 위임받은 대통령이 주권자인 국민의 위임의 취지에 반하여 헌법적 가치인 자유민주주의를 부정하고 국가사회주의로 치닫는다면 이것은 심각한 문제이다. 형법상 위임의 취지에 반하면 배임(背任)죄가 된다. 헌법상 위임의 취지에 반하면 무슨 죄가 되나? 바로 국가의 배신, 반역죄가 되는 것이다. 당선되었다는 사실만으로 무슨 짓을 해도 된다는 주장은 삶은 소대가리도 웃을 궤변일 뿐이다.

누가 그들에게 국가사회주의의 길로 가도 좋다고 했나? 걸핏하면 촛불혁명 운운하는데, 촛불이 국민이냐? 촛불을 든 상당수 시민은 최순실 같은 허접한 인간에 의해 대통령의 권력이 농락당했다는 사실에 대한 분노를 표출했을 뿐, 그 누구에게도 개개인의 자유를 억압해도 좋다고 위임한 적은 없다. 사유재산 제도를 형해화하는 그런 짓거리를 해도 좋다고 생각하는 세력이 있다면 그것은 광신적 추종자들일 것임이 분명하다. 지난 20여 년간 '민주 장사' 그만큼 해먹었으면 됐지, 이제 그 약발 다 떨어져 가니 '촛불 장사'로 연명하겠다는 것에 다름 아니다.

이렇듯 대한민국의 국가 정체성이 누란지세인데, 자칭 보수주의자들의 집단(정당은 물론 각종 경제인단체, 학술단체 등) 어느 하나 자유주의 시장경제에 반하는 각종 정책이나 '법률적 불법'을 논리적으로 반박하는 자가 보이지 않는다. 설사 있다 하더라도 공론화의 단계로 이끌어 내지 못한다. 심지어 보수 야당이라고 자처하는 정당의 비대위원장인가 하는 자조차도 문정권의 퍼주기식 복지정책에 동조하고 있다. 국가가 총체적으로 제어장치 없는 폭주 열차처럼 외길로 치닫고 있는 것이다.

공익법인 오래포럼이 개인의 자유와 시장경제에 부합하는 의제를 선정하여 연구·토론하고 저술활동을 하고 독서모임을 만들어 국민계몽활동을 펼쳐야 할 이유는 바로 여기에 있다.

정체성 혼란과 적폐몰이를 딛고

공익법인 오래포럼은 지난 10여 년간 많은 난관을 겪었다. 큰 고비는 두 번 있었다.

설립 초기 5년간의 난관은 정체성의 혼란이었다. 박근혜 의원이 공부모임에 간간이 참석하고 그 후 그녀가 대통령 후보가 되니, 공부는 안중에도 없이 박근혜와 직접 눈도장 찍으려는 기회주의적인 정치 지망생들과, 직접적인 눈도장은 아니더라도 오래포럼을 박근혜 후보의 외곽단체쯤으로 여기고 한 다리 걸쳐 놓으려는 똥파리 같은 인간군상들이 공부모임 오래포럼의 분위기를 혼탁하게 만들었다. 박근혜가 대통령에 당선된 후 그녀와 직접 관련이 없다는 사실이 서서히 밝혀지니 이런 허접쓰레기 같은 인간들은 저절로 떨어져 나갔다.

그 후 공익법인으로 등록하고 자유주의 시장경제의 이념에서 정체성을 찾고 싱크탱크로서 위상과 실적을 쌓아 갈 무렵, 이번에는 박근혜 정권의 실패를 어부지리 삼아 정권을 잡은 좌파 세력들이 아예 오래포럼뿐만 아니라 그나마 겨우 싹이 움트는 자유주의 싱크탱크들을 고사시키려 달려들었다. 오래포럼의 이념과 그동안의 실적이 크게 부각되면 오히려 역습을 당할 것이 두려운 나머지, 정면공격은 피하고 그 대신 우회적으로 오래포럼과는 전혀 무관한 나의 강원랜드 사장 때의 활동을 적폐라는 상투적 수법으로 뒤집어씌우는 가장 저질스럽고 야비한 방법으로 좌파 기레기 몇 놈을 앞세워 이른바 언론 플레이를 한 것이다. 전형적인 홍위병의 수법이다.

5년 전에 오른볼때기 한 방 얻어맞고 어리둥절하다가 겨우 정신 차린 회원들 일부는 이번에 다시 왼볼때기 한 방 얻어맞은 꼴이 되어 많은 회원들이 혼비백산하였다. 자유주의 시장경제 이념으로 무장한 회원들이 아니었더라면 지난 10년 버티기 어려웠으리라.

그래도 잘 견디고 버틴 회원이 아직도 100여 명에 이른다. 몇몇 운영위원들은 눈물겹도록 헌신적이다. 또한 정회원은 아니지만 오래포럼의 활동이야말로 대한민국 미래의 희망이라고 여기고 꾸준히 재정기부 또는 재능기부하는 인재들도 있다. 이들이야말로 100년 전 일제 치하에서 독립운동가들을 숨겨 주고 군자금 대 주던 숨은 우국지사들 같은 이들이다.

이 같은 우여곡절, 천신만고를 겪으면서 독립형 민간 싱크탱크 오래포럼은 많은 활동과 실적을 쌓아 왔다.

2013년 10월, 중국 정부의 중앙당교가 인편을 통하여 초대장을 보내 왔다. "정치부패(political corruption)의 실상과 대처"에 대하여 특강을 해 달라는 것이다. 수신인은 '금명지고 회장(수明智庫會長)'으로 돼 있었다. 그들 나름대로 '오래포럼'을 의미해석하여 오늘을 의미하는 금(수), 내일을 의미하는 명(明), 지식창고를 의미하는 지고(智庫), 합하여 금명지고라 이름 지어 주었다. 중앙당교(중국공산당 중앙학교)가 무엇 하는 곳인가. 중국 14억 인구를 통치하는 중국 공산당의 핵심 간부당원 양성 기관이다. 이곳에서 200여 명의 중국 전역에서 차출된 핵심 당원을 상대로 한국의 '금명지고' 회장 자격으로 특강을 해 달라는 것 아닌가.

강의 내용은 "한국은 어떻게 짧은 기간에 산업화와 민주화에 성공하였나? 그 이면에서 산업화 세력과 민주화 세력은 각각 어떤 '역할'을 해 왔는가? 그리고 이 두 세력은 어떤 배경 속에서 정치권력을 장악했는가? 정권을 잡은 후에는 어떤 과정으로 '부패'했는가? 정권이 바뀔 때마다 최고권력자가 감옥, 자살 등의 비참한 운명을 겪으면서도 왜 정치부패는 멈추지 않고 계속되는가?"에 관한 것이었다. 순차통역으로 시간이 늘어져 다소 지루할 수도 있었지만 휴대폰 보는 사람, 조는 사람 하나 없이 숨소리도 죽여 가며 다들 경청하였다.

강의가 끝나자 장내가 떠나가라고 박수를 치더니만, 공통된 질문은 가장 마지막 대목 "왜 정치부패는 멈추지 않고 계속되는가?"에 집중됐다. 영국의 정치학자 액턴 경의 명언 "권력은 부패한다. 절대권력은 절대 부패한다" 그 이상의 대답은 없다고 대답했다. 다만 한 가지 제안으로 "그 또한 부패할지언정 정치권력을 제압할 수 있는, 아니 최소한 맞짱 뜰 수 있는 독립된 수사권력을 하나쯤 두면 어떨까"라고 말해 주었다. 한국의 검찰을 염두에 두고 한 말이다. 중국에는 최고 수사기관으로서 검찰 같은 국가기관이 없다. 검찰 역할을 하는 기율감찰위원회는 공산당의 하부조직일 뿐이다. 한때 정치권력과 맞짱 떠 본 경험자의 조언이라고 대답했다.

이 특강이 중국 공산당 간부들 입에 회자됨으로써 그 후 오래포럼은 2014년 4월 베이징대학과, 2015년 10월에는 상하이 푸단대학과 공동 세미나를 개최할 수 있는 인적 네크워킹이 만들어졌다.

국제 학술활동

베이징대학과의 공동 세미나 주제는 '국가개혁, 반부패·금융 정책'이었다. 이 학술대회에는 오래포럼 회원 100여 명과 더불어 베이징대 대학원생과 교수, 베이징 주재 한국 기업인 등 300여 명이 자발적으로 참석하여 성황을 이루었다.

정치협상회의(전국인민대표자대회와 함께 '양회兩會'라 일컬으며 국가권력 창출의 기초가 된다) 부주석 뤄하오차이(羅豪才)의 기조발제 내용도 인상적이었지만, 베이징대 공공정책학원 옌지룽 교수의 발제 내용이 더욱 의미 있었다. 그는 "인재의 부재는 국가적 재앙"이라는 제목으로 중국 공산당 간부들의 과학적, 조직적 양성 시스템을 설명하였다.

　우리나라 정치권에서 이른바 '인재'라는 것은 어떻게 발탁돼 왔는가? 선거 과정에서 후보자와 개인적인 인연 있는 대학 교수들, 운동권 출신 추종자들, 퇴직 공무원들 중심으로 자문단이 급조되고, 선거에서 승리하게 되면 이들이 청와대와 내각을 점령해 온 것이 관행이었다. 말이 대학 교수이지 학문의 깊이보다는 출세의 기회만 엿보던 폴리페서들이 대부분이고, 퇴직 공무원이라는 자들도 대부분 본래의 직장에서 능력을 인정받지 못하여 중간에 밀려나온 무능력자 또는 문제아들이다. 운동권 출신의 상당수는 조직생활이라고는 말단 공무원 노릇조차 해 본 적이 없는 자들이고 나이 40세가 되도록 소득세 한번 제대로 내 본 적 없이 동가식 서가숙하던 부랑자도 끼어 있다. 이런 자들이 고위 공직자가 되니 이른바 '어공(어쩌다 공무원)'이다. 전문지식은 물론 경험과 경륜 없이 설익은 이념과 귀동냥으로 여기저기에서 주워들은 지식을 바탕으로 국가 정책을 입안하고 집행하려 드니 온통 시행착오뿐이다. 천학비재할 뿐만 아니라 인성도 비겁하여 정권이 어려운 지경에 빠지면 제일 먼저 그 정권을 배신하는 자들이다. 처음부터 신념이 없었던 자들이니 당연한 결과인지도 모르겠다. 그러면서도 여우가 토끼 잡듯 돈 생기는 길목은 귀신같이 알아서, 피죽도 못 얻어먹은 것 같던 그 낯짝들이 집권 1년만 지나면 때깔부터 번지르르하게 바뀐다.

　이에 비하여 중국에서는 1970년대 마오쩌둥(모택동) 지배가 끝난 이후로 이 같은 현상은 있을 수 없다 한다. 중국 공산당 지도부의 집단구성원이 되기 위해서는 계단식 승급 제도를 거쳐야 하는데, 제1단계는 성

(省)·시(市)의 당서기 경력을 쌓아야 하고, 제2단계는 당 지도부 집단성원의 주요 보좌관 업무를 역임하여야 한다. 이런 과정을 거쳐야만 중앙 정치국 위원 또는 상무위원으로 선임될 수 있는 자격을 갖추게 된다는 것이다. '어공'이나 얼치기 교수 출신들이 국정 운영의 틀을 짜는 대한민국과, 최소한 30년 가까이 단계별 집중관리를 받아 온 인물들이 운영하는 중국은 그 양(숫자)과 질(능력)에서 비교가 되지 않는다.

단적인 예로 주중 한국 대사는 보통 국회의원이나 장관급 자리에 있던 자가 맡는다. 반면 주한 중국 대사는 중국 외교부의 과장급 또는 국장급 관료 출신이 주로 온다. 그래서 우리는 한국 대사가 한 수 위일 것으로 예단하고 그 격을 문제 삼기도 한다. 그러나 이것은 천만의 말씀이다.

주중 한국 대사라는 자들 대부분은 어쩌다 장관, 국회의원을 해먹기는 하였으나 그 이전의 경력은 보잘것이 없다. 그냥 선거 캠프에서 얼쩡거리다가 후보자의 눈에 들었을 뿐, 국가경영에 대한 지략도 철학도 미천하고 중국, 더 나아가 국제정치에 대하여는 아는 게 거의 없다. 게다가 배포도 작고 눈치 살피는 데만 이골이 나 있다. 한마디로 작은 국가의 대통령을 대신하여 큰 국가와 맞짱 뜰 자질이 못 된다는 뜻이다(최근 10년간 주중 대사 지낸 자들 면면을 검색해 보면 쉽게 이해될 것이다).

반대로 주한 중국 대사는 최소 20년간 한국 업무에 정통한 자들이다. 그리고 그 직급에 비하여 무례할 만큼 배짱도 있다. 하기야 통역사 출신이 외교정책의 수장을 해먹으면서 국가의 격을 형편없이 추락시킨 판에 일개 국가의 대사쯤이야 누가 간들 어떠리!

2015년 10월 상하이의 푸단대학과 공동개최한 세미나는 그 전해 베이징 세미나보다 더욱 의미 있었다. 공동주최 파트너인 푸단대학은 중국 5대 명문대학 중의 하나일 뿐만 아니라 당시 이 대학의 부총장 겸 국제관계학원 원장 린상리 교수는 대단히 박식한 인물이다. 그는 이 학술대회의 기조발제자로 나서서 '중국 특색의 사회주의 제도'의 사상적, 이론적 기초를 구체적으로 설명하였다. 즉, "중국이 오늘날 전개하는 전면적 개혁 심화의 역사적 단계는 국가 관리 체계 구축과 발전의 단계로, 중화민족의 위대한 부흥을 사명으로 삼아 위로는 중국 특색의 사회주의 제도를 지지하고 아래로는 중국의 전면적 진보와 발전을 창조해 나가는 것"이라고 주장하였다.

이 세미나가 끝난 직후 린 교수는 중국 공산당 핵심 부서인 중앙당 정책연구실의 주임으로 이동하여 시진핑의 일대일로(一帶一路, 신[新]실크로드) 정책의 이론 제공자인 왕후닝(王滬寧)의 이론을 계승하고 시 주석의 지낭(智囊, 브레인) 역할을 하고 있다. 베이징대의 옌 교수나 푸단대의 린 교수는 학문적 동지로 평생을 함께할 만한 인물이다. 한국 측 발제자로 나선 이른바 SKY 대학의 어떤 교수도 인격적 중후함과 학문적 심오함에 있어서 그들에 비견할 만한 자를 찾기 쉽지 않았다.

2016년 6월에는 일본 도쿄에 있는 국가정책연구대학원대학과 공동 세미나를 개최했다. 세미나의 주제는 '인구구조 변화와 정책적 대응'이었고 일본에서는 모리타 아키라(森田朗) 인구문제연구소장이 발제를 하였다. 그는 "일본은 2008년을 정점으로 총인구 감소의 추세에 들어섰고 이 같은 경향은 장기적으로 지속될 것"이라고 예상하면서 "지난 10년간 천문학적 예산을 쏟아부은 저출산·고령화 정책 가운데 무용했던 부분은 과감히 버리고 사회 전체의 '다운사이징'을 검토해야 한다"는 비교적 솔직한 의견을 제시했다.

이 세미나를 준비하면서 국내에는 모리타 같은 인구학을 전공한 전문가가 거의 없다는 사실에 깜짝 놀랐다. 인구문제 전문가가 없다는 것은 무슨 뜻인가? 인구문제는 인구의 수도 문제이지만 그보다 인구구조의 변화가 더 문제이고 이는 복지학적 접근만으로는 해결할 수 없는 것인데, 지금까지 우리나라는 출산장려책이 마치 인구문제 해결의 전부인 양 접근해 왔다는 의미이다. 하는 수 없이 복지학자로 하여금 저출산·고령화 정책을 발제하게 하니 그는 돈 쏟아붓는 복지정책만 나열하였다.

당시 박근혜 대통령은 저출산위원회의 당연직 위원장이었는데 그때까지 이 위원회를 한 번밖에 열지 아니했다 한다. 저출산 대책을 국가 정책으로 시행한 후 그동안 200조 원이 훨씬 넘는 돈을 쏟아부었지만 출산율은 해마다 감소하여 세계 최저를 기록하고 있다(2020년도 합계출산율 0.84). 총인구, 특히 생산연령 인구수는 국가의 지속성장, 더 나아가 국가의 존속에 필수적인데 아예 무관심하거나, 표를 의식한 선심성 정책에만 돈을 쏟아붓고 있으니 국가의 미래가 심히 걱정되는 대목이다.

2017년 3월에는 베트남 하노이에서 정부기구인 베트남 국가발전전략연구원(VIDS)과 '국가 발전 경험의 공유'라는 의제로 세미나를 열었다. 베트남 국가발전기획부의 당휘동 차관과 김병준 전 청와대 정책실장이 기조발제를 하였다.

베트남은 특히 과학기술 발전 영역에 관심이 깊어 한국과학기술연구원(KIST) 수준의 연구원(V-KIST)을 베트남에도 설치해 주기를 원했고, 발제자인 전 KIST 원장은 V-KIST 설치를 위한 구체적 대안을 제시하였다. 이 제안은 문재인 정권에서 결실을 맺었다. 마치 50년 전 박정희 대통령이 미국의 존슨 대통령을 만났을 때 당시 베트남 전쟁 파병 대가로 현금보다는 과학기술연구소를 지어 주기를 원했던 것과 같은 양상이다.

싱가포르나 홍콩이 아닌 베트남과 공동 세미나를 개최하려고 하니 일부 회원들이 우리보다 훨씬 후진국인 베트남과 무엇을 공유할 수 있겠느냐며 만류한 적이 있다. 그러나 오래포럼 회원이기도 한 베트남 한인회의 유명식 회장 등은 "베트남의 발전 속도가 우리나라 1970~80년대 같다"고 하면서 공동학술대회 개최는 큰 의미가 있을 것이라고 조언했다. 시의적절한 조언이었다. 작금 베트남은 인구와 자원의 보고인 동남아 시장의 가장 중요한 거점이 되고 있다. 많은 기업들이 20년 전 중국으로 밀려들어 갔듯 베트남으로 밀려들어 가고 있지 아니한가.

일부 방송 기레기들은 이 베트남 포럼 행사 직후 김병준 교수가 오래포럼 회원들과 식사하는 장면 사진을 훗날 강원랜드 프로암대회 때 그가 김영란법을 위반했다는 보도를 하면서 배경화면으로 깔았다. 강원랜드와 전혀 무관한 국제학술행사였는데도 말이다. 가짜뉴스, 악마의 편집의 표본이다.

2018년에는 오래포럼이 문재인 집권세력의 '홍위병식 적폐몰이'의 제물이 되는 바람에 부득이 해마다 개최해 온 국제학술대회를 거를 수밖에 없었다.

2019년 11월에는 중국 난징재경대학에서 개최된 세미나에 참석했다.

학술대회의 주제는 '동북아시아의 지속발전을 위한 한·중·일 협력'이었고, 중국 장쑤성 사회과학연구원을 비롯한 장쑤·저장성 소재 대학들의 부설 연구소 교수들이 주로 발제를 하였다.

나는 이 세미나에 한국 측 기조발제자로 참석하여 "한·중·일 공히 국가수반을 비롯한 직업정치꾼들은 눈앞의 선거나 인기만을 의식한 나머지 감상적 국민감정을 의도적으로 자극하는 자들이므로 그들에게서 진정성 있는 협력관계를 기대하기 어렵다. 오히려 지식인들끼리 반부패, 금융, 인구, 환경 등 미래세대를 위한 공통의 현안을 놓고 연구 토론하면서 공감대를 넓히고 인간적 친교를 넓히는 것이 더 바람직하다"고 발표하여 박수를 받았다.

오래포럼은 "보수단체에 단돈 만 원이라도 후원금 잘못 건네면 세무조사 받는다"는 악의적인 가짜 뉴스 덕분(?)에 재정이 극도로 악화되어 발제자 몇 명만 참석하였다. 그조차도 오래포럼을 초창기부터 물심양면으로 성원해 준 난징재경대학의 류닝(劉寧) 교수의 배려 덕분이었다. 흔히 중국을 잘 안다는 사람들은 "중국 사람들은 '꽌시(관계[關係])'를 중요시하고 '허세'가 많으니 조심해서 사귀어야 한다"고 충고한다. 그러나 어느 나라 사람도 사람 나름이다. 류닝은 지금껏 한국에서 사귄 어느 누구 못지않게 진실되고 남에 대한 사려가 깊은 사람이다. 그는 오래포럼 창립 10주년을 기념하여 출간한 『새로운 길을 가다』라는 제목의 정책연구집에 이런 내용의 축사를 보내 주었다.

(…) 나는 2015년에 오래포럼이 제안한 한중 협력 세미나 공동개최를 위해 당시 상하이 푸단대학 부총장으로 재직중이던 린상리 교수를 접촉했고,

린 교수는 오래포럼과 함승희 회장에 대한 배경 설명을 듣고자 했다. 나는 그동안의 관찰과 경험에 따라 함 회장이 주재하는 오래포럼을 소개했고 아울러 자유주의 기초를 견지하며 발전을 탐색하는 한국의 역량 있는 특수 민간조직의 하나임을 설명했다. 이에 린 교수는 매우 감탄하며 오래포럼과의 장기적인 협력을 희망한다고 말했다. 그리하여 같은 해 10월에는 동 대학의 '정당 건설 및 국가 발전 연구센터'와 오래포럼이 '국가 통치와 동아시아의 발전'이라는 주제로 국제학술대회를 공동으로 개최하였다. (…)

(…) 记得在2015年，为"今明FORUM"发起中韩论坛一事联系时，任上海复旦大学副校长的林尚立教授，他曾经向我了解"今明FORUM"以及咸承熙会长的情况. 我依照我的观察和经历，介绍了咸会长发起和主持"今明FORUM"的概况，说明这个独立的论坛对自由主义基础的坚守和对其发展的探索，是韩国民间一支独特的力量. 林教授当时就感到非常敬佩，表示特别愿意与"今明FORUM"保持长久合作. 于是就有了当年十月初在中国上海复旦大学由复旦大学"政党建设与国家发展研究中心"和"今明FORUM"共同举办的"国家治理与东亚发展"智库论坛. (…)

이렇듯 매년 1회씩 개최해 온 국제 세미나에서의 오래포럼의 선구적 역할은 공동주최 파트너 및 의제의 선정 면에서 특히 탁월한 면모를 보여 왔다.

봉사활동, 정기토론회, 독서모임

오래포럼이 매월 1회 정신지체장애
아 시설에서 벌여 온 봉사활동은 이미 100여 회가 넘는다.

편부·편모·조손가정의 정신지체장애아들은 하루하루의 삶이 절박하
다. 아이들을 방에 가두어 놓고 일 나가야 하기 때문이다. 아이들의 겉
모습만으로는 그 심각성을 잘 모른다. 직접 한나절만 함께 지내 보면 독
거노인, 노숙자, 다문화가정 이상으로 누군가의 물심양면의 도움이 절실
하게 필요한 계층이라는 사실을 깨닫게 된다.

처음 이 아이들을 위한 봉사활동을 시작할 때 아내가 "잘 생각하고 시
작하라"고 충고했다. 그냥 잔소리라 여겼는데, 지금 돌이켜보면 맞는 말
인 것 같다. 시작은 쉬워도 지속하기는 쉽지 않다는 뜻이다.

이 아이들은 어느덧 우리 오래포럼 회원들과 정이 들어 봉사가 있는
날짜를 정확하게 기억한단다. 그리고 모두 당일 아침만 되면 창문틀에
턱을 괴고 서서 우리 회원들 얼굴 나타나기만 기다린다. 평소와 다른
음식 몇 가지 만들어 주면 "감사히 먹겠습니다!" 떼창을 하고 너무 행복
한 표정으로 잘 먹는다. 시설 주위 텃밭에 고구마, 땅콩, 토마토를 심고
수확하여 아이들 간식거리로 제공하는 것도 보람이다. 늦가을, 초겨울
에 200~300포기 김장 담가 주는 일은 힘들지만 안 하면 안 되는 일이 되
었다.

이 같은 봉사활동에 꾸준히 참석하는 20명 내외의 회원들은 진정 따
뜻한 마음을 가진 자유주의자들이다. 대부분 중소기업인, 샐러리맨, 퇴
직 공무원들인 이들은 남에게 큰 혜택을 받아 본 적 없이 거의 자신의 힘
으로 삶을 개척해 온 이들이다. 민주공화국의 '시민성'의 모범이다.

공익법인 오래포럼의 가장 핵심적인 학술활동은 격월로 개최되는 정기토론회다. 지금까지 80여 회, 매 회차마다 의제를 선정하고, 발제할 전문가를 초빙하고, 발제 및 토론의 결과물을 연(年) 단위로 모아 정책연구집을 발간한다. 발제된 의제는 모두 당장이라도 국가 정책으로 차용할 만한 것도 상당수 있고 이미 채택된 것들도 꽤 된다. 예컨대 '지하경제의 양성화 방안'(최광 교수), '의료의 산업화'(선경 교수), '자궁경부암 백신의 무상제공'(김준호 의사), '국립공원 내 화장실문화 개선'(최종문 사장) 등이 그것이다. 그러나 아무리 의제의 선정이 시의적절하고 발제의 내용이 훌륭하더라도 듣고 읽고 터득하는 사람의 수가 적으니 안타깝기만 하다.

정기토론회 때마다 발제자 특강비, 장소 대관료 등 적잖은 비용이 드는 데다가 정책연구집 단행본을 내는 데도 편집과 출판에 적잖은 비용과 시간 품앗이가 들어간다. 공공도서관과 현역 국회의원 몇 명에게 무료로 배송해 봤지만 그 글을 읽고 의정활동에 어떤 도움이 됐다는 피드백을 받아 본 적이 별로 없다. 투입된 시간과 노력과 비용에 걸맞은 효과가 나도록 하는 것이 앞으로의 과제이다.

이 같은 다양한 활동 중에서 꽤 큰 보람을 느끼고 있는 것은 2018년에 시작한 독서모임을 통하여 일반 시민들을 상대로 한 자유주의 계몽활동이다. 자유주의 시장경제를 주제로 한 국내외 서적(외국서적은 번역본)을 1년에 20권 정도 선정하여 저자(역자)로 하여금 책 내용을 알기 쉽게 강의하게 하는 것이다. 대다수의 선진국에서는 고등학교나 대학 시절에 대부분 한 번씩은 읽도록 권유된 책들이다. 한국에서도 권장도서 목록에는 선정돼 있으나 학점 취득, 고시, 취업시험에 매달리면서 읽을 틈이 없었다. 성인이 돼서 읽으려니 시간도 잘 나지 않는 데다가 눈도 쉬 피곤하고 스마트폰이 방해물로 등장했다. 그러니 자유주의 시장경제에 대한 이론적 배경도 모른 채 보수주의자임을 자처하거나 반공이 곧 보수라는 착오에 빠진 자들이 부지기수일 수밖에. 보수정당에 소속된 국회의원이나 당직자들조차도 그런 실정이다. 내용을 깊이 알지 못하니 그것을 목숨 걸고 지키려 하는 자가 나올 리 없다.

반포동에 있는 독립운동가 심산 김창숙 선생 기념관을 대관하여 매주 1회(월 3회)씩 무료로 저자특강을 제공하니 지역 주민들의 호응이 날이 갈수록 높아졌다. 코로나 19가 만연하면서 2020년부터는 '책 속에 행복'이라는 명칭으로 유튜브를 만들어 무료로 대중에 공개하니, 의외로 호응이 좋다. 상업용 유튜브가 아니라서 아직은 구독자가 그리 많지는 않다. 그러나 훗날 오래포럼이 자유주의 시장경제의 전도사 역할을 하였다고 기억될 수 있다면 더없는 보람이겠다. 시장경제 체제의 이익을 누리는 모든 시민들이 함께 이 운동에 동조했으면 더욱 좋겠다는 생각이다.

09
왜 자유주의
시장경제인가

민주화의 두 얼굴

　　　　　　　　1948년 대한민국은 시작됐다. 1951년생인 나의 친구들 중에는 1948년생도 여럿 있다. 나는 그들의 유년기, 청년기, 중년기, 장년기, 노년기의 성장·변화 과정을 잘 알고 있다.

　개개 자연인의 삶의 과정을 10년 단위로 쪼개서 그 삶의 변화와 대한민국 70년 역사를 대비해 보라. 한 인간에게도 생로병사와 희로애락의 흐름이 한 편의 드라마 같지만, 대한민국의 그것은 자연인과는 비교할 수 없을 정도로 장대한 드라마(dramatic)이고, 하늘·땅·바다가 어우러지는 거대한 파노라마(panoramic)이다. 2천만의 삶터에서 시작하여 5천만의 내 나라로 성장하면서 수많은 사람들의 피와 땀과 눈물이 배어 있고 기쁨과 서러움이 서려 있다.

　흔히 우리나라를 두고 2차대전 종식과 더불어 시작된 신생 공화국들 중에서 산업화와 민주화를 동시에 달성한 몇 안 되는 나라(기적을 이룬

나라)라고 평가한다. 어느 면에서는 맞는 말이다. 자유민주주의 체제의 헌법을 갖고, 국민의 직접선거로 대통령과 국회의원을 뽑고, 광화문광장에서 정권을 지지하는 또는 반대하는 집회가 자유롭게 열리는 나라이니 정치적으로 민주주의를 이룬 나라라 하여 틀린 말은 아니다. 경제 규모가 세계 10위권에 이르고, 반도체·스마트폰 등 몇몇 상품은 세계시장을 석권하고 있고, 웬만한 중산층이면 온 가족이 해외여행도 자유롭게 떠날 수 있으니 경제적으로도 성공한 나라라 할 만하다.

그러나 한번만이라도 곰곰이 생각해 보자. 지난 70년간 열 명의 대통령이 있었다(윤보선·최규하 대통령 제외). 전임 아홉 명 중 한 명은 시민혁명으로 축출됐고, 한 명은 암살됐고, 한 명은 자살했고, 네 명은 감옥에 갔다. 두 명만 온전히 임기를 마쳤으나 이들조차도 재임중의 부패로 그 자식들이 감옥에 갔다. 현임 대통령 또한 과거의 대통령들과 다를 바 없이 임기의 절반이 지난 시점에서부터 그 측근들이 온갖 범죄로 감옥에 갔거나 기소되어 재판을 받고 있다. 대통령 자신에 대한 국민의 반감과 원성 또한 나날이 높아져 가고 있다. 어느 한 가문이 10대 조상부터 줄줄이 이런 상태라면 흉가도 이런 흉가는 없을 것이다. 다른 가문과의 통혼은 고사하고 폐족에 이를 지경일 게다.

왜 이런 일이 벌어졌는가? 국가권력을 장악한 집단이 절대 부패했기 때문이다. 왜 절대 부패했는가? 집권세력이 무제약적인 권력을 행사했기 때문이다. 공권력기관(국가정보원, 검찰, 경찰, 감사원, 국세청 등)은 물론이거니와 사법부와 언론사까지도 자기 편인 사람들로 채워 이 기관들을 손아귀에 넣고 자신의 구린내는 덮고 상대방(적)에게는 없는 흠까지 덮어씌워 그들의 자유를 억압하면서 자신들만이 절대선(善)인 것처럼 군림했기 때문이다. 여기에 겁먹은 일반 시민과 기업들은 절대선으로 위장한 집권세력의 비위 맞추기에 급급하고, 돈 싸들고 가 굽신거리고, 이놈들과 맞짱 떴던 상대방(적)들의 과거 행적을 들춰내서 '미투'니 '공익제보'니 흠집 내기에 바쁘다. 그러는 속에서 이 완장 찬 놈들을 중심으로 또다시 엄청난 권력의 남용과 부패가 만연되는 것이다. 집권 기간 내내 이런 일들이 벌어졌으니 그 정권이 끝남과 동시에 그동안 억울하게 핍박받았던 그 상대방들이 지난 일을 잊으려 하겠는가. 처절한 한이 맺혔는데 말이다.

민주정치는 양대 축으로 지탱된다. 하나는 권력 간의 견제와 균형이고, 다른 하나는 법치주의다. 집권세력이 절대권력을 행사했다는 것은 다시 말하여 견제와 균형이 무너지고 법치가 아닌 인치(人治)를 했다는 뜻이다. 대한민국 70년 역사의 속을 들여다보면 이토록 곪고 뭉그러졌는데도 "대한민국은 짧은 기간 내에 민주주의를 성취한 몇 안 되는 나라"라고 말할 수 있겠는가? 껍데기만 그럴싸하다. 어떤 면에서는 지구상에 유례 없는 부끄러운 나라다.

일본의 후지와라 마사히코(藤原正彦) 교수가 『국가의 품격(國家の品格)』에서 "보통·직접선거만 하면 민주주의가 되는 것이 아니다. 신념에 찬 애국적 민주 엘리트들이 그 사회를 이끌어 갈 때 비로소 품격 있는 국가가 될 수 있다"고 한 것도 이런 맥락이다. 권력 간의 견제와 균형, 그리고 법치주의의 근본 목적은 무엇인가? 민주주의 그 자체가 목적인가? 아니다. 민주주의는 인간의 자유와 권리를 보호하기 위한 가장 유용한 수단일 뿐이다. 천부의 권리로 주어진 인간의 자유야말로 그 자체로 가장 높은 정치적 이상이다.

개인의 자유와 인간의 존엄

　　　　　　　　도대체 자유민주주의의 기본이념인 이 자유에 대하여 우리는 얼마만큼 알고 있는가? 70여 년 전 공산주의자들과의 갈등 속에서 겨우 나라가 만들어졌고, 이내 한바탕 참혹한 내전을 겪으면서 전 국토가 폐허가 됐다. 그 끔찍한 트라우마 속에서 반공(反共)은 국민의 삶의 규준이 되었다. 개인의 자유는 그 속에서 상당히 유보되었다. 게다가 삼시 세 끼 밥도 제대로 먹을 수 없는 궁핍한 상태에서 출발하였으니, 경제 발전 우선이라는 명분 속에서 개인의 자유나 인권은 또다시 후순위로 밀려났다. 한동안 그렇게 살아왔다.

　세월이 지나 먹고사는 문제가 어느 정도 해결되니 이번에는 빈부의 격차로 인한 사회적 갈등이 커져 갔다. 이 틈새를 노리고 끼어든 좌파 세력들은 국민의 삶을 국가가 책임지겠다는 허울뿐인 명분으로 또다시 개인의 자유와 기업활동의 자유에 족쇄를 채우기 시작했다.

　조선왕조 시대나 일제강점 때는 아예 개인의 자유나 기업활동의 자유라는 개념조차 없었다. 성당, 교회, 사찰 어디에서도 천당과 극락, 죄짓지 말라, 공산주의 국가에는 종교의 자유조차 없다고 이야기할 뿐, "인간은 태어날 때부터 자유로운 영혼이다. 국가나 신의 이름으로라도 이 같은 자유로운 영혼을 억압해서는 안 된다. 만약 국가는 물론 신의 이름으로라도 개인의 자유를 억압하면 저항하라" 이런 말은 하지 않는 것 같다. 그래서 대다수의 사람들은 자신이 국가·사회의 구성원이기 전에 이 지구상에 존재하는 하나밖에 없는 소중한 자유로운 영혼이라는 사실에 대한 인식, 즉 자아의식, 인간의 존엄 의식이 DNA 속에 자리 잡을 여지가 없었던 것 같다.

모든 인간은 태어나는 순간부터 죽음에 이르기 직전까지 행복한 삶에 대한 권리가 있다. 이것은 천부적인 권리이다. 신이나 국가에 의해 주어진 것이 아니다. 행복한 삶은 개개인이 자유로운 존재임을 인정할 때 비로소 가능해진다. 반공이니 복지니 국가니, 인위적으로 만들어진 어떤 제도의 틀로 천부적으로 자유로운 인간의 존재를 부정하고 인간을 수단으로 삼는 순간, 행복한 삶은 부정되고 개개 인간은 반공의 노예, 복지의 노예, 국가의 노예가 되고 만다.

러셀 커크는 『보수의 정신(The Conservative Mind)』에서 "정치는 사회질서의 유지와 조화를 이루는 범위에서 개인 자유의 극대화를 달성하는 예술"이라고 했다. 개인의 자유가 국가 통치의 기저에 놓여 있음을 강조한 말이다. 우리 헌법은 대한민국을 자유민주주의 국가로 선언하고 자유민주적 기본질서를 가치체계로 삼고 있다. 국가의 통치권, 즉 모든 국가기관의 권한 행사의 정당성은 그것이 자유민주주의 원리에 합당한가에 그 한계가 있다.

자유주의와 민주주의

민주주의와 자유주의는 하나로 결합된다. 이 말은 개인의 자유와 권리의 보장이라는 것과 국가권력이 국민에게서 나온다는 것이 같다는 의미가 아니다. 모든 정치 체제의 구성요소들이 서로를 보호하기 위해 민주주의와 자유주의의 결합은 필수불가결하다는 의미이다. 개개인의 자유와 권리의 보장 없는 민주주의(democracy without human rights)는 미국 건국의 아버지들이 가장 두려워한 상황, 즉 '다수의 폭력'을 의미한다. 요즈음 세상을 풍미하고 있는 포퓰리스트들에 의한 국가주의, 이것이 바로 다수의 폭력이다. 야스차 뭉크(Yascha Mounk)는 『위험한 민주주의(The People vs Democracy)』에서 "자유주의와 민주주의가 서서히 갈라지는 현상이 일어나고 있다. 그 결과가 끔찍할 것임은 불을 보듯 뻔하다"고 했다. 그런데 그 끔찍한 일이 지금 한국에서 벌어지고 있다. 문정권의 좌파 포퓰리스트들이 자유민주주의에서 '자유'를 거세해도 여전히 민주공화국이라고 우겨 대기 시작한 것이다.

이 같은 움직임이 어떤 끔찍한 결과를 초래할 것인가에 대하여 대다수 국민은 별 관심이 없는 것 같다. 왜냐하면 개개인의 자유는 천부의 권리라는 어떤 인식도 머릿속에 없기 때문이다. 오히려 개개인의 자유보다는 국가가 국민의 삶을 책임져 주겠다는 말에 더 솔깃해 한다. 하이에크(Friedrich von Hayek)가 오래전에 우려한 '노예의 길'에 이미 순치되고 있기 때문이다.

태어나면서부터 자유민주주의 체제에서 살아온 많은 사람들은 자유주의가 아닌 체제에서 산다는 것의 의미를 인지하지 못한다. 자유민주주의의 위기는 더 자유주의적인 세대가 권위주의 시대에 살아온 선배 세대를 교체함으로써 자연스럽게 해결될 것이라는 안이한 생각을 하는 사람들도 있다. 그러나 밀레니얼 세대는 냉전 시대의 경험이 없다. 파시즘과의 싸움에서 피 흘리는 장면을 영화의 한 장면 정도로 기억할 뿐이다.

자유민주주의 원리에 반하는 국가주의가 어떤 폐단을 초래하는가 하나의 예를 들어 보겠다. 노무현 정권 시절 서울대를 비롯한 국내 유수 대학교의 법과대학과 사법시험 제도를 폐지하고 로스쿨 제도를 도입하는 법률을 제정하였다. 이 법률은 국회 법제사법위원회와 본회의에서 구체적

심의도 없이 일사천리로 통과되었다. 학생들 앞에서는 자신이 대한민국 최고의 헌법학자라고 자처하는 어떤 교수도 이에 대해 교직을 걸고 반대하는 자가 없었다. 이 제도는 법학이라는 학문의 연구 체계와 변호사·판사·검사라는 법조인의 양성 체계를 로스쿨로 일원화시키겠다는 당시 좌파 정권의 발상에서 시작되었다. 민주사회의 핵심인 토론과 비판의 절차도 거치지 않은 채 다수의 힘으로 법제화되었다. 이 같은 조악한 발상과 정책이 개인의 자유를 얼마나 심각하게 침해하고 있으며, 그로 인해 민주주의 원칙이 얼마나 훼손되고 있는지 살펴보자.

우선 이 정책으로 인해 로스쿨을 이수할 만한 경제적, 시간적 형편이 안 되는 젊은이들에게는 희망의 사다리가 원천적으로 제거되었다. 3년이라는 긴 기간 동안 억대의 비용을 감내하지 않고서는 법조인이 될 길이 없어졌기 때문이다. 동서고금 좌파들은 평등과 공정을 신주단지 모시듯 한다. 평등이란 무엇인가? 기회의 균등을 의미한다. 결과의 평등은 선사시대 부족국가에도 없었다. 사법시험 제도의 폐지는 결국 대학원 과정을 이수하지 않고도 법조인이 될 수 있었던 기회조차 박탈한 것이다. 좌파 이념의 자기부정인 것이다.

법이라는 것은 국가의 시원(始原)과 역사를 같이한다. 구약성서에 나오는 십계명이나 메소포타미아 문명의 상징인 함무라비 법전을 생각해 보라. 우리나라 현행 법체계는 서구 선진국(영국, 독일, 일본)의 법체계를 그대로 모방하고 있다. 그런데 서구 선진국의 법체계는 고대 로마법이나 중세 게르만법에 그 뿌리를 두고 있다. 그래서 법과대학에 입학하면 제일 먼저 배우는 과목이 로마법과 게르만법이다. 여기에서 더 나아가 법은 국가 통치의 수단으로서의 의미도 갖고 있으므로 법의 강제력을 탐구하기 위한 법철학과 국가학, 정치학을 필수적으로 공부해야 한다. 그래서 영국, 독일, 일본의 유명 대학들에서는 이 과목들이 하나의 대학에 필수과목으로 묶여 있다. 이 같은 기초적 소양을 바탕으로 하여 비로소 헌법, 민법, 형법, 소송법, 행정법 등 실정법을 배우는 것이다. 이것이 법학이고 이 법학을 연구하는 기관이 법과대학인 것이다.

이에 반해 로스쿨은 국회에서 다수의 힘으로 만들어진 '법의 해석·적용'만을 배우는 연수기관으로서의 성격이 강하다. 변호사 양성 기관인 것이다. 따라서 로스쿨에서는 '만들어진 법'만이 연구 대상일 뿐, 어떤 법을 만들어야 하나, 어떤 법이 법다운 법인가, '다수의 폭력'으로 만들어진 법 같지 않은 법, 이른바 '초법률적 법'이 만들어질 때 국민은 어떻게 저항해야 하는가는 그 연구 대상이 아니다.

법학을 학문으로 연구하는 과거의 법과대학은 나쁜 법률가와 좋은 법률가, 두 가지 집단을 함께 생산했다. 나쁜 법률가는 불량한 정치인들이 불량한 국가 통치를 하는 데 법지식으로 이들과 야합한다. 반면 좋은 법률가는 불량한 정치인들이 불량한 국가 통치를 하지 못하도록 법지식 (헌법적 가치 체계)으로 이들과 맞선다. 가까운 예로 박정희 대통령 시절 유신헌법이 만들어졌을 때, 이에 적극 기여하여 장관, 국회의원 해먹은 다수의 법률가들은 나쁜 법률가들이다. 이에 반해 유신체제를 비판하고 반대하다가 감옥 갔거나 대학에서 쫓겨난 이들은 좋은 법률가들이다.

그런데 로스쿨 제도하에서는 이런 의미의 '좋은 법률가'는 아예 생겨날 여지가 없어졌다. 비슷한 유형의 법조문 해석 전문가 집단(테크노크라트, 일종의 기술자 집단이다)만 양산될 뿐이다. 좋은 법, 나쁜 법을 구분할 가치관이나 철학 체계가 결여되었기 때문이다. 이들은 다만 특정 정권을 지지 또는 반대하는 패거리로 나뉠 뿐이다. 정권이 바뀔 때마다 판·검사, 변호사직에 있다가 바로 국회의원 또는 청와대 무슨 비서관 따위로 들어가 그 정권에 부역하는 자들만 양산된다. 요즘 들어 정치검사, 정치판사의 숫자가 부쩍 늘어나는 현상도 이 같은 세태의 반영이다. 내가 이 책을 쓰면서 "간신 또는 내시 같은 놈들"이라는 다소 과격한 표현을 자주 쓰는 이유는 바로 여기에 있다. 삶의 가치기준이 없으니, 그것이 간신 아니고 무엇인가? 법 자체에 내재하는 기본이념이나 철학에 대한 깊은 고뇌 없이 법조문의 해석에만 능한 놈들이니 독재권력의 하수인 내지 주구(개)가 되기 딱 좋다.

결국 법과대학을 없애고(로스쿨 없는 극소수 대학에만 존치하고 있으나 무의미하다), 사법시험을 없애고, 로스쿨로 법조인 양성 제도를 일원화한 좌파 정권의 정책은 국민적 숙의 없이 권력을 잡은 세력이 일방적으로 밀어붙인 결과물이다. 이로 인해 개개인의 학문의 자유와 직업 선택의 자유, 평등권, 더 나아가 모든 국민의 행복추구권이 침탈되었다. 서울법대 등 세칭 일류대학의 법과대학에 대한 사적(私的) 질투와 시기 그리고 결과의 평등에 대한 집착에서 비롯된 이 같은 정책과 제도가 국가의 미래를 이토록 암울하게 만들고 있는 것이다. 국가는 언제나 선(善)이라는 위선 속에서 국민을 위한다는 명분만 있으면 무엇이든 할 수 있다는 좌파 국가사회주의자들의 망상이 얼마나 위험한 것인지, 치명적인 결과를 초래하는지를 여실히 보여 주고 있다.

21세기 들어 전 지구촌에서는 막 시작된 민주주의의 실험이 실패로 돌아가거나, 기존의 민주주의가 전체주의로 후퇴되고 있다. 이른바 '민주주의의 퇴조(democratic recession)' 현상이 빠른 속도로 진행되고 있는 것이다.

대표적인 사례가 2015년에 집권한 폴란드의 카진스키 정권이다. 동구권 국가 중에서 가장 모범적으로 민주주의 체제가 착근됐다고 평가되던 폴란드의 카진스키는 독립적인 국가기관들의 중립성을 훼손하고, 비판적 언론에 재갈을 물리고, 언론의 자유를 억압하고 시위를 금지했다. 동구 사회주의와 맞서 싸운 폴란드 자유노조 운동의 선구자 바웬사는 80세가 넘은 노구를 이끌고 더러운 포퓰리스트들과의 또 다른 싸움을 시작해야겠다면서 개탄하고 있다.

그런데 지난 70년간 자유민주주의 체제였던 대한민국에서 자유주의를 지켜 내는 것은 동구권 사회주의 국가 체제에서 벗어난 지 30년밖에 안 된 폴란드보다 더 어려울 것 같다. 왜냐하면 폴란드 인민들은 평등으로 위장한 자유의 억압, 국민의 삶을 국가가 책임져 주겠다는 것의 인간성 훼손을 잘 안다. 2차 세계대전 당시 나치 극우독재에 의해 국가 전체가 폐허가 됐고, 나치의 패망과 더불어 시작된 소비에트 극좌독재에 의해 인간성이 말살된 경험이 생생하기 때문이다. 그러나 우리에게는 그런 경험이 없다.

일제의 패망과 더불어 우리는 자유민주주의의 '벼락'을 맞았다. 어떤 국가 체제를 선택할 것인가에 대한 국민적 고뇌 없이, 왕정 체제에서 공화국 체제로 곧바로 이행되었다. 자유와 민주를 뜻도 모른 채 경험도 없이 거저 얻었다. 서구 선진국에서는 피의 대가로 얻은 자유와 민주인데도 말이다. 거저 얻어진 것은 귀한 줄 모른다.

한때 군부독재 시절, 이 땅의 좌파 세력들은 민주화 투쟁을 구실로 마치 자신들이 자유주의 세력인 것처럼 위장했다. 간혹 진보주의자(progressivists)가 자유주의자(liberalists)로 혼동되거나, 리버럴리즘이 진보주의로 오역되는 것은 이 때문이다. 모든 이념은 진보적이다. 보수주의조차도 그것이 더 나은 미래를 지향한다는 의미에서 진보적이라는 말이다.

이 같은 관점에서 보면 이 땅의 좌파 세력은 자유주의와는 대척점에 있는 급진적 사회주의자들일 뿐이다. 국가가 국민의 삶을 책임져 주겠다는 국가주의자들이라는 말이다. 본래 자유주의는 보수주의자들의 정치철학이다. 서구 민주주의 국가에서는 "타인의 신체나 정당하게 소유한 물질적 재산을 침해하지 않는 한, 개인이 원하는 모든 행동은 기본적으로 자유"라는 생각이 지배적이었다. 미국의 정통 보수주의 정치인 배리 골드워터(Barry Goldwater)는 『보수주의자의 양심(The Conscience of a Conservative)』에서 "진정한 보수는 독재와도 투쟁해 왔고, 민주를 주장하는 급진 좌파 세력과도 투쟁해 왔다"고 쓰고 있다.

민주주의와 시장경제

다음으로 민주주의와 시장경제의 관계에 대하여 살펴보자. 하이에크는 시장경제와 민주주의의 관계를 세 가지로 요약했다.

첫째, 정치적 자유와 경제적 자유는 밀접한 상관관계가 있다.

둘째, 시장경제의 소비자 주권과 민주주의의 국민주권은 같은 작동원리에 입각한다.

셋째, 시장경제가 창출한 경제적 풍요가 민주주의를 촉진한다.

요컨대 불필요한 국가의 간섭과 규제를 없애고, 시장의 기능을 투명화하고, 사유재산권과 기업가 정신을 장려하는 것이 시장경제의 길이라고 설명한다.

내 지인 중에는 아웃도어 캠핑용품을 만들어 수출하는 제조업으로 크게 성공을 거둔 친구가 있다. 28년 전에 경기도 부천에 있던 사업체를 홍콩으로 옮긴 후 일취월장하여 지금은 방글라데시 등지에 종업원만 1만 5천 명에 이르는 글로벌 아웃도어 제조업체의 사주가 되었다. 2020년에 매출 4억 달러를 돌파했고, 불원간 매출 1조 달러에 이르는 아웃도어용품 제조업계의 히든 챔피언이 되는 것이 꿈이라 한다.

이 친구는 40여 년 전에 창업한 후, 30대 젊은 나이에 동탑산업훈장을 받았을 정도로 사업 수완이 출중했다. 그러나 노태우 정권 말기 국정이 총체적으로 파탄나면서 급격한 인건비 상승, 극심한 노사분규의 파고를 넘지 못하고 결국 부도라는 최악의 국면으로 내몰렸다. 쫓기듯이 홍콩으로 건너가 공장을 방글라데시로 옮기고 기존 거래처 가운데 몇 개의 신용을 밑천 삼아 재기의 발판을 마련했다.

방글라데시는 최빈국이라는 이유로 각종 무역 규제에서 최혜국 대우를 받고 있는 나라다. 홍콩은 최근까지도 영국의 법체계가 지배해 온 나라다. 정부 규제가 없고 금융비용이 저렴한 홍콩은 글로벌 공급망의 중심국가 역할을 하였다. 제조·수출을 주업으로 하는 내 친구에게는 최적의 기업 환경이다. 이 친구는 지난 30년간 홍콩에 주사무소를 두고 방글라데시, 미국, 중국, 한국을 오가면서 사업을 하였는데, 이 기간 동안 홍콩의 공무원을 단 한 명도 만난 적이 없다 한다. 모든 세무, 노동, 금융 문제는 간혹 공문서 형식의 질문지가 날아오는 것이 전부라 했다. 성실하게 답하면 그것으로 당국이 갖는 의문점은 서류상으로 해소된다는 것이다. 시장경제를 왜곡시키는 규제와 간섭이 없다는 뜻이다. 이 친구는 "방만한 관료 조직이 왜 필요하냐?"고 반문하면서, "정부의 무계획적이고 단발성인 지원 정책은 기업 생태계만 파괴할 뿐이다. 기업의 성장, 발전을 위하여 정부가 할 일은 공정한 게임의 룰만 정하면 된다. 과도한 간섭, 무분별한 규제는 기업들의 국제경쟁력을 저하시키고 부패만 조장할 뿐"이라고 강변한다.

몇 년 전 그는 지리적 이점을 고려하여 일부 공장을 중국의 쑤저우로 옮기려는 시도를 하였다가 포기했다고 한다. 겉으로는 외국인 투자에 대하여 다양한 혜택을 주는 듯하면서도 그 이면에는 시장경제를 왜곡하는 각종 규제가 도사리고 있더란다. 그래서 완공된 공장 건물까지도 다 팔아 버리고 철수했다는 것이다.

양질의 일자리 창출에는 제조업의 리쇼어링(reshoring)이 필수적이라는 데 대부분의 경제 전문가들이 동의한다. 그러면서도 노동시장의 경직성, 방만한 정부 규제와 간섭, 수탈적인 세제 등을 어떻게 완화시킬 것인가에 대하여는 과감한 대안을 내놓지 못하고 있다. 내 친구의 국내에서의 실패와 해외 진출 성공 스토리에서 그 해답을 찾아야 한다.

연전에 그는 더 나이 들기 전에 한국에 들어와서 친구들과 어울리며 살 생각으로 집이며 골프 회원권이며 약간의 재산을 취득했는데 그 과정에서 세무, 금융, 출입국의 간섭이 30년 동안 홍콩에서 살면서 홍콩 당국으로부터 받은 간섭보다 더 극심하더라 했다. 외국에서 번 돈 갖고 들어와 한국에서는 쓰기만 하는데도 이토록 규제와 간섭이 심하니 돈을 버는 일에는 오죽하겠냐는 얘기다. 사람이 그립지만 않다면 그리고 부모님

산소만 없다면 도대체 한국 땅을 밟을 필요가 있겠느냐는 취지이다. 이 친구의 지난 30년간의 삶의 과정을 보면 인간의 자유, 시장경제, 법치주의가 왜 중요한가를 깨닫게 하는 살아 있는 교과서를 보는 것 같다.

리처드 도킨스(Richard Dawkins)는 『이기적 유전자(The Selfish Gene)』에서 인간은 태어날 때부터 이기적이라고 했다. 물론 이기심과 더불어 이타심도 가지고 태어나지만, 이 이기심으로 인하여 열심히 노력하고 그 결과를 자기 것으로 만든다는 것이다. 개인의 자유와 사유재산은 불가분의 관계이다(Private property and freedom are inseparably connected). 인간 본성에 내재하는 두 가지, 즉 물질적 측면과 정신적 측면이 불가분의 관계에 있기 때문이다. 인간이 정치적으로 국가에 예종되게 되면 결코 경제적으로 자유롭지도 효율적이지도 않게 된다. 반대로 인간이 경제적으로 국가에 의존하게 되면 그에게 정치적 자유라는 것은 허구가 된다(Man's political freedom is illusory, if he is dependant for his economic needs on the state).

일찍이 프랑스의 지성 앙드레 말로(André Malraux)는 "가난하면 적을 선택할 수 없다"고 했다. 좌파 세력이야말로 자신을 가난하게 만든 정치 세력인 줄 알면서도 이들의 병 주고 약 주는 은밀한 통치술에 속아 그들을 또 지지하게 된다는 이른바 복지 포퓰리즘의 악순환을 경계한 말이다.

1950년대 미국의 인류학자 오스카 루이스(Oscar Lewis)는 '빈곤문화(culture of poverty)'가 당시 미국 사회의 암적 존재임을 시사했다. 내 탓보다 남의 탓, "가난이 벼슬"이라는 생각, 부자에 대한 적대감, 자존감의 부재, 공짜 심뽀, 밥그릇 싸움과 편 가르기, 이런 것들이 빈곤문화의 전형적 레퍼토리라는 것이다. 바로 오늘의 한국사회를 보는 것 같지 않은가. 21세기 좌파 국가주의자들은 복지를 미끼로 대중을 국가의 노예로 만들고 있다. 사유재산 제도를 형해화하고 공유가 공정분배인 것처럼 대중을 기만하고 있다.

소비에트연방 체제 붕괴 직후 1996년 말 기준으로 러시아 전체 농지의 약 5퍼센트가 사유화되었는데, 여기서 수확되는 작물이 러시아 전체 농산물 생산량의 36퍼센트를 차지했다는 통계는 소유 제도, 즉 자유로운 시장경제가 재화의 효율성을 높이는 데 얼마나 긍정적 효과가 있는지 잘 설명해 준다. 중국의 마오쩌둥은 1958년 사유재산 파괴 운동인 '대약진운동'을 벌였는데, 그 5년간 3천만 명의 중국 인민이 굶어 죽었다. 세계식량기구(FAO)와 세계은행(World Bank)은 기근의 해결을 위해 토지와 다른 것들에 대해 재산권을 확실하게 보장해 주라고 권고하고 있다. 지구상의 모든 국가의 재산 보유 형태와 빈곤으로부터의 자유를 비교해 보면 사유재산 제도는 확실히 가난한 사람들을 물질적 빈곤으로부터 벗어나게 만들어 주는 제도임에 틀림없다는 것이다.

그럼에도 불구하고 가난은 여전히 존재한다. 그 가난은 마음의 가난이다. 다른 사람보다 덜 부유해서 여전히 가난하다고 느낀다면, 즉 배고픈 것은 참아도 배 아픈 것은 못 참는다면 사유재산을 없애고 배고프기를 택할 수밖에 없다는 결론에 이른다. 미국 메릴랜드 주립대학의 맨슈어 올슨(Mancur Olson Jr.) 교수는 최근 저서 『지배권력과 경제번영(Power and Prosperity)』에서 경제적 번영의 필요조건은 "안전하고 잘 정의된 사유재산 제도"의 확립과 "지배권력이 약탈하지 않거나 적게 하는 것"이라고 했다. 국민의 조세 부담이 약탈적 수준에 이르면 강력한 조세 저항이 일어난다. 그리고 이런 국가, 이런 사회가 지속적 경제번영을 누릴 수 없었음은 역사가 증명한다.

포퓰리즘의 해악과 정치 엘리트의 책무

사람들은 포퓰리즘(대중주의)의 무서움을 깨닫지 못한다.

역사상 민주주의 원칙을 가장 잘 갖춘 최초의 성문헌법은 독일의 바이마르 헌법이다. 그러나 히틀러는 이 법이 정한 절차에 따라 총통의 자리에 오르고 20세기 최악의 극우 독재자가 되었다. 독일의 국민 대중이 히틀러를 총통 자리에 앉게 한 것이다. 이성적이고 합리적이라는 독일 국민이 헌법적 절차에 따라 그렇게 했다니! 지금 생각하면 이해가 잘 안 되는 일 아닌가. 고등학교 시절까지 나는 지구상의 모든 독재자는 쿠데타, 혁명 등 위헌적, 폭력적 방법으로 권력을 잡았을 것으로 잘못 알고 있었다. 어떤 교과서 또는 사회 과목 선생도 개개인의 자유의 역사를 제대로 설명해 주지 않았다. 오늘날 보수주의자로 자처하는 대부분의 장·노년층은 "국가의 발전이 나의 발전의 기본"이라는 국가주의 이데올로기 속에서 성장했다.

'말과 사슴과 사냥꾼'이라는 이솝 우화를 다시 음미해 보자. 말과 사슴이 싸움을 벌였다. 말은 사냥꾼을 찾아가 복수를 부탁했다. 사냥꾼은 조건을 달았다. "내가 널 조종할 수 있도록 입에 마구(馬具)를 채우고 위에 안장을 얹어야 해." 말은 기꺼이 동의했다. 사냥꾼은 말 위에 올라타서 사슴에 복수해 주었다. 말은 사냥꾼에게 말했다. "이제 그만 내려와." 사냥꾼은 대답했다. "너무 서두르지 마. 이제 막 마구를 채웠잖아. 난 이대로가 좋아."

20세기 들어 히틀러, 무솔리니 그리고 베네수엘라의 차베스는 모두 흡사한 방법으로 권좌에 올랐다. 다만 히틀러, 무솔리니는 극우 독재자이고 차베스는 좌파 독재자라는 차이가 있을 뿐이다. 이들이 독재권력을 장악하기 전까지만 해도 독일, 이탈리아, 베네수엘라는 잘 정비된 민주주의 국가였다. 그런데 왜 그 지경에 이르렀나? 크게 두 가지 원인이 작용했다.

첫째는 분노, 질투, 원망에 사무친 대중의 존재이다. 이들은 사슴(이웃 국가 혹은 부자들)에 대한 시기·질투·원망으로 기꺼이 사냥꾼을 등에 태운 것이다. 국가가 당신들의 삶을 책임져 주겠다는 감언이설이 자신에 대한 영원한 족쇄인 마구인 줄도 모른 채 말이다. 사슴을 괴롭히는 과정을 즐기는 사이, 말(대중)은 사냥꾼의 영원한 노예가 되었다.

둘째는 기득권을 유지하려는 기성 정치인들이다. 이들은 인접 국가와의 치열한 경쟁, 전쟁·질병·자연재해 등 각종 재난, 경제위기 또는 선거의 열세를 극복하기 위하여 기꺼이 악마와 거래한다. 자신이 악마를 제어할 수 있다고 믿는다. 치명적 착각이다. 뒤늦게 그놈을 배신자라고 비난해 봤자 허사이다. 1930년 대공황의 고통 속에서 국가비상사태를 맞은 독일 대통령 힌덴부르크(Paul von Hindenburg)는 히틀러를 총리 자리에 앉히는 데 동의했다. 1990년대 초 베네수엘라의 권력자 칼데라(Rafael Caldera)는 재집권을 위하여 위험한 선동가 차베스와 악마와의 거래를 했다. 칼데라는 차베스의 대중적 인기를 등에 업고 권좌에 잠시 복귀했다. 그 대가로 국가반역죄로 수감되었던 차베스를 사면했다. 이렇게 해서 권력을 잡은 차베스는 중남미의 가장 모범적인 민주국가 베네수엘라를 가장 비참한 좌파독재 국가로 전락시켰다.

자신의 기득권 연장에 눈이 멀어 악마와의 거래를 한 독일의 힌덴부르크, 베네수엘라의 칼데라 같은 인간이 지금 대한민국에도 득실득실하다. 선거 때만 되면 무슨무슨 비대위원장 또는 선대위원장을 직업 삼아 하는 자들이 그들이다. 히틀러가 총리가 된 다음 날 독일의 한 보수 인사는 이렇게 고백했다고 한다. "내 인생에서 가장 어리석은 실수를 저질렀다(the greatest stupidity of my life)." 우리나라에서 악마와 거래한 자들은 일을 그르친 후에도 항상 그놈이 악마인 줄 몰랐다고 변명하기에만 급급하다. 단 한 놈도 자신의 '바보 같은 짓'을 참회하지 않는다.

대중선동가는 모든 민주주의 사회에 존재한다. 이들이 대중의 감성을 건드리는 솜씨는 탁월하다. 그렇기 때문에 극단주의자나 대중선동가가 대중의 인기를 얻어 갈 때, 기성 정치인들은 힘을 합쳐 이들을 고립시키고 무력화시켜야 한다. 후지와라 마사히코 교수가 강조한 '민주주의 이념으로 무장된 정치 엘리트 집단'이 필요한 이유가 여기에 있다. 이들만이 자유주의와 민주주의의 문지기(gatekeeper)가 될 수 있기 때문이다. 불행하게도 우리 사회에는 이 같은 문지기 역할을 할 집단이 잘 보이지 않는다. 그래서 대중주의(포퓰리즘)는 더욱 기승을 부린다.

대중주의(포퓰리즘) 위험성의 살아 있는 학습의 현장인 남미 국가들의 참상을 다시 한 번 살펴보자. 체 게바라, 피델 카스트로, 우고 차베스, 에보 모랄레스 등은 한때 좌파들의 우상이었다. 그런데 이들이 그토록 사랑했다는 모국 쿠바, 베네수엘라, 볼리비아를 어떻게 거덜 냈는지를 보라. 젊은 남자아이들은 할 일 없이 들개들처럼 떼 지어 골목길에서 빈

둥거리며 놀고 있고 젊은 딸들은 태반이 미국의 플로리다 또는 서유럽 국가들로 몸 팔러 나갔다지 않는가. 이 나라들은 한때 식료품은 물론 화장지까지 무료로 나눠 주면서 "국가가 국민의 행복을 책임지는" 복지 천국을 만들겠다고 국민을 기만했던 공통점을 갖고 있다.

문제는 여기에서 그치지 않는다. 한번 공짜에 길들여진 인간들은 도박이나 마약처럼 그 공짜 중독에서 벗어나지 못한다. 과대한 복지정책 때문에 국가가 파산되었음을 알고 있으면서도 여전히 공짜로 무엇을 해 주겠다는 놈을 국회의원, 대통령, 시장, 도지사로 또 뽑는 것이다. 한번 빠지면 벗어날 수 없는 영원한 악순환인 것이다. 이 같은 늪에서 벗어나는 유일한 길은 '국민의 깨우침'이다. "이 세상에 공짜는 없다. 공짜는 내 영혼을 판 대가일 뿐이다. 나는 국가에 영혼을 팔아먹은 노예가 아니다"라는 사실을 깨닫게 하는 것이다. 이것이 이 땅의 자유주의자들, 정치 엘리트 집단들이 해야 할 과제이다. 역사적 소명이다.

작지만 강한 국가를 위하여

지금까지는 인간의 자유가 얼마나 소중한가, 이를 지켜 내기 위한 수단으로서 민주주의가 왜 소중한가에 대하여 내 나름대로의 생각과 전문가들의 의견을 정리했다.

그러나 이것만으로 충분하지 않다. 국가는 궁극적으로 구성원인 국민의 행복한 삶을 위하여 지속적으로 번영해야 하고, 그러기 위하여 강한 국가가 되어야 한다.

여기서 미리 짚고 넘어가야 할 점은, 강한 국가가 곧 '큰 정부'를 의미하는 것은 아니라는 점이다. 작은 정부, 큰 정부는 국가활동의 범위 내지 기능의 차이다. 국가활동의 범위란 정부가 떠맡은 다양한 기능과 목표를 말한다. 이를테면 국방, 법과 치안, 거시경제 관리, 독점 규제, 교육, 환경, 복지, 공중보건, 부의 재분배 기능 같은 것이다. 이에 반하여 국가권력의 힘(강한 국가)이란 정책을 입안·시행하고 법을 깨끗하고 투명하게 집행하는 능력을 의미한다. 바꾸어 말하면 국가적 역량 또는 제도적 역량과 같은 의미이다. 여기에는 정책을 확정하고 시행하며 법률을 제정하는 능력, 최소한의 관료제로 효율성 높게 국정을 관리하는 능력, 독직이나 부정부패, 권력의 남용을 감시하는 능력, 높은 수준의 투명성과 책임감을 유지하는 능력 그리고 가장 중요한 능력으로 '법을 집행하는 능력' 등이 포함된다.

이 같은 능력을 평가하는 지표로 국제투명성기구(TI)가 평가하는 국가별 청렴도지수(CPI)와 국제경영개발대학원(IMD)이 발표하는 국가경쟁력지수가 있다. 2019년도 대한민국의 CPI는 39위, 국가경쟁력지수는 28위이다. 무슨 뜻인가? 중남미 다수 국가나 남유럽 국가들처럼 국가의 역량이 매우 낮다는 뜻이다. 미국, 캐나다, 스위스 등은 이 수치가 매우 높다. 반대로 국가의 기능, 즉 활동 범위는 국가마다 다르다. 문재인 좌파정권의 국가 기능의 범위는 거의 사회주의 국가 수준이다.

프랜시스 후쿠야마(Francis Fukuyama) 교수는 『강한 국가의 조건(State Building)』에서 1990년대 일본을 휩쓴 장기 경기침체나 유럽의 복지국가들(영국, 스웨덴 등)을 강타한 사회복지의 위기는 모두 기업의 자유로운 경제활동에 대한 정부의 과도한 간섭과 약탈적 수준의 조세 정책 때문이었다고 해석하고 있다. 21세기에 들어와 브라질·아르헨티나 등 중남미 국가들, 그리스·이탈리아 등 남유럽 국가들이 직면하고 있는 국가부도 위기 역시 시장경제의 자율성을 무시한 국가 기능의 광범위성에 기인한다. 20세기 국가들 중 국가 기능의 범위는 가장 광범위하게 설정해 놓고 반면에 국가의 역량은 최하위 수준이었던 국가가 바로 구소련이다. 구소련의 국가 운명이 어떠했는지를 보라.

이제 이 책의 종착점에 이를 때가 된 것 같다. 우리나라 대한민국의 가장 바람직한 국가 형태는 어떤 것인가? 헌법적 가치, 즉 자유민주주의가 잘 구현되는 나라이다. 자유민주주의는 어떻게 잘 구현될 수 있나? 국가권력 중 어느 하나라도(대통령 권력일지라도) 독주하지 않고 권력 간 견제와 균형이 잘 이루어지고, 법치가 잘 시행되는 나라이다. 국가는 '국가만 할 수 있고, 국가만 해야 하는 것'에 역량을 집중해야 한다. 나머지는 개개의 인간, 시민단체, 기업의 자율에 맡겨야 한다. 한마디로 **작지만 강한 국가**, 이것이 답이다.

성역은 없다 Ⅱ

제7장 | 잔상(殘像) -

10
공권력기관들의 음습한 역사와 'A Few Good Men'

검찰·경찰·국가정보원의 흑역사

공권력기관이란 일정한 국가 기능의 수행을 위하여 국가권력을 행사하는 기관, 즉 검찰, 경찰, 국가정보원, 감사원, 국세청 등을 통칭하는 말이다. 그중에서도 검찰, 경찰, 국가정보원은 국가의 존립에 반드시 필요한 '3대 국가 공권력기관'이다. 이 기관들의 고유 권한과 지위는 법률로 규정돼 있으나(다만, 검사의 강제수사권은 헌법 규정이다), 이들 세 기관은 헌법기관인 감사원, 선거관리위원회, 헌법재판소 등과는 비교가 되지 않을 만큼의 중요한 국가 기능을 수행한다.

어떤 세력이 정치권력을 장악하는 과정을 보면 그 시작에서부터 종말에 이르기까지 이 3대 공권력기관과 직접·간접으로 연계된다. 이 같은 내재적 속성 때문에 결국 이들 기관들은 정치권력과 그 부침을 함께한다. 헌법은 명백하게 공무원의 정치적 중립 의무를 규정하고 있고, 검찰청법을 비롯한 각 기관의 근거법에도 이들의 정치적 중립성을 명백하게 선언하고 있다. 또한 이를 위반하면 범죄가 된다고도 규정하고 있다. 그럼에도 불구하고 정치권력과 이들 3대 공권력은 수사권과 정보권(정보의 수집·분석·생산)을 매개로 하여 정치권력과 치열하게 유착하거나 길항한다. 어느 쪽이 먼저랄 것도 없이 자석의 N극과 S극처럼 달라붙거나 밀어낸다.

이들 3대 공권력기관의 순기능이 국가 정체성을 보전하고 범죄로부터 국민의 생명·신체·재산을 지켜 내는 것이라면, 그 역(악)기능은 사건의 축소·은폐·조작과 불법사찰 그리고 부정부패이다. 그리고 이 같은 역기능은 따로 존재하는 것이 아니라 상호작용하면서 그 폐해가 극대화된다. 그 실례를 들자면 대한민국 역사의 어두운 면 그 자체만큼이나 방대한 것이지만, 여기서는 내가 직접 경험한 몇 가지만 들어 보겠다.

축소, 은폐, 조작

우선 축소·은폐·조작이라는 국가 공권력기관의 치명적인 역기능에 대하여 살펴보자. 결론부터 말하자면 사건의 축소·은폐·조작은 경찰의 어두운 역사 그 자체이다.

1987년 어느 날, 서소문 검찰청사 5층 공안1부장실에서는 일상적인 아침 회의가 열리고 있었다. 당시 나는 공안1부 소속 대공 사건 담당이었다. 여비서가 황급히 들어와 남영동 경찰 대공수사팀에서 급한 보고가 있다고 했다. 회의를 대충 끝내고 부장, 수석검사와 함께 보고자들을 들어오라 했다. 홍모, 백모 경감(당대 대공 수사의 베테랑들이다)이 얄팍한 수사기록 하나를 들고 들어오는데 표정이 저승사자처럼 창백하다. 대학생 한 명을 국가보안법 위반 혐의로 연행해 왔는데 수사 도중 죽었다는 것이다. "사인은?" 하고 물으니 "심장이 멎었다"는 것이다. 모든 죽음은 다 심장이 멎는다. 문제는 '왜 멎었냐'이다. 이 부분에 대해서는 정확한 대답을 회피하면서 검찰 공안부에서 부검이 아닌 검시 처리를 해 달라는 요청이었다.

부검은 사망에 이르는 데 범죄 혐의가 있을 때 검사가 하는 조치이고, 검시는 범죄와 관련이 없다고 판단될 때 사체의 처리(매장, 화장 등)를 위한 행정조치이다. 쉽게 얘기해서 새파랗게 젊은 서울대 재학생이 수사를 받다가 죽었는데, 죽음에 이르는 과정에 불법행위는 없었고 자연사 또는 병사한 것으로 처리해 달라는 말이다. "현재 사체는?" 하고 물었더니 중앙대 용산병원 의사 1명, 간호사 1명이 응급조치하였으나 효과가 없었다는 대답이었다.

부장은 황급하게 검사장실로 올라가 직보한 후 다시 돌아와 처리 방향을 논의했다. 사건의 파장이 걷잡을 수 없을 것이라는 예상하에 경찰 의견에 동조하는 일부 검사도 있었으나, 나는 단호하게 말했다.

"부검해야 합니다."

부장도 내 말에 동조했다.

"그렇지! 부검해야겠지."

경찰은 마지못해 부득이 부검할 것이면 공안부 검사가 지휘해 줄 것을 요청했다. 나는 또 반대했다. 국민은 검찰 공안부나 경찰 대공수사팀이나 한통속으로 알고 있다. 일반 변사 사건을 맡는 형사부가 지휘하는 것이 객관성을 위하여 옳다고 주장했다. 부장과 검사장은 내 의견을 따라 주었다. 그렇게 해서 전대미문의 은폐조작 사건이 될 뻔했던 이 사건은 당시 용산경찰서 담당 당직검사의 부검을 거쳐 고문치사 사건으로 밝혀지고 그 후 대한민국 역사가 바뀌는 계기가 되었다. 이것이 이른바 1987년 박종철 고문치사 사건의 전말이다.

이 과정에서 검사장을 비롯한 검찰 수뇌부는 청와대 등 다른 권력기관으로부터 "경찰 의견대로 처리해 주지 않으면 대공 수사 전선이 와해될 것"이라는 읍소형 압박을 여러 차례 받았다고 한다. 그럼에도 불구하고 원칙에 흔들림이 없었던 당시 검사장(훗날 검찰총장이 되었다)을 나는 지금껏 상사로서 존경한다.

경찰 수뇌부는 이 사건 직후 "책상을 탁 하고 치니 억 하고 죽었다"고 또 다른 조작을 시도하였다가 온 국민의 분노를 샀다. 결국 치안본부장(지금의 경찰청장) 강민창 등 핵심 간부들이 구속되는 개망신을 당했다.

이런 식의 은폐, 조작 시도는 나열할 수 없을 만큼 많다. 당시 강력한 군부정권의 위세에 눌려, 또는 스스로 정권에 잘 보여 출세하기 위해 경찰의 요청을 그대로 들어주었더라면 그 후 나는 물론 검찰 전체가 역사의 죄인이 됐을 것이다. 한순간 한순간 검사로서의 처신이 얼마나 어려운가를 보여 주는 대목이기도 하다(당시 형사부가 아닌 공안부가 부검을 떠맡았으면 부검의 주임검사는 꼼짝없이 나였을 것이다).

최근에 문정권과 코드가 맞는다는 이유로 법무부 차관에 특채된 자의 택시기사 음주폭행 사건을 수사하는 과정에서 경찰이 은폐를 시도하였다는 언론 보도를 보면서, 30년이라는 세월이 흘렀는데도 제 버릇 개 못 주는구나 하는 생각이 든다.

불법사찰

다음으로 불법사찰이 국민에게 주는 폐해를 살펴보자. 노무현 정권 초기 때의 일이다. 알고 지내던 어느 은행장이 이런 말을 했다.

"좌파가 정권을 잡으니 좋은 일도 있어. 안기부 새×들 드나들지 않아서 살 것 같아."

박정희 이래 역대 모든 정권은 국가정보기관(명칭은 중앙정보부→국가안전기획부→국가정보원으로 변경)을 설치하고 이들로 하여금 국가안보에 관련된 중요 정책 결정에 필요한 각종 정보를 수집하여 청와대에 보고하게 했다. 구실은 통치정보, 대북정보, 시책정보, 민심정보, 상황정보 등 다양하다.

모든 정보는 첩보의 '수집, 분석, 생산, 보고'라는 과정을 거친다. 국가정책의 왜곡이나 최고 정책 결정권자의 오판은 분석·생산·보고 과정에서 일어나지만, 일반 국민에 대한 폐해는 흔히 수집 과정에서 일어난다. 경찰 역시 정보 전담 부서를 두고 유사한 정보활동을 해 왔는데, 파출소 단위에서 생산해 내는 민심동향보고까지 고려해 보면 국가정보원보다 오히려 광범위하고 깊숙하다. 그렇기 때문에 경찰 내에서 정보 담당자는 수사 실무자보다 요직이다.

이러한 제도의 틀 속에서 국가정보원과 경찰의 정보요원들은 첩보의 수집 핑계로 '출입처'를 정해 놓고 시도 때도 없이 기웃거리며 특히 기관장의 동향을 파악한다. 이렇게 해서 생산된 중요인사 동향보고는 청와대 민정·인사 부서에 존안되었다가 수사 또는 인사자료로 활용되기도 하고, 정치적으로 악용되기도 하니, 자리가 높아질수록 정보기관에서 나온 자들에게 쩔쩔매게 된다. 이른바 '선글라스의 횡포'다.

정보기관 종사자들은 온갖 풍문을 꼬투리 삼아 출입처의 기관장이나 임원들을 심리적으로 겁박하여 용돈을 챙기고 이권을 챙기고 인사에 개입하여 왔다. 어떤 심약한 기관장은 공식 회의 도중에도 정보기관 사람이 방문했다는 메모가 들어오면 황급히 회의를 마치고 그를 칙사 대접하는 웃지 못할 풍경도 있어 왔다. 그들의 작폐가 얼마나 우심했으면, 좌파가 집권하면 이민 가겠다던 그 은행장이 "이자들이 드나들지 않으니 살 만하다"고 했겠는가(노무현은 국가정보원의 권한 축소와 정보원장의 독대 제도 폐지를 공약으로 내걸었다).

그러나 그 은행장이 말한 '살 만한 세상'도 그리 오래가지는 못했다. 국정원장과의 독대 제도를 폐지한 노무현도 집권 1년이 지나 지방선거에서 참패하자, 그 추종 세력들은 국가정보기관이 민심동향정보를 제대로 파악하지 못했다면서 당시 고영구 정보원장 라인을 탓하기 시작했다. 결국 노무현도 내가 청문회 때 그토록 지명 철회를 요구했음에도 불구하고 임명을 강행한 그 고영구 원장 라인을 교체할 수밖에 없었고, 그 후 그들의 사찰활동은 지난 정권과 다름없이 복원되었다.

이 같은 정보기관들의 불법사찰이 정보요원 개인의 작폐일 경우는 그래도 좀 낫다. 이 같은 작태가 정보기관장의 지휘하에 조직적으로 감행될 때 그 폐단은 정권을 망치고 나라를 거덜 낼 수도 있다. 그 대표적 사례가 이명박 정권 시절 4년간 국정원장을 지낸 원세훈의 대선 불법개입 사건이다.

최근에 밝혀진 사실이지만 IT를 활용한 그의 정치공작의 수준은 상상을 초월한다. 게다가 국고 횡령, 직권남용 등 권력기관이 저지를 수 있는 온갖 범죄의 만화경이다. 전국 부서장회의에서 그는 "지방자치단체장 선

거가 11개월 남았는데 우리 지부에서 후보들을 잘 검증해야 한다. 1995
년 선거 때도 (…) 국정원에서 다 나가라고 해서 나간 것"이라고 말했다
고 한다. 이쯤 되면 이 기관은 민주국가의 정보기관이 아닌 전체주의 국
가(구소련, 북한 등)의 정보기관 수준인 것이다.

이런 정치공작은 최근까지도 민주공화국 대한민국에서 비일비재하게
벌어져 왔다. 게다가 문재인 정권은 드루킹인가 하는 사설 여론 조작 수
단까지 동원했다 하니, 국민은 온통 조작된 가짜 세상에서 사는 꼴이
됐다.

IT 관련 산업·기술의 발달과 더불어 불법사찰이나 정치공작은 더욱
더 기승을 부릴 것으로 예상된다. 여기에 더하여 전염병 예방, 테러 방지,
범인 검거 등을 구실 삼은 통신 조회, 신용카드 추적 등 공공연한 사생활
침해도 국민적 반감 없이 자행된다. 최근 논란이 되고 있는 김학의 전 법
무차관에 대한 불법 출입국 통제는 그 전형적 사례이다. 그래서 불법사
찰을 비롯한 정치권력에 밀착된 각종 불법 정보활동은 자유민주 체제의
근간을 뒤흔드는 국가공권력의 또 다른 심각한 해악인 것이다.

부정부패

대한민국의 부정부패는 전 국가기관·공공기관은 물론 대기
업·중소기업의 안팎으로 만연된 거의 팬데믹 수준이지만, 공권력기관의
부정부패는 특히 심각하고 그 폐해도 광범위하다. 두 가지 예만 들겠
다.

세상에는 좋은 사람들도 많지만 나쁜 사람들도 적지 않다. 어떤 사
람들이 나쁜 사람들인가? 도덕적, 윤리적 판단은 우리의 소관 밖이니 제

외하고, 국가공권력의 부정부패와 관련된 '나쁜 사람들'이란 '국가공권력 행사를 왜곡하고 타락시킬 소지가 있는 사람들'이다. 그런 의미에서 나쁜 사람들(bad guys)의 1순위는 정치인들이다.

부패한 정치권력의 폐단이 어떠한지는 제3장에서 소개한 동화은행장 비자금 사건 수사 과정에서 적나라하게 드러났다. 이자들은 모든 국가악의 근원이다. 그 생명력은 고성능 항생제로도 잡을 수 없는 슈퍼박테리아 수준이다. 뇌물, 불법 정치자금, 직권남용으로 한두 차례 감옥 가는 것은 그들에게는 일상사가 되었다. 정권이 바뀔 때마다 남용되는 사면이라는 제도는 부패 박테리아를 슈퍼박테리아로 강화시킨다. 20대 국회에서는 물론, 21대 국회의원 공천 받은 자들 가운데 사면이라는 '불로장생 특효약'을 복용한 자가 몇 명이나 되는지 한번 헤아려 보라.

다음으로 나쁜 사람들은 누구인가? 지역의 토호들이고, 부당한 방법으로 치부하려는 장사치들이다. 이들이 왜 위험한가? 이들은 국가공권력을 행사하는 모든 구성원들, 말단 직원에서부터 맨 위 수장까지 무차별적으로 타락시킨다. 학연, 지연, 혈연이라는 연줄을 타고 접근하여 돈, 술, 향응으로 환심을 산다. 다음 날 술 깨고 나면 이미 거의 한 식구 같은 형, 동생이 된다. 그러면 끝이다.

요즘은 한 술 더 떠서 국가공권력을 행사하는 자들이 먼저 이들 '나쁜 사람들'에게 손 내미는 경우도 허다하다. 친목, 지역 민심동향 파악, 동창회, 화수회, 향우회 등 핑계는 많다. 그러나 목적은 하나다. 광범위한 인맥을 형성하여 치부의 수단 또는 국회의원 선거 등 출세의 바탕으로 삼겠다는 뜻이다.

아예 이들 나쁜 사람들과의 유착이 제도화된 경우도 있다. 경찰이나 검찰의 외곽단체로 존재하는 '범죄예방위원'이니 '비행청소년 선도위원'이니 하는 각종 자문단체들이 그것이다(진정성 있게 비행청소년 선도활동 하는 분도 더러는 있다). 동네에서 술집, 폐품수집업, 철거업, 경비용역업을 하는 사람들의 한 평짜리 사무실에 들어가면 ○○경찰서장 직인이 찍힌 위촉장이나 감사장이 여러 개 벽에 걸려 있다. 그런데 이놈이 동네 양아치이거나 브로커인 경우가 허다하다. 수사과장이나 정보과장과는 형, 아우 하면서 지내고 그 밑의 형사들을 제 부하직원 다루듯 하는 놈들도 적지 않다.

1980년대까지만 해도 판사와 검사는 외부인들과 은밀하게 어울려서는 안 되는 불문율이 있었다. 저희들끼리 밥 먹고 저희들끼리 마작 하고 놀았다(옆자리에 낄 수 있는 사람이 있다면 오직 그 지역의 기관장이거나 변호사였다). 요즘은 어떤가? 골프장에 가 보라. 유흥업소에 가 보라. 온갖 나쁜 사람들과 다 어울린다. 그 호칭이 "영감님!"은 언감생심이고 '오판'(오○○ 판사), '김검'(김○○ 검사)은 그나마 괜찮은 편이고, 이름도 부르고 심지어는 야자도 한다. 품격 있는 집안에서는 부모조차도 장성한 자녀에게 야자를 삼가는 것이 전래의 미풍인데도 말이다.

국가공권력을 담당하는 사람들을 이토록 막 대하고 이용하고 호가호위하는 '나쁜 놈들'은 이미 정상적인 사업가도, 지역의 명망가도 아니다. 속된 말로 양아치다. 우리말 사전에 양아치는 "품행이 천박하고 못된 짓을 일삼는 사람"이라고 돼 있다. 단지 사업가나 지역 유지, 각종 단체장으로 위장하고 있을 뿐이다.

이들로 인한 폐단이 어느 정도인가. 몇 년을 주기로 하여 터지는 대형 법조 브로커 사건이 그 대표적 사례이다. 그랜저 검사, 벤츠 여검사, 공짜 주식 판·검사 등도 여기에 속한다. 처음에 술 사 주고 밥 사 주고, 명절 때 떡값 명목의 용돈 몇 푼 주면서 덜미를 잡은 다음 오히려 이를 약점 잡아 각종 인·허가나 이권을 챙기는 데 이들의 힘을 빌리는 것은 기본이고, 거액을 뜯어낸 자도 여럿 있다. 함바를 운영하는 어떤 양아치에 걸려들어 구속된 경찰청장도 있고, 법조 브로커에 덜미가 잡혀 구속된 판·검사가 한둘이 아니다.

그런데 문제의 심각성은 따로 있다. 대다수 시민들은 이런 양아치류와 어울리며 호형호제하는 판검사 또는 경찰 간부를 "자격 없다", "자질이 안 된다"고 말하지 않고 "서민적이다", "사람 좋다", "권위적이지 않다"고 평한다. 정보기관 놈들도 한통속이 되어 이런 놈들에 대한 첩보의 수집을 은폐하거나 왜곡하여 나쁜 놈을 좋은 놈으로 둔갑시킨다. 그리하여 이들은 서민적(?)이라는 지역 여론을 바탕으로 국회의원이 되고 심지어 대통령까지 출마한다.

국회의원에 당선되면 이 '나쁜 놈들'은 더욱 기승을 부린다. 이제 이둘의 관계는 '후원금 계좌'라는 합법적 틀을 이용하여 더욱 긴밀한 관계가 된다. 거의 먹여 살리는 수준이다. 이 국회의원, 도지사는 그 형 또는 동생이 찾으면 자다가도 벌떡 일어나 나간다. 이렇게 해서 국회의원이나 도지사·시장·군수가 된 놈들이 점점 늘어나니 정치집단이 가장 부패한 집단이 되는 것은 필연적이다. 이런 놈들이 패거리를 이루어 정치 개혁을 하고 검찰 개혁을 한다지 않는가? 정녕 삶은 소대가리가 웃을 일이다.

경찰의 부정부패 사례 한 가지만 더 들어 보겠다. 서울지방검찰청에서 초임 검사로 근무할 때의 일이다. 병·의원들, 그중에서도 병원장(의사)보다 사무장(일반인)이 경영의 주도권을 잡고 있는 병·의원의 공통된 문제점은 두 가지다. 하나는 의료수가를 조작하여 보험공단 부담 부분을 과다청구하는 것(이것은 명백한 사기죄가 된다)이고, 다른 하나는 과도한 환자 유치 행위이다(이것은 의료법 위반이다). 한 달여 내사 끝에 서울 시내에서 이 같은 범법행위를 가장 심하게 자행하는 10개 병·의원을 골라냈다. 그리고 사무장과 병원장의 신병을 확보하고 진료장부를 압수했다. 20여 명의 의사·사무장과 보험회사 간부 등 30여 명을 구속하고 이들이 보험공단에서 진료수가를 과다조작하여 받아먹은 돈이 무려 수십억 원에 이른다는 사실도 밝혀내 이 돈을 모두 국고에 환수 조치했다. 이 부분은 이미 『성역은 없다』 제1권에서 자세히 썼다. 여기에서는 환자 유치와 관련된 경찰의 부패가 어느 정도인지 밝혀 보겠다.

서울 동부경찰서 관내에 S의원이 있었다. 이 의원은 사무장이 이사장이고 의사는 그 밑에 월급쟁이로 고용돼 있다(이 자체가 의료법 위반이다). 진료수가 조작에 의한 의료비 과다청구는 기본이다. 이사장이라는 사람은 경찰서 비행청소년 선도위원인가 하는 직함도 갖고 있다. 환자의 80퍼센트는 교통사고 환자다. 가끔 심야에 술집에서 일어나는 폭력 피해자들도 들어온다. 이 환자들의 주목적은 입원치료보다는 진단서 발급이다. 진단서 제출이 필요한 곳은 주로 경찰서다. 이쯤 되면 문외한들도 감이 올 것이다. 경찰관들과의 유착이다.

간혹 택시기사들도 환자를 데려오지만, 이들에게는 시트 세탁비 명목으로 그때 그때 현금으로 처리한다. 반면에 경찰관들에 대하여는 아예 독립된 장부가 있다. 유치된 환자의 숫자에 따라 해당 경찰관 이름 옆에 바를 정(正)자로 표기해 나간다. 월말에 날짜를 정해 놓고 그들에게 일

괄결제한다. 장부에 적혀 있는 경찰관만 수십 명이다. 어떤 놈은 한 달에 수백만 원을 받아 가기도 하고, 어떤 이는 한두 건 10만~30만 원 받아 간다. 병원의 입장에서는 월 수천만 원이 이런 비용으로 지급된다. 이렇게 과다 소요된 비용은 보험공단에 사기청구하여 메꾸어 나간다. 이 사기청구된 금액은 보험료 납부자, 즉 일반 국민에 전가된다. 결국 국민이 납부한 보험료로 환자 유치해 준 경찰관에게 뇌물을 준 셈이다. 이쯤 되면 이 사람의 직업이 국민의 생명·신체·재산을 보호하는 경찰관인지 아니면 국민의 혈세를 빼먹는 환자 브로커인지 애매해진다.

한창 수사중인 어느 날, 경찰관 제복을 갖춰 입은 한 사람이 불쑥 사무실로 찾아왔다. 한눈에도 경륜이 묻어나는 베테랑답다. 계급도 꽤 높아 보였다. 절도 있게 거수경례를 한다. 묻기도 전에 "서울경찰국 2국장(지금의 서울경찰청 차장 직급) 안모"라고 관등성명을 밝힌다. 그 이름이 귀에 익다.

지금 경찰청 본청 건물이 들어서 있는 자리에 치안본부 특수수사대라는 부서가 자리 잡고 있었다. 이른바 '의주로 붉은벽돌집'이다. 한때 그 위세가 대단했다. 이 부서는 검찰 특수부의 지휘·감독을 받았기 때문에 나는 그들의 생리를 잘 안다. 범죄가 잘 안 되는 사건일수록 수사기록이 엄청나게 두껍다. 범죄사실의 증명에 별 관련도 없는 참고인들을 여럿 소환하여 진술조서를 만들고 쓰레기 같은 증거물도 잔뜩 나열해 놓는다. 이른바 증해전술(證海戰術, 인해전술에 빗대서 하는 말)을 쓰는 것이다. 이런 종류의 수사기록들은 필경 토요일 오전에 검찰의 수사지휘를 받는다(당시는 토요일 오전까지 근무하던 때이다). 오후에 결혼식 참석 등 주말 약속을 잡은 검사들로 하여금 대강 읽어 보고 일단 구속영장에 서명해 달라는 의도가 숨겨져 있다. 설사 영장이 기각되더라도 그 사건을 청부한 자들(상급 권력기관 또는 돈 많은 고소인)에게는 열심히 수사했는데도 검사가 피의자(피고소인) 편을 들었다고 변명거리를 만드는 데 이 두꺼운 수사기록은 아주 유효하다. 그때나 지금이나 경찰의 이 같은 청부수사에 걸려들면 웬만한 중소기업인이나 공직자는 패가망신하기 십상이다. 안 모 씨는 바로 이 부서의 대장을 했던 적이 있어 나와는 구면이다.

그는 대뜸 앉아 있던 소파에서 털썩 내려앉아 무릎을 꿇고

"영감님, 우리 경찰 한번 살려 주십시오."

나는 당황하고 민망하여 얼른 그의 팔을 잡아 끌어올리며

"이러시면 안 돼요. 남들이 보면 뭐라 하겠어요? 앉아서 얘기합시다."

그래도 막무가내로 버틴다.

"용서해 주신다고 말씀하시기 전에는 못 일어납니다."

"알겠습니다. 어쨌든 앉아서 얘기합시다."

달래다시피 하여 겨우 자리에 앉게 했다. 나보다 최소한 20년쯤 위 연배로 보이고 계급도 높은데, 제복을 입은 채 자신의 일도 아닌 부하들의 일로 이 같은 수모를 감내한다.

결국 매월 수백만 원씩 받아간 경찰관은 그냥 둬 봐야 사람 되기는 글렀으니 구속하기로 하고(그때 경찰관 급여는 월 30만 원이 안 됐다), 나머지는 명단을 경찰국에 넘겨 그 정상에 따라 징계 처리하기로 하니 그제서야 그는 "충성!" 하고 돌아갔다. 구속되는 자의 명단 공개는 어쩔 수 없고, 자체 처리 부분은 언론에 공개하지 않기로 했다. '한 경찰서에 근무하는 경찰관이 단일 부패 사건에 연루되어 수십 명이 구속 또는 불구속 입건되었다고 언론에 보도되면 경찰을 바라보는 국민의 시선이 어떻게

되겠나. 경찰서가 아니라 도둑놈들 소굴이라 하겠지. 아쉽지만 국가공권력에 대한 국민의 신뢰를 고려하여 불가피하다'는 생각이 들었다. 하기야 이 같은 범죄가 어디 동부경찰서 하나에만 있는 일일까. 재수가 없어 고약한(?) 검사 잘못 만난 거지 하는 생각도 들었다.

이것은 빙산의 일각이다. 일부 경찰관은 직업적 자긍심도 있고 인간적 양심도 있다. 그러나 박봉에, 과중한 업무에, 게다가 승진과 보직이라는 치명적 장애물 그리고 퇴직 후의 생계의 막막함 앞에서 지금과 같은 업무(수사) 구조로는 경찰대학 아니라 화랑교육을 받는다 해도 이 같은 유혹에서 벗어날 길이 없다.

70년 대한민국 현대사에서 어느 한 정권이라도 정치권력이 부패하지 않은 적이 있었던가? 남북 베트남 간 전쟁 당시 창궐했던 베트콩(Viet Cong, 베트남 적화통일 전 사이공 정부에서 암약한 자생적 공산주의 집단)은 "독재 속에서 부화하여 부패를 먹고 자란다"고 했다. 부정부패, 특히 권력형 부패는 국가의 신뢰를 떨어뜨리고 종국에는 국가 체제 자체의 붕괴를 초래하는 최악의 범죄이다. 그런데 이 같은 권력형 부정부패를 가능하게 하고 심화시키는 국가작용이 바로 국가 공권력기관들(특히 수사·정보기관들)이 저지르는 사건의 축소, 은폐, 조작이고 불법사찰이다. 이것들은 동전의 표리와 같다.

그러면 이 같은 정치권력과 국가 공권력기관의 공생과 유착에서 비롯되는 이 같은 부정부패와 사건의 축소, 은폐, 조작과 불법사찰을 바로잡을 방법은 없는가? 있다.

바로잡는 길 첫째, 제도 개혁

'제도'를 바꾸는 것이다. 정치권력과
공권력기관 사이의 유착의 고리를 끊는 제도를 만드는 것이다. 그런데
이것의 성공 조건은 제도를 바꾸는, 다시 말하여 개혁을 하는 주체 세력
이 정의롭다는 전제가 서야 한다. 정치권력이 정의로우면 그것에 기생하
고 공생하는 수사·정보기관들은 저절로 바로 선다. 기생이니 공생이니
하는 용어 자체가 필요 없게 된다. 깨끗한 숙주에 기생충 달라붙는 것
보았는가? 불결한 생활환경이 기생충, 바이러스를 불러 모으는 온상이
다. 정치권력과 무관하게 수사·정보기관이 독자적으로 부패하고 독자
적으로 사건을 축소, 은폐, 조작하고 독자적으로 불법사찰하는 경우는
거의 없다는 말이다. 있다 하더라도 그 정도 썩은 부분 도려내는 것은 일
도 아니다.

문제는 썩은 집단이 정치권력을 잡거나 정치권력을 잡은 후에 바로
썩어들어 갔을 때가 속수무책이다. 이 같은 정치권력은 자신의 치부를
은폐하기 위하여 이들 공권력기관을 손아귀에 넣고자 수단 방법을 가리
지 않게 된다. 어떤 기관이 손아귀에 잡히지 않으면 다른 기관을 통하여
이를 제어하거나 아예 제도를 바꾸어 무력화시킨다. 그것도 '개혁'이라는
이름을 붙여서 말이다.

군사정권 시절부터 검찰이 손아귀에 잘 잡히지 않으니 정보기관(안기
부나 경찰 정보부서)을 통하여 검찰 간부들의 뒤를 캐고, 자그마한 흠이라
도 잡히면 침소봉대하여 지라시를 만들어 유언비어로 유포시켜 검찰을
제압하려 들었다. 문재인 정권은 군사정권 때보다 한 술 더 떠 아예 노
골적으로 경찰에게 검찰 간부들에 대한 평판조회를 시켰다. 그것도 안

먹혀들어 가니 공수처라는 어용 수사기관을 만들어 검찰의 고유 권한을 빼앗고, 수사 지휘를 받아야 할 경찰로 하여금 검찰과 맞먹게 만들었다. 헌법이 전혀 예정하지 아니한(법률로도 위임하지 않은) 하위 기관을 다수 당의 힘을 빌려 일방적으로 만들고 이 기관으로 하여금 헌법상의 국가기관들을 통제하겠다는 발상이야말로 전형적인 반헌법적 전체주의적 통치 행태다. 결국 썩은 정치권력은 결코 국가공권력에 대한 개혁의 주체가 될 수 없다는 역사적 실증적 반증이기도 하다.

바로잡는 길 둘째, 사람이 답이다

정치권력이 썩었기 때문에 제도의 변화가 답이 될 수 없다면 이제 더 이상 다른 길은 없는가? 마지막 남은 하나의 길은 '사람'이다. 국가 공권력기관 구성원들이 자유민주주의의 가치와 신념으로 무장하여 썩은 정치권력과 맞서 싸우는 것이다. 한 놈 한 놈씩 각개격파하여 궁극에 가서는 썩은 정치권력 전체를 궤멸시키는 것이다.

그런데 현실적으로 생각해 보자. 경찰이나 국가정보원의 개개 구성원에게 이 같은 결기를 기대할 수 있나? 연목구어, 산에서 물고기 낚으려는 격이다. 이들 기관은 태생적으로 살아 있는 권력에 기생하면서 살아간다. DNA 구조가 그렇다는 말이다. 단 한시라도 숙주로부터 독립된 존재였던 적이 없다.

경찰청장의 예를 들어 보자. 70년 경찰사(史)에서 그 이력에 단 한 번이라도 살아 있는 권력과 맞짱 뜨면서 사건 수사를 해 본 경험 있는 자, 아니면 시도라도 하다가 자리에서 쫓겨난 자가 있었던가? 오히려 부패하거나 은폐·조작하다가 감옥 간 자가 그렇지 않은 자보다 더 많다. 오로지 과장→서장→국장→청장의 단계를 밟으면서 승진과 출세만을 위하여 좌고우면하던 자들 아닌가 말이다. 그렇지 않은 자 있으면 한번 자신의 살아온 객관적 이력을 소상히 밝혀 보라.

전두환 정권이 몰락하자 어떤 잡지에 이런 기사가 났다. 경찰 총경급 간부 두 놈을 지목하면서 "반드시 조직에서 제거하고 수사해야 할 자들" 이라고 했다. 한 놈은 국가안전기획부에 파견되어 불법사찰 등을 자행하는 데 앞장섰고, 다른 한 놈은 LA 영사관에 근무하면서 당시 LA에 유학하고 있던 전두환의 형·동생의 자식들 돌보미 역할을 했다는 이유이다. 이 기사 내용은 당시 경찰 안팎에서 떠돌던 공공연한 사실이다. 그런데 이 중 한 놈은 그 후에도 그대로 살아남아 정권을 바꿔 가며 경찰 조직 내에서 승승장구하였고 최근 박근혜 정권에 이르기까지 한자리 꿰차고 정치권력 근처를 맴돌며 살고 있다. 전형적인 썩은 정치권력과 경찰 고위직의 유착관계를 증명하는 표본이다.

국가정보원장은 또 어떠한가? 경찰청장보다 더 조악하다. 아예 국가정보기관의 진정한 역할이 무엇인지도 모르는, 무슨 대통령의 1급 정책참모쯤으로 처신하는 자가 더 많다. 게다가 국가기관에 두더지처럼 파고들어 간첩질 하는 놈들을 잡아들여 본 경험은 고사하고 그런 자를 두둔하던 자가 국가정보원장이 된 경우도 비일비재하다. 이런 수준의 인간이 그 기관의 수장이 되는 판에 어떻게 그 국가기관들이 제 역할을 하기를 기대한다는 말인가? 공수처장 혹은 공수처에서 일할 검사들은 어디 외계인이라도 수입할 것인가? 말짱 허망한 헛소리일 뿐이다.

그나마 검찰청의 검사 개개인, 더 나아가 검찰총장이 마지막 희망이다. 그들은 작심만 하면 어느 정도까지는 소신껏 일할 수 있도록 현재의 법과 제도가 보장해 주고 있으니 말이다. 출세욕만 버리면 의외로 쉬울지도 모른다. 그래서 '제도'가 아닌 '사람'이 마지막 길이라고 말하는 것이다. 이제 우리나라에도 레전드급 검사가 한둘쯤 나올 때가 되지 않았나. 이탈리아의 안토니오 디 피에트로, 일본의 요시나가 유스케(吉永祐介), 미국의 루돌프 줄리아니 같은 검사 말이다. 인터넷으로 검색해 보면 한국판 피에트로가 전혀 없지는 않다. 그러나 그 실체를 들여다보면 하나같이 언론이 시류에 편승하여 과대포장했거나 정치적 의도로 자가발전해 낸 것들뿐이다. 진정성 있는 '살아 있는 권력의 제압'은 찾아보기 쉽지 않다. 시도하다가 중도 좌절되어 자리에서 쫓겨난 사례는 더러 있다 (그나마 이것이 다른 공권력기관과 검사의 차별성이다).

그런데 문제는 레전드급 검사가 되기도 어렵거니와 그 후의 사후관리는 더 쉽지 않다는 점이다. 한때 언론에 이름 석 자가 오르내려 유명(?) 인사가 되면 이내 정치판으로 끌려들어가거나 제 발로 걸어 들어가는 것이 우리나라 정치 풍토다. 이 같은 행태가 국가적 차원 혹은 개인적 삶에서 과연 바람직한 일인가? 백보를 양보하여 그 동기가 "썩은 권력에 분노하여 '제도와 사람'을 싹 바꾸어 보겠다"는 순수한 열정이었다고 치자. 그런데 그 후에 어떻게 되었나? 그 열정은 오간 데 없고 기존의 정치 세력에 포획되어 나약한 존재, 아니면 더 사악한 존재로 전락한 사례가 비일비재하다.

여기서 우리는 외국의 레전드급 검사들의 삶을 교훈 삼을 필요가 있다. 미국의 루돌프 줄리아니는 뉴욕시 남부지구연방검사장 시절 5대 마피아 패밀리 중 하나인 감비노 패밀리의 두목을 구속하여 징역 100년을 구형했고, '정크본드의 왕'이라고 불리던 마이클 밀켄을 구속했다. 마피아와 내부자 거래가 판을 치던 암흑의 도시 뉴욕시를 오늘날의 '금융·관광·문화'의 도시로 만든 명실상부한 검사의 레전드였다. 그런 줄리아니도 검사를 그만둔 후 정치권력에 도취되어 대통령에 출마했다가 실패하고, 말년에는 도널드 트럼프 대통령의 법률고문이 되어 트럼프의 온갖 스캔들에 함께 휘말리면서 노추(老醜)의 모습 그대로가 되었다.

이탈리아의 피에트로는 어떤가? 밀라노 검찰청 검사 시절 동료 검사들과 더불어 이른바 '마니 풀리테(mani pulite, 깨끗한 손)'를 전개하여 밀라노 출신 국회의원의 거의 절반을 감옥에 보냈다. 이로 인해 집권당이 와해되고 정치판이 바뀌었다. 한때 이탈리아에서는 그의 초상이 프린트된 티셔츠를 입지 않은 젊은이가 없었을 정도로 그는 국민적 영웅이었다. 그러나 그 역시 검사를 그만둔 후 반대파들의 모략에 걸려 수사를 받는 등 곤욕을 치렀다. 검사 시절의 공적 덕분에 위기를 넘기고 정치에 입문하였으나 정치인 피에트로는 이렇다 할 흔적을 남기지 못한 채 오늘날 잊혀진 존재가 되었다.

이에 반해 일본 정계의 최고 파벌 중의 하나인 다나카파의 수장이던 다나카 가쿠에이 전 총리를 구속해서 일본 정계의 저승사자로 불렸던 요시나가는 어떤가. 그는 아주 드물게 도쿄대, 교토대 출신이 아니면서도 검사총장에까지 이르렀고, 퇴임 후에는 변호사 활동도 거의 접고 아주 조용하게 보통 사람의 삶으로 되돌아갔다고 한다.

레전드급 검사가 되는 길이 쉽지 않은 이유는 무엇인가? 모든 것을 걸어야 하기 때문이다. 자신(목숨)뿐만 아니라 주변 사돈의 팔촌까지도 괴로움을 당할 각오가 서지 않으면 쉽지 않은 길이다. 게다가 검사를 그만둔 후의 삶의 관리는 더 어렵다. 온갖 유혹의 함정이 널려 있기 때문이다. 아무리 그렇더라도 이제 그 이름 석 자가 국민들의 마음속에 오래도록 좋게 기억되는 레전드급 검사가 한둘쯤 나올 때가 됐다. 모든 것이 투명하지 못했던 지난날과는 달리, 바른 삶을 살면서도 그런 대로 보통 사람의 삶은 살아갈 수 있기 때문이다. '심성(心性)'과 '의지(意志)'의 문제다.

기왕에 국가공권력 행사의 '정의로움'에 대한 담보는 궁극적으로 제도가 아닌 사람에 있다는 주장에 이르게 됐으니 여기에 한마디만 덧붙이겠다.

역대 검찰총장을 지낸 이들에게 제안한다. 당신들끼리 모임을 하나 만들라. '호국회(護國會, 국가를 지키는 모임)'든 '호정회(護正會, 정의를 지키는 모임)' 등 명칭은 아무려면 어떤가. 1년에 한두 차례 정례적으로, 그리고 검찰권과 정치권력이 치열하게 부딪히는 위기상황이 발생한 때 수시로 모여 국가와 국민을 위한 진정한 검찰권의 정도(正道)가 무엇인가 숙의하고 그 결론을 국민에게 알려라. 단, 조건이 있다. 어느 정파, 어느 이념에도 치우침이 없어야 한다. 사리사욕이 없어야 한다. 그러려면 총장의 직이 마지막 관직이어야 한다. 고액 연봉을 받고 로펌에 고용됐거나 단독 개업을 했더라도 이른바 '그림자 변호'(선임계 없이 전화청탁 등으로 사건을 해결하는 행위)를 한 적이 없어야 한다. 또한 정권에 잘 보여 대기업이나 금융기관의 사외이사 같은 자리 넘보지 말아야 한다. 그런 자리는 검사들의 대장 노릇 하던 자가 갈 곳이 못된다.

내가 강원랜드 사장 자리 걷어차지 못한 바람에 검사, 국회의원 하면서 쌓아 올린 공적(公的) 명예를 하찮은 놈들에 의해 먹칠당한 꼴 보고서도 그런 자리 탐할 것인가? 옛 선비들 말에는 허튼 소리가 없다. 어울리는 자리가 아니면 나가서는 안 되고, 설사 나갔다 하더라도 난세에는 스스로 자리를 물리는 것이 옳다고 하지 않았던가.

중국 전국시대 때 굴원(屈原)은 「어부사(漁父辭)」에서 세상이 썩었다고 한탄했다.

> 세상이 모두 탁한데 나 혼자만 맑고
> 모든 이가 취해 있는데 나 혼자만 깨어 있네.
> 擧世皆濁我獨淸,
> 衆人皆醉我獨醒.

그러자 우연히 지나가던 이름 모를 어부가 굴원을 나무란다.

> 창랑의 물이 맑으면 갓끈을 씻고
> 창랑의 물이 탁하면 발을 씻어라.
> 滄浪之水淸兮, 可以濯吾纓.
> 滄浪之水濁兮, 可以濯吾足.

그런 조건을 충족할 수 있는 전임 총장이 어디 있겠느냐고? 있다. 내가 알기로도 몇 사람 있다. 그리고 앞으로도 총장에까지 이르렀으면 그렇게 살아야 한다. 그리하여 현임 총장이 임명권자인 대통령과의 인간적 관계 때문에, 혹은 정치적 인물인 법무부장관이 도를 넘는 권한 행사로 검찰권을 정치적으로 악용하려고 할 때 '정의로운 일갈(一喝)'을 하라. 최근 일본 검찰 OB들이 모여 아베 정권의 검찰청법 개정 시도에 대해 일침을 가했다는 언론 보도도 보지 못했는가.

많은 국민은 지금 국가공권력의 부패 무능에 분노하고 있고, 믿을 놈 하나 없는 데에 더욱 허탈해 하고 있다. 역대 검찰총장을 지낸 이들이 정파적 논쟁에서 벗어난 믿을 만한 공론(公論)의 주체가 된다면 얼마나 좋을까 하는 생각을 하게 된다. 혹자들은 개개 인간의 삶을 훑어보면 검찰총장에 이르기까지 출세 과정에서 비겁한 짓, 정의롭지 못한 짓을 한두 번쯤 하지 않은 자 없을 것이니 그놈이 그놈 아니겠는가 하면서 반대할 수도 있겠으나, 50~60 인생 살면서 깊은 산속 옹달샘 같은 맑은 삶을 살아가는 자가 과연 인간사에 있기나 하겠나? 일단 검찰총장이라는 국가조직의 권위와 경륜을 믿어 보자는 뜻이다.

내가 전직이 검사라 이런 말 하는 것 아니냐고 생각할지도 모르겠다. 그러나 그것은 오해다. 내가 지금 이 마당에 검찰 편들어 득 될 것이 뭐 있나? 편들기는 고사하고 "그러고도 네가 검사냐?"라고 경멸하고 싶은 때도 적지 않다. 다만 국가 운영의 차선책을 말하고자 함이다. 최선책은 물론 수사, 재판, 행형(行刑)을 포함한 사법제도 전체를 근본적으로 재구성하는 것인데, 이는 헌법 개정을 전제로 충분히 논의되어야 할 문제이다 (사법제도뿐만 아니라 국가 운영 시스템 상당 부분의 효용성이 다했다. 국가 운영의 틀을 다시 짜야 할 상황이다. 이 문제는 훗날 또 다른 책으로 기술할 기회가 있기를 기대한다).

국가라는 것은 그 단어가 갖는 무게감만큼의 절대선은 아니다. 얽히고설킨 인간들의 구성체라 취약할 수밖에 없는 부분도 많다. 동서고금의 현인(賢人)이나 천하의 경세가(經世家)가 다 나와도 안 되는 부분이 있다. 그러나 부정부패를 척결하여 공정하고 투명하게 국가작용이 이루어지게 하는 현실적, 제도적 방안은 검사가 중심이 된 검찰조직 외에는 길이 없다는 말이다.

검사 중에서도 특히 검찰총장이다. 검찰총장이라는 자리(직분)는 자연인 아무개와는 무관하게 국가형벌권 행사를 통한 정의 구현의 상징이다. 이 자리가 무능하거나 정치권력 또는 돈 많은 자와 야합하거나 총장 그만둔 후에도 장관, 총리, 국회의원 따위를 염두에 두고 비겁해지는 순간 용맹한 검사 2천여 명이 '장개석 군대'가 된다. 썩은 정치권력과 맞부딪치는 소리가 예리할수록 그 자리는 더욱 빛나고 그만둔 후에도 국민들의 뇌리에 '좋은 사람'으로 오래 기억된다. '돈 많고 출세한 아버지, 남편'보다 '명예로운 아버지', '존경받는 남편'이 더 멋진 인생 아닌가. 하기야, 돈과 출세가 곧 명예이고 존경이라고 여기는 가치관이 전도된 인간들에게는 이조차도 부질없는 말이겠다.

모든 사람이 다 착하고 훌륭해질 수는 없다. '몇 명의 의로운 사람(a few good men)'이 그나마 우리의 희망이고 국가의 미래다.

11

권력형 부패범죄의 실태와 반부패 전략

조선 멸망의 역사적 교훈

중국 청나라 말기 부국강병론자 량치차오(양계초)는 『조선 멸망의 원인(朝鮮滅亡之原因)』에서 이렇게 썼다.

"육국(六國)을 멸한 것은 육국이지 진(秦)나라가 아니며, 진나라를 멸한 것은 진나라이지 천하가 아니다. 일본이 별의별 궁리를 다하여 남의 나라를 도모한 것만이 문제이겠는가? 조선 사람들은 실로 오늘에 이르기까지 아직도 깨어나지 못하고 있는 것 아닌가."

량치차오는 조선 멸망의 원인을 고종을 비롯한 측근 대신들(우리가 흔히 매국노라고 부르는 자들)의 부패와 무능, 그리고 조선 백성들의 미욱함(깨이지 못함)이라 지적했다. 하야시 곤스케(林勸助) 주한 일본 공사 등으로부터 수만 엔에서 수십만 엔에 이르는 뇌물(오늘날 화폐 가치 수억~수십억 원)을 받아먹고 각종 불평등조약 문건에 도장을 찍어 주고, 철도 부설, 산림 벌채, 광산 채굴 등 이권을 외국 기업에 넘겨주고 또 뇌물을 받아먹은 고종을 비롯한 그 측근 대신들의 부패 양상은 오늘날의 권력형 부패와 크게 다르지 않다. 또한 조병세 등 우국지사들의 날선 비판을 역적으로 몰아 죽음으로 내몬 고종의 범죄 은폐 시도 또한 오늘날의 그것과 크게 다르지 않다.

타니샤 파잘 교수는 『국가의 죽음(State Death)』에서 19세기 이후 지구상에서 멸망한 국가(왕조)는 60여 개에 이르는데, 그중 전투다운 전투 한번 못해 보고 멸망한 나라는 조선왕조(대한제국)뿐이라고 한다. 2천만 백성이 두 눈 벌겋게 뜨고 있었는데 왜 그랬을까? 궁금하지 아니한가? 최근에 읽은 책 두 권 『매국노 고종』(박종인 지음), 『지금 천천히 고종을 읽는 이유』(김용삼 지음)는 그 해답을 주고 있다. 고종임금(혹자는 그를 '개혁에 실패한 계몽군주'라 하지만 헛소리다)을 비롯한 당대 지배계층의 부패와 무능, 그리고 세금의 수탈, 신분제의 속박으로 인한 백성들의 원망과 저주가 제대로 된 저항 한번 없이 주권이 침탈된 주된 원인이라는 것이다. 오늘날 우리 모두가 크게 각성해야 할 역사적 교훈이다.

역대 정권의 권력형 부패 실태

'반부패' 정책은 국가 관리의 정당성을 확보하기 위한 최우선 과제인 동시에 국가 존립과 관련된 중차대한 문제이다. 19세기 영국의 재상 글래드스턴은 "부패는 국가를 몰락으로 이르게 하는 확실한 지름길"이라 하였다.

부패의 개념 정의는 다양하다. 국제투명성협회는 부패를 "사적 이익을 위한 공적인 권력의 남용(the misuse of public power for private gain)"이라고 정의한다. 뇌물수수뿐만 아니라 사적 이익을 목적으로 한 권력의 남용도 부패범죄라는 뜻이다.

대한민국 정부 수립 후 지금까지 열두 명의 대통령이 있었다. 실권이 전혀 없었던 두 명(윤보선, 최규하)을 제외하고 열 명 중 대다수 국민들로부터 국부로 존경받는 이는 아무도 없다. 존경은 고사하고 그 열 명 모두가 권력의 남용으로 중간에 쫓겨났거나 암살되었거나 부패범죄로 본인 또는 자식들이 감옥에 갔거나 자살로 삶을 마감했다. 현임 대통령 역시 그 측근이나 자식들이 부패 또는 권력남용, 편법 치부 등 혐의로 세상을 어지럽게 하고 있다.

국제투명성기구(TI)의 부패인식지수(CPI)가 조사 대상 170여 국가 중 40위권인 한국은 부패의 수준이 과거보다 좀 나아졌다느니, 일반인의 부패인식지수가 실제보다 과하게 왜곡됐다느니 하는 혹자들의 견해도 있지만, 지구상의 문명국가들 중에서 국가 최고 권력자들이 한결같이 권력의 남용이나 대형 부패 사건에 연루되어 불행한 종말을 맞는 나라는 우리나라밖에 없다. 실제보다 왜곡됐다는 견해는 부패범죄의 실체를 깊게 이해하지 못한 채 부패 통제 관련 기관들이 아전인수로 왜곡한 통계수치에만 의존한 정치적 주장일 뿐이다.

실제로 문재인 정권은 집권 초기부터 4년간 검찰 개혁이라는 명분으로 그동안 권력형 부패범죄의 중추적 수사기관이었던 대검찰청 중앙수사부를 폐지하고, 각급 검찰청의 특별수사부, 금융범죄수사부, 첨단범죄수사부를 축소·폐지하고, 부패범죄 수사의 핵심 역량을 대거 좌천·축출하는 등 검찰의 부패범죄 수사 역량을 무력화시키는 데 혈안이 돼 왔다. 수사의 중추기관이 이 지경이 되니 각급 중앙행정부처나 공공기관의 부패범죄는 물론 지방자치단체의 토착비리까지, 저절로 곪아 터져 나온 극소수의 부패사건을 제외한 엄청난 부패범죄들이 속으로 곪은 채로 은폐되고 있다. 그 직에서 물러난 후에도 온갖 혜택을 다 받는 대통령 자신도 부패범죄의 주범 또는 공범으로 엮이는 마당에, 2~3년 요직에 있다가 물러나면 한동안(어쩌면 평생 동안) 야인으로 살아가야 하는(아무런 사후보장도 없는) 그 측근들이나 친인척들의 삶이야 오죽하겠는가. 대통령 임기 끝나기 전에 크게 한 건 하려고 혈안이 될 것임은 짐작이 가고도 남음이 있다.

부패범죄의 발생 메커니즘은 '기회와 의도'의 상호작용이라는 분석이 있다. 권력자의 의도와 무관하게 부정한 이익을 챙기려는 자의 부적절한 접근과 금품의 제공이 있고 이 '기회'를 이용하여 사익을 챙기려는 부패행위자의 '의도'가 실현될 때 부패범죄가 발생한다는 논리이다. 권력자 측근들의 부패행위는 대부분 여기에 해당한다.

과거 정권의 대통령 측근들은 그 정권 말기 또는 정권이 바뀐 직후 부패범죄로 감옥에 갔다. 그런데 문재인 정권에서는 정권이 말기에 접어들었음에도 검찰권이 난도질당함으로써 수사할 주체가 없어 권력형 부패범죄자들이 온전히 살아남아 있다. 공수처니 국수본이니 하는 부서를 급조하여 검찰 중앙수사부나 특수부가 하던 일을 대신하겠다고는 하나, 그 실체를 벗겨 보면 하급공무원 한 명 구속해 본 경험이 없는 아마추어들이거나, 상급자의 직무상 명령은 물론 사적인 심기까지 살펴 가며 출세의 길만 쫓던 내시 같은 인간군상들의 집합체에 불과하니 무슨 재간으로 썩은 권력의 심장부를 도려낼 수 있겠나? 허황된 얘기다. 이런 상태에서 10년쯤 지나고 나면, 지난 일을 쉽게 잊어버리는 세상 사람들은 "통계 수치로 보나 언론의 보도 내용으로 보나 10년 전 문재인 정권 때가 부패범죄가 가장 적었던, 다시 말해서 청렴했던 정권이었어. 역시 좌파 정권은 도덕적이야"라고 말할 것 아닌가. 삶은 소대가리가 웃을 일이다.

과거 정권에서 부패범죄는 주로 나라 안에서 일어났다. 그러나 세계화의 가치사슬 속에서 인적·물적 이동이 자유로우니 많은 권력형 부패가 나라 밖에서도 저질러진다. 연전에 중국의 인민은행은 2011년까지 해외로 도피한 부패 관료가 1만 8천 명가량 되며, 이들이 해외로 빼돌린 돈만 8천억 위안(144조 원) 정도 된다고 발표한 적이 있다. 이것이 남의 일로만 생각되는가? 아니다. 미국의 워싱턴, 뉴욕, LA, 샌프란시스코 등 대도시의 고급 주택가에 위치한 수백만~수천만 달러짜리 고급주택에 사는 한국인 영주권자 또는 시민권자들의 부모 또는 조부모가 뭐 했던 사람인가 조사해 보라. 대기업 소유자의 상속인들도 있지만, 우리가 이름만 들어도 알 만한 정치인 또는 권력기관의 고위직에 있던 자들의 자식들도 적지 않다. 과거에만 그랬는가? 아니다. 대기업들은 현지법인을 통하여 정권 실세들의 자녀 혹은 유학·출장 온 고위직 공무원이나 정치인들의 편의를 봐준다는 명목으로 은밀한 유착을 벌이고 있다. 연전에 노무현의 후원회장을 지낸 어떤 기업인이 유력 정치인들을 뉴욕 등 외국에서 만나 달러로 금품을 제공한 사건이 그 대표적 사례이다. 이뿐만이 아니다. 기업들은 기업들대로 해외사업을 하면서 그 나라의 관리나 발주 회사 임직원들을 오염시키고 있다고 한다. 그야말로 부패범죄의 글로벌화(Globalization)이다.

이쯤 되면 다양한 각종 부패 관련 지표나 지수에 관계없이 우리의 부패 문제는 여전히 후진국 수준이라는 데 이론의 여지가 없을 것이다.

괴물로 변한 부패범죄

모든 종류의 부패범죄의 근본적 원인은 국가권력 그 자체다. 권한이 아닌, 실제 사람과 조직을 움직일 수 있는 힘으로서의 권력 말이다. 부패는 바로 이 권력의 그림자이다. 권력이 크면 클수록 그 그림자인 부패 또한 크기 마련이다. 영국의 정치철학자 존 액턴 경이 "권력은 부패한다, 절대권력은 절대 부패한다"고 한 말은 이 같은 의미에서 정당하다.

권력에 더하여 자정(自淨) 메커니즘이 결여된 시장(市場)의 성장이 부패를 키워 왔다.

시장은 본질적으로 인간의 물질적 욕구를 자극한다. 돈이 되는 일은 뭐든 하게 만든다. 부패도 그중의 하나다. 보통의 경우 시장경제가 발달하면서 그에 비례하여 공정경쟁, 회계의 투명성, 소비자나 시민사회의 감시기능 등 자정 메커니즘도 함께 성장한다. 그러나 한국의 경우는 시장이 너무 급성장하면서 자정 메커니즘이 제대로 성장하지 못했다. 게다가 제왕적인 대통령 권력은 이 같은 자정 메커니즘을 왜곡시키기에 충분하다. 최악의 상황은 정치, 경제, 재난, 질병 등으로 위기가 상시화된 현대국가에서 더 커진 국가권력이 자정기능을 상실한 시장과 결합하면서 부패범죄가 그리스 신화에나 나올 법한 괴물로 변하는 것이다. 이 지경에 이르면 부패범죄가 국가권력 그 자체를 포획하기에 이른다. 부패가 더 이상 부패라는 이름을 달지 않는다. 입법·사법·행정 전체가 포획되어 부패행위 그 자체를 합법화, 제도화하거나 국가권력의 일부를 무력화, 형해화해 버린다. 문재인 정권의 검찰 무력화 과정이 그 좋은 예이다. 대다수 민주주의의 탈을 쓴 독재국가에서 흔히 일어나는 모습이다.

포획의 방법은 실로 다양하다. 현직에 있을 때 잘 봐준 관료를 퇴직 후 임원으로 영입하기, 취업 알선하기, 부패 권력에 유착된 정치인이나 관료들이 관계되는 기업이나 로펌 등에 특혜 주기, 정치인에게 법정후원금 이상을 후원하기, 언론의 유착을 통하여 말 안 듣는 정치인이나 관료 등을 망신 주고 길들이기, 법·제도의 제정·개정을 통한 재벌기업 쥐어짜기 등 그 수법도 나날이 진화하고 발전한다. 그중에서도 부패한 정치인이나 관료들이 감옥 갔다 나온 후 사면장 들고 다시 국회의원, 도지사 또는 대통령 해먹겠다고 설쳐 대는 모습을 보노라면 권력형 부패의 괴물을 보는 느낌이다.

반부패 전략

반부패 전략의 첫 단계는 사전적, 예방적 통제다. 부패행위가 행해질 수 없도록 사전에 부패의 요인을 발굴하고 차단하는 간접적, 예방적 접근방법이다.

우선 고려해 볼 수 있는 것은 시장의 자정 메커니즘을 강화하는 것이다. 투명한 회계 시스템을 만들고, 공정거래와 공정경쟁 질서가 정착되도록 법과 제도를 정비하고, 소비자와 시민사회의 통제를 강화하는 방안이다. 소방법, 건축법, 위생법 등에 산재한 현실과 괴리된 각종 규제를 들어내야 한다. 부패의 온상이 되는 권력을 재조정해야 한다. 쓸데없는 규제·감독권을 폐지하고 행정과정과 정책과정을 투명하게 하여 책임성을 강화하고 행정 서비스의 표준을 만들어 공개하는 등의 방법을 강구해야 한다. 권력으로 변질된 시민사회단체 또한 자정 메커니즘의 적이다.

다른 하나는 부패 방지 관련법의 제·개정을 통해 부패의 여지를 사전에 예방, 억제하는 것이다. 김영삼 정권 때 금융실명법과 부동산실명법이 만들어졌고, 김대중 정권 때 자금세탁방지법, 공직자윤리법, 부패방지법이 제정되었다. 최근에는 청탁금지법(일명 김영란법)까지 제정되었다. 이로써 부패를 유발하는 메커니즘 차원의 부패의 '기회'를 사전에 차단하고 나아가 부패행위의 '의도'가 발생하지 않도록 관련자들을 정신무장시키는 법과 제도는 어느 정도 정비된 것으로 보인다.

그러나 부패행위는 그것이 가져다주는 인센티브가 워낙 크고 피해자가 따로 없는 특성상 실체를 파악하기 대단히 어렵고, 이를 규명하기 위해서는 보다 전문적이고 특수한 접근이 요구되기 때문에 이 같은 예방적, 간접적 통제 수단만으로는 한계가 뚜렷하다.

그래서 다음 단계로 '일벌백계' 혹은 '엄벌'이라는 사후적 통제가 중요하다. 말 그대로 부패행위자를 적발하여 엄정하게 처벌하는 것이다. 부패범죄로 거금을 취득하여 한동안 인생 즐겼고, 그 때문에 누군가는 절차의 공정성에서 배제되어 고통을 받았으니, 부패행위자에게 그에 상응하는 고통과 응징을 가하는 것은 당연한 이치다.

그런데 부패는 내일 죽어도 오늘 저지르고 봐야 할 이유가 너무 많기 때문에 결국 '일벌백계'의 '계'는 없고, "재수가 없어 칼 맞았다"는 이야기만 들린다면서 사후적 통제의 효과성에 의문을 제기하는 견해도 있다. 그러나 인류문명이 시작된 이래 범죄와 처벌은 숙명적 관계를 유지해 왔고, 그 관계는 인류문명이 끝나는 날까지 지속될 수밖에 없다. 마치 신부님 앞에서 고해성사 하고 돌아서서 이내 신의 계율을 어겼다고 해서 고해성사가 무의미하다거나 성경말씀이 무의미하다고 말하지 않는 것과 같은 이치이다.

문제는 권력형 부패의 원천인 국가권력 그 자체, 또는 국가권력과 시장의 유착을 파헤치고 제압할 수 있는 주체가 누구여야 하는가이다. 이 문제는 누구 또는 어떤 기관이어야 한다고 단정하기 전에 우선 부패한 권력을 응징할 수 있는 자(이른바 퍼니셔[Punisher])는 어떤 요건을 구비하여야 하는가에서 답을 찾아야 할 것이다.

　첫째, 국가권력(특히 정치권력)으로부터 중립적이고 독립적이어야 한다. 권력형 부패의 본질이 무엇인가를 조금이라도 이해하고 있다면 이 요건은 너무나도 당연하다. 중립성과 독립성은 헌법이나 법률에 의한 신분 보장이 우선적 과제이다. 그러나 이것만으로는 부족하다. 권력, 특히 정치권력과 돈 권력으로부터 스스로 멀어지려는 강한 의지가 법적 신분보장 이상으로 중요하다. 독립의 의지가 약하거나 오히려 권력에 잘 보여 출세하려는 의지가 강한 자에게는 신분 보장이라는 것이 권력형 부패라는 괴물에 날개를 달아 주는 격이 될 것이기 때문이다(이 요건이 공수처, 경찰 등 하급 수사기관이 퍼니셔가 될 수 없는 가장 큰 이유다).

　둘째, 평균인 이상의 지식과 자질과 경륜의 소유자여야 한다. 자정 메커니즘을 결여한 채 탐욕만 가득 찬 시장(市場)은 수단 방법을 가리지 않고 국가권력을 포획하려 든다. 이 포획의 고리를 찾아 그것에 얽힌 부패 범죄자들을 일망타진하기 위해서는 권력을 가진 자, 돈을 가진 자들의 간교한 꾀와 음모를 능가하고 꿰뚫어 보는 매의 눈을 가져야 하는 것은 당연하다. 대부분의 부패범죄 수사가 태산명동서일필이 되거나 뿌리를 삼제(芟除, 베어 냄)하지 못하는 이유는 깊숙한 속까지 꿰뚫어 보는 눈이 없어서이다.

　셋째, 집요한 근성과 자존감이 있어야 한다. 보통의 범죄와 달리 권력형 부패범죄는 우발적이 아닌 사전에 치밀하게 기획된 범죄인 데다가 직접적 피해자가 없기 때문에 그 실체를 파헤치기가 쉽지 않다. 인권 보호를 위한 각종 적법절차를 준수하면서 부패 당사자끼리만 아는 부패의 실상을 헤집어 내기란 국가권력의 비호를 받는 간첩죄를 밝혀내는 것만큼이나, 아니 그보다 더 어려운 일이다. 게다가 파헤치는 과정에서 다양한 회유, 압력, 비방이 난무한다. 중간에 적당히 타협하거나 꼬리 끊기를 하면 그 자체가 또 다른 부패를 잉태한다. 시작하지 않느니만 못하다. 따라서 끝장을 보는 집요함과 무엇과도 타협하지 않는 자존감과 결기가 필수요건이다.

넷째, 이상의 세 가지 요건보다 우선되어야 할 요건이 헌법적 가치에 대한 신념이다. 자유민주주의와 시장경제에 대한 확고한 가치관이 정립되지 아니한 채 타인을 단죄할 권력을 쥐게 되면 나치즘이나 스탈리니즘 또는 중국 공산당에 충성하는 게슈타포나 KGB, 기율감찰위원회 같은 권력 맹신주의자가 된다. 부패범죄 척결의 목적이 궁극적으로는 자유민주주의의 기본 가치인 '인간의 자유와 존엄의 보호' 및 '공정한 시장질서의 확립을 통한 정의의 실현'에 있음을 명확하게 인식하고 있어야 한다. 신문 1면 톱을 장식하는 큰 사건 하나 해서 그것으로 매명하고 출세의 발판으로 삼으려 하는 소인배들에게는 부패범죄 수사권이 사람 잡는 선무당에게 흉기를 쥐어 주는 꼴이 된다.

끝으로, 사랑받기보다는 두려움의 대상이 되기를 선택할 수 있는 결기가 있어야 한다. 악평을 개의치 않아야 한다. 이것은 『군주론』을 쓴 마키아벨리가 군주의 덕목으로 지적한 말이기도 하다. 인간은 본능적으로 사랑받기를 좋아하며 칭찬받기를 즐긴다. 그러나 권력과 시장(돈)의 야합을 깨트리는 행위는 두려움의 대상이고 악평의 대상이 되기 십상이다. 대한민국의 공직자, 정치인, 기업인 그 누가 세인으로부터 사랑받고 칭찬받기를 포기하고 두려움의 대상이 되고 악평받기를 감내하겠다고 자청하겠는가? 이런 의미에서 '두려움의 대상'이 되어야 할 검사가 '사랑(인기)의 대상'인 정치인이 되겠다고 하면 뭔가 앞뒤가 안 맞는다. 두려움 그 자체가 세인의 인기로 둔갑됐다면 혹 모를까.

이상과 같은 다섯 가지 요건을 구비한 인간 또는 그런 인간집단이 대한민국 헌법질서 안에서 얼마나 있는가? 단도직입적으로 말해 '하나도 없다'. 그렇다고 신탁통치를 받을 일도 아니니 가장 유사한 체제를 찾아야 하는데, 그것은 아무래도 검찰, 검사집단밖에 없다. 그 나머지는 기존에 있는 것이든 새롭게 만들어 내는 것이든 위 다섯 가지 요건의 충족은 고사하고 그중 단 한두 가지 요건 근처에도 가지 못한다.

다만 문제는, 기존의 검찰 역시 궁여지책의 선택일 뿐 이 같은 요건들을 다 갖추었다고 말하기 어렵다. 날이 갈수록 기개 있는 검사는 보기 드물고 출세욕과 탐욕에 빠져 양심과 자존심을 팔아먹는 자들이 부쩍 늘고 있다. 때문에 부패범죄의 사후적 통제 전략은 "어떻게 하면 검찰 또는 검사 개개인이 이 같은 요건들을 갖추게 할 것인가"에 집중돼야 한다. 그것이 바로 검찰 개혁의 방향이다.

그런데 문재인 정권은 검찰 개혁을 말하면서 그 검찰을 무력화하고 생뚱맞은 제도와 기구를 만들어 내는 데 급급해 왔다. 그 제도와 기구라는 것을 자세히 들여다보면 가관이다. 위 다섯 가지 요건 중 단 한 가지도 제대로 갖춘 것이 없다. 이 같은 정권의 소행은 권력형 부패범죄를 제대로 파헤치기는커녕 오히려 축소·은폐를 조장한 결과가 되어, 훗날 검찰 개혁이 아닌 검찰 농단(직권남용 등)으로 평가받을 소지가 크다.

정상적인 국정 운영에서는 정치권력의 정점에 대통령이 있고 돈 권력의 정점에 재벌의 총수가 있다. 그러나 부패범죄, 특히 권력형 부패범죄의 통제를 논함에 있어서는 이들 역시 주체가 아닌 객체이다. 이 점을 명확히 하지 않으면 부패범죄의 사후 통제 전략은 필경 실패가 예정된 미사여구의 나열에 그치고 만다. 대통령조차도 권력형 부패범죄의 통제 대상이 된다는 사실을 인정하는 것이야말로 반부패 전략의 요체이자 검찰 개혁의 올바른 방향이다.

12

검찰 개혁인가 검찰 농단인가

비열한 정치적 마타도어

조선시대에 '피혐(避嫌)'이라는 제도가 있었다. 관직에 나갔다가 티끌만 한 흠이 있다거나 혐의가 있다는 비난이라도 받으면 즉각 물러나는 제도이다. '풍문탄핵'이라는 제도도 있었다. 언관(言官, 사간원 관리)의 탄핵을 받으면 비록 풍문일지라도 일단 자리에서 물러나야 하고 결백이 밝혀지면 다시 복직하는 제도이다.

연전에 일본에서는 가와이 가쓰유키 법무장관이 참의원인 자신의 아내가 부정선거 의혹을 받자 즉시 사퇴했다. 어떤 주간지가 의혹을 보도한 지 반나절 만의 일이다. 당사자인 아내는 "아는 바 없다"고 해명하였지만, "진상 조사에 대한 국민의 신뢰는 1분 1초라도 손상되어서는 안 된다"면서 사표를 냈다는 것이다. 장관 임명권자인 당시 아베 총리는 "임명한 것은 나"라면서 "책임을 통감한다"고 했다.

우리나라에 국회의 인사청문 제도가 도입된 이후 부동산 투기, 거짓말·위증, 탈세(다운계약서), 논문 표절, 위장전입, 과다 수임료, 이중국적, 병역 미필, 가치관·이념 문제 등으로 낙마한 총리·장관·공공기관장 후보의 숫자는 이루 헤아리기 어렵다. 내가 청문위원으로 활동한 4년(16 대 국회) 동안에도 총리 후보 2명(장대환, 장상)을 비롯하여 감사원장 후보 등 다섯 명이 자리에 앉아 보지도 못한 채 후보 상태에서 물러났다. 고영구 국정원장 후보 등 몇몇은 대통령이 임명을 강행했지만 청문 기간 중 혼쭐이 났고, 결국 그것이 화근이 되어 오래가지 못하고 뒤끝이 좋지 않게 물러났다.

그런데 문재인 정권의 장관 임명 과정과 임명권자인 대통령의 임명 전후의 행태를 보면, 조선시대나 일본과는 비교도 할 수 없을 만큼 상식에 어긋나고 과거 어느 정권도 이토록 철면피하지는 않았다. 조국과 그 아내가 받고 있는 범죄 혐의는 역대 청문회에서 낙마한 모든 총리·장관 후보자들의 낙마 사유를 다 합친 것보다 가짓수도 많고 죄질도 극히 불량하다. 그런데도 "의혹만으로 임명 안 하면 나쁜 선례가 될 것"이라면서 법무장관 자리에 앉혔다. 아예 이를 감싸는 무슨 집단도 있다. 더욱 가관인 것은, 조국 자신이 SNS에서 피혐이나 풍문탄핵을 들먹이며 "비록 풍문일지라도 일단 자리에서 물러나야 한다"며 전 정권 인사들을 압박했던 장본인이라는 사실이다.

이 같은 파렴치함의 배경에는 "너희들은 떠들어라. 나는 내 갈 길을 간다"라는 무데뽀 심리도 작용했을 터이지만, 한편으로는 피의자의 인권 보호와 무죄 추정의 법리 같은, 나름 법을 좀 배웠다는 자들의 자기확신 같은 논리도 작용한 듯도 하다. 실제로 법무장관 자리에 앉은 조국(그를 이어받은 추미애 전 장관도 마찬가지이다)이나 대통령은 자고 깨면 '검찰 개혁'을 입에 달고 살았다. 그 의미는 검찰의 권력이 너무 강하고, 그 과정에서 피의자(일반 국민)의 인권이 빈번하게 유린돼 왔으므로 이에 대한 제도적 견제 장치가 필요하다는 뜻이었을 것으로 짐작된다. 이 같은 짐작이 맞다면, 즉 '검찰 개혁'이라는 말에 일말의 진정성이라도 담겨 있었다는 가정하에 그들에게 묻겠다.

제5장에서 언급한 강원랜드 프로암대회 사건(이하, '프로암 사건'), 그리고 강원랜드 사장의 법인카드 사건(이하, '법인카드 사건')을 예로 들어보자. 프로암 사건에 대하여는 이미 상세히 설명했으니 중언부언 않겠다. 그 같은 터무니없는 정치적 마타도어(matador)에 가담한 경찰과 언론 그리고 그 배후 세력에 대한 법적 책임을 묻는 일은 훗날로 미루겠다. 다만, 공정과 인권을 입에 달고 사는 문재인 정권이 조국 사건 등을 처리하는 모습과 비교해 볼 때, 그토록 불공정하고 인권 침해적인 비열한 짓거리를 했다는 사실을 역사의 한 페이지로 남기고자 한다.

법인카드 사건 역시 장황한 설명은 생략한다. 다만, 이 사건 역시 '한때 공부모임을 만들어 박근혜에 도움을 주었던 친박 인사 함승희'의 강성 이미지에 똥칠을 하려는 정권의 홍위병들과, 강원랜드에 빨대 꽂고 살다가 졸지에 밥그릇을 걷어차인 다양한 인간군상들의 비열한 합작품일 뿐임을 강조한다. 법인카드의 구체적인 사용 내역을 떠나서, 선입견 없이 조금만 사려 깊게 생각해 보라. 연봉 1억 원을 넘게 받는 사장이 한 달에 10만 원 아끼려고 포럼 법인카드나 개인 카드를 제껴 두고 회사 법인카드를 사적으로 사용했다는 것이 이치에 닿는가? 아무리 좁쌀 같은 성품을 가진 인간이라도 명색이 공기업 사장이 한 달에 10만 원도 안 되는 돈에 명예를 파는 놈이 있겠느냐는 말이다. 그런 행태로 인생을 살았다면 검사, 국회의원 시절 그 많은 난관을 어떻게 돌파했겠는가 말이다.

그런데 이 사건은 하루도 아니고 며칠간 계속하여 종편 TV와 지상파 3사 TV 화면을 도배질을 했다. 뉴스 시간도 모자라 무슨 패널인가 하는 허접한 인간들과 몇몇 국회의원들까지 동원하여 논평까지 해 댔다. 그리고 그로부터 근 2년간 경찰은 신용카드가 사용된 업소를 찾아다니며 깨알을 세듯 조사했다. 이따위로 수사 인력을 낭비하고도 과연 그들이 TV에서 신문에서 그토록 찧고 까불던 내용 중에 법 위반이라고 볼 만한 사실이 드러난 것이 있던가? 강원랜드 업무와 무관하게 사적 목적으로 사용한 게 있더냐 말이다. 상식을 가진 보통 사람들에게 물어보자. 당신은 다른 사람들과 식사할 때 밥값 내는 사람에게 무슨 카드로 계산하는지 일일이 물어보는가? 아니면 당신이 계산할 때 무슨 돈(카드)으로 계산했다고 동반자들에게 설명하는가? 백보를 양보하여 어떤 자가 법인카드를 이용하여 사적으로 빵 사 먹고 커피 마셨다 치자. 그것은 그런 행동을 한 그의 개인 책임일 뿐, 그 자리에 함께 동석한 사람들이 책임질 일이 아닌 것은 상식에 속하는 것 아닌가? 범죄 혐의와는 아무런 관련 없는 동석했던 인물들을 마치 범죄행위와 관련 있는 것처럼 보도하고, 여기에 쓰레기 같은 내용의 댓글을 달면 그 자체가 범죄가 된다는 것을 모르는가? 이들이야말로 조국 또는 그 아내와는 비교될 수 없을 만큼 보호되어야 할 인간으로서의 존엄과 가치를 가지는 선량한 시민들인데도 말이다.

　　어디 이뿐인가. 무슨 장관에 지명된 자의 아내가 외국에서 1천여 점이 넘는 고급 도자기류를 무관세로 들여와 팔아먹은 사실이 물의를 일으켰는데, 이것은 명백한 범죄다. 그런데 어떤 TV도 신문도 이 사건 처리 결과를 보도하지 않는다. 고작 10여만 원 과잉접대했다는 프로암 사건은 행사에 참석했던 전 국회의장, 해외교민회장까지 전수조사했으면서 장관 후보자 아내의 범죄행위에 대하여는 아무런 조사행위가 없다. 이런 작태가 너희들이 주술처럼 입에 달고 사는 그 '공정'과 '인권'이라는 것이냐? 공정과 인권이라는 단어를 입에 담기에 부끄럽지도 않은가? 아서라! 너희들은 인간에 의한 벌, 아니면 천벌을 받을 게다. 이승에서 아니면 저승 가서라도.

내용 자체로도 사건이 될 수 없는 두 건의 모략을 겪으면서 나는 두 가지 사실을 확연히 깨달았다. 그 하나는 권력에 눈먼 주사파 집단 및 그 추종 세력들은 광신적 소시오패스나 다름없다는 사실(1960년대 중국 마오쩌둥의 문화대혁명 시절 홍위병 집단이 그 대표적 사례이다), 다른 하나는 평소 내 이웃, 내 친구일 것으로 여겼던 일부 놈들조차도 "아니 땐 굴뚝에 연기 날까" 하면서 그 같은 망나니들의 푸닥거리를 은근히 즐기고 있다는 사실이다. 이웃의 불행이나 억울함에 대하여 공분을 표출하지는 못할망정 은근히 즐기는 놈들은 그 또한 언젠가 똑같은 일을 당할 수 있음이 삶의 이치다.

1970년대 최빈국 캄보디아(크메르)에서는 공산주의자 폴 포트가 정권을 잡은 후 집단광기에 사로잡힌 청년동맹을 앞세워 300만 명 이상의 주민을 무자비하게 숙청했다. 희생자의 상당수는 손이 희다는 이유만으로 반동(적폐 세력)으로 몰렸다. 공산주의(사회주의) 사상과 집단광기의 결합은 이토록 인간성 말살이라는 상승작용을 일으킨다. 아사 직전의 인민들에게서나 나오는 집단광기가 '웰빙과 삶의 질'을 걱정하는 대한민국에서도 번뜩인다니 이게 도대체 어찌된 일인가? 가진 자들에 대한 증오를 부추기는 사회주의(공산주의) 사상이 얼마나 인간을 미치게 만드는

가는 스탈린, 마오쩌둥 시대가 역사적으로 증명한 바 있다. 대한민국 땅에서 살고 있는 모든 이들이여! 이 같은 미친 사회가 지속되면 당신 또는 당신 가족 또한 언젠가 "손이 희다"는 이유만으로 집단광기의 표적이 될 수 있음을 명심하라!

지금까지의 지적은 문재인 정권 및 그 하수인들의 비열함과 뻔뻔함과 일부 보수를 자처하는 자들의 용렬(庸劣)함을 말해 주는, 내가 최근에 겪은 사례일 뿐이다. 이보다 더한 억울함과 수모를 겪은 사람들이 부지기수다. 이재수 전 기무사령관, 변창훈 검사 등 평소 알고 지내던 사람만도 네댓 된다.

개혁의 탈을 쓴 법비(法匪)들

이제부터는 '검찰 개혁'이라는 탈을 뒤집어쓴 조국, 추미애 등의 일련의 행위의 죄상을 논해 보겠다.

혹시 '법비(法匪)'라는 단어를 들어 보셨는가? 법(法)을 악용하여 사적 이익을 취하는 무리(匪)를 뜻한다. 쉽게 이해가 안 되면 공비(共匪)라는 단어를 연상해 보면 된다. 낮에는 산속에 숨어 있다가 밤에 마을로 내려와 경찰서를 공격하고 양민을 약탈하는 공산당(共)의 무리(匪)가 공비이다. 이런저런 다양한 법(법률, 훈령, 규칙 등)과 제도를 만드는데, 겉으로는 그럴듯한 명분을 내세워 법과 제도를 제정 또는 개정하고 있지만 속(내용)을 들여다보면 자신 또는 제 패거리의 사사로운 이익(인·허가 혹은 범죄의 축소·은폐 등)을 의도한 악의가 분명하다면, 이 같은 무리들이 바로 법비인 것이다.

법비 무리는 공비 무리처럼 국가를 위태롭게 한다. 공비가 창궐하면 공산당 세상이 되듯 법비가 창궐하면 법치가 유린되는 무법천지 세상이 되기 때문이다. 그런데 공비를 때려잡는 것이 쉬운 일이 아니듯(전형적인 공비가 베트남 통일 전의 베트콩이었는데, 결국 남베트남은 이 베트콩에 의해 궤멸되어 오늘날 공산당이 지배하는 베트남이 되었다) 법비 또한 가려내어 제거하기 쉽지 않다. 왜냐하면 거죽은 '개혁'이라는 깃발을 들고 법과 제도로 포장하고 있기 때문이다. 공비가 '노동자와 농민의 세상'이라는 기치를 들고 인민을 속이듯, 법비 또한 '개혁과 인권'을 앞세워 인민을 속인다. 속고 있으면서도 속는 줄 모르는, 또는 속은 사실을 내심 인정하지 않으려는 사람들을 깨우치기 위하여 두어 가지 예를 들어 보겠다.

서울지방검찰청 초임 검사 시절, 다른 검사가 하지 못한 일을 내가 잘해 낸 사건이 하나 있다. 바로 '채무불이행을 위장한 사기 사건'이다.

보통 사람들은 상대방이 어떤 약속을 지키지 않으면 그 상대방이 거짓약속을 했다고 생각하게 되고, 이를 두고 흔히 상대방이 사기를 쳤다고 표현한다. 예컨대 언제까지 돈 얼마를 갚기로 약속하고 돈을 꾼다든가 외상으로 물품을 제공받는다는가 일을 하게 하고, 약속 날짜에 주기로 약속한 돈(차용금, 외상대금, 노임 등)을 주지 않으면 '사기죄'로 그 상대방을 고소한다.

이럴 때 그 상대방은 '채무불이행'을 주장한다. 약속한 돈을 주지 못한 사실을 인정하면서도, 약속 당시에 예상하지 못한 사정이 사후에 발생하여 불가피하게 돈을 못 주게 됐을 뿐 처음부터 안 줄 생각은 아니었다는 것이다(법적으로 '사기의 고의'가 없었다는 말이다). 피해자는 거짓약속을 한 것이니 '사기꾼'이라고 주장하지만, 상대방은 처음부터 거짓약속을 한 것이 아니라 중간에 예상치 못한 사정이 생겼을 뿐이라면서, 흔한 말로 "돈이 속였지 사람이 속였냐?"면서 억울해 한다. 이런 경우 열에 아홉은 '민사상 채무불이행'일 뿐, '형사상 사기죄'는 안 된다는 결과를 통보받게 된다.

그리고 이런 사건은 거짓약속을 한 자가 경제적 강자이고 돈을 받지 못한 피해자가 경제적 약자인 경우가 대부분이다. 이런 상황이니 "법원에 가서 민사소송으로 해결하세요. 수사기관에서는 도와줄 방법이 없습니다"라는 말을 듣는 순간 고소인(돈을 못 받은 피해자)은 '아! 역시 유전무죄, 무전유죄라는 말이 괜한 말이 아니구나'라면서 수사기관을 불신하게 된다.

세상이 많이 깨어서 내가 검사 할 때보다 줄었다고는 하지만 지금도 여전히 고소 사건의 대종을 이루는 것은 "받을 돈 못 받았다"는 사기 고소 사건이다. 요즘도 길거리 전봇대나 담벼락에는 "떼인 돈 받아 줌"이라는 사이비 광고 전단지가 자주 눈에 띄는 것은 이 같은 사회상의 단면이다.

문제의 핵심은 처음부터 작정한 '거짓약속'이었는가, 아니면 정말로 약속 후에 다른 사정이 생겼는가이다. 사기죄가 되려면 약속한 내용대로 '돈을 줄 의사'도, '돈을 줄 능력'도 처음부터 없었다는 증명을 피해자 측(수사기관)이 해야 한다. 말은 쉬우나 그놈(상대방)의 속마음을 어떻게 증명하나? 그놈은 줄기차게 "처음에는 약속을 지킬 마음이었다"고 우겨 댈 것이 뻔한데 말이다. "채무불이행은 사기죄가 안 된다"는 법이론을 잘 아는 놈을 사기죄로 구속하기란 돈을 주고받은 두 놈만 아는 뇌물죄를 밝히는 것보다 더 힘들다.

이럴 때 그놈의 속마음을 겉으로 드러내는 방법은 단 한 가지다. 그놈의 삶을 까발려 보는 것이다. 하루 이틀이 아니라 거짓약속 한 시점을 전후하여 최소한 1~2년치를 까발려 보면 "아하! 이놈은 거짓약속을 밥 먹듯 해 온 놈이구나"라는 사실을 증명할 수 있다. 이런 방법으로 내가 구속한 상습 사기꾼의 실례를 하나 들겠다.

이놈은 흔한 말로 '집장사'를 하는 외견상의 사업가다. 다세대주택, 요즘 말로 빌라를 지어 파는 놈인데 말재주가 뛰어나고 허우대만 희멀건 하게 생겼을 뿐 밑천이 없는 놈이다. 우선 환금성이 적은 자투리땅 가진 어수룩한 노인네에게 접근하여 "이 땅에 근사한 연립주택을 지어 분양을 하고 나면, 집 두 채를 땅값으로 쳐서 주겠다. 그러면 하나를 세 놓아 평생 돈 걱정 안 하고 살 수 있다"고 말한다. 그다음 건축자재상에게 접근하여 "외상으로 자재를 공급해 주면 분양 후 외상대금에 50퍼센트를 더 얹어 주겠다"고 약속하고, 데모도(몇 명의 인부를 데리고 다니는 건축기술자)에게도 같은 방법으로 약속한다.

이놈은 자신의 돈은 단 한 푼도 안 들이고 전부 남의 것을 이용하여 빌라를 완공한다. 그리고 집을 분양하기 시작한다. 분양이 뜻대로 안 될 때는 말할 것도 없거니와 전부 분양이 됐다 하더라도 약속한 대로 돈을 갚을 수가 없다. 왜냐하면 시세보다 많은 돈을 얹어 준다고 약속했기 때문이다. 게다가 건축주(사장)로서 허세를 부리면서 기사 딸린 승용차에 유흥비에 이미 상당한 돈을 탕진했기 때문이다. 그래서 약속한 돈 중의 일부만 우선 갚고 나머지는 "아직 분양이 덜 됐다"느니, "분양받은 돈을 다른 건축현장에 투입했는데 곧 완공이 되니 그때까지만 기다려 달라"는 등으로 핑계를 대기 시작한다. 어떤 피해자는 그놈 말을 믿는다.

또 어떤 이는 믿지는 않더라도 그놈이 감옥에 들어가면 돈 받을 길이 더욱 막막해질 것 같으니 고소를 주저한다.

도저히 참을 수 없는 절박한 피해자 한두 명이 먼저 고소를 한다. 결과는 '채무불이행'이다. "분양만 다 되면, 또는 다른 건축현장이 완공되기만 하면 곧바로 돈을 갚을 수 있었는데, 이 사람이 고소하는 바람에 오히려 일이 꼬였다"면서 오히려 고소한 사람을 탓한다. 결국 수사기관의 주선으로 그 고소인은 그놈으로부터 "다른 건축현장의 공사가 완공되면 늦어진 이자까지 합산하여 우선하여 돈을 갚겠다"는 각서 한 장 받아들고(법적으로 아무런 의미 없다) 고소를 취하하게 된다.

모든 피해자가 일제히 하나의 수사기관에 같은 내용을 고소했더라면 혹시 사기꾼임을 밝히기 쉬웠을지도 모른다. 그런데 이 피해자들은 그 속사정을 모른다. 자신만 피해자인 줄 안다. 그러니 한날 한시에 고소라는 것이 있을 수 있겠는가.

이런 방법으로 이놈은 감옥 문턱 한 번 가지 않고 3년 정도 같은 사업을 반복하여 어느덧 어엿한 '주식회사 ○○건설' 회장이 되었다. 골프채도 들고 다니고, 자신을 조사했던 경찰관들 불러내 동네 불고기집에서 식사 대접 몇 번 하고 헤어질 때마다 거마비 명복으로 봉투 몇 번 건네면서 호형호제하는 사이가 되고, 급기야 경찰서 비행청소년 선도위원 따위 위촉장도 몇 개 받는다. 이쯤 되면 그 동네 경찰서장이나 수사과장이 친구가 된다. 국회의원, 구청장, 시장, 군수 나오려는 놈들은 이놈이 이런 방법으로 돈을 번 줄도 모른 채 명함과 기사 딸린 승용차만 보고 그 지역의 유지라 여겨 "사장님", "회장님" 하면서 굽신댄다. 아니, 이놈이 먼저 후원회 회원이 되겠다고 자청하기도 한다.

수사의 발단은 경찰로부터 송치되어 온 죄명 '사기', 경찰 송치 의견 '혐의 없음'으로 돼 있는 30페이지 정도의 얇은 수사기록이다. 이런 수사기록을 한 달이면 300건 정도를 배당받는다(특수부나 공안부가 아닌 형사부 검사의 경우). 워낙 사건의 양적 중압감 때문에 이런 사건은 수사관에게 맡겨 피의자 또는 피해자(고소인) 한 번 소환하여 조사한 다음 사기의 '범의(犯意, 고의)'가 입증되지 않는다는 이유로 경찰 의견대로 '혐의 없음'으로 종결하는 경우가 90퍼센트 이상이다.

그날도 초라한 외모의 노인네가 수사관 앞자리에 앉아 조사를 받고 있었다. 나는 구속 사건 수사하느라 정신이 없는 틈에도 힐끔힐끔 수사관과 그 노인네의 대화 내용을 엿들었다. 이 노인네가 바로 유일한 재산인 그 자투리땅의 소유자다. 그의 말인즉, 이 땅의 소유권을 그놈에게 넘겨주고 연립주택 두 채 받기로 했는데, 주택은커녕 우선 생활비에 보태라고 돈 50만 원(요즘 시세로 500만 원쯤) 받고는 2년이 넘도록 감감무소식이란다. 최근에는 그놈의 지체가 높아져서 만나기조차 어렵다고도 했다. 수사관은 그저 매뉴얼대로 묻는다.

"피고소인이 처음부터 고소인 땅을 사기해 먹을 생각이었다는 무슨 특별한 증거라도 있나요?"

노인네는 그 말의 뜻조차 모른다. 대답을 못하고 멍하니 쳐다만 보고 있다. 내가 보다 못해

"이봐, 윤 수사관! 그렇게 묻지 말고 노인네 외에 비슷한 다른 피해자 혹시 알고 있나 물어봐라."

그랬더니 그제서야 이 노인네가

"잘은 모르지만 우리 동네 최씨는 데모도값(인부값)을 못 받아 데리고

있던 인부들이 뿔뿔이 흩어져 요즘에는 일도 못한디야."

　일단 노인네를 돌려보내고, 그 집장사를 불러들였다. 검사 방으로 들어오는데 외모는 근사했다. 정장 양복을 걸치고 모가지에는 금으로 된 십자가 펜던트에 손가락에는 커다란 보석반지까지 끼고 있었다. 금테 안경은 기본이다. 골프장에서 살았는지 왼손은 희끄무레한데 오른손은 까맣게 그을었다. 한눈에 봐도 허세가 대단한 놈이다. 말씨도 느릿느릿 천천히 한다. 겉과 속이 다른 놈의 전형이다. 내 책상 앞에 놓인 의자를 가리키며 앉으라 했다. 앉는 데 1분은 걸렸다. 엉덩이가 의자 바닥에 닿을까 말까 하는 사이에 물었다.

　"전과 있냐?"

　이놈이 안경테를 한 번 들었다 놓더니

　"고소는 몇 번 당했지만 전과는 없슈."

　"고소는 왜 당했는데?"

　"검사님이야 깨끗하게 사신께 잘 모르겠지만두 우리네처럼 사업 하다 보면 뻑하면 고소당해유. 고소가 뭐 별건가유. 동네 사법서사 찾아가서 5만 원만 주면 고소장 한 장 써 주는디."

　이런 식으로 말씨름하다가는 하루 종일 한 놈 조사하기도 바쁘겠다.

　"윤 수사관, 이 사람 경찰에서 조사받은 것처럼 간단히 조사하고 돈 갚아 줄 생각 있느냐고 한번 물어보고 돌려보내세요."

　그랬더니만

　"역시 소문대로 명검사시구만유. 아, 돈은 갚아야지유. 조금만 참으라고 내가 몇 번이나 얘기했는디 그 노인네 참 성깔이 있으셔 갖구."

　그러면서 허연 이빨을 드러내며 웃기까지 한다. 속으로 '이런 씨×놈'

이라고 생각했지만 꾹 참았다.

이놈을 돌려보내고 범죄경력조회를 다시 해 오도록 했다. 열두 번의 범죄 경력이 있다. 죄명은 한결같이 '사기'이고 처분 결과는 한결같이 '혐의 없음'이다. 마지막 두 건은 아직 수사중인지 처분 결과란(欄)이 비어 있다. 윤 수사관에게

"여기 12개 사건 기록 전부 대출해 오고, 아직 수사중인 사건은 그 검사실에 전화해서 '관련 사건 수사중'이라는 이유로 이송 요청하세요."

윤 수사관의 얼굴이 순간 벌레 씹은 표정이다. '있는 사건도 떠넘길 판에 이런 되지도 않을 사건을 떠맡다니, 도대체 이 검사 밑에서 일하다가는 필경 과로사하겠네' 하는 표정이다. 순간 나도 씩 웃었다. 그는 내가 왜 웃는지 모른다.

12권의 기록이 속속 넘어왔다. 한결같이 기록이 두껍지가 않다. 어떤 사건은 피해자가 2명 있어 고소인은 모두 14명이었다. 토요일 오후로 날을 잡았다. 피해자 14명을 일시에 검찰청에 나오라 했다(출석통지서 보내면 출석 여부가 불확실하니 일일이 전화하여 출석 다짐을 받으라 했다). 어떤 이는 "그거 다 끝난 사건인데 돈도 못 받아 줄 거면서 왜 자꾸 오라 가라 하느냐" 불평을 했고, 어떤 이는 그래도 한 줄기 희망의 빛을 보고 "꼭 나가겠다" 한단다.

거의 다 모였다. 한자리에 불러 모으니 서로 안면이 있는지 "자네도야? 난 나만 못 받은 줄 알았는데. 그놈 진짜 나쁜 놈이네" 이러는 피해자도 몇 명 있었다. 그중 제일 젊고 분별 있어 보이는 한 피해자를 지명하여 그때 그놈과 약속한 내용을 설명해 보라 했다. 다들 처음에는 조용히 듣더니만 10여 분 지나자 갑자기 웅성거리기 시작한다. "조용히 하시

고 끝까지 들으라" 했는데도 성질 급한 한 피해자가 나서더니

"검사님, 지금 얘기 들어보니 나도 똑같이 당했네요. 그놈 진짜 사기꾼이네. 그런 놈을 안 잡아넣고 검찰은 도대체 왜 있는 거유?"

"잡아넣을라고 당신들 부른 것 아니오. 그러니 좀 조용하고 더 들어봅시다."

이렇게 진정시키고 그 14명에 대한 피해자 조서를 다시 받게 했다. 그리고 미리 구속영장을 만들어 놨다. 구속영장 피의사실 내용은 이러하다.

피의자는 건축업(일명 집장사)을 하는 자로서, (…) 피해자들로부터 사기죄로 고소를 여러 차례 당하여 수사기관에서 조사를 받으면서 단순 채무 불이행은 사기죄가 되지 않는다는 법리(法理)를 터득한 다음 계속 같은 방법으로 타인의 돈을 사취할 마음을 먹고,

상습으로 피해자 최아무개에게 접근하여 (…) 건축자재 시가 5,000만 원 상당을 외상으로 제공받고도 그 대금을 지불하지 않는 방법으로 시가 상당액과 당초 웃돈으로 주기로 한 2,000만 원 합계 7,000만 원을 편취하고,

(…) 같은 방법으로 14명의 피해자에게 합계 5억 5,000만 원을 편취한 자이다.

죄명은 '상습사기', 수사기록은 본사건 기록 포함하여 13책이다. 대출받은 기록을 모두 까만 색 철끈으로 엮어 매달았다. 두께만 무려 500페이지가 넘는 큰 사건기록이 됐다. 그리고는 그다음 주 토요일 그놈더

러 한 번만 더 나와 달라고 통보했다. 무슨 일이 있었는지도 모르고 이번에는 노타이에 두툼해 보이는 검은색 목티를 받쳐 입고 으스대며 들어왔다. '지하실 유치장은 여름에도 시원할 정도로 썰렁하다는 걸 이놈이 알고 나왔나' 하고 혼자 생각하니 씩 웃음이 나왔다.

피의자 조사가 다시 시작됐다. 이놈이 우선 수사관 앞에 놓인 기록이 엄청나게 두꺼워진 것을 보고 놀란다. 게다가 조사가 진행되면서 그동안 돈 떼먹은 사람들 이름이 한 명씩 한 명씩 드러나는 것을 보고 더 놀란다. 입술이 바싹바싹 타들어 가는 것이 보였다. 여직원더러 "이 양, 여기 김 사장 목이 타는 모양이다. 물 한잔 갖다 드려" 했더니 이놈이 "고맙습니다" 하고 벌떡 일어나 굽신 절하고 물 한 컵을 한 모금에 다 마신다. 어지간히 목이 탔던 모양이다.

서너 시간 걸려서 조사가 끝났다.

"윤 수사관! 지하실 유치장에서 경찰관 좀 올라오라 하세요."

그제서야 이놈이 상황 파악이 됐는지 내 책상 옆으로 황급히 다가오더니만 발끝에 털썩 꿇어앉아

"검사님, 한 번만 살려 주시요. 나가면 전 재산 다 팔아서라도 그 사람들 돈 다 갚겠습니다."

그러면서 두 손을 싹싹 빈다. 손에는 여전히 붉은색 보석이 박힌 굵은 금가락지가 번쩍번쩍 빛났다.

"알았어요. 알았으니 일단 일어나시고, 나가게 되면 돈 꼭 갚으세요. 그 사람들 모두 당신보다 어렵게 살아가는 사람들이더구만. 먹을 돈이 따로 있지, 그런 돈 떼먹으면 벌 받아."

유치장으로 내려보내 대기시키고, 구속영장을 기록과 함께 법원에 보

냈다. 그리고는 수사관, 여직원 데리고 근처 설렁탕집에 가서 설렁탕에 수육 한 접시 시켜 먹고 저녁 8시쯤 들어오면서 수사관더러 법원 영장계에 가 보라 했다. 잠시 후 방으로 전화가 걸려 왔다.

"검사님, 영장 발부됐습니다."

윤 수사관이 더 신났다. 잠시 후 윤 수사관이 방으로 들어왔다. 상기된 얼굴이다.

"수고했어, 윤 수사관. 유치장에 연락해서 영장 집행하라고 해. 그리고 모두 집에 들어가. 내일은 일요일이니 하루 푹 쉬자구."

그러면서 속마음으로 '윤 수사관, 니가 벌레 씹은 얼굴 표정 지을 때 내가 왜 씩 웃었는지 알겠니?'라고 생각하니 즐거웠다.

이렇게 해서 그 집장사를 상습사기죄로 잡아넣고 나니 뒷소문이 또 들린다. 이놈이 검사를 꼭 한번 만나고 싶어 한단다.

구치소에서 불러냈다. 수사관 못 듣게 내게만 조용히 할 말이 있단다. 그 시절 초임 검사에게는 방이 한 개밖에 배정이 안 된다. 상석 검사나 부장이 돼야 조사실과 집무실이 구분된다. 할 수 없이 "윤 수사관, 옆방에 가서 담배 한 대 피우고 오시게" 하고 그놈을 책상 앞에 앉혔다. 이놈이 또 협상을 하잔다.

"검사님은 공무원 잡아넣는 데 귀신이라고 구치소 사람들이 다 그러더군요. 제가 경찰 두 명 이름 댈 테니 '상습'자만 좀 빼 주시오."

단순사기는 집행유예가 가능한데 상습사기는 거의 실형이다. 머리가 웬만한 변호사보다 잘 돌아가는 놈이다.

"좋지. 돈만 다 갚아라, 그러면 상습은 뺄 수도 있어."

그랬더니 경위(반장급) 한 명, 경장 한 명의 이름을 댄다.

"박봉에 시달리는 하급자 말고, 좀 높은 사람 없어?"

서장, 과장 등과는 밥 먹은 것밖에는 없다 한다. 하기야 사기꾼놈에게 그 이상의 계급을 기대하는 것은 무리다. 그동안 고소당한 사건 수사 받으면서 건마다 경위 30만 원, 경장 20만 원씩 줘 왔는데 합하면 100만 원이 좀 넘었다. 그때 30만 원이면 한 달 월급이다.

"알았다. 대신 피해자들 돈 꼭 갚아야 한다. 구속기간 연장해서 20일 줄게. 그동안 갚아라."

그러고 구치소로 돌려보냈다.

당시는 전두환 대통령 시절이다. 독재정권은 언제나 충견 노릇 하는 경찰과 한편이다. 검찰은 버거운 상대로 여긴다. 검사 나름대로 소신껏 수사하는 것뿐인데, 이놈들은 검사들이 그 잘난(?) 고등고시 붙어서 잘난 척한다고 여기고 합격 정원을 늘려도 보고, 그것도 약효가 없으니 아예 법대를 없애고 로스쿨을 만드는 등 별별 방법을 동원하여 물타기를 해 왔다. 장관, 총장을 제 사람으로 앉혀 놓고 이들을 통하여 검사 수사를 통제하려는 시도는 역대 정권이 다 해 오던 수법이다. 40년 전이나 지금이나 똑같다.

세상은 다 바뀌는데(그냥 바뀌는 것이 아니라 엄청나게 바뀌는데) 정치권력과 검찰의 갈등관계는 왜 그대로인가? 이것이 오늘날 검찰 개혁의 명분이다. 원인 제공자는 썩은 정치권력 제 놈들이 먼저인데, 모든 것을 검찰 탓으로 돌린다. 경찰이 썩은 정치권력을 등에 업고 검사의 수사 지휘에 잘 따르지 않는 것도 그때나 지금이나 똑같다.

다음 날 서울경찰국(지금의 서울경찰청) 수사과장을 들어오라 했다. 그 수사과장이라는 자, 처음에는 퉁명스럽게 전화를 받으면서 꼭 들어

가야 하느냐, 경호 업무가 바쁘다는 둥 헛소리를 늘어놓는다. '경호'라는 용어를 쓰면 웬만한 사람들은 토를 달지 못한다. 대통령 권력이 그만큼 절대적이었다는 뜻이다. 짜증이 났다.

"이따위로 굴면 금방 후회할 일이 생겨."

그랬더니 뭔가 알아들었는지 그제서야 목소리에 힘을 뺀다.

"지금 바로 들어오는 것이 당신에게 도움이 된다."

"알겠습니다."

전화를 끊고 한 시간쯤 지났을까, 50대 초반의 건장한 사람이 방문을 열고 들어오면서 "충성! 검사님 부르심을 받고 왔습니다" 한다. 그수사과장이다.

"앉으세요. 차 한잔 합시다."

종이컵에 믹스커피 두 잔 만들어 나눠 마셨다. 어느 사건이 들통 났나 안절부절못하는 모습이다. "그 방에 잘못 들어가면 두 발로 못 나온다. 네 발로 나온다"는 소문을 들었던 모양이다. 네 발로 나온다는 말은 기어 나온다는 뜻이 아니라 옆에서 교도관이 껴들고 나온다, 다시 말해 교도소로 직행한다는 뜻이다. 내가 웃으면서

"요즘 경찰관들, 과중한 업무에 박봉에 많이 힘들지요?"

그랬더니 의외라는 표정을 지으며 얼마나 힘들게 사는지 설명하기 시작한다. 좀 듣는 척하다가

"자, 그만 말씀하시고, 사실은 내가 사건 수사를 하다가 피의자에게서 돈을 받아먹은 경찰관 두 명을 인지했거든. 당장 잡아넣고 싶은데, 한편 생각하면 딱하기도 하네요. 그래서 이 자료를 줄 테니 국(경찰국)에서 적의처리하시면 어떨까 해서."

이 사람, 그 자리에서 벌떡 일어나 허리를 90도로 연거푸 굽신거리며

"검사님, 정말 고맙습니다. 평생 충성을 다 하겠습니다."

처음에 전화로 들어오라고 했을 때의 반응과는 180도 바뀐 모습이다.

"됐어요. 이건 비공식입니다. 원칙적으로는 공무원 비위 사실 통보라는 공문서를 작성해서 보내야겠지만, 그렇게 되면 그 사람들 입건되거나 파면되겠지요. 그럴 바에는 내가 구속해 버리는 게 낫지. 비공식으로 자료를 넘겨주는 뜻이 뭔지 아시겠지요?"

30년 경찰에서 잔뼈가 굵은 이 베테랑 수사경찰관이 모를 리 없다.

"네, 잘 알겠습니다."

그리고 1페이지짜리 '경찰관 뇌물수수 첩보보고'라는 제목의 종이 한 장을 양복 안쪽 호주머니에 집어넣고 나갔다.

그 후 이 사건에 대해서는 다 잊어버리고 다른 일에 몰두하고 있던 어느 날, 40대로 보이는 두 남자가 검사실로 찾아 들어왔다. 사복 차림인데 방문을 열고 들어서자마자 "충성!" 하고 거수경례를 하는데 옆방까지 다 들릴 만큼 큰 목소리다. 그 사기꾼놈이 돈 줬다고 지목한 경찰관들이다. 물끄러미 쳐다만 보고 있으려니 내 앞으로 다가오더니만

"감사합니다. 앞으로 언제든 불러만 주십시오. 견마지로를 다하겠습니다."

견마지로라? 미리 무슨 말을 할까 궁리를 해서 들어온 것 같다. 수사관도 보고 여직원도 보는 앞이라 긴 얘기 하면 서로 쪽팔릴 것 같아 그냥 앉으라 했다. 그리고 믹스커피 한 잔씩 종이컵에 타 마시고 돌아갔다.

이 중 한 사람은 그 후 10년 동안 내 '외인부대'가 되어 그의 말대로 견마지로를 다했다. 연전에 아들 장가간다는 연락이 와 하객으로 참석

도 했다. 그도 정년퇴임하고 살던 동네에서 부동산중개업을 하고 있다고 했다.

지금까지 어떤 놈이 양두구육, 즉 양가죽을 뒤집어쓴 개고기와 같은 짓거리를 했을 때 그 양가죽을 벗기는 일이 쉽지는 않지만 그래도 방법이 있음을 설명했다.

언론 보도에 의하면 연전에 있었던 지방선거 당시 송철호를 울산시장에 당선시키기 위하여 청와대 참모들과 충견 노릇 하던 경찰이 서로 짜고 선거를 조작한 사실을 밝혀내고 검찰이 관련자 13명을 기소했는데, 그 공소장이 70페이지에 달한다고 한다. 공소장이 70페이지에 이르는 것을 두고 "죄가 잘 안 되니 억지로 엮으려고 소설을 썼다"고 반발하는 세력도 있다고 한다.

내가 대공 사건(간첩 사건) 수사할 때도 공소장은 짧아야 10페이지, 보통은 30~40페이지에 이르렀고, 장기간 암약한 놈은 100페이지도 넘었다. 왜 그래야 하나? 개고기를 덮어 싸고 있는 양가죽을 벗기려면, 채무 불이행을 가장한 사기죄를 밝히는 것처럼 그놈의 행적을 모두 까발겨야 한다. 아니, 그보다 더 세세하게 그놈들 간에 서로 주고받았던 대화 내용, 메모, 책 읽으면서 밑줄 친 부분, 자주 접촉한 놈들, 평소 술 마시면서 아니면 차 마시면서 혼자 중얼거린 독백까지도 모두 긁어모아 종합적으로 판단해야 비로소 덮어쓰고 있는 것이 개가죽인지 양가죽인지 분간이 된다. 하나하나 떼어 놓고 보면 마치 사기꾼놈의 하나하나의 소행이 단순 채무불이행처럼 보이듯이, 일상적인 업무 수행을 조금 과도하게 또는 판단을 잘못해서 무리한 짓을 한 정도로 보이게 된다. 그놈들은 필사적으로 그렇다고 변명한다.

똑같다. 당시 울산경찰청은 그냥 상급청에서 첩보가 이첩되어 수사한 것(일상적인 수사 업무)뿐이라고 변명한다지만, 그 전후에 저희들끼리 만난 사실, 전화 통화한 사실, 또 평소의 친분관계, 부하 직원들에게 지시한 내용 등을 모아서 판단하여, 검찰은 '아하! 이놈들이 (조폭처럼 두목이 한자리에 똘마니들 모아 놓고 범행 지시를 한 것은 아니더라도) 이심전심, 목표는 하나 "대통령 절친 송철호를 시장으로 당선시킨다"는 공동 인식 하에 각자 일상 업무를 위장하여 선거의 과정을 조작하는 데 역할 분담한 것이로구나'라는 사실을 파악하게 됐을 터이다. 그러니 공소장을 70페이지 넘게 쓸 수밖에 더 있었겠나. 집장사 사기꾼놈의 소행을 채무불이행이 아닌 처음부터 작정한 기망(거짓말)행위로 밝히는 데도 기록이 500페이지가 넘었고 공소장이 10페이지가 넘었다. 하물며 정치권력을 장악하고 산하 공무원·경찰·검찰을 좌지우지하고 일부 광적인 추종자들의 SNS 지원을 받고 있는 정치세력 십수 명이 '선거 조작'이라는 공동 목적을 갖고 공동정범으로 범행에 가담한 사실을 증명하는 것이 얼마나 쉽지 않은 일일까 상상해 보라.

양가죽을 뒤집어쓴 개고기(양두구육)에서 양가죽을 벗겨내는 방법에 대한 이해를 돕기 위하여 간단한 사건 하나만 더 소개하겠다.

역시 서울지검 강력부의 초임 검사 시절이다. 경찰에서 송치되어 온 불구속 사건 중 죄명이 '상해', 경찰 의견 '불구속 기소(합의)'라고 표시된 얇은 수사기록이 하나 눈에 띄었다. 이런 종류의 사건은 피의자나 피해자(고소인) 불러 조사할 것도 없이 거의 기계적으로 상해진단서상의 상해 정도만 참작하여 1주당 20만 원, 동종 전과 한두 번 있으면 주당 30만

원으로 계산하여 약식기소(벌금형)하는 것이 상례이다. 그런데 이 사건은 피해 정도가 상해 2주이고 고소가 취하되었지만, 피해자는 여자이고 상해의 종류는 하반신 2도 화상이다. 여자가 하반신 화상을 입었다면 진단 기간과 관계없이 중상 아닌가 싶어 기록을 읽어 봤다. 고소인 조서를 읽다 보니 '이런 양아치 새×가 있나. 이런 놈을 안 잡아넣으면 검사가 아니지'라는 생각이 들었다. 벌금 받고 끝낼 사건이 아님을 직감적으로 알았다.

"윤 수사관, 이 사건 고소인(피해자)을 내주에 소환하세요."

평소 같으면 군말 없이 "네" 하고 끝날 일인데, 반문한다.

"합의도 됐는데 굳이 피해자 조사 해야 합니까?"

뭐야, 미리 부탁이라도 받은 거야? 벌금 받고 끝낸다고 누가 그래? 내가 언성을 높였다.

"내가 궁금증이 많으니 어쨌든 불러 봅시다."

그제서야 조용했다.

피해자가 들어왔다. 얌전하게 생긴 30대 여성이다. 보통 피해자 조사는 수사관이 하지만 이날은 내가 직접 조사했다.

피의자는 당시 서울 시내에서 가장 잘나가는 극장의 '기도'였다. 극장 기도란 〈야인시대〉라는 드라마에도 나오지만 극장의 영업부장 같은 직책이다. 보통 그 지역을 나와바리(세력권) 삼는 조폭이 차지하는 자리이다.

이놈은 누나가 유명 연예인이기도 한 좋은 집안의 망나니 외아들이다. 피해자와는 동거하는 사이인데 피해자가 말대꾸한다는 이유로 뜨거운 물만 틀어 놓은 욕조에 발가벗기고 들어앉게 하여 하반신 화상을 입힌 것이다. 여자는 고통스럽고 화가 나서 다음 날 경찰서로 찾아가 고소장을 제출하고 친구 집에서 숨어 지내는데, 어느 날 피의자(사실상 남편) 놈이 담당 경찰관과 함께 찾아와 피의자는 "술에 취해서 잘못했다"고 사과하고 경찰관은 "이런 사건은 검찰에 넘어가면 어차피 벌금 몇 푼으로 끝나게 마련인데 괜히 남자와 평생 원수 되지 말고 고소 취하하는 게 좋지 않겠냐"고 하더란다. 그래서 그 자리에서 경찰관이 미리 준비해 온 듯한 고소취소장에 이름 쓰고 사인해 주었다고 했다.

윤 수사관에게 범죄 경력 조회를 하게 했다. 상해 또는 폭력행위등 처벌에 관한 법률 위반 전과가 다섯 개가 있었다. 신기하게도 처음 두 번은 기소유예이고 나중 세 번은 벌금형이다. 정말 빽이 좋은 놈이 맞는 것 같았다. 이 전과 수사기록 전부를 대출받아 오도록 지시했다. 하나같이 두께가 30페이지 정도밖에 안 되는, 겉으로 보기에는 하찮은(가벼운) 형사기록이다.

그런데 이게 뭐냐! 눈이 번쩍 뜨였다. 역시 나는 사건 냄새를 귀신처럼 잘 맡는다. 다섯 번의 피의사실이 일시, 장소만 다를 뿐 내용이 거의 똑같다. 피해자는 2명이다. 처음 세 건은 다른 피해자이고, 나중 두 건은 이번 피해자와 같은 사람이다. 이놈 변태인가? 못 참을 정도로 화가 나서 한 대 쥐어박았다고 하면 차라리 이해는 가겠다만 왜 사람을 발가벗겨 뜨거운 물에 담그냐? 나중에 그놈에게 물어보니 "그래야 외견상 상처가 안 남는다"고 했다.

역시 토요일 오후로 날을 잡아 이놈을 불러들였다. 이놈이 검사실 문을 열고 들어오는데 포마드(요즘의 헤어젤 같은 것) 바른 올백 머리에 가죽 점퍼 입고 어깨는 떡 벌어진 폼새가 영락없는 그 시절에 잘나가던 조폭 모습 그대로이다. 일단 대기의자(나무로 만든 장의자)에 앉아 기다리라 했다. 나는 짐짓 의자를 창문 쪽으로 돌려 앉아 신문 읽는 척하면서 한동안 내버려 뒀다. 한참을 기다리게 하니 이놈이 윤 수사관 쪽으로 살그머니 다가가더니만 "벌금 얼마면 되겠느냐? 백만 원도 좋다"고 소근거린다 (통상 벌금 50만 원쯤으로 예상되는 사건이다). 내가 의자를 다시 180도 돌려 앉으며 일부러 큰 목소리로 지시했다.

"윤 수사관, 이놈 피의자 조서 다시 받으세요."

이놈, 당황하는 모습이 역력하다. 뭔가 머릿속에 정리된 예상이 빗나가고 있다는 표정이다.

조사가 진행되는데, 이 사건 피의사실뿐만 아니라, 과거 저지른 범죄사실도 다시 물으니 이놈이 강하게 반발한다.

"그건 다 끝난 사건인데 왜 또 조사합니까."

물론 이중처벌 금지 원칙이다.

"또 처벌하려는 게 아니네. 처벌하고 싶어도 법이 못하게 돼 있어. 사실 진작 감옥에 한번 갔었더라면 나이 사십 넘어 이런 짓을 안 했을 것인데, 그때 너무 가볍게 처벌받은 게 오히려 화근이네. 그냥 잠자코 대답이나 하시게. 참작만 하려는 것이니."

그랬더니 이놈 얼굴이 벌겋게 달아오른다. 조사를 마치고 지하실 유치장에 유치시켰다. 구속영장을 만들었다. 범죄사실은 간단하다. 요지는 이러하다.

피의자는 극장 기도가 직업인 자인 바, 폭력행위등 처벌법 위반으로 입건된 전력만 다섯 번이나 있으면서 이번에 또 상습으로 자택에서 피해자가 말대꾸한다는 이유로 섭씨 45도가 넘는 뜨거운 욕조에 발가벗기고 들어가 앉게 한 다음에 20분 이상 나오지 못하게 하여 전치 2주간의 하반신 중화상을 입게 한 자이다.

죄명은 '폭력행위등 처벌에 관한 법률 위반(상습)'이다. 법원으로 기록을 보낸 지 한 시간 남짓한 때 영장 발부됐다는 전화가 왔다. 판사님도 영장 범죄사실을 읽는 순간 "이런 나쁜 놈!" 했던 것 같다. 이토록 나쁜 놈에게는 도주 또는 증거인멸 우려 등은 후순위다. 이런 놈 구속영장 기각하면 앞으로도 심심하면 그런 짓 하라고 부추기는 꼴이다. 그놈, 서울구치소에 집행되면서 집행 경찰관에게 "금년에 재수 옴 붙었다. 누나(유명 연예인)의 검사 친구들과 가끔 포커도 치는데, 벌금 몇 푼 내면 끝날 사건이니 걱정할 것 없다고 했다. 새파란 독종 만나 난생 처음 은팔찌(수갑) 차게 생겼네" 하더란다.

구속하고 며칠 지나 기소할 즈음 소속 부장이 찾았다. 원만한 성품의 친형같이 정이 많은 분인데 "그 극장 기도 사건, 청탁 많이 오지?" 하고 묻는다.

"아니요. 아무런 청탁도 없는데요."

"그래? 함 검사 독종인 줄 이미 소문 났나 보네. 내게는 하루에도 서너 통씩 전화가 와."

"무슨 청탁인데요? 검사가 직구속한 사건은 검사가 풀어 줄 수 없지 않습니까."

"그건 그래. 구속 기소는 해야겠지. 그러면 그 '상습'자만 좀 빼 주면 안 될까?"

"부장님, 그놈 이번에 버릇 고쳐 놓지 않으면 평생 감옥을 제 집 드나들듯 할걸요. 전화 건 그분께, 쓰레기 같은 놈 사람 만드는 작업이니 이번에는 좀 참으라고 하시지요."

그리고 그대로 구속 기소했다. 폭력에 '상습'자를 붙이면 벌금형이 없다. 무조건 실형, 최소한 집행유예이다. 그 후 이놈은 이 같은 변태 같은 짓을 두 번 다시 못 했을 것이다.

인간의 행위, 특히 범죄행위에 대한 평가는 일련의 과정을 종합해야 한다. 어떤 문장 또는 단어를 해석함에 있어서 이른바 문맥상 해석(context meaning)을 잘 해야 하는 것과 같은 이치이다. 이만큼 설명했으면 하나하나의 행위가 외견상 정당행위 또는 사소한 위법행위로 보이더라도 일련의 과정을 종합하면 심각한 범죄행위로 구성될 수 있음을 귀납적으로 이해했을 것이다.

조국·추미애 등의 죄과

이제 사례까지 들어가면서 충분히 설명했으니 조국, 추미애 등이 저지른 검찰 개혁이라는 거죽을 둘러쓴 일련의 조치들에 대한 죄과를 묻겠다.

이들은 2019년 8월 검찰이 조국 부부에 대한 수사를 착수한 시점을 전후하여 울산시장 송철호의 선거 조작 사건, 탈원전 정책의 절차적 위법 사건, 김학의 불법 출금 사건 등에 대한 수사에 이르기까지 일관하여 겉으로는 '검찰 개혁'이라는 거죽으로 포장을 한 채, 법률의 제정·개정, 제도의 개정 또는 폐지, 훈령·지시, 인사 등 갖은 방법을 동원하여 이들 사건 수사를 중단 또는 방해하는 조치를 일삼아 왔다.

우선 문재인 대통령은 각종 회의 석상에서 대놓고 이들 사건을 수사 중인 검찰을 향하여 검찰개혁안을 서둘러 제시하도록 여러 차례 지시했다.

조국과 추미애는 그 지시에 따라 검찰 중앙수사부의 폐지 및 특수부의 축소 개편, 수사 시간 단축, 피의자 인권 보호 강화 방안이라는 것들을 만들었다. 그것만으로는 진행중인 수사에 별 영향을 줄 수 없다고 판단되자 공수처의 신설, 경찰에 수사종결권 부여 등 위헌적 소지가 있는 입법을 변칙적인 방법으로 처리케 했다. 이것으로도 모자라자 수사팀을 전면 해체하는 인사를 단행하고, 수사팀에 대한 감찰을 강화하겠다면서 검찰총장 산하에 법무부장관이 지명한 감찰본부를 설치하고, 수사검사들로 하여금 검찰총장의 구체적 수사지휘·감독권에 대들라고 부추기고, 수사검사와 기소검사(공소유지검사)를 분리하는 방법을 획책하였다. 급기야는 터무니없는 사유를 들어 검찰총장의 직무를 정지시키고 그것도 뜻대로 안 되니 내쫓을 궁리까지 했다.

이 같은 일련의 법률의 제정·개정, 제도·훈령의 제정·개정, 각종 지시·징계, 인사 조치는 하나하나 분리하면 그 나름대로 '피의자 인권 보호'니 '명예훼손의 방지'니 '검찰권의 자의적 행사에 대한 견제'니 하는 구실을 둘러댈 수 있을 것 같은 업무행위의 외양을 띠고 있다. 그러나 대통령의 지시행위부터 총장에 대한 직무정지 시도에 이르기까지의 일련의 행위를 종합해 보면, 집장사 사기꾼이 처음부터 땡전 한 푼 없이 순전히 남의 땅, 남의 돈으로 빌라 짓고 분양하여 급한 돈 일부 틀어막고 나머지는 자신이 편취할 생각이었던 것과 범죄 구성이라는 관점에서의 사고(思考)작용이 같은 구조다. 이 중에서도 특히 수사가 한창 진행중인 상태에서 수사팀을 전격 해체하고 그중 상당수의 검사를 지방으로 좌천시켜 뿔뿔이 흩어지게 한 인사 조치는 전두환·노태우 때도 없던 일이다. 수사 방해의 압권이다.

요컨대 이 같은 '일련의 조치들'은 문정권의 실세들이 관여한 범죄를 은폐하거나 더 이상의 수사를 방해·중단시킬 목적, 또는 무죄판결을 받아 낼 목적, 더 나아가 당시 비서실장 임종석과 문재인 대통령에 대한 수사 확대를 피할 목적이었음을 추단하기에 어렵지 않다. 그렇다면 이러한 직무행위를 가탁(위장)한 '일련의 행위 전체를 하나로 묶어' 공무집행방해죄를 포함한 직권남용의 죄로 의율하는 데 큰 무리는 없어 보인다.

물론 본인들이야 하나하나의 행위를 분리하여 장관으로서 정당한 업무행위였다고 항변할 테지만, 일련의 행위를 종합하면 직권남용의 범의를 객관적, 귀납적으로 추단하기 어렵지 않다. 특히 바로 이들이 전 대법원장 양승태 등의 일제 징용 판결 과정에서의 '일련의 행위'를 직권남용의 죄로 의율하여 구속 기소하게 한 행태에 비추어 보면, 조국·추미애 등의 행위를 검찰 농단으로 판단하여 사법처리하는 것은 정의의 관점에서도 충분하거니와 가벌성이라는 측면에서도 양승태 등의 이른바 사법 농단에 비할 바 없이 엄중하다. 왜냐하면 양승태 등의 범행(?)은 '한일 관계의 외교적 고려'라는 '목적의 공익성'이 엿보이나 조국 등의 범행은 오로지 사사로운 범죄의 축소·은폐 목적이니 정상 참작의 여지가 전혀 없기 때문이다.

이제 법 문외한, 수사 문외한이라도 조국·추미애의 일련의 검찰개혁안이 양두구육 같은 소행임을 이해했을 것이다. 따라서 이 정권이 끝나면 이들 모두 직권남용 등의 죄로 조사받는 운명을 면치 못할 것이다.

검찰 개혁이라는 말에 현혹된 시민들이여! 검찰 개혁이란 검사가 대통령, 장관, 집권당 따위의 눈치 보지 않고 법과 정의를 무기 삼아 거악들과 싸워 이길 수 있도록 제도적 뒷받침을 하는 것이 요체이다. 검찰총장을 비롯한 어떤 검사라도 검찰권을 정치권력에 야합시키는 자 있으면 그자를 숨아 내고 벌할 수 있는 그런 제도를 만들어 내야 하는 것이다. 흔한 말로 검찰의 독립성과 중립성을 확보해야 한다는 말이다. 그렇게만 될 수 있다면 검찰권을 통한 국가형벌권 실현은 충분히 정의로워질 것인데, 왜 또 공수처가 필요하고 경찰의 독자적 수사권이 필요한가? 부패한 정치권력의 자기범죄 은폐를 위한 교활한 농간질이고 이간질일 뿐이다.